新訂

養護教諭が行う健康相談・健康相談活動の理論と実践

［編集代表］
三木とみ子／德山美智子

［企画編集］
大沼久美子

［編集協力］
遠藤伸子／平川俊功

ぎょうせい

まえがき

　社会環境の激しい変化に伴い，いじめ，児童虐待，アレルギー，性の問題等，子供たちの心身の現代的な健康課題が深刻化し，平成27年12月21日，中央教育審議会から文部科学大臣へ次の3つの答申が出されました。それは，「これからの学校教育を担う教員の資質能力の向上について～学び合い，高め合う教員育成コミュニティの構築に向けて～」「チームとしての学校の在り方と今後の改善方策について」「新しい時代の教育や地方創生の実現に向けた学校と地域の連携・協働の在り方と今後の推進方策について」です。これらの答申を受け，学校教育法，教育公務員特例法，教育職員免許法等の関係法規の改正が進んでいます。特に「チームとしての学校の在り方」は，スクールカウンセラー，スクールソーシャルワーカー等の専門スタッフを学校職員と規定する法的整備がなされ，養護教諭との連携・分担はもとより，養護教諭自身の専門性とコーディネーター役に大きな期待が寄せられています。

　改訂された学習指導要領は，子供たちの生きる力を育むために「何を学ぶか」「何ができるようになるのか」「どのように学ぶか」「子供一人一人の発達をどのように支援するか」「何が身に付いたか」「支援するために何が必要か」の枠組みに基づいています。すなわち，社会において自立的に生きるために必要な，生きて働く「知識・技能」の習得，未知の状況にも対応できる「思考力・判断力・表現力等」の育成，学びを人生や社会に活かそうとする「学びに向かう力・人間性等」の涵養を目指しています。

　さらに，平成29年3月には，「現代的健康課題を抱える子供たちへの支援～養護教諭の役割を中心として～」（文部科学省初等中等教育局健康教育・食育課）が出されています。

　一方，教員の資質・能力の在り方の指針となる「育成指標」が各都道府県等でその作成が進んでいます。

　さて，振り返ってみると，保健室を訪れる子供たちは，身体的症状の背景に心の悩みを抱えているという状況から平成9年保健体育審議会答申に養護教諭の新たな役割として健康相談活動が提言され，この答申を受け教育職員免許法施行規則第9条，養護教諭養成カリキュラムの専門科目に「健康相談活動の理論及び方法」が科目新設されてから20年余が経過しました。また，平成20年には50年ぶりに学校保健法が改正され，学校保健安全法が施行されて，第8条に健康相談が規定されました。この規定について，文部科学省スポーツ・青少年局長通知では，「健康相談は養護教諭，教諭，学校医，学校歯科医，学校薬剤師」等がこれにかかわることとなっています。

　これらの教育の動向は，養護教諭の行う健康相談との関連が極めて深く，その実践の在り方が喫緊の課題となっています。すなわち，学校現場における子供への対応の在り方は養護教諭を目指す学生が養成段階で学ぶ基礎的基本的な知識や技術の習得によって担保されるものであり，養成教育の重要性が指摘されています。

　先に列挙した答申や法改正，育成指標，報告書に示された教育の動向と「養護教諭の行う健康相談」や養護教諭養成機関における必修科目「健康相談活動の理論及び方法」は深く関連させる必要があります。このことは，平成9年保健体育審議会答申に示された健康相談活動が，養護教諭の職務の特質や保健室の機能を活かした心と体の両面への対応を行うという原点が不易のものであるからです。

　これらを踏まえ本書は，以下の観点から見直し「新訂　養護教諭が行う健康相談・健康相談活動の理論と実践」として新たに刊行しました。

　本書の構成は，「第1章　健康相談・健康相談活動の基本的理解」「第2章　現代的健康課題と健康相談・健康相談活動」「第3章　健康相談・健康相談活動のプロセスと進め方」「第4章　健康相談・健康相談活動を支える諸理論及び技法」「第5章　学校における健康相談・健康相談活動の実践」「第6章　チーム学校で進める健康相談・健康相談活動」「第7章　児童生徒の具体的健康問題と『養護教諭の行う健康相談』対応例」「第8章　『養護教諭の行う健康相談』の記録と事例検討」「第9章　健康相談・健康相談活動の実践力向上のために」です。

また，本書の編集の特徴として，健康相談・健康相談活動の基本やその理論的な支えとなる内容や方法を記述したこと，チームで行う連携の在り方を現代的健康課題の方向性を踏まえたこと。さらに，児童生徒の日常的な対応（13事例），危機管理的な対応（14事例），身体的疾患への対応（5事例）を取り上げ，可能な限り学校で実践の参考になるように工夫しました。さらに，養成教育において授業計画に役立つようにシラバス例を取り上げるとともに，現職研修プログラムの例も取り上げました。さらに，現職養護教諭の実践的な指導力向上のために，可能な限り具体的でわかりやすく表や図などの工夫をしました。

　巻末には，事例研究を行う際に戸惑いなく事例を書けるように「記録用紙」や「養護教諭の行う健康相談活動に活かせるアセスメントシート」「腹痛の初期対応シート」等の資料を掲載しました。

　本書が養護教諭を目指す学生をはじめ，多くの関係者にご活用いただき，未来に羽ばたこうとする子供たちに活かせることを願っています。

　最後に，終始ご支援いただきました，出版社ぎょうせいの担当者の皆様に深く謝意を申し上げます。

2019年3月

編集代表　三木とみ子・德山美智子

〈編注〉「健康相談」「健康相談活動」「養護教諭の行う健康相談」の用語について
　学校保健安全法において第8条に健康相談が規定された。この法令において文部科学省スポーツ・青少年局長通知では，「健康相談は養護教諭，教諭，学校医，学校歯科医，学校薬剤師」等がこれにかかわることとなっている。これを踏まえ，本書での健康相談とは養護教諭の職の特質を活かした対応を「養護教諭の行う健康相談」として表記している。
　なお，「健康相談活動」は教育職員免許法施行規則第9条，養護教諭養成カリキュラム「養護に関する科目」内容の備考に「健康相談活動の理論・健康相談活動の方法」として明確に記述されている。

目　次

まえがき

第1章　健康相談・健康相談活動の基本的理解
1　健康相談・健康相談活動の歴史と変遷 …………………………………………………… 1
2　「健康相談」の沿革 ………………………………………………………………………… 2
3　健康相談活動の誕生 ………………………………………………………………………… 4
4　健康相談活動の創設の経過と成り立ち …………………………………………………… 6
5　養護教諭の「職」の特質を健康相談・健康相談活動に活かすとは何か ……………… 7
6　保健室の機能を健康相談・健康相談活動に活かすとは何か …………………………… 7
7　健康相談・健康相談活動に「連携」の機能を活かす …………………………………… 8
8　健康相談・健康相談活動からつながる保健指導 ………………………………………… 9
9　「精神疾患と生活習慣」の指導と健康相談 ……………………………………………… 13
10　健康相談・健康相談活動に必要な資質・能力 …………………………………………… 14

第2章　現代的健康課題と健康相談・健康相談活動
1　現代的健康課題とその実態 ………………………………………………………………… 18
2　チーム学校と健康相談・健康相談活動 …………………………………………………… 25
3　現代的健康課題解決に果たす養護教諭の役割 …………………………………………… 26

第3章　健康相談・健康相談活動のプロセスと進め方
1　健康相談・健康相談活動のプロセスと対応の基本 ……………………………………… 28
2　健康相談・健康相談活動を進める基本的視点 …………………………………………… 29
3　健康相談・健康相談活動の教育的意義とかかわる教職員の役割 ……………………… 31
4　チームとして進める「健康相談」―連携・分担― ……………………………………… 34

第4章　健康相談・健康相談活動を支える諸理論及び技法
1　学校教育と健康教育 ………………………………………………………………………… 37
2　子供の発育発達の基礎知識―子供の心と体の発育発達の理論 ………………………… 40
3　小児心身医学の基礎知識 …………………………………………………………………… 48
4　精神医学（精神疾患）の基礎知識 ………………………………………………………… 56
5　児童生徒の発達障害の基礎知識 …………………………………………………………… 63
6　子供の自傷行為及び自殺企図の基礎知識 ………………………………………………… 67
7　カウンセリング心理学の基礎知識（カウンセリングの基礎と技法の基礎を
　含む） ………………………………………………………………………………………… 72
8　看護学の基礎知識 …………………………………………………………………………… 82
9　社会福祉の基礎知識 ………………………………………………………………………… 88
10　子供の人権と健康相談 ……………………………………………………………………… 90

第5章　学校における健康相談・健康相談活動の実践
1　心と体の知識を活かす実践 ………………………………………………………………… 93
2　養護診断の知識を活かす実践 ……………………………………………………………… 96
3　ヘルスアセスメントの機能を活かす実践 ………………………………………………… 96

i

4　心身の観察の理論と方法①（フィジカルアセスメント） …………………………… 97
　　　心身の観察の理論と方法②（生活習慣アセスメント，心理社会的アセスメント） ……………………………………………………………………………………… 102
　　5　養護教諭の職務の特質を活かす実践―タッチングを中心に― ………………… 106
　　6　保健室の機能を活かす実践―毛布に包まれる体験を中心に― ………………… 110
　　7　カウンセリングの技法を活かす実践 ……………………………………………… 112
　　8　ヘルスアセスメントを活用した健康相談・健康相談活動支援計画 …………… 114
　　9　健康相談・健康相談活動からつなぐ保健指導の進め方 ………………………… 116
　　10　ストレスマネジメント教育を活かす実践 ………………………………………… 120
　　11　病気の子供への対応 ………………………………………………………………… 122
　　12　健康の危機管理対応 ………………………………………………………………… 123
　　13　健康相談の評価 ……………………………………………………………………… 127

第6章　チーム学校で進める健康相談・健康相談活動
　　1　連携の目的と基盤づくり …………………………………………………………… 131
　　2　連携の対象と方法 …………………………………………………………………… 132
　　3　学校内の連携 ………………………………………………………………………… 134
　　4　保護者との連携 ……………………………………………………………………… 136
　　5　学校外関係機関との連携 …………………………………………………………… 136

第7章　児童生徒の具体的健康問題と「養護教諭の行う健康相談」対応例
　　1　日常的な対応の実際 ………………………………………………………………… 139
　　2　危機管理的な対応の実際 …………………………………………………………… 166
　　3　身体的疾患への対応の実際 ………………………………………………………… 185

第8章　「養護教諭の行う健康相談」の記録と事例検討
　　1　「養護教諭の行う健康相談」の記録の書き方 …………………………………… 192
　　2　「養護教諭の行う健康相談」の事例検討会の進め方 …………………………… 196

第9章　健康相談・健康相談活動の実践力向上のために
　　1　養護教諭養成教育における「健康相談活動の理論及び方法」の授業構成とシラバスについて …………………………………………………………………… 198
　　2　現職研修の方法 ……………………………………………………………………… 203
　　3　健康相談・健康相談活動の研究方法 ……………………………………………… 205
　　4　養護教諭の倫理綱領 ………………………………………………………………… 207

資料編
　　1　保健室登校記録用紙　213
　　2　ヘルスアセスメント記録用紙　214
　　3　心理的・社会的アセスメントシート　216
　　4　痛みスケール　221
　　5　腹痛初期対応シート　222

編集・執筆者一覧

第1章 健康相談・健康相談活動の基本的理解	《本章の学びのポイント》 ●健康相談・健康相談活動の歴史と変遷について理解する。 ●健康相談・健康相談活動に活かす養護教諭の職の特質と保健室の機能を活かすとは何かを理解する。 ●健康相談からつながる個別の保健指導を理解する。 ●精神疾患と生活習慣の指導と健康相談について理解する。

1 健康相談・健康相談活動の歴史と変遷

「健康相談」及び「健康相談活動」それぞれの用語はその根拠法に基づき使われてきた経過がある。健康相談は，50年ぶりに学校保健法が改正された平成20年6月学校保健法等の一部を改正する法律（平成20年法律第73号）において法第8条に規定された。旧法の健康相談は学校保健法第11条に規定され学校医・学校歯科医の担当であった。改正法第8条の健康相談は「心身の」が加えられ，学校医，学校歯科医，学校薬剤師，養護教諭，担任教諭等が実施することとなった。一方，「健康相談活動」は教育職員免許法施行規則第9条の規定のもと「健康相談活動の理論及び方法」が科目新設され（平成10年），養護教諭養成の必修科目となっている。下表は，時系列で示した健康相談及び健康相談活動の歴史である。

時系列	内　　　容
①昭和17年	養護訓導執務要領：2．養護訓導ハ児童ノ養護ノ為，為概ネ左ニ掲クル事項ニ関シ執務スルコトと記述し，そのニ，健康相談ニ関スル事項が規定された。
②昭和33年	学校保健法制定時から「健康相談」は，法第11条に位置づき，学校保健法施行規則に「健康相談」の実施者は学校医，学校歯科医が行うとされていた。
③平成9年	保健体育審議会答申において，保健室を訪れる児童生徒の身体的訴えの背景にいじめなどの心の健康問題があることへの対応として，養護教諭の新たな役割に「健康相談活動」が誕生した。
④平成10年	教育職員免許法施行規則第9条，養護教諭養成カリキュラムに「健康相談活動の理論及び方法」が科目新設された。
⑤平成19年	中央教育審議会の審議に先立って示された文部科学大臣の諮問文理由説明に「子どもの心と体の悩みや痛みに適切に応える健康相談活動を充実・強化していかなければなりません」と指摘された。
⑥平成20年1月	中央教育審議会答申が示された。学校保健に関する校内体制の充実，養護教諭の提言で「養護教諭の行う健康相談活動がますます重要となっている」と指摘された。
⑦平成20年6月	学校保健法等の一部を改正する法律（平成20年法律第73号）公布で学校保健安全法と法律の名称が改正された。その第8条に「健康相談」が規定された。
⑧平成20年	学校保健安全法施行規則の学校医，学校歯科医，学校薬剤師職務執行の準則において学校医，学校歯科医に加え，学校薬剤師も健康相談の職務となった。
⑨平成20年7月9日	「学校保健法等の一部を改正する法律の公布について」（通知）が示された。その中では法第9条との関連から以下のように記述がある。「（略）このような保健指導の前提として行われる第8条の健康相談についても，児童生徒等の多様な健康課題に組織的に対応する観点から，特定の教職員に限らず，養護教諭，学校医・学校歯科医・学校薬剤師，担任教諭など関係教職員による積極的な参画が求められるものであること」
⑩平成21年4月3日	学校保健法等の一部を改正する法律の施行に伴う文部科学省関係省令の整備等に関する省令案に関するパブリックコメントの回答：「…養護教諭が行ってきた健康相談活動については，法に規定された健康相談に含まれるものです」（文部科学省スポーツ・青少年局学校健康教育課）
⑪平成21年4月30日	財団法人日本学校保健会，養護教諭研修プログラム作成委員会報告書（以下，報告書）：「養護教諭研修プログラム作成に当たっての基本方針」において「養護教諭の行う健康相談については，従来，学校医及び学校歯科医が行う健康相談と区別して健康相談活動という名称で使われてきたが，平成20年6月18日に公布された「学校保健法等の一部を改正する法律（平成20年法律第73号）」の施行通知において，「健康相談についても，児童生徒等の多様な健康課題に組織的に対応する観点から，特定の教職員に限らず，養護教諭，学校医，学校歯科医，学校薬剤師，担任教諭など関係職員による積極的な参画が求められるものである」とされたことから，法律等に準拠して健康相談と標記している」と示された。
⑫平成23年8月	「教職員のための子どもの健康相談及び保健指導の手引」（文部科学省平成23年）に学校における健康相談及び保健指導の考え方や養護教諭，学級担任，学校医・学校歯科医・学校薬剤等の各職務の特質を活かした健康相談，保健指導の在り方等を記述。

2 「健康相談」の沿革

(1) 養護訓導執務要領（訓令）：昭和17年

健康相談は，昭和17年養護訓導執務要領（訓令）において養護訓導の執務として次のように記述されていた。訓令では前文において「養護訓導は常に児童生徒の心身の状況を査察し特に衛生のしつけ，訓練に留意し児童の養護に従事すること」また，「養護訓導は児童のために概ね左（次）に「掲げる事項に関し執務すること」とされた。その具体的な職務については，以下の2に9項目を示し，その二に「健康相談ニ関スル事項」が明確に規定された（当時の原文のまま掲載）。

> 養護訓導執務要領（昭和17年）
> 1. 養護訓導ハ常ニ児童ノ心身ノ情況ヲ査察シ特ニ衛生ノ躾，訓練ニ留意シ児童ノ養護ニ従事スルコト
> 2. 養護訓導ハ児童ノ養護ノ為概ネ左ニ掲クル事項ニ関シ執務スルコト
>   イ 身体検査ニ関スル事項
>   ロ 学校設備ノ衛生ニ関スル事項
>   ハ 学校給食其ノ他児童ノ栄養ニ関スル事項
>   ニ **健康相談ニ関スル事項**
>   ホ 疾病ノ予防ニ関スル事項
>   ヘ 救急看護ニ関スル事項
>   ト 学校歯科ニ関スル事項
>   チ 要養護児童ノ特別養護ニ関スル事項
>   リ 其ノ他ノ児童ノ衛生養護ニ関スル事項
> 3. 養護訓導ハ其ノ執務ニ当リ他ノ職員ト十分ナル連絡ヲ図ルコト
> 4. 養護訓導ハ医務ニ関シ学校医，学校歯科医ノ指導ヲ承クルコト
> 5. 養護訓導ハ必要アル場合ニ於テハ児童ノ家庭ヲ訪問シ児童ノ養護ニ関シ学校ト家庭トノ連絡ニカカワルコト

(2) 学校保健法及び同法施行令等の施行（昭和33年）

昭和33年学校保健法制定において「健康相談」は，法第11条「学校においては，幼児，児童，生徒又は学生の健康に関し，健康相談を行うものとする」と規定された。この規定に際し，文部事務次官は各国公私立大学長・各都道府県教育委員会・各都道府県知事宛に次の通達を発出した。「学校においては，児童，生徒，学生または幼児の健康に関し，健康相談を行うものとされたこと」「健康相談は，健康診断とちがって健康に異常があると思われる者等の個々の者について行われるものであること」（法第11条）このことについて当時の関係者は次に示すような見解を出した。

【健康相談に関する関係者の当時の意見】

昭和33年学校保健法制定時の第11条に規定された「健康相談」は，学校医，学校歯科医の職務となっており養護教諭の役割ではなかった。この健康相談について特集した文献（「健康教室」1968年増刊号）によると様々な考え方が掲載されている。記事の執筆者である学識経験者，文部省教科調査官等が健康相談の考え方や現状を踏まえた課題等を述べている。これらの内容の要旨は以下のとおりである。

① 能見光房氏（当時文部省学校保健課教科調査官）

文部省調査官の立場から健康相談についての記述を筆者が次のようにまとめた。当時の文部省の考え方が理解できる。

> 健康相談は現在のところ必ずしも理論的・技術的に確立されている分野とはいえない。と述べ，健康管理の必要な条件に少しでも近づけようとするサービスの分野であって，今後ますます発展させてゆく必要がある。また，保健とカウンセリングの2つの分野の有機的な結びつきによって保健指導の応需形態へと発展し健康相談の場という1つの合成的な分野として独立してきたものと考える。
> ※学校保健法では，健康相談というものの全貌を先に掲げた通達によって説明している。そして，学校で実施する健康診断とともに業務と名称を独占する専門的非常勤職員である学校医・学校歯科医に委ねられた保健管理，保健指導上の重要な教育活動であることも同時に強調していると記述されている。また，氏は健康相談を「とらえにくい用語」として次のように述べている。
> 　「健康相談」ということばは，人により様々に解釈されている。学校保健行政の面ではすでにふれたように学校医・学校歯科医によって，どちらかというと緊急性の乏しい健康上の問題内蔵者に対し，継続的な観察・指導・助言・支

援等が行われるサービス業務ということで，同じく学校医・学校歯科医が実施する保健指導という名の仕事とは区別して法制上の扱いを設けているように見受けられる。学校保健法で規定している保健指導・健康相談の業務のどちらも，医療行為の色彩はないかまたはきわめて薄いから，当然医療法規でうたっている医師・歯科医師の本来業務としての保健指導の中に含まれてしまうものとして差し支えないことになるのである。1つの例として保健指導とか健康相談といわれているものの重複した概念規定のややこしさを，医療と学校保健の2つの場からながめて，強調してみたまでのことである。

② 「健康相談」に関する当時の学識経験者の意見（下線筆者）

さらに，学校保健法第11条「健康相談」について学識経験者の執筆者の注目すべき記述部分を以下要旨をあげる。

○高石昌弘氏は，健康相談が十分に機能しなかったとし，その理由として健康診断は法第6条で「学校においては健康診断を行わなければならない」との規定になっているが，健康相談は「学校においては健康相談を行うものとする」という表現になっている。つまり「…ねばならない」の規定になっていないことも一因が有るのではないか。また，健康相談は日常の児童生徒の接している問題がかかわっていることから養護教諭が適切ではないかと述べている。

○杉浦守邦氏は，健康相談が不活発な状況を指摘している。氏は健康相談の目的を明確にしていないことを指摘している。さらに，健康相談を医師しか行えないものだと考えることに疑問であるとしている。氏は当時の学校保健法解説において「養護教諭は健康相談を準備し実施を補助する」との記述に単に養護教諭を補助者とすることのみならず養護教諭自身が実施者であってよいと思う。と述べている。

○江口篤寿氏は，健康相談は健康診断などの結果，児童生徒または保護者が気がかりなことがあると相談にきた場合は「受動的な健康相談」または，健康観察の結果，健康相談を必要とするものについて学校側が「能動的に行う健康相談」に分類できると指摘している。氏は，やはり，健康相談は養護教諭が第一の役割であろうと述べている。

以上，当時の文部省担当官のコメントや様々な学識経験者等の専門家の考え方をまとめてみると，昭和33年に制定された学校保健法第11条の健康相談は期待されてはいたが当初から用語の使われ方が曖昧であったこと，特に個別の保健指導との関連を重視していたこと，学校医・学校歯科医しかできない規定について問題意識をもって見ている考え方が多かったこと，養護教諭のかかわりとの関連をもっと重視すべきことなどが指摘されていたことがわかる。平成9年保健体育審議会答申の折，養護教諭が心と体の両面にかかわる新たな役割として「健康相談」という議論がなかったわけではない。しかし，この用語は法第11条の医師・歯科医師の行う健康相談と区別して「健康相談活動」の名称が使われた。その後，学校保健安全法で健康相談が養護教諭も担うこととなった機会に用語を整理し，健康相談活動を含んで「健康相談」となったものである。「教職員のための子供の健康相談及び保健指導の手引」（文部科学省平成23年）では，健康相談活動と健康相談の用語について次のように記述されている。

「健康相談については，従来，学校医・学校歯科医が行うものを健康相談，養護教諭が行うものを健康相談活動と区別していたが，特定の教職員に限らず養護教諭，学校医・学校歯科医・学校薬剤師，学級担任等が行う健康相談として整理された」

現時点にて教育職員免許法施行規則には「健康相談活動の理論及び方法」が科目として存在していることから本書では健康相談・健康相談活動として論を進める。

(3) 学校保健安全法（平成21年）における健康相談

平成20年6月学校保健法等の一部を改正する法律（平成20年法律第73号）で健康相談等（健康相談）が第8条で「学校においては，児童生徒等の心身の健康に関し，健康相談を行うものとする」と規定された。

しかし，健康相談にかかわる法律は，昭和33年学校保健法制定の当時から第11条に「健康相談」が規定されていた。その内容は「学校においては」と場所を「学校」であること，対象を幼児，児童，生徒及び学生として健康相談を行うと規定されていた。平成21年の法改正では法第8条に「心身の」用語が加えられた。心の健康問題が深刻化している現状からこの用語が入ったものと考えられる。すなわち，改正法に

「心身」の用語が記述され，この健康相談は，通知にもあるように法第9条に規定されている保健指導の前提として行うとされている。また，健康相談に関する局長通知では「…保健指導の前提として行われる第8条の健康相談についても，児童生徒等の多様な健康課題に組織的に対応する観点から，特定の教職員に限らず，養護教諭，学校医・学校歯科医・学校薬剤師，担任教諭など関係教職員による積極的な参画が求められる」とし，関係職員がすべてかかわることとしている。であるからこそ中央教育審議会答申で指摘しているように養護教諭の専門性を活かした健康相談活動がますます重要になってくるものと考える。

3 健康相談活動の誕生

(1) 養護教諭の新たな役割

健康相談活動は，平成9年の保健体育審議会答申で養護教諭の新たな役割として提言され，学校医・学校歯科医の行う学校保健法第11条の健康相談と区別し，養護教諭の職務の特質や保健室の機能を十分に活かした心と体の両面にかかわる教育活動として誕生した。また，身体的不調の背景にいじめなどの心の悩みがあるという実態から，「養護教諭の新たな役割」として提言された。これを受け，平成10年教育職員免許法施行規則第9条，養護教諭養成カリキュラムに「健康相談活動の理論及び方法」が科目新設された。このように養護教諭の行う健康相談活動は養護教諭が自らの専門性と教室にはない「保健室特有の機能を最大限活かした」対応により子供たちの心身の健康問題にいち早く気づき必要に応じて専門家や専門機関への連携につなぐことを特徴としている。保健体育審議会答申における健康相談活動は以下のとおりである。

○生涯にわたる心身の健康の保持増進のための今後の健康に関する教育及びスポーツの振興の在り方について（平成9年保健体育審議会答申）（一部抜粋）
（養護教諭の新たな役割）
　近年の心の健康問題等の深刻化に伴い，学校におけるカウンセリング等の機能の充実が求められるようになってきている。この中で，養護教諭は，児童生徒の身体的不調の背景に，いじめなどの心の健康問題がかかわっていること等のサインにいち早く気付くことのできる立場にあり，養護教諭のヘルスカウンセリング（健康相談活動）が一層重要な役割を持ってきている。養護教諭の行うヘルスカウンセリングは，養護教諭の職務の特質や保健室の機能を十分に生かし，児童生徒の様々な訴えに対して，常に心的な要因や背景を念頭に置いて，心身の観察，問題の背景の分析，解決のための支援，関係者との連携など，心や体の両面への対応を行う健康相談活動である。これらの心の健康問題等への対応については，「心身の健康に問題を持つ児童生徒の個別の指導」及び「健康な児童生徒の健康増進」という観点からの対応が必要である（後略）
（求められる資質）
　このような養護教諭の資質としては，保健室を訪れた児童生徒に接した時に必要な「心の健康問題と身体症状」に関する知識理解，これらの観察の仕方や受け止め方等についての確かな判断力と対応力（カウンセリング能力），健康に関する現代的課題の解決のために個人又は集団の児童生徒の情報を収集し，健康課題をとらえる力量や解決のための指導力が必要である。その際，これらの養護教諭の資質については，いじめなどの心の健康問題等への対応の観点から，かなりの専門的な知識・技能が等しく求められることに留意すべきである（後略）
　　＊下線筆者

(2) 資質を担保する教育職員免許法施行規則への科目新設（平成10年改訂）

健康相談活動が保健体育審議会審議会答申において新たな役割となったということは，その役割を担うための資質を免許法で担保する必要がある。その資質とは，保健体育審議会答申（平成9年）で指摘している。

保健室を訪れた児童生徒に接したときに必要な「心の健康問題と身体症状」に関する知識理解，これらの観察の仕方や受け止め方についての確かな判断力，対応力やカウンセリング能力等である。

答申を受け，教育職員免許法施行規則，第9条養護教諭養成カリキュラム「養護に関する科目」に「健康相談活動の理論及び方法」が次ページのように規定された。この科目名で注目すべきは「健康相談活動の理論及び方法」の「方法」としていることである。すなわち，この科目は理論のみではなくその方法を学ぶ必要があるのである。

なお，教職に関する科目（施行規則10条）は省略するがカウンセリングの基礎的資質はここでその資質を習得する。

第1章　健康相談・健康相談活動の基本的理解

〈教育職員免許法施行規則第9条〉平成10年改正			
養護に関する科目	専修	1種	2種
衛生学及び公衆衛生学（予防医学を含む。）	4	4	2
学校保健	2	2	1
養護概説	2	2	1
健康相談活動の理論及び方法	2	2	2
栄養学（食品学を含む。）	2	2	2
解剖学及び生理学	2	2	2
微生物学，免疫学，薬理概論	2	2	2
精神保健	2	2	2
看護学（臨床実習及び救急処置を含む。）	10	10	10
小計（単位）	28	28	24

○科目「健康相談活動の理論及び方法」の特徴
・養護に関する科目のなかで養護概説と共に養護教諭の専門性を習得するための専門科目
・科目名が「理論及び方法」となっており「方法」まで科目の中で示している。すなわちこの科目は養護教諭の職の特質や保健室の機能を十分に活用した技術（スキル）を身につける科目である。

○その後，「教育職員免許法施行規則」（平成29年11月17日）の改正により「健康相談活動の理論・健康相談活動の方法」（第9条，備考）となった。

(3) 学校保健安全法第8条の「健康相談」に含む「健康相談活動」

　学校保健法は，平成20年6月学校保健法等の一部を改正する法律（平成20年法律第73号）公布で学校保健安全法と法律の名称が改正された第8条で「健康相談」が規定された。この健康相談と健康相談活動について，学校保健法等の一部を改正する法律の施行に伴う文部科学省関係省令の整備等に関する省令案に関するパブリックコメントの回答「…養護教諭が行ってきた健康相談活動については，法に規定された健康相談に含まれるものです」（文部科学省スポーツ・青少年局学校健康教育課）と両者の捉え方が示された（下線筆者）。

(4) すべての関係職員が実施可能となった法第8条の「健康相談」

　その後，財団法人日本学校保健会，養護教諭研修プログラム作成委員会報告書（以下，報告書）「養護教諭研修プログラム作成に当たっての基本方針」において「養護教諭の行う健康相談については，従来，学校医及び学校歯科医が行う健康相談と区別して健康相談活動という名称で使われてきたが，平成20年6月18日に公布された「学校保健法等の一部を改正する法律（平成20年法律第73号）」の施行通知において，「健康相談についても，児童生徒等の多様な健康課題に組織的に対応する観点から，特定の教職員に限らず，養護教諭，学校医，学校歯科医，学校薬剤師，担任教諭など関係職員による積極的な参画が求められるものである」とされたことから，法律等に準拠して健康相談と標記していると示された（平成21年4月30日）。

(5) 健康相談活動と健康相談の特徴

　健康相談活動は，平成9年保健体育審議会答申及び中央教育審議会答申の提言において重要視され，さらに教育職員免許法施行規則に「健康相談活動の理論及び方法」として科目新設された。学校保健安全法で規定された第8条の「健康相談」の捉え方と関連について以下のようにまとめることができる。「教職員のための子供の健康相談及び保健指導の手引」（文部科学省，平成23年）では，従来の健康相談活動は健康相談に含むとの見解である。しかし，現実として教育職員免許法施行規則において健康相談活動が科目設定されている状況を踏まえ，平成9年に保健体育審議会答申で提言された健康相談活動を振り返り確認し，学校保健安全法第8条との関連を以下のように整理する。

	健康相談活動	健康相談
根拠法	教育職員免許法施行規則第9条	学校保健安全法第8条
位置づけ	学校保健　保健管理　保健室経営として展開	学校保健　保健管理
対応者	養護教諭の職の特質や保健室の機能を活かした活動	養護教諭・学校医・学校歯科医・学級担任等の関係職員
答申などの指摘	保健体育審議会（平成9年）	

4 健康相談活動の創設の経過と成り立ち

　以上を踏まえ，平成9年保健体育審議会答申で示された健康相談活動の定義を基にその基本的な考え方と成り立ちを以下のように示す。この考え方は学校保健安全法第8条の健康相談も同様である。

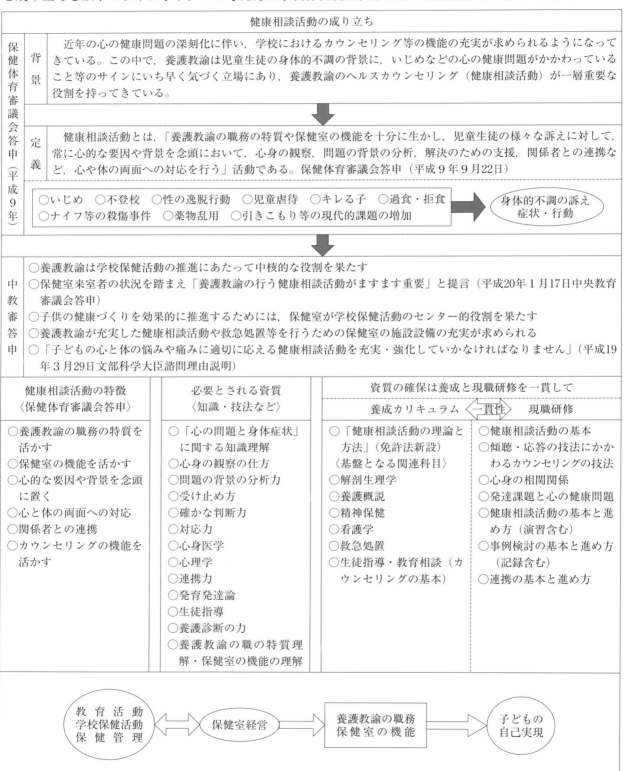

5 養護教諭の「職」の特質を健康相談・健康相談活動に活かすとは何か

　健康相談活動の定義のとおり，この活動の推進は養護教諭の資質・能力を活かしてこそ効果があがる。すなわち，下記に示すように養護教諭の職は健康相談活動の趣旨やプロセスに深く関連し，他の職員にはみられない養護教諭が持つ専門性及び固有性を十分に活かした対応が必要である。養護教諭の「職」の特質を以下にあげる。

> ① 教育職員としての免許状に裏づけられた専門的な資質・能力，技能（心身医学的知識，看護学的技術），観察力，判断力，（カウンセリング能力）等の資質を有する。
> ② 教育職員としての教育機能を活かした対応が可能である。
> ③ 全校生徒にかかわることが可能である。
> ④ 学校の時程に関係なく保健室に常時在室を基本としている。
> ⑤ 養護教諭の専門性に基づいた体へのかかわり（タッチング）を活かすことが可能である。
> ⑥ 関係者との調整を図ることが可能である。
> ⑦ 関係職員とのコーディネーター的役割を担うこと。

　特に上記⑤の体へのかかわり（タッチング）の行為とその効果について以下に述べる。タッチングは「体を見る」「体を観る」「体を看る」「体を診る」「体を視る」など，養護教諭の持つ救急処置能力，医学的，看護学的，解剖生理学的な知識技術を活かし専門職としてかかわることにより，根拠のある判断や対応が可能となる。

　また，養護教諭対象の研修でのタッチングでは，子供役となった養護教諭は次のことを体得している。①信頼関係の促進（信頼感・承認・保護），②保健室機能の効果（保健室イメージ・養護教諭の技術・養護教諭の良好なイメージ），③心と体の回復（安心感・心と体のイメージ・症状軽減），④コミュニケーションの促進（教室復帰・また来たい・自己開示）等の概念が生成されたとしている。なお，この場合のタッチングとは「養護教諭の手によって，カウンセリングの技法を駆使した言葉かけをしながら，心身の観察及び対応の過程でバイタルサインをとる，痛みやかゆみの観察，緩和するために触って診る，さすって診る，看るなどの体へのかかわり」と定義している。これらのことを活かして，心因性であるか否かの見極めと背景要因があきらかになり，タイムリーな教育的連携ができることにつながる。なお，タッチングの具体的実践例はP106に紹介する。

6 保健室の機能を健康相談・健康相談活動に活かすとは何か

　「保健室の機能を活かす」とは健康相談活動の定義に示された「養護教諭の職の特質を活かす」と共に，この活動を養護教諭固有の役割としての位置づけを示す考え方である。

　「保健室の機能を活かす」とは，保健室の持つ機能はもとより，保健室にある施設・設備・空間など教室にはない保健室固有の環境などをも含め，その活用を考えるべきである。さらに，忘れてならないのは，保健室の機能や設備などの環境が整ったとしてもそれを運営する「養護教諭が常時そこにいる」ということが大きな特質であることである。すなわち教室にはない保健室の場と機能を養護教諭の行う健康相談の展開に活かす特徴は以下のように考えられる。

> ① 教育の場としての保健室の役割を活かすことができる
> ② 保健室の特徴を活かすことができる
> ③ いつでも・誰でも，どのような理由でも来室できる（教職員・保護者含む）
> ④ 保健室固有の空間（養護教諭存在）を活かすことができる
> ⑤ 医学，心理，看護関係の専門書を活かすことができる
> ⑥ 来室記録，保健調査，健康診断表等の心身の健康情報を活かすことができる
> ⑦ 保健室固有の施設・設備を活かすことができる（ベッド・リネン等）

これらの保健室の機能，設備や備品等は養護教諭の行う健康相談や養成教育における健康相談活動に活用することで実践効果につながる。また，どこの保健室にもあるベッドや毛布（タオルケットを含む）による包まれ体験の有効性に関する現職養護教諭の研修から得られたことを以下に述べる。①子供の安楽（安心感・心と体のイメージ・あたたかい・症状の軽減・自己開示・自己の存在価値・自己洞察），②特別な空間（保健室）（保健室のイメージ・また来たい），③人のぬくもり（養護教諭の存在）（信頼感・養護教諭の良好なイメージ）等の概念が生成された。この場合の「毛布に包まれる体験」とは，「養護教諭の手でカウンセリングの技法を駆使した言葉かけをしながら，子供が毛布を足元から首もとまでかけられたり，すっぽり包まれる体験」と定義している。これらを保健室の空間と施設設備を活かした健康相談・健康相談活動に十分活かす必要がある。さらに，これは前述のタッチングと共に行うことによって一層の成果につながることが実践的研究から明らかになっている。なお，具体的実践例はP110に紹介する。

7　健康相談・健康相談活動に「連携」の機能を活かす

(1)　連携の中心は養護教諭―コーディネーターの力量形成―

　近年，連携やコーディネーターにかかわる各答申や法律等が多く示され，連携の重要性が求められている。

①平成9年養護教諭の新たな役割として提言された「健康相談活動」の定義に「関係者との連携」の用語が記述された。

②平成20年中央教育審議会答申（「子どもの心身の健康を守り，安全・安心を確保するために学校全体としての取組を進めるための方策について」）の養護教諭に関する提言：「子どもの現代的な健康課題の対応に当たり，学級担任等，学校医，学校歯科医，学校薬剤師，スクールカウンセラーなど学校内における連携，また医療関係者や福祉関係者など地域の関係機関との連携を推進することが必要となっている中，養護教諭はコーディネーターの役割を担う必要がある。このような養護教諭に求められる役割を十分に果たせるよう，学校教育法における養護教諭に関する規定を踏まえつつ，養護教諭を中核として，担任教諭等及び医療機関など学校内外の関係者と連携・協力しつつ，学校保健も重視した学校経営がなされることを担保するような法制度の整備について検討する必要がある」

③学校保健安全法第10条（地域の医療機関等との連携）に「学校においては，救急処置，健康相談又は保健指導を行うに当たつては，必要に応じ，当該学校の所在する地域の医療機関その他の関係機関との連携を図るよう努めるものとする」とある。すなわち，健康相談に関しても地域の医療機関等と連携するような規定である。

④平成27年12月21日中央教育審議会答申（「チームとしての学校の在り方と今後の改善方策について」）では，学校の組織運営改革が提言されている。この背景は，①新しい時代に求められる資質・能力を育む教育課程を実現するための体制整備，②複雑化・多様化した課題を解決するための体制整備，③子供と向き合う時間の確保等の体制整備である。答申では，専門性に基づくチーム体制の構築が提言され，スクールカウンセラー（SC）やスクールソーシャルワーカー（SSW）等が法的に整備されることとなった。これらの専門スタッフと養護教諭は連携・分担することとなっており養護教諭によるコーディネーター役としての調整力はますます重要となっている。

　まさに学校は抱え込みから連携によって様々な課題を解決すべく法律に規定されたことになる。「連携」を円滑に進めるためには，チームとしての実践を展開すべきである。先にあげた学校医，学校歯科医，学校薬剤師，教諭はもとより，専門家や専門医療等の関係機関と調整する役割となる人が必要となる。この役割を果たすのが中央教育審議会答申でも指摘されたようにコーディネーターの役割としての養護教諭である。

(2) 「連携」の基本をおさえ日常的にその基盤を作る

　「連携」とは何かをまずはしっかりおさえたい。連携とは，「同じ目的で何事かをしようとするものが連絡をとり合って，それを行うこと」（岩波国語辞典）である。

　すなわち，他の人に対応をお願いすることではなく，自分の担うべき役割をしっかり果たしつつ同じ目的に立つ人々と課題を共有し解決に向かう取組である。健康相談・健康相談活動における連携の進め方のポイントについて以下の事項をあげ，それを踏まえた，日常的な連携活動，対応中の連携の活動，事後のフォローアップ体制について述べる。

①　連携の基本的な考え方と目的を確認する
②　対象の子供の問題解決のための目的をまず「共有」する
③　連携の基盤を日頃から確立しておき「いざというときに備える」
④　年度当初の職員会，学校医との情報交換，各関係機関の情報，職員研修会等で連携の基本を確認する

〈日常的な活動〉
①　健康相談・健康相談活動の基本に関する校内研修会の開催
　○対応のためのネットワークづくり　○連携の対象とその業務内容や特徴の理解と活用法　○危機管理と健康相談・健康相談活動　○児童虐待・薬物乱用・摂食障害・PTSD　○妊娠　等
②　学校医等への連絡，打ち合わせ
　○精神科医，SC（スクールカウンセラー），SSW（スクールソーシャルワーカー）及び医療機関への橋渡しの際のタイミング，インフォームドコンセント等の共通理解　○地域の小児科（心身医学に詳しい）　○精神科医やSC，SSW等の心理職や社会福祉の方の把握と活用　○医療機関マップの作成　○思春期相談　○いじめ相談の施設や心理的な専門把握

〈対応中における連携活動〉
①　校長
　○対象事例についての報告と対応の基本方針についての確認
②　保健主任：生徒指導主任，教育相談担当
　○対応の方針や計画及び対応グループ編成の検討
③　学級担任・ホームルーム担任・教科担任
④　学習の状況
　○学級内の状況（友人関係等）　○対応に関する情報　○保護者・地域　○保護者会における議題
⑤　地域関係機関との連携
　○警察，児童相談所，福祉事務所，保健所及び地域の教育センター等への訪問と情報交換
⑥　心身医学の専門家や精神科医等心身の疾病に関する専門家との連携
　○心と体の相関にかかわる疾病の理解及びその気づきと対応についての助言　○幼児，学童，青年期に好発する精神疾患の理解と学校での対応への助言
⑦　校内の相談組織
　○対応のための事例検討会の開催

〈事後の健康相談・健康相談活動―フォローアップ体制―〉
①　校内の相談組織
　○対象事例のフォローアップについての理解を深める校内研修等の設定
②　保護者
　○定期的な連絡と相談対応
③　地域の医療機関や相談機関
　○事後の対応組織の確認と情報交換　○学校保健委員会やPTA組織

連携の基本
連携とは，「同じ目的で何事かをしようとするものが連絡をとり合って，それを行うこと」（岩波国語辞典）

8　健康相談・健康相談活動からつながる保健指導

(1) 法律（学校保健安全法第9条）に規定された保健指導

　「保健指導」は平成21年に50年ぶりに改正された学校保健安全法に初めて規定された。学校保健安全法は主として保健に関する管理的な内容が中心であるが「保健指導」が規定されたことは大変意義深いこと

である。しかも，養護教諭がその中心としてかかわることも明記された。ここでは，改正法の意義，学校医等とどのように連携するかなどについて記述する。法律の内容は以下のとおりである。さらにスポーツ・青少年局長通知で法の解釈について紹介する。

○学校保健安全法第9条（保健指導）
　養護教諭その他の職員は，相互に連携して，健康相談又は児童生徒等の健康状態の日常的な観察により，児童生徒等の心身の状況を把握し，健康上の問題があると認めるときは，遅滞なく，当該児童生徒等に対して必要な指導を行うとともに，必要に応じ，その保護者（学校教育法第16条に規定する保護者をいう。第24条及び第30条において同じ。）に対して必要な助言を行うものとする。

＊下線筆者

○学校保健法等の一部を改正する法律の公布について（平成20年7月9日スポーツ・青少年局長通知）
(7) 保健指導について（第9条）
1　近年，メンタルヘルスに関する課題やアレルギー疾患等の現代的な健康課題が生ずるなど児童生徒等の心身の健康問題が多様化，深刻化している中，これらの問題に学校が適切に対応することが求められていることから，第9条においては，健康相談や担任教諭等の行う日常的な健康観察による児童生徒等の健康状態の把握，健康上の問題があると認められる児童生徒等に対する指導や保護者に対する助言を保健指導として位置付け，養護教諭を中心として，関係教職員の協力の下で実施されるべきことを明確に規定したものであること。
　　したがって，このような保健指導の前提として行われる第8条の健康相談についても，児童生徒等の多様な健康課題に組織的に対応する観点から，特定の教職員に限らず，養護教諭，学校医・学校歯科医・学校薬剤師，担任教諭など関係教職員による積極的な参画が求められるものであること。
2　学校医及び学校歯科医は，健康診断及びそれに基づく疾病の予防処置，改正法において明確化された保健指導の実施をはじめ，感染症対策，食育，生活習慣病の予防や歯・口の健康つくり等について，また，学校薬剤師は，学校環境衛生の維持管理をはじめ，薬物乱用防止教育等について，それぞれ重要な役割を担っており，さらには，学校と地域の医療機関等との連携の要としての役割も期待されることから，各学校において，児童生徒等の多様な健康課題に的確に対応するため，これらの者の有する専門的知見の積極的な活用に努められたいこと。

＊下線筆者

---

(2) 学校保健安全法第9条での「保健指導」用語解釈のポイント

「保健指導」の用語は，「医師法」「歯科医師法」「保健師・助産師・看護師法」において，すでに「保健指導を業とする」とされている。養護教諭が学校保健安全法において「保健指導」を実施することを明確に法制化されたことは大変意義深いことと考える。ここでは，この学校保健安全法第9条とこの法にかかわる局長通知から読み取れるポイントを以下にあげる。（下線筆者）

① 養護教諭が中心となり，その他の職員が相互に連携することを強調していること。
② 「健康相談や健康状態の日常的な観察」を前提としていること。
③ 身近に接している担任などが日頃の観察をもとに問題があると把握した「とき」と記述され，一定の時期を限定していると考えられる。
④ 「遅滞なく」と記述し，指導のタイムリーさを強調していること。
⑤ 「当該児童生徒等」とは，文章上の解釈では，対象は個別や小集団の指導と考えられる。よって，特別活動で行う学級を単位とした集団の指導と区別していること。
⑥ この法律で「必要な指導」は，当該児童生徒等に向けて，保護者に対しては，「必要な助言」と区別されている。

(3) 健康相談，健康観察等から個別の保健指導につながる基本的な視点とポイント

① 日頃から個々の健康問題を把握しておくこと
　　健康問題を必要とする対象者は，日々の健康観察，定期の健康診断，保健調査，体重測定等で把握し，個別指導者一覧等を作成する。
② 集団指導との関連を図ること
　　法第9条は個別の保健指導であり学校保健の領域でいえば保健管理に位置づいているが，集団指導との関連をはかり指導の効果が上がるよう配慮すること。
③ 指導のタイミングを逸しないこと

法第9条では「遅滞なく」と規定してある。これは，健康診断結果の事後措置とは違い問題を発見したら早急な指導を意味していると考える。
　④　保護者への助言を念頭に置くこと
　　　法第9条は保護者への助言も含んでいる。子供の健康問題は本人自身の健康行動を促す指導と共に保護者にどのような助言が必要かを念頭に置いて進める。
　⑤　チームとしての取組を図り関係者との連携を重視し，それぞれの専門を活かすよう調整する
　　　子供の抱える問題によっては養護教諭の専門性はもとより，学校医，学校歯科医，学校薬剤師，SC（スクールカウンセラー）SSW（スクールソーシャルワーカー）地域の精神科医，小児科医等との連携を念頭に置く必要があること。
　⑥　そのためには，個別の指導の「活動実施案」（次ページ参照）を作成し，指導に携わる関係者が共通の目標を持つこと。

(4) **養護教諭が行う健康相談，健康観察等から指導につなぐ活動の流れ**

　養護教諭の行う健康相談からつなぐ指導の流れは，子供の来室状況や学級担任等の気づきから始まり，対応は様々である。すなわち，学校保健安全法第9条及びその後の通知を踏まえつつ現場の子供たちや担任教諭，学校医等との連携を基に様々なパターンの流れが考えられる。どの活動においても「活動実施案」を作成して共通の目的と進め方を確認する必要がある。

　なお，健康相談，健康観察等から個別の保健指導の具体的事例について本書P116～119に紹介する。

```
①　学級担任による朝の健康観察→保健室での健康相談→活動実施案→関係職員との連携指導
②　保健室来室→養護教諭の健康相談→学級担任の観察→活動実施案→保護者への助言→担任の観察
③　保健室来室→学級担任・養護教諭による個別の保健指導→活動実施案→保護者に助言→学級単任の集団の指導
④　小学校からの申し送り→学校医・養護教諭による健康相談→活動実施案→養護教諭，担任の指導
```

(5) 「活動実施案」の作成

　一般的に授業を行う場合には，「授業のねらい」「内容」「学習過程」等の流れを示す「学習指導案」を作成して実施する。しかし，行事，集会活動，宿泊行事等での実践ではこのような指導案を作成していないことが多い。そこで，「活動実施案」を作成し，担任，学校医，学校歯科医に示し，取組の「ねらい」や「方法」を共有する必要がある。ここでは，歯肉炎の個別指導を例に以下のような活動実施案を紹介する。

(6) **活動実施案を作成する意義**
　・個別指導の教育的意義づけが明確になる
　・他の活動とのつながりを意図的に連携できる
　・活動にかかわる教職員の共通理解を図ることができる
　・保護者への指導効果をあげることができる
　・活動実施案を累積し分析することで次回に活かす
　・比較的短時間で具体的な流れを理解できる

個別指導活動実施案—学校保健安全法第9条対応—

1．テーマ 「歯肉の健康つくりにチャレンジ大作戦」（歯肉は健康のバロメーター）	
2．課題の発見（対象者の把握・日々の健康観察・健康相談・健康相談活動・健康診断等） 　歯科検診の結果GO（要観察者）の児童が高学年のみならず低学年にもみられた。歯肉の炎症は心身の健康を示すサインでもある。歯周炎は生活習慣病の1つでもあり、その前段である歯肉炎対策を個別指導で改善を経験させ全身の健康行動につなぎ、健康つくりの喜びを持って欲しいと思い取り組む。	
3．ねらい 　①　歯肉の観察をする理由とその仕方ができるようになる。 　②　歯肉の健康を保持する歯みがきや生活の仕方がわかる。 　③　毎日の生活で歯みがきを含めた健康行動が実践できるようにする。	
4．指導対象者名簿 　2年〜6年まで計15人	
5．指導期間、時間、場所（対象者の把握後速やかに開始する） 　期間：○月○○日から○月○○日　時間：給食後　場所：保健室	
6．指導者 　養護教諭（学校歯科医と連携）	
7．活動内容	

（養護教諭の主な取組）	（指導のポイント・留意点）
(1)　対象者の選択（日常の健康観察、健康相談、健康診断結果の整理と検討）と提案 (2)　保護者に個別指導の説明と承諾 　・個別指導のねらいと内容 　・個別指導時の持ち物の周知（歯ブラシ、タオル） (3)　個別指導内容（手順） ①歯肉の観察： 　・鏡を見ながら綿棒で歯肉をつんつん圧す 　・出血の有無 　・歯肉の色 　・歯肉の弾力を観察しワークシートに赤鉛筆で記録 ②　歯垢染色：歯垢染色用ジェルを歯肉に綿棒で塗る ③　染め出し結果をワークシートに記録し、自己の歯みがきや生活の課題に気づく ④　歯肉炎解消や予防の歯みがきの仕方のスキル（技術）を体験しながら発見する ⑤　自分にあった歯みがきの技術を獲得する	○職員会議に提案 ○保護者へ個別指導のお知らせ ○保健室で準備するもの 　①鏡、②綿棒、③ティッシュ、④染め出しジェル、⑤ワークシート、⑥顎模型、⑦赤鉛筆、⑧歯ブラシ ○歯肉炎の原因は歯垢であるということに気づく 　①1本1本丁寧に、②静かに、③力を入れずに、④毛先を活かして、⑤出血しても怖くはない 　　⇒**歯みがきのコツ** ○本人の取組を確認し、賞賛と承認をくり返し健康つくり実践の成就感を持つ指導 ○個別指導に選出されたことを負のイメージに捉えさせない

8．連携	
（学級担任）	（学校歯科医）
○歯科検診の結果の整理 ○給食後の歯みがきの指導 ○学校での歯ブラシ保管と衛生管理	○歯科検診におけるGOの児童の把握 ○GOに対する学校での指導について専門的な立場からの知識、技術の指導について養護教諭に指導

⇒養護教諭は、本人及び学級担任、学校歯科医、保護者等と指導が円滑推進するよう調整する。

9．保護者への助言 ○学校での個別指導で身につけた歯ブラシの毛先を活かしたみがき方を家庭においても実施できるように学校に来ていただき、みがき方の助言をする。 ○また、毎日の食事等の基本的な生活習慣の在り方等についても助言をする。	
10．活動と学びのネットワーク ○獲得した歯肉の観察の仕方、歯みがきの技術をクラスの授業時に「歯肉・歯みがき博士」として登場 ○スキル獲得しその喜びを他者にも伝えられる ○保健室での歯みがき赤染めクラブに発展	
11．反省と評価・全体感想 ○歯みがき練習や観察に自信がつき歯肉が健康に改善すると授業や他の活動がいきいきし意欲的になる。 ○個別の指導を起点として、学級活動での授業や宿泊行事、日常の歯みがき（赤染め）クラブ等に広がっていくことを実感した。	

9 「精神疾患と生活習慣」の指導と健康相談

(1) 高等学校学習指導要領（保健体育―現代社会と健康（第2　保健／2　内容／(1)ア(オ)））

　この内容は養護教諭の行う健康相談と密接に関連するので学習指導要領の記述内容及び解説について以下に述べる（ミシン罫囲み筆者）。

○高等学校学習指導要領（現代社会と健康の内容）
(1) 現代社会と健康について，自他や社会の課題を発見し，その解決を目指した活動を通して，次の事項を身に付けることができるよう指導する。
　ア　現代社会と健康について理解を深めること。
　　(ア)　健康の考え方
　　　　国民の健康課題や健康の考え方は，国民の健康水準の向上や疾病構造の変化に伴って変わってきていること。また，健康は，様々な要因の影響を受けながら，主体と環境の相互作用の下に成り立っていること。
　　　　健康の保持増進には，ヘルスプロモーションの考え方を踏まえた個人の適切な意思決定や行動選択及び環境づくりが関わること。
　　(イ)　現代の感染症とその予防
　　　　感染症の発生や流行には，時代や地域によって違いがみられること。その予防には，個人の取組及び社会的な対策を行う必要があること。
　　(ウ)　生活習慣病などの予防と回復
　　　　健康の保持増進と生活習慣病などの予防と回復には，運動，食事，休養及び睡眠の調和のとれた生活の実践や疾病の早期発見，及び社会的な対策が必要であること。
　　(エ)　喫煙，飲酒，薬物乱用と健康
　　　　喫煙，飲酒は，生活習慣病などの要因になること。また，薬物乱用は，心身の健康や社会に深刻な影響を与えることから行ってはならないこと。それらの対策には，個人や社会環境への対策が必要であること。
　　┌───
　　│(オ)　精神疾患の予防と回復
　　│　　精神疾患の予防と回復には，運動，食事，休養及び睡眠の調和のとれた生活を実践するとともに，心身の不
　　│　調に気付くことが重要であること。また，疾病の早期発見及び社会的な対策が必要であること。
　　└───
　イ　現代社会と健康について，課題を発見し，健康や安全に関する原則や概念に着目して解決の方法を思考し判断するとともに，それらを表現すること。
(2) 安全な社会生活について，自他や社会の課題を発見し，その解決を目指した活動を通して，次の事項を身に付けることができるよう指導する。
　ア　安全な社会生活について理解を深めるとともに，応急手当を適切にすること。

　上記(オ)ついて高等学校学習指導要領解説〔保健体育編・体育編〕については以下のように記述されている。

(オ)　精神疾患の予防と回復
　㋐　精神疾患の特徴
　　　精神疾患は，精神機能の基盤となる心理的，生物的，または社会的な機能の障害などが原因となり，認知，情動，行動などの不調により，精神活動が不全になった状態であることを理解できるようにする。
　　　また，うつ病，統合失調症，不安症，摂食障害などを適宜取り上げ，若年で発症する疾患が多く，誰もが罹患しうること，適切な対処により回復が可能であること，疾患を持ちながらも充実した生活を送れることなどを理解できるようにする。
　　　その際，アルコール，薬物などの物質への依存症に加えて，ギャンブル等への過剰な参加は習慣化すると嗜癖行動になる危険性があり，日常生活にも悪影響を及ぼすことに触れるようにする。
　㋑　精神疾患への対処
　　　精神疾患の予防と回復には，<u>身体の健康と同じく，適切な運動，食事，休養及び睡眠など，調和のとれた生活を実践すること，早期に心身の不調に気付くこと，心身に起こった反応については体ほぐしの運動などのリラクセーションの方法でストレスを緩和することなどが重要であることを理解できるようにする。</u>
　　　また，心身の不調時には，不安，抑うつ，焦燥，不眠などの精神活動の変化が，通常時より強く，持続的に生じること，心身の不調の早期発見と治療や支援の早期の開始によって回復可能性が高まることを理解できるようにする。その際，自殺の背景にはうつ病をはじめとする精神疾患が存在することもあることを理解し，できるだけ早期に専門家に援助を求めることが有効であることにも触れるようにする。
　　　さらに，人々が精神疾患について正しく理解するとともに，専門家への相談や早期の治療などを受けやすい社会環境を整えることが重要であること，偏見や差別の対象ではないことなどを理解できるようにする。

　　　＊下線筆者

---

(2) 学習指導要領及び解説の記述内容と養護教諭の行う健康相談

　精神疾患は5人に1人が罹患するといわれている。とりわけ高発年齢は学齢期に発症し，その対策は我

が国の喫緊の課題である。こうした折，前述の高等学校学習指導要領保健体育に「精神疾患の予防と回復には，運動，食事，休養及び睡眠の調和のとれた生活を実践するとともに，心身の不調に気付くことが重要であること」「疾病の早期発見及び社会的な対策が必要であること」が規定された。この改訂を踏まえ高等学校における授業はもとより，小学校，中学校も含め学校の教育活動全体で取り組む必要がある。とりわけ，養護教諭はその専門的知識を活かしつつ関係者や関係機関のコーディネーター的な役割を果たす必要がある。その際におさえておくポイントは以下の通りである。

- 学習指導要領に「精神疾患」という用語が初めて記述されたこと。
- 運動，食事，休養及び睡眠の調和のとれた生活の実践と共に異常に気づくことと述べており，予防のみならず「回復」が記述されたこと。したがって，精神疾患について気づくための方法を考えることが必要となること。
- 社会的な対策が必要との記述から精神疾患についての偏見を払拭する必要があること。
- 精神疾患の予防や回復には日々の生活習慣が大きく影響することが明記され，生活習慣の基礎基本は中学校，小学校時からの指導が大変重要になること。
- 生活習慣の指導は保健の時間のみならず教育活動全体の中での指導が求められること。

(3) 養護教諭が「精神疾患の予防と回復」の教科保健の授業にかかわることについて

養護教諭は基本的には教科の授業に免許法制度において単独で指導はできない。しかし，次のような方法によって教科の授業にかかわることが可能である。

- 教育職員免許法附則第15条の養護教諭が教諭に兼職発令の措置を受けること。
- 教諭とのチームティーチングとして授業に参画すること。

(4) 養護教諭は教育職員免許法施行規則養護教諭養成カリキュラムに「精神保健2単位」取得していることを自覚

養護教諭は教育職員免許法施行規則，養護教諭養成カリキュラムに精神保健2単位を取得することが必修となっている（P16～17参照）。すなわち，学校の教職員で最も多くの時間を精神保健の学びを得ている。この専門的知識をこの授業に大いに活用して指導の効果を上げる必要がある。

10　健康相談・健康相談活動に必要な資質・能力

健康相談・健康相談活動の実践に必要な資質・能力，保健体育審議会答申（平成9年）で示された健康相談活動の定義及びこれに基づいて筆者が検討し，設定した108の視点（次ページ）をあげる。

これらの資質・能力を整理してみると以下のように分類できる。

1．健康相談・健康相談活動の基本
　○健康相談・健康相談活動の定義，歴史，沿革　○子供の現代的健康課題　○プロセスと方法
2．健康相談・健康相談活動関連の諸理論
　○医学　○心理学　○福祉・行政　○看護学　○学校教育
3．健康相談・健康相談活動の実践
　○心身の観察（ヘルスアセスメント）　○情報収集と発信　○問題の背景分析・判断　○解決のための支援（カウンセリング）　○関係者との連携（チームとしての学校の観点から専門家との協働）　○事例検討　○記録・評価
4．健康相談・健康相談活動の実践研究と発表
　○実践を研究的視点からまとめ発表

上記の資質・能力を担保する教育職員免許法，養護教諭養成カリキュラム（平成10年度及び平成29年改訂（平成31年施行））はP16～17に掲載する。

〈参考文献〉
(1) 三木とみ子・徳山美智子編集代表『養護教諭が行う健康相談・健康相談活動の理論と実際』ぎょうせい，2013, pp.1-6
(2) 三木とみ子編集代表『新訂　養護概説』ぎょうせい，2018, p.30

（三木　とみ子）

健康相談・健康相談活動のプロセスに必要な資質・能力（108の視点）

健康相談・健康相談活動のプロセスとヘルスアセスメント		基盤として必要な資質・能力（知識・技術） 基本的事項	健康相談・健康相談活動の流れからの視点（保健指導含む）	ヘルスアセスメントの視点	養護教諭の職務の特質や保健室の機能の視点	カウンセリングの機能の視点	連携・連絡・協力の視点（時系列・対象・タイミング）
①心身の健康観察（担任・保健室来室） 身体的症状等の訴え（なんとなく，つらい等含む）	①担任等の健康観察結果 ②来室者状態の把握の過程 ○フィジカルアセスメント ・バイタル，表情等の一般状態アセスメント ○生活習慣アセスメント ・睡眠状態 ・食事摂取状況 ・排泄状態（排便・排尿）	1　健康相談・健康相談活動の意義と方法等本質がわかる（平成９年保体審答申，学校保健安全法） 2　養護教諭養成カリキュラムの科目新設の意義がわかる	17　健康相談・健康相談活動のプロセスがわかる ・初期対応 ・継続的対応 ・危機管理的対応 ・保健指導につなぐ対応	44　養護教諭が行うアセスメントとは何かがわかる 45　健康相談と健康相談活動に活かすヘルスアセスメントとは何かがわかる	51　教育活動の一環としての活動がわかる 52　学校保健活動の位置づけがわかる 53　養護教諭の職務の特質がわかる 54　保健室の機能の特質がわかる 55　健康相談・健康相談活動と養護教諭の役割がわかる	75　生徒指導の意義，児童生徒理解の必要性がわかる 76　不登校，いじめに対する心理学的な理解ができる 77　教育相談の意義，理論と校内の状況がわかる	〈日常的な活動〉 92　健康相談・健康相談活動の基本などに関する共通理解の確認ができる ・対応のためのネットワークづくりができる ・連携の対象とその業務内容や特徴の理解と活用法 93　危機管理における日常の在り方がわかる ・児童虐待・薬物乱用・摂食障害・PTSD・妊娠等
背景要因の分析 ②必要に応じて医師の診察	③養護教諭の判断 ○フィジカルアセスメント ・心因性か否かの鑑別診断（器質性か心因性かの判断）	3　心身の健康観察ができる（面接や処置時の会話） 4　心因性か器質性かの判断ができる 5　保健調査や健康診断結果の活用ができる	18　問診，視診，触診等の診断学的手法による心身の健康観察ができる 19　日常における情報収集ができる 20　健康観察結果や来室データを踏まえた分析と判断ができる 21　保健調査の活用ができる	46　ヘルスアセスメントの内容がわかる ①フィジカルアセスメント ②心理的アセスメント ③社会的アセスメント ④生活習慣アセスメント	56　身体の諸器官や臓器の機能や生理発育発達の特徴がわかる 57　心身の観察力を高めるための技術（問診，視診，触診等診断学的手法による観察のポイント）がわかる 58　心身医学の知識を習得することができる	78　カウンセリングの基礎的知識を持っている 79　カウンセリングの基礎的技術傾聴の基本がわかり，できる 応答の基本と応用の技術習得 （○○しながらカウンセリング）	94　学校医，学校歯科医，学校薬剤師等への連絡，打ち合わせがタイムリーにできる ・精神科医や医療機関への橋渡しの際のタイミングやインフォームドコンセント等の共通理解 95　地域の小児科，精神科医や心理職の方の把握と活用ができる ・医療機関マップの作成 ・地域の小児科（心身医学に詳しい），思春期相談，いじめ相談の施設や心理的な専門家の把握
	○心理的アセスメント ・本人自身の自己概念 ・本人自身の自己認識等	6　担任教諭及び家庭との連絡ができる 7　医療機関との連携の在り方がわかる	22　本人への受診指導ができる 23　医療機関への紹介の仕方がわかる。また保健指導につなぐタイミングがわかる	47　ヘルスアセスメントの５つの機能及び健康相談・健康相談活動との関連ができる	59　学校医等の職務内容の法的根拠がわかる 60　学校医，専門家，専門機関等の特質がわかる		〈対応中における連携活動〉 96　校長との連絡連携ができる ・対象事例についての報告と対応の基本方針についての確認
心因性要因　器質性要因	○社会的アセスメント ・本人と他者との関係性 ・役割関係	8　背景要因の判断ができる	24　保護者との面接，学級担任との情報交換ができる	48　健康相談・健康相談活動の過程に対応したアセスメントがわかるができる	61　子供の心身の相関がわかる 62　精神障害と好発年齢等がわかる	80　保健室にて活用可能な心理テストを理解し活用ができる	97　保健主任，生徒指導主任との連携協力ができる ・対応の方針や計画及び対応グループ編成の検討
疾病等が確定→医療機関 ③心因の具体的要因分析，対応者の決定（必要な対応の種類と限界の検討） ④対応者の判断		9　対応者の見極めができる	25　症状の程度の見極めができる 26　心身の状態に応じた支援者の判断ができる 27　心身の症状や問題に適した医療機関選択のアドバイスができる	49　ヘルスアセスメントの技法ができる	63　精神科医やスクールカウンセラー等の専門家の職務がわかる 64　心身の健康状態や悩みに即した支援者の判断ができる	81　スクールカウンセラーと養護教諭の役割が明確にわかる 82　教育相談担当者と養護教諭の役割が明確にわかる	98　学級担任・ホームルーム担任・教科担任と連携協力ができる ・学習の状況，学級内の状況（友人関係等） ・対応に関する情報 99　保護者・地域とタイムリーに連絡，連携ができる ・保護者会における議題 ・三者面談の機会の活用
自ら支援 養護教諭の職務の特質 保健室の機能 学校医・学校歯科医・学校薬剤師・スクールカウンセラー・相談機関等に橋渡し 養護教諭による心と体への対応	④対応の過程	10　対応のための支援計画の作成ができる 11　養護教諭の専門性と保健室の機能を活かした心と体への対応ができる 12　身体的苦痛への応急処置ができる	28　対応の方法，校内体制を作ることができる 29　役割分担をすることができる 30　心身の状況に合ったカウンセリングができる 31　児童生徒を受け入れやすい保健室の環境づくりができる 32　苦痛の緩和の処置ができる	50　実際例（症状別）を基に行うヘルスアセスメントのやり方を理解して実践できる （記録用紙の活用と工夫）	65　保健室の施設，設備，備品，空間の活用ができる 66　ベッド，毛布，タオルケット類の活用の効果がわかり活用できる（毛布による包まれ効果と技術） 67　保健室図書の活用ができる 68　養護教諭のタッチングの技法（観る，見る，視る，看る，診る）ができる	83　学校における生徒指導体制と健康相談活動体制の連携ができる 84　学校における非行対策と養護教諭の役割がわかる 85　心身の現代的課題と健康相談活動がわかる	100　地域関係機関とタイムリーに連絡，連携ができる ・警察，児童相談所，福祉事務所，保健所及び地域の教育センター等への訪問と情報交換 101　心身医学の専門家や精神科医など心身の疾病に関する専門家との連携協力ができる
★健康相談・健康相談活動の継続 ★保健指導の実施（第９条） ○担任教師への連絡・助言 ○校内連携の推進と課題の共有	○上記のヘルスアセスメントを対応の過程の各場面に応じて４つのアセスメントを適切に繰り返し活用する。	13　対応のための情報交換ができる 14　保健指導（個別）の計画・実施・評価ができる（学校保健安全法第９条）	33　心因性であることの共通理解のためのコーディネートができる 34　対応のための事例研究ができる 35　児童生徒の心身の状況の情報提供ができる 36　児童生徒の教室での様子の情報収集の仕方がわかる		69　事例記録の取り方・事例研究の進め方ができる 70　「保健室登校」の意義がわかる 71　保健室登校対応記録の作成と活用ができる	86　学級経営と生徒指導の在り方がわかる 87　学級における問題行動の児童生徒を把握することができる 88　事例研究の意義と進め方がわかる	・心と体の相関に関わる疾病の理解及びその気づきと対応についての助言ができる ・幼児，学童，青年期に好発する精神疾患の理解と学校での対応についての助言 102　校内の組織を効果的に活用連携できる ・対応のための事例検討会の開催 〈事後の健康相談活動―フォローアップ体制―〉 103　校内の組織 ・対象事例のフォローアップについての理解を深める校内研修等の設定ができる
○保護者との相談 ○地域の諸機関との連携		15　医療機関の受診状況に基づく対応ができる	37　受診状況の把握がわかる 38　受診状況に応じた学校でのケアの内容と方法がわかる。また医療機関選択のアドバイスができる		72　家庭との連携の在り方がわかり，できる	89　青少年の保護育成に関連した地域諸機関の活動との連携の在り方がわかる	104　保護者 ・定期的な連絡と相談対応ができる 105　地域の医療機関や相談機関と事後の報告の在り方がわかる
○医療機関や相談機関との連携		16　医療機関や相談機関の情報収集と連携ができる（学校保健安全法第10条）	39　医療機関や相談機関との日常的な連携ができる 40　学校生活における対応のアドバイスができる 41　服薬する場合等の留意点についての助言ができる		73　地域の関係医療機関，相談機関の種類や数を把握し活用できる 74　フォローアップの観点と内容がわかり，できる	90　少年の保護処分と矯正に関することがわかる 91　個人情報保護条例がわかる	・事後の対応組織の確認と情報交換ができる 106　学校保健委員会やPTA組織と連携できる 107　保健指導や心を育てる活動につなぐことができる 108　心の健康・ストレス等の保健指導と関連することができる
フォローアップ			42　事後の日常の健康観察ができる 43　事後の学級担任，保護者との連携ができる				

（三木とみ子，2012作成）

養護教諭の免許制度（教育職員免許法第5条）と養成カリキュラム内容（教育職員免許法施行規則第9条、第10条）

教育職員免許法施行規則第9条、第10条関係（養護教諭養成カリキュラム）平成10年一部改正

施行規則第9条（現行）

養護に関する科目	専修	1種	2種
衛生学及び公衆衛生学（予防医学を含む。）	4	4	2
学校保健	2	2	2
養護概説	2	2	1
健康相談活動の理論及び方法	2	2	2
栄養学（食品学を含む。）	2	2	2
解剖学及び生理学	2	2	2
「微生物学、免疫学、薬理概論」	2	2	2
精神保健	2	2	2
看護学（臨床実習及び救急処置を含む。）	10	10	10
小　計	28	28	24

〈教育職員免許法施行規則第9条〉
免許法別表第2に規定する養護教諭の1種免許状の授与を受ける場合の養護に関する科目の単位の修得方法は、次の表（略）の定めるところによる。

〈備考〉
1　免許法別表第2の養護教諭の1種免許状の○の項に規定する養護に関する科目の単位の修得方法は、衛生学及び公衆衛生学（予防医学を含む。）、学校保健及び養護概説（健康相談活動の理論及び方法を含む。）について、合わせて3単位以上を修得するものとする。
2　免許法別表第2の養護教諭の1種免許状のハの項に規定する養護並びに栄養学（食品学を含む。）及び養護概説の修得方法は、栄養学（食品学を含む。）にそれぞれ2単位以上を、学校保健及び養護概説について合わせて2単位以上を修得するものとする。

施行規則第10条

	養護に関する科目	専修	1種	2種
第1欄	教職に関する科目			
第2欄	教職の意義に関する科目			
	右項の各項目に含めることが必要な事項			
	教職の意義及び教員の役割			
	教員の職務内容（研修、服務及び身分保障等を含む。）			
	進路選択に資する各種の機会の提供等	2	2	2
第3欄	教育の基礎理論に関する科目			
	教育の理念並びに教育に関する歴史及び思想			
	幼児、児童及び生徒の心身の発達及び学習の過程（障害のある幼児、児童及び生徒の心身の発達及び学習の過程を含む。）	4	4	2
	教育に関する社会的、制度的又は経営的事項			
第4欄	教育課程に関する科目			
	教育課程の意義及び編成の方法			
	道徳及び特別活動に関する内容	4	4	2
	教育の方法及び技術（情報機器及び教材の活用を含む。）			
第5欄	生徒指導及び教育相談に関する科目			
	生徒指導の理論及び方法			
	教育相談（カウンセリングに関する基礎的な知識を含む。）の理論及び方法	4	4	2
第6欄	養護実習	5	5	4
	教職実践演習	2	2	2
	小　計	21	21	14
	養護又は教職に関する科目	31	7	4
	合　計	80	56	42

〈教育職員免許法施行規則第10条〉
免許法別表第2に規定する養護教諭の1種免許状の授与を受ける場合の教職に関する科目の単位の修得方法は、次の表（略）の定めるところによる。

〈備考〉
1　教職に関する科目の単位の修得方法は、教育の基礎理論に関する科目のうち1以上の事項並びに養護実習（障害のある幼児、児童及び生徒についての5日以上の事項並びに養護実習について、それぞれ2単位以上を修得するものとする。
2　養護実習の単位は、第69条の2に規定する者の職務の実習の実績に関する証明を有する者については、経験年数1年について1単位の割合で、5単位までこれに替えることができる。
3　教職の意義等に関する科目、教育の基礎理論に関する科目、教育課程及び指導法に関する科目、生徒指導及び教育相談に関する科目、教育実践演習に関する科目の単位（2種免許状の授与を受ける場合にあっては1単位）を、小学校、中学校又は高等学校の教諭の普通免許状の授与を受ける場合の当該科目の単位をもって、これに替えることができる。
4　教職の意義に関する科目、教育の基礎理論に関する科目、教育課程及び指導法に関する科目、生徒指導及び教育相談に関する科目について1単位（2種免許状の授与を受ける場合にあってはそれぞれ4単位、2単位）まで、教育課程及び指導法に関する科目並びに教職実践演習に関する科目の単位（2種免許状の授与を受ける場合にあってはそれぞれ2単位）まで、栄養教諭の普通免許状の授与を受ける場合のそれぞれの科目の単位をもってこれに替えることができる。

養護教諭免許状取得のための最低基準（教育職員免許法第5条別表第2）

第1欄

免許状の種類	所要資格
養護教諭 専修免許状	イ 修士の学位を有すること。
1種免許状	ロ 学士の学位を有すること。
	ハ 保健師助産師看護師法第7条第1項の規定により保健師の免許を受け、文部科学大臣の指定する養護教諭養成機関において1年以上修学していること。
	ニ 保健師助産師看護師法第7条第3項の規定により看護師の免許を受け、文部科学大臣の指定する養護教諭養成機関において1年以上修学していること。
2種免許状	イ 短期大学士の学位を有するか又は文部科学大臣の指定する養護教諭養成機関を卒業していること。
	ロ 保健師助産師看護師法第51条第1項又は同法第3項の規定により免許を受けていること。

第2欄・第3欄

基礎資格	大学又は文部科学大臣の指定する養護教諭養成機関において修得することを必要とする最低単位数		
	養護に関する科目	教職に関する科目	養護又は教職に関する科目
修士の学位を有すること。	28	21	31
学士の学位を有すること。	28	21	7
イ			
ロ	4	8	
ハ			
ニ	12	10	
短期大学士の学位を有するか又は文部科学大臣の指定する養護教諭養成機関を卒業していること。	24	14	4

〈備考〉
1　第2欄の「短期大学士の学位を有すること」には、文部科学大臣の指定する養護教諭養成機関を卒業することを含むものとする。
2　専修免許状に係るイの項又はロの項に定める養護又は教職に関する科目の単位数のうち、その単位数から1種免許状に係るイの項又はロの項に定める当該科目の単位数を差し引いた単位数については、大学院の課程又は大学の専攻科（短期大学を除く。）の専攻科において修得するものとする。
3　この表のロの項の規定により1種免許状の授与を受けようとする者が、専修免許状に係るロの項の専攻科目について修得した単位数については既に修得したものとみなす。
4　1種免許状に係る養護又は教職に関する科目（イの項に定めるものに限る。）は、短期大学の課程において修得することができる。
5　短期大学士の学位を有する者が2種免許状の授与を受ける場合の単位数において、1種免許状に係る養護又は教職に関する科目の単位数から2種免許状に係るそれぞれ各項の単位数を差し引いた単位数について、短期大学又は短期大学の専攻科の課程において修得するものとする。

第1章 健康相談・健康相談活動の基本的理解

教育職員免許法施行規則 第9条 養護教諭養成カリキュラム

このことについては、「教育職員免許法施行規則及び免許状更新講習規則の一部を改正する省令の公布について」（平成29年11月17日）に基づき以下のようにまとめる。

教育職員免許法施行規則第9条、免許法施行規則表第2に規定する養護教諭の普通免許状の授与を受ける場合の養護及び教職に関する科目の単位の修得方法は次の表の定めるところによる。

第1欄	養護及び教職に関する科目	各科目に含めることが必要な事項（第2欄　養護に関する科目の事項については第9条「備考」より転記）	専修	1種	2種
第2欄	養護に関する科目	衛生学・公衆衛生学（予防医学を含む。）	4	4	2
		学校保健	2	2	1
		養護概説	2	2	1
		健康相談活動の理論・健康相談活動の方法	2	2	2
		栄養学（食品学を含む。）	2	2	2
		解剖学・生理学	2	2	2
		「微生物学、免疫学、薬理概論」	2	2	2
		精神保健	2	2	2
		看護学（臨床実習及び救急処置を含む。）	10	10	10
最低取得単位数	第3欄	教育の基礎的理解に関する科目			
		イ　教育の理念並びに教育に関する歴史及び思想			
		ロ　教職の意義及び教員の役割・職務内容（チーム学校運営への対応を含む。）			
		ハ　教育に関する社会的、制度的又は経営的事項（学校と地域との連携及び学校安全への対応を含む。）	8	8	5
		ニ　幼児、児童及び生徒の心身の発達及び学習の過程			
		ホ　特別の支援を必要とする幼児、児童及び生徒に対する理解（1単位以上修得）			
		へ　教育課程の意義及び編成の方法（カリキュラム・マネジメントを含む。）			
	第4欄	イ　道徳、総合的な学習の時間及び特別活動に関する内容			
	道徳、総合的な学習の時間等の内容及び生徒指導、教育相談等に関する科目	ロ　教育の方法及び技術（情報機器及び教材の活用を含む。）	6	6	3
		ハ　生徒指導の理論及び方法			
		ニ　教育相談（カウンセリングに関する基礎的な知識を含む。）の理論及び方法			
	第5欄	イ　養護実習（学校インターンシップ（学校体験活動）を含むことができる。）（5単位）	7	7	6
	養護実習に関する科目	ロ　教職実践演習（2単位）			
	第6欄	大学が独自に設定する科目	31	7	4
		合計（総単位）	80	56	42

〈省令改正の要点〉

1. 教育職員免許法施行規則上の大括り化（第9条関係）
   ○養護教諭の免許状について（1　養護に関する科目、2　養護又は教職に関する科目（以上法律上の科目区分）、3　教職の意義等に関する科目、4　教育の基礎理論に関する科目、5　教育課程及び指導法に関する科目、6　生徒指導等及び教育相談に関する科目、7　養護実習に関する科目、8　実践演習）を以下の5つの科目とする。

   ①養護に関する科目
   ②教育の基礎的理解に関する科目
   ③道徳、総合的な学習の時間等の内容及び生徒指導、教育相談等に関する科目
   ④教育実践に関する科目
   ⑤大学が独自に設定する科目

2. 履修事項の追加

   養護教諭又は栄養教諭の普通免許状の授与を受けるために必要な履修事項を以下のとおり改めること。

   ○新たに独立した事項を設けたもの
   ・特別の支援を必要とする生徒に関する理解（1単位以上を修得）
   ・総合的な学習の時間の指導法（幼稚園教諭の普通免許状の授与を受ける場合を除く）は総合的な時間の内容）

   ○事項の内容を追加したもの
   ・情報機器の活用・チーム学校運営への対応・学校安全と地域との連携・カリキュラム・マネジメント
   （教育職員免許法施行規則第9条　免許法施行規則表第2に規定する養護教諭の普通免許状の授与を受ける場合の養護教諭の養護に関する科目の単位（左長の表の備考）をもって要旨抜粋）

   備考（1種免許状を中心に掲げ）

   1.　養護に関する科目又は1種免許状の取得に当たっては、次に掲げる免許状の授与を受ける場合にあっては、それぞれに定める単位数を修得するものとする。養護教諭専修2単位以上、養護教諭1種免許状2単位以上、「微生物学、免疫学、薬理概論」2単位、学校保健2単位以上、解剖学・生理学2単位以上、「臨床実習及び救急処置を含む。）10単位以上。

   2.　道徳、総合的な学習の時間の内容及び生徒指導、教育相談等に関する科目の単位の修得方法は、教育職員免許状の授与を受けた者が実務証明責任者を有する1年以上1年以上良好な成績で勤務した旨の実務証明責任者の証明を有する教員、総合的な学習の時間の内容に関する1単位とすることができる。養護実習に関する1単位として1単位について教職課程の時間等の内容等に関する科目の単位等を含めることができる。

   3.　養護実習の単位について。

   4.　教育の基礎的理解に関する科目（2種免許状にあっては4単位）、総合的な学習の時間の内容及び生徒指導、教育相談等に関する科目（2種免許状にあっては4単位）、教育実践に関する科目（2種免許状にあっては6単位）、大学が独自に設定する科目（2種免許状にあっては8単位）については、経験年数1年以上又は教育職員検定に合格した場合、次に掲げる免許状又は養護教諭の普通免許状の授与を受ける場合にあっては、それぞれの定める単位の修得に関する方法により、教育職員免許状又は養護教諭の1種免許状又は養護教諭の1種免許状又は養護教諭の2種免許状の2種の養護教諭の普通免許状の授与を受ける場合は、次に掲げる免許状の区分の定めるところによる。

   5.　養護教諭の普通免許状又は1種免許状又は養護教諭の2種免許状（省略）

   6.　大学が独自に設けた養護教諭の1種免許状（省略）

   7.　免許法別表第2の養護教諭の1種免許状（省略）

   8.　免許法別表第2の養護教諭の1種免許状（省略）

※「養護に関する科目」「教職に関する科目」「道徳、総合的な学習の時間の内容及び生徒指導、教育相談等に関する科目」の3区分は廃止し、総合的な学習の時間等においても規定。

※教育の基礎的理解に関する科目、道徳、総合的な学習の時間の内容を追加。アクティブ・ラーニングの視点等を取り入れる。

※この省令は平成31年4月1日から施行する。ただし、次に掲げる規定は、それぞれに定める日から施行。
①教育職員免許法施行規則第10条の6、第12条及び第13条の改正規定　平成30年4月1日
②免許状更新講習規則第4条の改正規定　公布日

「教育職員免許法施行規則及び免許状更新講習規則の一部を改正する省令の公布について」（平成29年11月17日　文部科学省初等中等教育局長通知）を基に三木とみ子作成

第2章 現代的健康課題と健康相談・健康相談活動	《本章の学びのポイント》 ●現代的健康課題とは何かまたその実態を説明することができる。 ●チーム学校が求められる背景と養護教諭が行う健康相談・健康相談活動との関連が説明できる。 ●現代的健康課題を解決するために養護教諭が果たす役割を説明できる。

1 現代的健康課題とその実態

(1) 現代社会とこれからの学校教育の方向性

21世紀の社会は知識基盤社会であり、新しい知識・情報・技術が、社会のあらゆる領域での活動の基盤として飛躍的に重要性を増していく。近年は、知識・情報・技術をめぐる変化の早さが加速度的となり、情報化やグローバル化といった社会的変化が人間の予測を超えて進展している。

中でも、第4次産業革命ともいわれる「進化した人工知能」が様々な判断を行ったり、身近な物の働きがインターネット経由で最適化されたりするなど、社会や生活を大きく変えている。「人工知能の急速な進化が、人間の職業を奪うのではないか」「今学校で教えていることは時代が変化したら通用しなくなるのではないか」といった声もあり、それを裏づけるような未来予測も多く発表されている[1]。

人工知能がいかに進化しようとも、人間は、感性を豊かに働かせながら、どのような未来を創っていくのか、どのように社会や人生をよりよいものにしていくのかという目的を自ら考え出すことができる。場面や状況を理解して自ら目的を設定し、その目的に応じて必要な情報を見い出し、情報を基に深く理解して自分の考えをまとめたり、相手にふさわしい表現を工夫したり、答えのない課題に対して、多様な他者と協働しながら目的に応じた納得解を見い出したりすることができるという強みを持っている。このために必要な力を育んでいるのが、人間の学習であり、その中心は学校教育である。これからの学校教育は、解き方が定まった問題を効率的に解いたり、定められた手続きを効率的にこなしたりすることにとどまらず、直面する様々な変化を柔軟に受け止め、感性を豊かに働かせながら、どのような未来を創っていくのか、どのように社会や人生をよりよいものにしていくのかを考えていくことができるようにする必要がある。さらに、主体的に学び続け、自分なりに試行錯誤したり、多様な他者と協働したりして、新たな価値を生み出していくために必要な力を身につけ、子供たち一人ひとりが、予測できない変化に受け身で対処するのではなく、主体的に向き合ってかかわり合い、その過程を通して、自らの可能性を発揮し、よりよい社会と幸福な人生の創り手となっていけるようにすることが重要である。

現代社会のグローバル化や情報化が急速に進展し、社会が大きく変化し続け、子供を取り巻く状況の変化や複雑化・困難化した課題に向き合うため、これからの学校は、教職員に加え、多様な人材が各々の専門性に応じて、学校運営に参画することにより、学校の教育力・組織力を、より効果的に高めていくことが不可欠である[2]。

(2) 現代的健康課題とは何か

グローバル化や情報化の急速な進展による現代社会の変化は、国民を取り巻く生活環境を変化させている。このことは、子供たちの心身の健康にも大きな影響を与えており、肥満・瘦身、生活習慣の乱れ、メンタルヘルスの問題、アレルギー疾患の増加、性に関する問題など、多様な課題が顕在化している。また、子供たちの身体的な不調の背景には、いじめ、児童虐待、不登校、貧困などの問題がかかわっていることもある。「現代的健康課題を抱える子供たちへの支援〜養護教諭の役割を中心として〜」(文部科学省、平成29年3月)によれば、現代的健康課題とは、肥満・瘦身、生活習慣の乱れ、メンタルヘルスの課題、アレルギー疾患の増加、性に関する問題、いじめ、児童虐待、不登校、子供の貧困などを示している[3]。

このような多様化・複雑化する児童生徒が抱える現代的健康課題については、専門的な視点での対応が

必要であり，養護教諭が専門性を活かしつつ中心的な役割を果たすことが期待される。さらに，これらの健康課題に対応する取組は，学校における教育活動全体を通じて行うことが必要であり，学校のすべての教職員が連携して取り組むことが重要である。

(3) **現代的健康課題の実態**

① 肥満及び痩身

　文部科学省が実施した平成29年度学校保健統計調査によれば，肥満傾向児の出現率は，前年度（平成28年度）と比較すると，男子では7歳，8歳，10歳から12歳及び14歳を除いた各年齢，女子では8歳，10歳及び12歳から15歳を除いた各年齢で増加している。なお，男子，女子共に，昭和52年度以降，肥満傾向児の出現率は増加傾向であったが，平成15年度あたりからおおむね減少傾向となっている。一方，痩身傾向児の出現率は，前年度（平成28年度）と比較すると，男子では8歳，15歳及び17歳を除いた各年齢，女子では5歳，7歳，10歳，11歳及び15歳を除いた各年齢で増加している。なお，昭和52年度以降，男子の痩身傾向児の出現率はおおむね増加傾向となっている[4]。

② 生活習慣の乱れ

　【睡眠】児童生徒の就寝時刻の平均値は，小学校1・2年生は男女共に21時18分，小学校3・4年生は男子21時33分，女子21時35分，小学校5・6年生は男子21時54分，女子22時03分，中学生は男子23時05分，女子23時15分，高校生は男女共に23時45分であった。就寝時刻は学年が進むにつれて遅くなっている[5]。

　【起床】起床時刻の平均値は，小学校1・2年生は男女共に6時31分，小学校3・4年生は男女共に6時32分，小学校5・6年生は男子で6時33分，女子で6時34分，中学生は男子6時35分，女子6時30分，高校生は男子6時39分，女子6時29分である。小学生は男女共にほぼ同時刻に起床し，中学生と高校生では女子が男子よりも早く起床している。

　【睡眠時間】これらから睡眠時間の平均値は，小学校1・2年生は男女共に9時間13分，小学校3・4年生は男子8時間58分，女子8時間57分，小学校5・6年生は男子8時間39分，女子8時間31分，中学生は男子7時間30分，女子7時間14分，高校生は男子6時間52分，女子は6時間43分である。学年が進むにつれて，睡眠時間は短くなる。

　【睡眠の質】「最近，睡眠不足を感じている」と回答する児童生徒は，男子34.5％，女子40.0％であり，学年が進むにつれて「睡眠不足を感じる」傾向にある。「睡眠不足を感じる理由」としては，高校生では，男女とも「なんとなく夜ふかししてしまう」が一番多く，次いで「宿題や勉強で寝る時間が遅くなる」「テレビやDVD，ネット動画など見ている」（男子），「携帯電話やスマートフォン，メール等で誰かと交流している」（女子）である。

　【排便】排便の習慣については，「毎日ほとんど同じころに出る」と「毎日出るが，同じころではない」と答えた者を「毎日排便あり」とすると，男子は7割，女子は5割である。「数日出ないことがある」と答えた者は，朝食を「食べない日の方が多い」「ほとんど食べない」「毎日食べない」と答えた者や女子のやせ群でその傾向がある。

　【朝食】朝食の摂取状況について，「毎日食べる」と「食べる日の方が多い」と答えた者を「ほぼ食べる」とすると，男女とも95％が食べている。一方で，朝食欠食は高校生の男子が12.3％と最も高く，女子が7.6％とそれに続く。中学生では6〜7％が欠食している。朝食を「ほぼ食べない」のは，男子ではやせ群，女子では肥満群が高い。朝食を食べない理由は，男女とも「食欲がない」が46％と最も高く，次いで，「食べる時間がない」である。「食事が用意されていない」のは3〜5％程度である。「朝食を一人で食べる」児童生徒は35％である。「夕食を一人で食べる」児童生徒は，15％程度である。また，「お菓子をよく食べる」子供は20％程度である。

　【運動】1週間に行った，強い運動，中等度の運動，軽い運動のすべてを合わせた総運動時間は，男子が5時間48分（3時間），女子が3時間57分（2時間）である。男子では，小学校1・2年生，3時間50

分（2時間30分）から，高校生が8時間29分（4時間）まで，学年が進むにつれて運動時間が増加する。女子では，小学校1・2年生の2時間34分（1時間30分）から，中学生が4時間46分（2時間）まで増加し，高校生では4時間37分（1時間30分）に低下している。＊（　）内は中央値を示す。

③　メンタルヘルスの問題

■発達障害

　発達障害とは，発達障害者支援法には「自閉症，アスペルガー症候群その他の広汎性発達障害，学習障害，注意欠陥多動性障害その他これに類する脳機能の障害であってその症状が通常低年齢において発現するものとして政令で定めるもの」と定義されている。文部科学省の「平成29年度通級による指導実施状況調査」（下図）によれば，通級による指導を受けている児童生徒数は増加傾向にあり，注意欠如多動性障害，学習障害，自閉症スペクトラム，言語障害の増加人数が多いという報告がある。

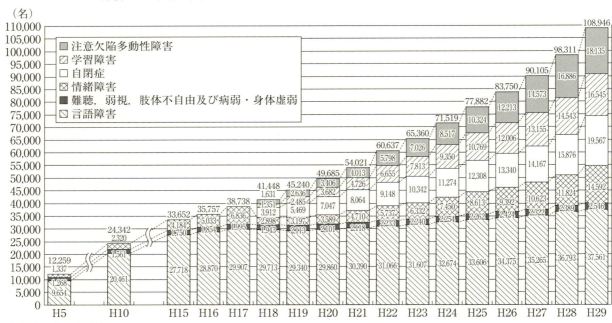

通級による指導を受けている児童生徒数の推移（障害種別／公立小・中学校合計）

※各年度5月1日現在
※「難聴その他」は難聴，弱視，肢体不自由及び病弱・身体虚弱の合計である
※「注意欠陥多動性障害」及び「学習障害」は，平成18年度から通級指導の対象として学校教育法施行規則に規定
　（併せて「自閉症」も平成18年度から対象として明示：平成17年度以前は主に「情緒障害」の通級指導の対象として対応）

■自傷行為・自殺企図

　警察庁の自殺統計によれば，図のとおり，全体の自殺者数は減少傾向にあるものの，小中高生の自殺者数は横ばいから微増の状態にある。少子高齢化により，児童生徒数は減少していることから自殺率については上昇していると考えられる。また，リストカットなどの自傷行為は，自殺企図とは異なる行動であるが，その一方で自傷行為を繰り返す若者の将来における自殺リスクは極めて高いことも報告されている。松本らの調査によれば，中・高校生の約1割（男子7.5％，女子12.1％）に刃物で故意に自らの身体を切った経験が認められ，中・高校の養護教諭の98〜99％が自傷をする生徒に対応した経験があることを示している。自傷行為と自殺企図は関連するため，それらを適切に理解し，自傷のことを養護教諭に告白した場合は「正直に話してくれてありがとう」という言葉かけをして，児童生徒の援助希求行動を支持し，強化することが必要である[6]。

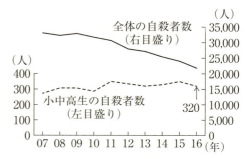

警察庁自殺統計から

■摂食障害

　摂食障害は，以前から神経性無食欲症や思春期やせ症とも呼ばれていた「神経性やせ症」，むちゃ食いと排出行動を繰り返す「神経性過食症」，その他の摂食障害（代表は回避制限性食物摂取症）の総称である。子供の場合は，摂食障害のおよそ30％が非定型と言われており，すべてが「神経性やせ症」ではない。近年では患者数の増加と初潮前に発症する低年齢化が目立っているため，発症の契機や症状が多様化しているという報告がある。

　摂食障害は1980年から約10倍増加している。好発年齢は神経性やせ症が10～19歳，神経性過食症は20～29歳であり，明らかな性差を認め，90％以上が女性である。近年，若年発症例や男児例が増加している傾向にある。摂食障害は，単なる食欲や食行動の異常ではなく，(1)体重に対する過度のこだわりがあること，(2)自己評価への体重・体形の過剰な影響が存在する，といった心理的要因に基づく食行動の重篤な障がいである。

■うつ病

　うつ病は，気分がひどく落ち込んだり何事にも興味を持てなくなったりして強い苦痛を感じ，日常の生活に支障が現れるまでになった状態である。こうした状態は，日常的な軽度の落ち込みから重篤なものまで連続線上にあるものとしてとらえられていて，原因についてはまだはっきりとわかっていない。

　うつ病の基本的な症状は，強い抑うつ気分，興味や喜びの喪失，食欲の障がい，睡眠の障がい，精神運動の障がい（制止または焦燥），疲れやすさ，気力の減退，強い罪責感，思考力や集中力の低下，死への思いであり，他に，身体の不定愁訴を訴える人も多く，被害妄想などの精神病症状が認められることもある。子供が12歳以降になるとうつ病が増え，発症率は大人と大差がなくなる。学校での学習困難，いじめ，虐待等が発症要因ともいわれる。子供のうつ病に特有の症状は，怒りっぽい，過眠，過食の3つがあり，この点は大人と異なる。児童期で0.5～2.5％，青年期で2.0～8.0％の有病率という報告がある。

■不安症・パニック症

　不安症の主症状は不安であり，「不安」とは漠然とした恐れの感情である。不安は誰でも経験するものだが，はっきりした理由がないのに，あるいは理由があってもそれと不釣り合いに強く，または繰り返し起きたり，いつまでも続いたりするのが病的な不安である。不安の現れ方にはいろいろな形があり，それによって不安症の下位分類がなされている。

　パニック症の症状は，パニック発作，予期不安，広場恐怖が3大症状といわれる。なかでもパニック発作（それも予期しないパニック発作）がパニック症の必須症状であり，予期不安，広場恐怖はそれに伴って二次的に生じる不安症状である。症状だけでなく広場恐怖によるQOLの低下が特徴である。

　不安症は女性に多く（男性25.4％，女性36.4％），パニック症では女性は男性の2.5倍，そのほかの不安障害の下位分類でもすべて女性が多い。年齢分布は，18歳から60歳までのすべての年齢層であまり変わらず，60歳以上になると減少する。また，不安症は他の精神疾患と「併存」する場合が多い。パニック症では，50～65％に生涯のいつの時点かにうつ病が併存するという報告がある[7]。

■統合失調症

　統合失調症は，およそ100人に1人弱がかかる頻度の高い疾患である。「普通の話も通じなくなる」「不治の病」という誤ったイメージがあり差別や偏見があるが，こころの働きの多くの部分は保たれ，回復可能な疾患である。幻覚や妄想という症状が特徴的である。それに伴い，人々と交流しながら家庭や社会で生活を営む機能が障がいを受け（生活の障がい），「感覚・思考・行動が病気のために歪んでいる」ことを自分で振り返って考えることが難しい（病識の障がい）特徴がある。慢性の経過をたどりやすく，その間に幻覚や妄想が強くなる急性期が出現する。高血圧や糖尿病等の生活習慣病と同様に，早期発見や早期治療，薬物療法と本人・家族の協力，再発予防のための治療の継続が重要である。脳の構造や働きの微妙な異常が原因と考えられるようになってきている。

　発症は，思春期から青年期が多く，10歳代後半から20歳代がピークである。最近の報告では，男：女＝

1.4：1で男性に多いとされている。男性よりも女性の発症年齢は遅めである。

④　アレルギー疾患

「アレルギー疾患」とは，気管支ぜん息，アトピー性皮膚炎，アレルギー性鼻炎，アレルギー性結膜炎，花粉症，食物アレルギーその他アレルゲンに起因する免疫反応による人の生体に有害な局所的または全身的反応に係る疾患をいう（アレルギー疾患対策基本法第2条）。リウマチ・アレルギー対策委員会報告書（平成23年）によれば，我が国全人口の約2人に1人が何らかのアレルギー疾患に罹患していることを示しており，急速に増加している。これを受け，国は，アレルギー疾患対策基本法を制定した。その中で，第9条（学校等の設置者等の責務）では，以下のように述べている。

> ○アレルギー疾患対策基本法
> 　（学校等の設置者等の責務）
> 第9条　学校，児童福祉施設，老人福祉施設，障害者支援施設その他自ら十分に療養に関し必要な行為を行うことができない児童，高齢者又は障害者が居住し又は滞在する施設（以下「学校等」という。）の設置者又は管理者は，国及び地方公共団体が講ずるアレルギー疾患の重症化の予防及び症状の軽減に関する啓発及び知識の普及等の施策に協力するよう努めるとともに，その設置し又は管理する学校等において，アレルギー疾患を有する児童，高齢者又は障害者に対し，適切な医療的，福祉的又は教育的配慮をするよう努めなければならない。

児童生徒のアレルギー疾患有病率は，アレルギー性鼻炎が12.8％と多く，次いでぜん息（5.8％）となっている[8]。近年，食物アレルギーは増加傾向にあり，これによりアナフィラキシーを起こす児童生徒も多くなっている。学校においては，アレルギー対応委員会を設置し全教職員で対応するなど対策が急務となっている。ぜん息や食物アレルギーがある児童生徒は，運動が制限されたり学校給食で除去食や代替食，お弁当持参をしていたりするため，他の児童生徒から特別視されるなどして嫌な思いをしている場合があるため，心身両面の対応と共に適切な保健教育が求められる。また，教職員や保護者の適切な理解も重要である。

児童生徒のアレルギー疾患有病率

	平成25年度	平成16年度
アナフィラキシー	0.48	0.14
食物アレルギー	4.5	2.6
アトピー性皮膚炎	4.9	5.5
ぜん息	5.8	5.7
アレルギー性結膜炎	5.5	3.5
アレルギー性鼻炎	12.8	9.2

文部科学省委託事業「学校生活における健康管理に関する調査」（平成25年度）

(4)　性に関する問題

厚生労働省の報告によれば，近年，梅毒の報告者数が急増している。特に女性では10代から20歳代の報告が多い。一方，性器クラミジア感染症や性器ヘルペスウイルス感染症，尖圭コンジローマ，淋菌感染症の報告者数はここ数年横ばい傾向である。特に15～19歳の年齢では，女子の感染者の割合が男子よりも多いという特徴がある。女子の性感染症，特に性器クラミジア感染症は将来不妊症になる危険性など心身への大きなダメージを受けることになりかねない。保健教育の推進と併せて，養護教諭による適切な健康相談・保健指導が求められる。

また，文部科学省から「性同一性障害に係る児童生徒に対するきめ細かな対応の実施等について」（平成27年4月30日

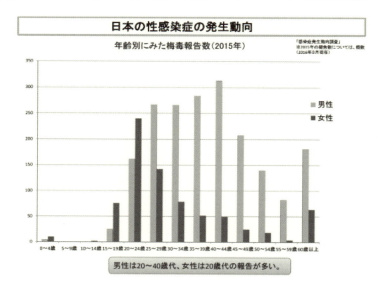

児童生徒課長通知）が出され，これを受け，「性同一性障害や性的指向・性自認に係る，児童生徒に対するきめ細かな対応等の実施について（教職員向け）」手引書（平成28年4月）が出されている。この手引書には，性同一性障害に係る児童生徒についてのきめ細かな対応の実施にあたっての具体的な配慮事項等が収められている。性同一性障害に関しては社会生活上様々な問題を抱えている状況にあり，その治療の効果を高め，社会的な不利益を解消するため，平成15年，性同一性障害者の性別の取扱いの特例に関する法律が制定されている。また，学校における性同一性障害に係る児童生徒への支援についての社会の関心も高まり，その対応が求められる。性同一性障害に係る児童生徒だけでなく，いわゆる「性的マイノリティ」とされる児童生徒全般に共通するものである。これらについては，「自殺総合対策大綱」（平成24年8月28日閣議決定）を踏まえ，教職員の適切な理解を促進することが必要である。

(5) いじめ

平成30年2月23日，文部科学省初等中等教育局児童生徒課が報告した「平成28年度『児童生徒の問題行動・不登校等生徒指導上の諸課題に関する調査』（確定値）」によれば，小・中・高等学校及び特別支援学校におけるいじめの認知件数は323,143件（前年度225,132件）と前年度より98,011件増加しており，児童生徒1,000人当たりの認知件数は23.8件（前年度16.5件）である。いじめ防止対策推進法第28条第1項に規定する重大事態の発生件数は396件（前年度314件）であり，深刻な問題である。

そこで重要なことは，児童生徒，教職員，保護者が「いじめ」の定義について共通認識を持つことである。いじめの定義には，①行為をした者（A）も行為の対象となった者（B）も児童生徒であること，②AとBの間に一定の人的関係が存在すること，③AがBに対して心理的または物理的な影響を与える行為をしたこと，④当該行為の対象となったBが心身の苦痛を感じていることの4つの要素が含まれている。このことを熟知させる必要がある。なお，物を隠されたり，上履きに画鋲を入れられたり，悪口を書いたメモを机の上に置かれたりしたが，誰がやったかわからない場合，行為者が不明であれば①②の要件が満たされるとは言えない。しかし，学校では「いじめ」として対応することは言うまでもない。「当該行為の対象となった者が心身の苦痛を感じている」段階で「いじめ」となることを周知する。

> ○いじめ防止対策推進法
> 　（定義）
> 　第二条　この法律において「いじめ」とは，児童等に対して，当該児童等が在籍する学校に在籍している等当該児童等と一定の人的関係にある他の児童等が行う心理的又は物理的な影響を与える行為（インターネットを通じて行われるものを含む。）であって，当該行為の対象となった児童等が心身の苦痛を感じているものをいう。

いじめは，仲間はずれ，無視，陰口などのほか，当初はふざけや遊びであったがそれがエスカレートしていったり，インターネット上やメール，SNSなど，大人の目につきにくい場所や形で行われたりしている。金銭でおごったり，おごられたりという関係から発展する場合もある。いじめられた子供自身も，「心配されたくない」「仕返しが怖い」という気持ちから，いじめを否定したり隠したりする心理が働くため，大人には見えにくく，情報も得られない。「いじめはどの子にも起こりうる」「大人は気づきにくい」「些細な兆候も積極的に認知する」ことを念頭に子供の行動や表情，健康状態を観察するとともに信頼関係を構築することが必要である。

(6) 児童虐待

児童虐待は表のように4種類に分類される。

種　類	内　　容
身体的虐待	殴る，蹴る，投げ落とす，激しく揺さぶる，やけどを負わせる，溺れさせる，首を絞める，縄などにより一室に拘束するなど
心理的虐待	言葉による脅し，無視，きょうだい間での差別的扱い，子供の目の前で家族に対して暴力をふるう（ドメスティック・バイオレンス（DV））など
ネグレクト	家に閉じ込める，食事を与えない，ひどく不潔にする，自動車の中に放置する，重い病気になっても病院に連れて行かないなど
性的虐待	子供への性的行為，性的行為を見せる，性器を触るまたは触らせる，ポルノグラフィの被写体にするなど

児童虐待は年々増加傾向を示し，小学生が35.2％と最も多く，次いで3歳から学齢前児童が24.7％，0歳から3歳未満が18.8％である。なお，小学校入学前の子供の合計は，43.5％となっており，高い割合を占めていることから，保健室における早期発見の期待が寄せられている。

平成24年度　児童相談所における児童虐待相談対応件数の内訳

種類別
身体的虐待が35.3％で最も多く，次いで心理的虐待が33.6％となっている。

種類	身体的虐待	ネグレクト	性的虐待	心理的虐待	総数
種　類	23,579 (35.3%)	19,250 (28.9%)	1,449 (2.2%)	22,423 (33.6%)	66,701 (100.0%)

虐待者別
実母が57.3％と最も多く，次いで実父が29.0％となっている。
※その他には祖父母，伯父伯母等が含まれる。

虐待者	実　父	実父以外の父	実　母	実母以外の母	その他※	総　数
虐待者	19,311 (29.0%)	4,140 (6.2%)	38,224 (57.3%)	548 (0.8%)	4,478 (6.7%)	66,701 (100.0%)

虐待を受けた子供の年齢構成別
小学生が35.2％と最も多く，次いで3歳から学齢前児童が24.7％，0歳から3歳未満が18.8％である。
なお，小学校入学前の子供の合計は，43.5％となっており，高い割合を占めている。

被虐待児	0歳～3歳未満	3歳～学齢前	小学生	中学生	高校生等	総　数
被虐待児	12,503 (18.8%)	16,505 (24.7%)	23,488 (35.2%)	9,404 (14.1%)	4,801 (7.2%)	66,701 (100.0%)

(7)　不登校・ひきこもり

　文部科学省は，不登校の児童生徒を，「何らかの心理的，情緒的，身体的あるいは社会的要因・背景により，登校しない，あるいはしたくともできない状況にあるため年間30日以上欠席した者のうち，病気や経済的な理由による者を除いたもの」と定義している。厚生労働省は，ひきこもりを「自宅にひきこもって学校や会社に行かず，家族以外との親密な対人関係がない状態が6か月以上続いており統合失調症（精神分裂病）やうつ病などの精神障害が第一の原因とは考えにくいもの」と定義している。

　「平成28年度『児童生徒の問題行動・不登校等生徒指導上の諸課題に関する調査』（確定値）」によれば，小・中学校における，不登校児童生徒数は133,683人（前年度125,991人）であり，不登校児童生徒の割合は1.3％（前年度1.3％）である。不登校の要因を「本人に係る要因」で見ると，「『不安』の傾向がある」者では，「家庭に係る状況（29.9％）」「いじめを除く友人関係をめぐる問題（27.3％）」が多い。「『無気力』の傾向がある」者では，「家庭に係る状況（42.2％）」「学業の不振（28.2％）」が多い。

　高等学校における，不登校生徒数は48,565人（前年度49,563人）であり，不登校生徒の割合は1.5％（前年度1.5％）である。不登校の要因は「本人に係る要因」で見ると，「『無気力』の傾向がある」者では，「学業の不振（25.7％）」「入学，転編入学，進級時の不適応（15.4％）」が多い。「『不安』の傾向がある」者では，「進路に係る不安（20.6％）」「学業の不振（18.9％）」が多い。

(8)　薬物乱用

　薬物乱用とは，社会のルールから外れた方法や目的で，薬物を使うことである。覚醒剤などの違法薬物は，たとえ1回だけの使用でも乱用になり，同時に犯罪になる。また医薬品は，病気や傷の治療に使用するが，こうした目的以外に使えば乱用である。乱用される薬物には，①覚醒剤（国内で最も乱用されている薬物），②大麻（大学キャンパスでの汚染の広がり），③麻薬（合成麻薬・医療用麻薬），④シンナー（有機溶剤），⑤向精神薬等の医薬品（リタリン，ハルシオン，市販薬），⑥違法（脱法）ドラッグなどがある。近年の薬物乱用の青少年の検挙者数は減少傾向にあるが，一方で，危険ドラッグが「お香」や「アロマ」「香水」「ハーブ」「バスソルト」などの名称で，きれいにパッケージされインターネットや繁華街で人づてに販売されている。「信用できない場所で人が売っているものやもらったものを体に入れない（食べない，吸わない）」ことや，未成年の喫煙・飲酒が薬物乱用の入り口であることを踏まえておくことが重要である。

(9) 医療的ケア

　医療技術の進歩等を背景として，人工呼吸器や胃ろう等を使用し，たんの吸引や経管栄養等の医療的ケアが日常的に必要な児童生徒等（以下，医療的ケア児）が増加している。各教育委員会等は，医療的ケア児が学校において教育を受ける機会を確保するため，特別支援学校等に看護師または准看護師（以下，看護師）を配置するなどして，学校内で医療的ケアを実施している。平成24年4月からは，介護サービスの基盤強化のための介護保険法等の一部を改正する法律による社会福祉士及び介護福祉士法の一部改正に伴い，一定の研修を修了し，たんの吸引等の業務の登録認定を受けた介護職員等が（以下，認定特定行為業務従事者）一定の条件の下に特定の医療的ケア（以下，特定行為。特定行為とは，①口腔内の喀痰吸引，②鼻腔内の喀痰吸引，③気管カニューレ内の喀痰吸引，④胃ろうまたは腸ろうによる経管栄養，⑤経鼻経管栄養の5つをいう）を実施できるようになった。この制度改正を受け，学校の教職員についても，特定行為については法律に基づいて実施することが可能となった。

　文部科学省では，「特別支援学校等における医療的ケアの今後の対応について」（平成23年12月20日初等中等教育局長通知）により，特別支援学校等において主として特定行為を実施するにあたっての留意事項を各教育委員会等に示し，実施体制の整備を促すとともに，学校への看護師の配置に係る経費の一部を補助するなど，その支援に努めている。一方，特別支援学校に在籍する医療的ケア児が年々増加するとともに，小・中学校等，特別支援学校以外の学校においても医療的ケア児が在籍するようになっている。また，人工呼吸器の管理等の特定行為以外の医療的ケアを必要とする児童生徒等が学校に通うようになるなど，医療的ケア児を取り巻く環境が変わりつつある。養護教諭は児童生徒等の健康状態の把握，医療的ケア実施にかかわる環境整備等，コーディネーターの役割を果たしながら学校全体で円滑に取り組めるよう調整することが求められる。

2　チーム学校と健康相談・健康相談活動

(1)　チーム学校が求められる背景

　学校が，複雑化・多様化した課題を解決し，子供に必要な資質・能力を育んでいくためには，学校のマネジメント機能を強化し，組織として教育活動に取り組む体制を創り上げるとともに，必要な指導体制を整備することが必要である。また，生徒指導や特別支援教育等を充実させ，学校や教員が心理や福祉等の専門スタッフ等と連携・分担する体制を整備し，学校の機能を強化していくことが重要である。このような「チームとしての学校」の体制を整備することによって，教職員一人ひとりが自らの専門性を発揮するとともに，心理や福祉等の専門スタッフ等の参画を得て，課題の解決に求められる専門性や経験を補い，子供の教育活動を充実させていくことが重要である。「チームとしての学校」を実現するためには，以下に示す表内の3つの視点が重要であると述べられている。

(2)　チーム学校に果たす養護教諭の役割─健康相談・健康相談活動を中心に─

　養護教諭は，児童生徒等の身体的不調の背景に，いじめや児童虐待などの問題がかかわっていること等のサインにいち早く気付くことのできる立場にあることから，児童生徒等の健康相談において重要な責務と役割を担っている。

1　「専門性に基づくチーム体制の構築」
　教員が，学校や子供たちの実態を踏まえ，学習指導や生徒指導等に取り組むため，指導体制の充実が必要である。加えて，心理や福祉等の専門スタッフについて，学校の職員として，職務内容等を明確化し，質の確保と配置の充実を進めるべきである。
2　学校のマネジメント機能の強化
　専門性に基づく「チームとしての学校」が機能するためには，校長のリーダーシップが重要であり，学校のマネジメント機能を今まで以上に強化していくことが求められる。そのためには，優秀な管理職を確保するための取組や，主幹教諭の配置の促進や事務機能の強化など校長のマネジメント体制を支える仕組みを充実することが求められる。

> 3　教職員一人一人が力を発揮できる環境の整備
> 　教職員がそれぞれの力を発揮し，伸ばしていくことができるようにするためには，<u>人材育成の充実や業務改善の取組を進めること</u>が重要である。
>
> ＊下線筆者

　特に，養護教諭は，主として保健室において，教諭とは異なる専門性に基づき，心身の健康に課題がある児童生徒等に対して指導を行っており，健康面だけでなく生徒指導面でも大きな役割を担っている。養護教諭は，学校保健活動の中心となる保健室を運営し，専門家や専門機関との連携のコーディネーター的な役割を担っている。例えば，健康診断・健康相談については，学校医や学校歯科医と連携して行う。学校環境衛生に関しては学校薬剤師との調整も行っている。さらに，心身の健康問題のうち，食に関する指導は，栄養教諭や学校栄養職員と連携をとり，解決に取り組んでいる。養護教諭は，児童生徒等の健康問題について，関係職員の連携体制の中心を担っている。養護教諭は，学校に置かれる教員として，従来から，児童生徒等の心身の健康について中心的な役割を担ってきた。今後は，スクールカウンセラーやスクールソーシャルワーカーが配置される。それらの専門スタッフとの協働が求められる。学校において協働のための仕組みやルールづくりが進められる際には，率先して養護教諭の専門性を発揮することが求められる。

　児童生徒等の心身の健康に適切に対応するためには，特に中〜大規模校においては，養護教諭の複数配置が求められる。国は，養護教諭が専門性と保健室の機能を最大限に活かすことができるよう，「大規模校を中心に，養護教諭の複数配置を進めるべき」と述べている。学校現場では養護教諭の必要性が一層高まっているということである。今後，国は複数配置の基準の引下げを検討することが予想される。複数配置のよさを活かし，健康相談や個別の保健指導にとどまらず，一次予防として集団に対する保健教育を行うなど，複数配置の強みを活かし，役割を分担して積極的に教育活動を推進するべきである。

　また，学校医や学校歯科医，学校薬剤師，地域の専門機関等には，その専門性を活かし，学校保健委員会等の活動に関して指導・助言を得るほか，心身の健康課題がある子供に対して医療機関の紹介等を含め，より一層，積極的な役割を果たすことが期待される。そのためには，養護教諭が日ごろから関係機関との連絡を密にとり，日常的に関係性を構築しておくことが求められる。

3　現代的健康課題解決に果たす養護教諭の役割

　養護教諭は，児童生徒の「養護をつかさどる」教員（学校教育法第37条第12項等）として，児童生徒の保健及び環境衛生の実態を的確に把握し，心身の健康に問題を持つ児童生徒の指導に当たるとともに，健康な児童生徒についても健康の増進に関する指導を行うこととされている。養護教諭は，児童生徒が生涯にわたって健康な生活を送るために必要な力を育成するために，教職員や家庭・地域と連携しつつ，日常的に，①<u>「心身の健康に関する知識・技能」</u>，②<u>「自己有用感・自己肯定感（自尊感情）」</u>，③<u>「自ら意思決定・行動選択する力」</u>，④<u>「他者と関わる力」</u>の４つの力を育成する取組を実施することが求められる。これらの４つの力を児童生徒に育成するために，養護教諭は他の教職員や学校医等の専門スタッフと連携し，学校において様々な取組を行うとともに，家庭や地域における取組を促すことが求められる。

　学校における児童生徒の課題解決の基本的な進め方については，①対象者の把握，②課題背景の把握，③支援方針・支援方法の検討と実施，④児童生徒の状況確認及び支援方針・支援方法等の再検討と実施という４つのステップで行うと示されている[3]。この各段階における基本方針や養護教諭をはじめとした教職員の具体的な役割については，P132を参考にされたい。

---

(1)　中央教育審議会「幼稚園，小学校，中学校，高等学校及び特別支援学校の学習指導要領等の改善及び必要な方策等について（答申）」2016年12月21日
(2)　中央教育審議会「チームとしての学校の在り方と今後の改善方策について（答申）」2015年12月21日

(3) 文部科学省「現代的健康課題を抱える子供たちへの支援～養護教諭の役割を中心として～」2017年3月
(4) 文部科学省「平成29年度学校保健統計（学校保健統計調査報告書）の公表について」2018年3月26日
(5) 公益財団法人日本学校保健会「平成28～29年度児童生徒の健康状態サーベイランス事業報告書」2018年2月
(6) 松本俊彦「自傷行為の理解と援助」第108回日本精神神経学会学術総会
https://journal.jspn.or.jp/jspn/openpdf/1140080983.pdf
(7) 厚生労働省：知ることから始めようみんなのメンタルヘルス総合サイトこころの健康や病気，支援やサービスに関するウェブサイト　https://www.mhlw.go.jp/kokoro/speciality/detail_into.html
(8) 文部科学省・公益財団法人日本学校保健会「学校におけるアレルギー疾患対応の基本的な考え方」
https://www.gakkohoken.jp/book/ebook/01/siryo_01.pdf

（大沼　久美子）

第3章 健康相談・健康相談活動のプロセスと進め方	《本章の学びのポイント》 ●健康相談・健康相談活動のプロセスと必要な資質・能力を理解する。 ●健康相談・健康相談活動を進める際の具体的視点を理解する。 ●健康相談・健康相談活動の教育的意義と教職員の役割を理解する。 ●チームとして進める健康相談・健康相談活動を理解する。

1 健康相談・健康相談活動のプロセスと対応の基本

養護教諭の行う健康相談・健康相談活動の基本的なプロセスは以下の流れで展開する。

養護教諭の行う健康相談・健康相談活動のプロセス
① 健康相談対象者の把握（相談の必要性の判断）
② 問題の背景の把握
③ 支援方針・支援方法の検討
④ 実施・評価

プロセスに活かす養護教諭の職の特質や保健室の機能，心身の観察等については以下のとおりである。

健康相談・健康相談活動のプロセス	心と体の観察 （ヘルスアセスメント）		来室初期対応の基本
心身の症状の訴え （なんとなく，つらい等含む） ①心身の健康観察 ②必要に応じて医師の診察 背景要因の分析 心因性要因／器質性要因 疾病等が確定→医療機関 ③心因の具体的要因分析，対応者の決定（必要な対応の種類と限界の検討） ④対応者の判断 自ら支援／学校医，学校歯科医，学校薬剤師，相談機関，スクールカウンセラー等との連携	①来室者状態の把握の過程 ○フィジカルアセスメント ・バイタル，表情等の一般状態アセスメント ○生活習慣アセスメント ・睡眠状態 ・食事摂取状況 ・排泄状態（排便・排尿） ②養護診断・判断の過程 ○フィジカルアセスメント ・心因性か否かの鑑別診断（器質性か心因性かの判断） ○心理的アセスメント ・本人自身の自己概念 ・本人自身の自己認識等 ○社会的アセスメント ・本人と他者との関係性 ・役割関係	気づく	【心と体の観察　心身医学知識が基礎】 〈前駆症状に気づく〉〈身体症状の例〉 食欲・表情・顔色・腹痛・頭痛・胃痛・吐気・食欲・睡眠・体重・口渇・月経異常 〈行動・言動〉 落ち着かない・涙ぐむ・ひとりになりたがる・暴れる等，「いつもとちょっと違う」という観察力が日常から必要
		見極める	【背景要因の分析と判断】 〈家族関係〉 家族の愛が少なくなったと感じる（両親，特に母の長期入院や別居・弟や妹の出産等） 〈学校や友人との関係〉 友人や先生との信頼関係の欠如・いじめ・疎外・学習負担・部活動の負担等 〈個人的要因〉 過去のストレス（児童虐待）等・素因，性格，精神発達状況 〈地域特性〉習慣等
		かかわる	【支援のための対応者の判断】 ―かかわる関係職員の特質を活かす対応― ○医学的素養・バイタル等，看護学的素養を根底にして体と心にかかわる　○タッチング　○保健室来室状況・本人の既往歴・ベッド，毛布，タオル，冷蔵庫，保健図書等の活用 ○「○○しながらカウンセリング」：受容・支持・繰り返し・明確化・質問等の応答の技法は身体的症状や訴え，行動に**かかわりながらカウンセリング** ○保健室で可能な遊技法や心理テストの活用
養護教諭による健康相談・健康相談活動の実施 ○学級担任への連絡・連携 ○校内連携の推進と課題の共有 ○保護者との相談 ○地域の諸機関との連携 ○医療機関や相談機関との連携 事後のフォローと対応の評価	③対応過程のアセスメント ○上記のヘルスアセスメントを対応の過程の各場面に応じて4つのアセスメントを適切に繰り返し活用する。	連携	【協力してかかわる対象の理解とタイミング】 〈日常からの連携〉 健康相談活動・健康相談に関する校内研修会・学校医，学校歯科医，学校薬剤師や精神科医師，児童相談所，福祉関係機関，カウンセラー等とのネットワークづくり 〈支援活動中の連携〉 校長，担任，保護者，専門家等と支援方針と対応 〈事後の支援活動〉アフターケア

（三木とみ子作成）

2　健康相談・健康相談活動を進める基本的視点

　ここでは保健体育審議会答申（平成9年）で指摘された健康相談・健康相談活動の定義を踏まえ，この活動を進める際の資質・能力に関する基本的視点について述べ，それぞれの技法や具体的対応の方法等については，次の第4章で述べる。

(1)　健康相談活動の定義とヘルスアセスメント

　先の保健体育審議会答申では，健康相談活動の定義の中で「常に<u>心的な要因や背景を念頭に置いて，心身の観察，問題の背景の分析，解決のための支援，関係者との連携など，心や体の両面への対応を行う健康相談活動である</u>」と述べられ，さらに健康相談活動を担う養護教諭に求められる資質として，「<u>「心の健康問題と身体症状」</u>に関する知識理解，これらの観察の仕方や受け止め方等についての確かな判断力…（中略）…これらの養護教諭の資質については…（中略）…<u>かなりの専門的な知識・技能が等しく</u>求められる」と示されている。

　健康相談活動とは「養護教諭の職務の特質や保健室の機能を十分に生かし，児童生徒の様々な訴えに対して，常に心的な要因や背景を念頭に置いて，心身の観察，問題の背景の分析，解決のための支援，関係者との連携など，心や体の両面への対応」（保健体育審議会答申）と提言されている。さらに，同答申でこれを行う養護教諭の資質として，○「心の健康問題と身体症状」に関する知識理解，○心身の観察の仕方，○問題の背景の分析力，○受け止め方，○対応力等をあげている。この視点に照らして，健康相談活動になぜヘルスアセスメントが大切なのか，また，そのための知識・技術が養護教諭に求められるものは何か，そのポイントを以下にあげる。

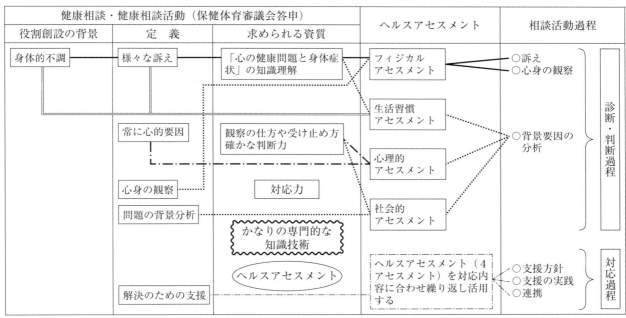

　健康相談活動の定義，それに求められる資質の提言を踏まえた場合，心の健康問題と身体症状，心身の観察等は看護関係者が主として活用しているヘルスアセスメントが有効である。ヘルスアセスメントの1つであるフィジカルアセスメントは，心的な要因や背景などを探るために欠かせないアセスメントである。また，心理，社会的アセスメントは背景要因を探るために有効である。筆者は，これに学校特有の場と環境を踏まえ，「生活習慣アセスメント」を加え，養護教諭の行うヘルスアセスメントとする。これらの4つのアセスメントが，健康相談・健康相談活動を進める上で重要な役割を果たすものと考える。

　ヘルスアセスメントは，多くの場合看護関係で使われていた。看護関係で活用されているヘルスアセスメントはフィジカルアセスメント，社会的側面・心理的側面を統合したもので，次の5つの機能を果たす。

　①　系統立てた情報収集ができる（「ヘルスアセスメント」メディカ出版より）

② 他職種とのコミュニケーションに役立つ
③ 専門職としての信頼と自信につながる
④ アセスメントのおもしろさ（興味関心・知的好奇心）を体験・実感し専門職とて啓発される
⑤ 専門職としての臨床判断（clinical judgment）や（clitical thinking）が培われる。

健康相談活動にヘルスアセスメントを活用するためには，P214～215のような記録用紙が必要となる。

(2) 養護教諭の行う健康相談の場面は

養護教諭の行う健康相談を進める基本的な過程に基づいて場面毎の対応の在り方は以下のように考えられる。これらの対応に共通的に欠かせないのが養護教諭の職の特質，保健室の機能を最大限に活用することであることは言うまでもない。

① 来室初期対応

気づく ―心と体の観察力― 心身医学知識が基礎	見極める ―背景要因分析と判断力― 心的要因を念頭におく	かかわる ―支援のための対応者の判断― 特質を活かす対応	連携 ―協力してかかわる― 対象の理解とタイミング
〈ヘルスアセスメント〉 フィジカルアセスメント・心理的アセスメント・社会的アセスメント・生活習慣アセスメント・身体症状や行動の訴えをヘルスアセスメントにより心身の観察を通して心的要因か否かの判断をする			
〈前駆症状に気づく〉 〈身体症状の例〉 食欲・表情・顔色・腹痛・頭痛・胃痛・吐気・食欲・睡眠・体重・口渇・月経異常 〈行動・言動〉 落ち着かない・涙ぐむ・ひとりになりたがる・暴れる等 「いつもとちょっと違う」という観察力が日常から必要	〈家族関係〉 家族の愛が少なくなったと感じる（両親，特に母の長期入院や別居・弟や妹の出産等） 〈学校や友人との関係〉 友人や先生との信頼関係の欠如・いじめ・疎外・学習負担・部活動の負担等 〈個人的要因〉 過去のストレス（児童虐待）等・素因，性格，精神発達状況 〈地域特性〉 習慣等	○医学的素養・バイタル等看護学的素養を根底にして体と心にかかわる ○スキンシップ（タッチング） ○保健室来室状況・本人の既往歴・ベッド，毛布，タオル，冷蔵庫，保健図書等の活用 ○「○○しながらカウンセリング」 ○受容・支持・繰り返し・明確化・質問等の応答の技法は身体的症状や訴え，行動にかかわりながらカウンセリング ○保健室で可能な遊技法や心理テストの活用	〈日常からの連携〉 健康相談活動に関する校内研修会・学校医や精神科医師や児童相談所，福祉関係機関，カウンセラー等とのネットワークづくり 〈支援活動中の連携〉 校長，担任，保護者，専門家等と支援方針と対応 〈事後の支援活動〉 アフターケア

② 継続的対応―「保健室登校」への対応の場合―

継続的対応とは，来室時の基本的対応等において，心的な要因が考えられる対象，または，しばらく継続的に対応しつつ，専門家や専門機関への橋渡しの在り方や連携の必要の確認などを円滑に進めるための継続的にかかわる場合をいう。ここでは，代表的な保健室登校を例に述べる。

保健室登校対応の基本は以下の内容が考えられる。なお，保健室登校に関する記録用紙はP213に掲載している。

- ○ 「保健室登校」を教育的意義としての捉え―基本姿勢
- ○ 「保健室登校」は教育活動の一環としてその教育機能を活かす
- ○ 心の居場所として心と体への安定
- ○ 養護教諭や教職員の個別の対応
- ○ 安心した自己表現・自己肯定感
- ○ 他の児童生徒とのコミュニケーション
- ○ 保護者を共に支援

③ 危機管理的対応

健康の危機管理的対応は日常の対応に加え，生命の危機またはそれに近い状況になった場合の対応につ

いてはあくまでも養護教諭として，他の職員の専門性を活用する観点から自殺念慮，いじめ，児童虐待，デートDV，災害時の心のケア，摂食障害，妊娠，薬物乱用，医薬品乱用については第7章で述べる。

(3) カウンセリングの機能を「健康相談」「健康相談活動」に活かすとは何か

養護教諭の行う健康相談・健康相談活動で活用するカウンセリングの特徴は心身の観察や救急処置などと同時に展開するということである。カウンセリングの機能は健康相談に欠かせない大切な資質であり，技能であるが，その際の以下の留意点をしっかりと念頭に置く必要がある。

> ① 「健康相談」にカウンセリングの知識，技法は絶対に欠かせない資質・能力である。
> ② しかし「健康相談」イコール「カウンセリング」ではない。
> ③ 「健康相談」におけるカウンセリングは養護教諭のかかわりと同時に進む。(とりわけ初期対応)「○○しながらカウンセリング」。
> ④ カウンセリングを行うカウンセラーとしてのパーソナリティとして「人が好き，自己受容，共感性，無構え」等が必要。さらに健康相談を行う養護教諭のパーソナリティとして人間観，健康観，教育観，養護教諭としてのアイデンティティが求められる。
> ⑤ 健康相談を行う養護教諭に特に必要なカウンセリングの知識技法としては，○基礎理論，○リレーションの意義，○傾聴の基本と応答の技法，○ロールプレイングの基本と方法，○その他対象によっては心理テストや遊戯療法（専門家の指導）等がある。
>
> 健康相談に活かすカウンセリングの技術及びその実際例についての詳細はP112〜113に示す。

3 健康相談・健康相談活動の教育的意義とかかわる教職員の役割

(1) 教育活動としての健康相談，健康相談活動

「教職員のための子どもの健康相談及び保健指導の手引」（文部科学省，平成23年8月）によると健康相談の目的として心身の健康問題の解決のみならず，解決の過程で人間的な成長につながる教育的意義をあげている。すなわち，学校保健安全法第8条の健康相談は学校における教育活動の一環として展開するものと捉えられる。その意味では教育職員免許法施行規則第9条における健康相談活動が教育活動として展開することとなる。

> 健康相談の目的：健康相談の目的は，児童生徒の心身の健康に関する問題について，児童生徒や保護者等に対して，関係者が連携し相談等を通して問題の解決を図り，学校生活によりよく適応していけるように支援していくことである。先に述べたように，心身の健康問題を解決する過程で，自分自身で解決しようとする人間的な成長につながることから，健康の保持増進だけではなく教育的意義が大きい。
>
> 「教職員のための子どもの健康相談及び保健指導の手引」（文部科学省，平成23年8月）

(2) 健康相談にかかわる関係職員の役割

養護教諭が行う健康相談とその他の教職員が行う健康相談について，先の手引では関係職員それぞれの職の特質を活かした役割を以下のように述べている。

養護教諭	学級担任等	学校医・学校歯科医・学校薬剤師
○児童生徒の健康に関して専門的な立場から行う ○職務の特質を活かして心身の健康問題の早期発見 ○いじめや児童虐待等の早期発見・早期対応 ○保健指導の必要性の判断	○問題を早期に発見する ○健康観察（朝の健康観察，授業中や放課後等の学校生活全般） ○身体的不調，不登校，虐待，人間的ふれあい，子供の些細な変化に気づく ○養護教諭との連携 ○情報の共有化 ○組織的対応	○受診の必要性の有無の判断 ○疾病予防，治療等の相談 ○学校と地域の医療機関等とのつなぎ役等，主として医療的な観点から実施と専門的な立場から学校及び児童生徒を支援 ○養護教諭との連携 ○学級担任との連携

「教職員のための子どもの健康相談及び保健指導の手引」を基に筆者作成

なお，手引では養護教諭の行う健康相談について以下のように記述された。

> 養護教諭の行う健康相談は，児童生徒の健康に関して専門的な観点から行われる。児童生徒の心身の健康問題の変化に伴い，従来（1960年代から）から養護教諭の重要な役割となっていたが，平成9年の保健体育審議会答申においては，広く周知され，中央教育審議会答申（平成20年1月以下，中教審答申という）においても，その重要性が述べられている。学校保健安全法に養護教諭を中心として学級担任等が相互に連携して行う健康相談が明確に規定されるなど，個々の心身の健康問題の解決に向けて養護教諭の役割がますます大きくなっている。
> 養護教諭の職務については，中教審答申において，保健管理，保健教育，健康相談，保健室経営，保健組織活動の5項目に整理されている。健康相談が特出されていることは，単に個々の児童生徒の健康管理に留まらず，自己解決能力を育むなど児童生徒の健全な発育発達に大きく寄与しており，養護教諭の職務の中でも大きな位置を占めているとともに期待されている役割でもあるからである。
>
> 「教職員のための子どもの健康相談及び保健指導の手引」（文部科学省，平成23年8月）

また，関係職員の役割を踏まえ，対応する場合にはそれぞれの専門性や特徴を最大限に活かすことを念頭にかかわる必要がある。

【健康相談にかかわる養護教諭，担任教諭，学校医，学校歯科医，学校薬剤師の立場等の特徴】

		養護教諭	担任教諭	学校医・学校歯科医・学校薬剤師
勤務形態		常勤	常勤	非常勤
対象児童生徒とのかかわり		・毎日子供たちにかかわることが可能	・日常的に子供たちにかかわっている	・基本的には学校の要請に応じて対象の子供にかかわる
勤務場所		・保健室　・学校全体	・主として教室	・主として保健室
免許状	授与	・教育職員免許法第5条（別表第2）	・教育職員免許法第5条（別表第1）	・医師法 ・薬事法
	単位規定	・教育職員免許法施行規則第9条（教科），第10条（教職）に関する科目	・教育職員免許法施行規則幼小中高の教科・教職科目第2条～第8条	
配置の法的根拠とその職務		・学校教育法第37条 ・児童の養護をつかさどる	・学校教育法第37条 ・児童の教育をつかさどる	・学校保健安全法 ・学校保健安全法施行規則　職務執行の準則 第22条　学校医の職務執行の準則の3　法第8条の健康相談 第23条　学校歯科医の職務執行の準則2　法第8条の健康相談 第24条　学校薬剤師の職務執行の準則4　法第8条の健康相談
役割		・昭和47年，平成9年の保健体育審議会答申に主要な役割が示され，それを踏まえ，健康診断，救急処置，疾病予防等の保健管理，保健教育，健康相談活動，保健室経営，保健組織活動（平成20年中教審答申）	・日々の健康観察 ・授業中の様子 ・体育の授業 ・給食中の様子	
専門性等		・医学的知識　・看護学的知識 ・技術　・保健指導　・保健室経営	・教育指導　・学級経営 ・保健指導	・医学　・歯科医学　・薬学

（「教職員のための子どもの健康相談及び保健指導の手引」（文部科学省，平成23年8月）を基に作成，一部改変）

(3) 養護教諭が行う健康相談と保健指導及び教職員が行う健康相談・保健指導との関係

学校保健安全法第8条の健康相談の規定により，養護教諭はもとより学級担任，学校医，学校歯科医，学校薬剤師等のすべての関係職員がその実施にかかわることとなった。であるならばそれぞれの職の専門を活かした対応をしてこそ成果があがる。さらに，第8条の健康相談は第9条の保健指導の前提として行われることからこの両者とのつながりを念頭に置いてかかわる必要がある。

すなわち，学校の教職員全体がそれぞれの職務の特質を理解し，それを踏まえて対応する必要がある。また，養護教諭は自らの専門性を活かしつつ関係職員のコーディネーターの役割を担うことも念頭に入れて実施すべきである。

先の法改正や手引の記述から養護教諭の行う健康相談，個別保健指導について次ページのように捉えることができる。

第3章　健康相談・健康相談活動のプロセスと進め方

養護教諭が行う健康相談・保健指導と教職員が行う健康相談・保健指導

- 健康相談（法第8条）は，学校医，学校歯科医，学校薬剤師は，医療的，専門的立場からの相談
- 学級担任は，日常の健康観察で早期発見

養護教諭
養護教諭の職務の特質を活かす

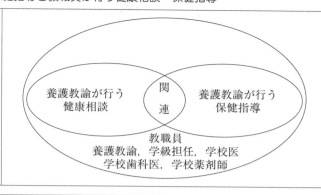

- 保健指導は，学校保健の保健教育としてそれぞれの職務の特質を活かして実施
- 法第9条の保健指導は主として個別指導（小集団含む）
- 養護教諭が中心となって行う
- 他の職員との連携コーディネーター

○**養護教諭の職務の特質としてあげられる主な事項**
ア　全校の子供を対象としており，入学時から経年的に児童生徒の成長・発達を見ることができる。
イ　活動の中心となる保健室は，誰でもいつでも利用でき安心して話ができるところである。
ウ　子供は，心の問題を言葉に表すことが難しく，身体症状として現れやすいので，問題を早期に発見しやすい。
エ　保健室頻回来室者，不登校傾向者，非行や性に関する問題など様々な問題を抱えている児童生徒と保健室でかかわる機会が多い。
オ　職務の多くは学級担任をはじめとする教職員，学校医等，保護者等との連携のもとに遂行される。
　　などが，主な養護教諭の職務の特質としてあげられる。

「教職員のための子どもの健康相談及び保健指導の手引」（文部科学省，平成23年8月）

(4)　学校保健安全法第8条「健康相談」及び第9条「保健指導」と学校医，学校歯科医，学校薬剤師

　学校医，学校歯科医，学校薬剤師は学校保健安全法施行規則に規定されたとおり，第8条の次頁に示すとおり，健康相談，保健指導が職務となった。これによって養護教諭，学級担任と共に学校保健にかかわる関係者すべてが健康相談，保健指導を担うこととなる。養護教諭はこれらの関係者のコーディネーターとしてそれぞれの専門性を十分に発揮できるように調整する必要がある。

＜学校保健安全法施行規則　学校医，学校歯科医，学校薬剤師職務執行の準則＞

第4章　学校医，学校歯科医及び学校薬剤師の職務執行の準則（第22条～第24条）
（学校医の職務執行の準則）
第22条　学校医の職務執行の準則は，次の各号に掲げるとおりとする。
（1）学校保健計画及び学校安全計画の立案に参与すること。
（2）学校の環境衛生の維持及び改善に関し，学校薬剤師と協力して，必要な指導及び助言を行うこと。
（3）法第8条の健康相談に従事すること。
（4）法第9条の保健指導に従事すること。
（5）法第13条の健康診断に従事すること。
（6）法第14条の疾病の予防処置に従事すること。
（7）法第2章第4節の感染症の予防に関し必要な指導及び助言を行い，並びに学校における感染症及び食中毒の予防処置に従事すること。
（8）校長の求めにより，救急処置に従事すること。
（9）市町村の教育委員会又は学校の設置者の求めにより，法第11条の健康診断又は法第15条第1項の健康診断に従事すること。
（学校歯科医の職務執行の準則）
第23条　学校歯科医の職務執行の準則は，次の各号に掲げるとおりとする。
（1）学校保健計画及び学校安全計画の立案に参与すること。
（2）法第8条の健康相談に従事すること。
（3）法第9条の保健指導に従事すること。
（4）法第13条の健康診断のうち歯の検査に従事すること。
（5）法第14条の疾病の予防処置のうち齲歯その他の歯疾の予防処置に従事すること。
（6）市町村の教育委員会の求めにより，法第11条の健康診断のうち歯の検査に従事すること。
（学校薬剤師の職務執行の準則）
第24条　学校薬剤師の職務執行の準則は，次の各号に掲げるとおりとする。
（1）学校保健計画及び学校安全計画の立案に参与すること。
（2）第1条の環境衛生検査に従事すること。
（3）学校の環境衛生の維持及び改善に関し，必要な指導及び助言を行うこと。
（4）法第8条の健康相談に従事すること。
（5）法第9条の保健指導に従事すること。

4 チームとして進める「健康相談」―連携・分担―

(1) チーム学校と養護教諭

「チームとしての学校の在り方と今後の改善方策について（答申）」（中央教育審議会平成27年12月21日）が示された。

その内容は学校の組織運営改革である。この背景は，①新しい時代に求められる資質・能力を育む教育課程を実現するための体制整備，②複雑化・多様化した課題を解決するための体制整備，③子供と向き合う時間の確保等のための体制整備である。

右図は答申に掲載されているものである。すなわち専門性に基づくチーム体制の構築が提言され，スクールカウンセラー（SC）やスクールソーシャルワーカー（SSW）等が法的に整備されることを提言している。

これらの専門スタッフと養護教諭は連携・分担することとなっており養護教諭の調整力はますます重要となっている。

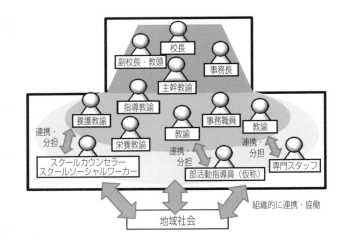

(2) スクールカウンセラー（SC）やスクールソーシャルワーカー（SSW）と養護教諭の連携

このことについては，「児童生徒の教育相談の充実について（案）～学校の教育力を高める組織的な教育相談体制づくり～」の報告書に，SC，SSW等の職務や特に養護教諭との連携などについて記述されている。養護教諭にかかわる指摘内容を以下にあげる。

第2章　今後の教育相談体制の在り方
第2節　SC及びSSWの職務内容等
　3　SC及びSSWの職務遂行に当たり配慮すべき事項
　(2) 養護教諭，特別支援教育コーディネーター等との連携
　<u>健康診断などの保健管理，健康相談等を行う養護教諭，学校との連携の中で行われる健康診断，保健指導，健康相談を行う学校医等，心理の専門家であるSC，福祉の専門家であるSSWが有している児童生徒に係る情報は，当該児童生徒の状況を把握するために重要な情報である。このため，学校内の会議においてこれらの情報を共有するのみならず，日頃から養護教諭，学校医等，SC及びSSWの間で情報交換を行うことが必要である。</u>
　なお，現在，各学校において，特別支援教育の推進のため，校内委員会の企画・運営，保護者からの相談窓口などの役割を担う特別支援教育コーディネーターが指名されている。学習面や行動面で何らかの困難を示す児童生徒，障害のある児童生徒に関する支援をSCやSSWが行う場合は，特別支援教育コーディネーターと連携し，学校における特別支援教育の現状や当該児童生徒の障害の状態等を十分把握しながら支援することが必要である。
第3節　学校及び教育委員会における体制の在り方
　1　学校における教育相談体制の在り方
　(2) 養護教諭の役割
　<u>養護教諭は，全児童生徒を対象として，入学時から経年的に児童生徒の成長・発達に関わっており，また，いじめや虐待が疑われる児童生徒，不登校傾向である児童生徒，学習面や行動面で何らかの困難を示す児童生徒，障害のある児童生徒等の課題を抱えている児童生徒と関わる機会が多いため，健康相談等を通じ，課題の早期発見及び対応に努めることが重要である。その際は，養護教諭が，学校医，医療機関等の関係機関との連携の必要性の有無について適切な判断を行えるようにするとともに，学級担任，SC，SSW，特別支援教育コーディネーター等学校内の関係者，校内委員会等学校内組織と連携して対応していくことが重要である。</u>

＊下線筆者

なお，それぞれの「職」の特徴と役割は次ページの表に示すとおりである。

第3章　健康相談・健康相談活動のプロセスと進め方

〈養護教諭・スクールカウンセラー（SC）・スクールソーシャルワーカー（SSW）の職務，役割，職務・配置形態〉

	養護教諭[※1]	スクールカウンセラー[※2]	スクールソーシャルワーカー[※2]
職　務 （法規上）	○学校教育法第37条 職務は同条第12項 「養護をつかさどる」	○学校教育法施行規則第65条の2 「スクールカウンセラーは、小学校における児童の心理に関する支援に従事する」	○学校教育法施行規則第65条の3 「スクールソーシャルワーカーは、小学校における児童の福祉に関する支援に従事する」
職務内容 （役割）	中央教育審議会答申 【職務役割】 ①救急処置，健康診断，疾病予防等の保健管理 ②保健教育 ③健康相談（健康相談活動） ④保健室経営 ⑤保健組織活動 【機能役割】 ①学校保健活動の推進の中核的役割 ②関係者との連絡調整にあたるコーディネーター的役割 ③学校保健活動のセンター的役割	SCの職務内容等 ①不登校，いじめ等問題行動，子供の貧困，児童虐待等の早期発見及び支援・対応等 (ｱ)児童生徒及び保護者からの相談対応 (ｲ)学級や学校集団に対する援助 (ｳ)教職員や組織に対するコンサルテーション (ｴ)児童生徒への理解，児童生徒の心の教育，児童生徒及び保護者に対する教育啓発活動 ②不登校，いじめや暴力行為等問題行動，子供の貧困，児童虐待等を学校として認知した場合またはその疑いが生じた場合，自然災害，突発的な事件・事故が発生した際の援助 (ｱ)児童生徒への援助 (ｲ)保護者への助言・援助 (ｳ)教職員や組織に対するコンサルテーション (ｴ)事案に対する学校内連携・支援チーム体制の構築・支援	SSWの職務内容等 ①不登校，いじめ等問題行動，子供の貧困，児童虐待等の早期発見及び支援対応等 (ｱ)地方自治体アセスメントと教育委員会への働きかけ (ｲ)学校アセスメントと学校への働きかけ (ｳ)児童生徒及び保護者からの相談対応（ケースアセスメントと事案への働きかけ） (ｴ)地域アセスメントと関係機関・地域への働きかけ ②不登校，いじめや暴力行為等問題行動，子供の貧困，児童虐待等を学校として認知した場合またはその疑いが生じた場合，自然災害，突発的な事件・事故が発生した際の援助 (ｱ)児童生徒及び保護者との面談及びアセスメントから見直しまで (ｲ)事案に対する学校内連係支援，チーム体制の構築・支援 (ｳ)自治体体制づくりへの働きかけ
勤務形態及び配置形態	○配置：すべての学校に配置 ○勤務形態：常勤	①単独校方式（SCが配置された学校のみを担当するもの） ②拠点校方式（小中連携）（SCが，1つの中学校に配置され，併せて，当該中学校区内の小学校を対象校として担当するもの） ③拠点校方式（小小連携）（SCが，1つの小学校に配置され，併せて，当該小学校同一中学校区内の他の小学校を対象校として担当するもの） ④巡回方式（SCが，教育委員会（教育事務所，教育支援センター（適応指導教室）等に配置され，域内の学校を巡回するもの） まず，上記の①，②及び③の学校または拠点校，④の教育委員会（教育事務所，教育支援センター）に常勤のSCを配置する。その後，近隣の学校へ段階的に常勤SCを増員することが適切である。最終的には，すべての必要な学校，教育委員会及び教育支援センターに常勤のSCを配置することを目指すことが適切である。	現在は，地域や学校の状況等を勘案し主に， ①単独校方式（SSWが配置された学校のみを担当するもの） ②拠点校方式（SSWが拠点となる学校に配置され，併せて近隣校を対象校として担当するもの） ③派遣方式（SSWが教育委員会に配置され学校からの要請に応じて派遣するもの） ④巡回方式（SSWが教育委員会に配置され，複数校を定期的に巡回するもの） まず，上記の①及び②の学校または拠点校，教育委員会に常勤のSSWを配置する。最終的にすべての中学校及び教育委員会に常勤のSSWを配置し，校区内のすべての必要な学校等の担当とすることを目指すことが望ましい。
資質の担保	○教育職員免許法施行規則第9条 養護教諭養成カリキュラム		
	○学校教育法第37条 ○職務は同条第12項「養護をつかさどる」	SC及びSSWの職務遂行に当たり配慮すべき事項 (1)児童生徒及び保護者との信頼関係の構築 (2)養護教諭，特別支援教育コーディネーター等との連携 (3)学校への働きかけ (4)守秘義務	

		(5)児童虐待に係る通告
		(6)家庭訪問
		(7)SC及びSSWに対する人事評価

（＊参考文献を基に筆者作成）

※1　中央教育審議会「どもの心身の健康を守り，安全・安心を確保するために学校全体としての取組を進めるための方策について（答申）」2008年1月17日
※1　養護教諭の専門領域に関する養護教諭の用語の解説集
※2　文部科学省「児童生徒の教育相談の充実について（案）〜学校の教育力を高める組織的な教育相談体制づくり〜」

〈引用・参考文献〉
(1)　三木とみ子・徳山美智子編集代表『養護教諭が行う健康相談・健康相談活動の理論と実際』ぎょうせい，2013，pp. 66-67，76-77
(2)　文部科学省「教職員のための子供の健康相談及び保健指導の手引」2011年8月
(3)　中央教育審議会「チームとしての学校の在り方と今後の改善方策について（答申）」2015年12月21日
(4)　文部科学省「学校教育法施行規則の一部を改正する省令の施行等について（通知）」(2017年3月31日　初等中等教育局長)

（三木　とみ子）

第4章 健康相談・健康相談活動を支える諸理論及び技法	《本章の学びのポイント》 ●学校教育と健康相談・健康相談活動との関連を理解する。 ●健康相談・健康相談活動を支える教諭について理解する。 ●支える教諭とはどのようなものかを理解する。

1　学校教育と健康教育

(1) 健康相談とチーム学校・新学習指導要領

　社会環境の変化に伴って，いじめや不登校，子供の貧困等の学校教育の課題は多様化・複雑化の一途をたどり，従来のように教員中心による対応が困難となっている。また，教員に求められる役割は拡大し多様化しており，その軽減も求められている。このような中，中央教育審議会は「チームとしての学校の在り方と今後の改善方策について」（平成27年12月21日）[1]を答申した。文部科学省が推進する「チームとしての学校」は，教員が大半を担ってきた学校の在り方を転換し，教員と心理・福祉等の専門スタッフが連携・協働して学校運営や課題の解消に取り組む体制を整備したものである。

　この答申の中で，健康相談に関連して次のような記述がある。

> **養護教諭（現状）**
> 　（略）また，養護教諭は，児童生徒等の身体的不調の背景に，いじめや虐待などの問題がかかわっていること等のサインにいち早く気付くことのできる立場にあることから，近年，児童生徒等の健康相談においても重要な役割を担っている。
> 　特に，養護教諭は，主として保健室において，教諭とは異なる専門性に基づき，心身の健康に問題を持つ児童生徒等に対して指導を行っており，健康面だけでなく生徒指導面でも大きな役割を担っている。
> 　（略）例えば，健康診断・健康相談については，学校医や学校歯科医と，学校環境衛生に関しては学校薬剤師との調整も行っているところである。
> 　（略）このように，養護教諭は，児童生徒等の健康問題について，関係職員の連携体制の中心を担っている。
> **（成果と課題）**
> 　養護教諭は，学校に置かれる教員として，従来から，児童生徒等の心身の健康について中心的な役割を担ってきた。
> 　今後は，スクールカウンセラーやスクールソーシャルワーカーが配置されている学校において，それらの専門スタッフとの協働が求められることから，協働のための仕組みやルールづくりを進めることが重要である。
> **〔専門スタッフの参画〕**
> 　（略）専門スタッフの参画は，学校において単なる業務の切り分けや代替を進めるものではなく，教員が専門スタッフの力を借りて，子供たちへの指導を充実するために行うものである。言い換えれば，教員が専門スタッフに業務を完全にバトンタッチするのではなく，両者がコラボレーションし，より良い成果を生み出すために行うものである。
> 　（略）日常的に子供に関わっている教員，身体的不調の様子からいじめ等のサインに気付きやすい立場にある養護教諭，心理学の観点から助言や援助を行うスクールカウンセラーなど役割や専門性を異にする職員が様々な立場から，総合的に関わることで解決につなげることが可能になる。
> 　　　＊下線筆者

　一方，文部科学省は，平成29年7月，幼稚園教育要領・小・中・特別支援学習指導要領を，平成30年3月に高等学校学習指導要領を告示した。

　今回の改訂の基本的な考え方[2]としては3項目あり，その1つに，「先行する特別教科化など道徳教育の充実や体験活動の重視，体育・健康に関する指導の充実により，豊かな心や健やかな体を育成」があげられている。

　また，小学校学習指導要領総則第1章第1の2の(3)に次のように記されている。

> **健やかな体（第1章第1の2の(3)）**
> (3) 学校における体育・健康に関する指導を，児童の発達の段階を考慮して，学校の教育活動全体を通じて適切に行うことにより，健康で安全な生活と豊かなスポーツライフの実現を目指した教育の充実に努めること。特に，学校における食育の推進並びに体力の向上に関する指導，安全に関する指導及び心身の健康の保持増進に関する指導については，体育科，家庭科及び特別活動の時間はもとより，各教科，道徳科，外国語活動及び総合的な学習の時間などにおいても

それぞれの特質に応じて適切に行うよう努めること。また，それらの指導を通して，家庭や地域社会との連携を図りながら，日常生活において適切な体育・健康に関する活動の実践を促し，生涯を通じて健康・安全で活力ある生活を送るための基礎が培われるよう配慮すること。

＊下線筆者

(2) 学校教育と健康相談・健康相談活動

(1)で述べたチーム学校と新学習指導要領に記載された内容に鑑みて，学校教育と健康相談をイメージすると，図1のようになる。

児童生徒の健康を維持増進するため規定された，学校保健安全法第8条（健康相談）と第9条（保健指導）は，養護教諭が「職」の固有性と保健室の機能を駆使して，教育活動として展開する。その活動は，児童生徒が，「自分の心身に起こっている現象は何かを理解し」「今を生きる自分自身を見据えて」「将来に向け何をしていくか，といった目標をもち」「課題解決を志向し」「自己実現を目指していけるよう」「チーム学校において関係者が連携し」「心身両面から支援すること」[3]である。

現代においては，この役割を担う養護教諭に求められる資質・能力は，下に示すように，テクニカル・スキル（専門的スキル）とヒューマン・スキル（対人関係スキル）が欠かせないものとなってきている。従来は，テクニカルが強調されがちであり，このバランスが均等であったとは言い難い。このことを養護教諭はもとより，養護教諭養成教育担当者・行政担当者は深く認識し，養成・採用・研修の全教育内容を確認・見直しすることが極めて重要である。

子供の現代的な健康課題への対応に求められる養護教諭の資質・能力の2側面[4]

> 1．テクニカル・スキル（専門的スキル）
> 　養護教諭が，医学と看護の素養を有する教育職員として，専門的な立場から知識・技能，経験の蓄積を駆使 することができる能力
> 2．ヒューマン・スキル（対人関係スキル）
> 　養護教諭が，他人と共同し他人の気持ちを推測し察知しながら，他人と共に活動を展開できる能力
> ・相手の話をきちんと聞いて理解する ヒアリング
> ・話し合いのなかで自分の意見を主張する ネゴシエーション
> ・自分の考えを的確に，論理的に伝える プレゼンテーション
> ・組織の使命を考え抜き，それを目に見える形で明確に確立する リーダーシップ
> ・職務上の マナー
> 　（礼儀・言葉遣い・敬語の基本・報告／連絡／相談・公文書／手紙／電話／FAX／Eメールのマナー）

（徳山美智子，2008）

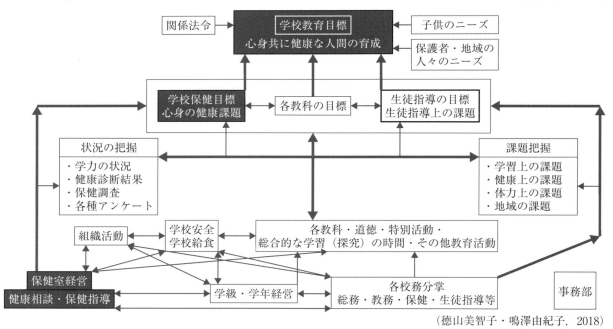

（徳山美智子・鳴澤由紀子，2018）

図1　学校教育における健康相談・保健指導の関連図

第4章　健康相談・健康相談活動を支える諸理論及び技法

① 学習指導における健康相談：情報化社会の進展により，様々な健康情報や性・薬物等に関する情報の入手が容易になっていることなどから，児童が適切に行動できるようにする指導を一層重視する必要がある。図1に示すように，心身の健康の保持増進に関する各教科の指導・特別活動・総合的な学習の時間・その他において，学校の教育活動全体で共通理解を図り，家庭の理解を得ることに配慮するとともに，関連する教科等において，発達の段階を考慮して，指導することが重要である。このことを養護教諭は深く理解して，人権を擁護しながら，自校の実態を一次予防の視点を持って学習指導に活用していくことが重要である。

② 生徒指導・教育相談と健康相談：図1から読み取ることができるように，健康相談・保健指導を含む保健室経営の状況把握と生徒指導の課題把握は表裏一体のものとして学校内で共有しなければならない。「学校保健法等の一部を改正する法律の公布について（通知）」（平成20年7月9日）[5]において，「「加害行為」には，いじめや暴力行為など児童生徒同士による傷害行為も含まれるものと考えられること。この場合，いじめ等の発生防止については，基本的には生徒指導の観点から取り組まれるべき事項であるが，いじめ等により児童生徒等が身体的危害を受けるような状態にあり，当該児童生徒等の安全を確保する必要があるような場合には，学校安全の観点から本法の対象となること」と通知された。養護教諭は，改めて，子供の訴えや傷病の背景に潜む問題を非社会的か反社会的かという二者択一的な判断に陥ることなく，科学的根拠に基づく養護診断を用いて，問題は双方向であることを説明づけ，生徒指導・教育相談の関係者と共有して取り組むことが求められている。そのためには，養護教諭が日常的に活動報告ができるように，教育相談の校内組織に位置づけられること，保健室で抱え込まずに，学級担任・ホームルーム担任等との連携を緊密にすることが重要である。

③ 特別支援教育における健康相談：今日，特別支援教育に携わる養護教諭は，医療と教育の2側面の役割を担う高度専門職として新しい分野を切り拓き，重要な役割を担っている。特別支援教育を受けている幼児，児童生徒が抱える課題は心身の健康面だけでなく，改善が必要な様々な課題に直面している。自分の状態を表現することが苦手な子供や，コミュニケーションスキルが低い子供の場合，その困り感に気づきにくい。心身の健康問題の原因を探るのに時間がかかることもある。家庭的背景が，健康課題を複雑化させてしまうこともある[6]。健康相談，保健指導で得られた児童生徒の「秘密」は，特に慎重な扱いが求められるが，虐待やいじめ，セクシュアル・ハラスメントなど，直接子供の人権にかかわる事柄では，養護教諭は職員と協力し，子供の人権が適切に保障されるようにアドボケーター（権利擁護者）としての役割を積極的に担うべきである[7]。その際，独断的・独善的な判断・対応とならないように，管理者に相談することを念頭に置いて取り組むことが重要である。

〈参考文献〉
(1) 中央教育審議会「チームとしての学校の在り方と今後の改善方策について（答申）」2015年12月21日
(2) 文部科学省「新しい学習指導要領の考え方」（平成29年度　小・中学校新教育課程説明会（中央説明会）における文部科学省説明資料）　http://www.mext.go.jp/a_menu/shotou/new-cs/1396716.htm（アクセス日：2018年9月21日）
(3) 三木とみ子・徳山美智子編集代表『健康相談活動の理論と実際どう学ぶかどう教えるか』ぎょうせい，2007，pp.242-243
(4) 徳山美智子「大阪府ほか新規採用養護教諭・10年経験養護教諭研修講座資料」徳山美智子所収改変，2008
(5) 文部科学省「学校保健法等の一部を改正する法律の公布について（通知）」（2008年7月9日　スポーツ・青少年局長）
(6) 三木とみ子・徳山美智子編集代表『養護教諭が行う健康相談・健康相談活動の理論と実際』ぎょうせい，2013，pp.14-16

（徳山　美智子）

2 子供の発育発達の基礎知識——子供の心と体の発育発達の理論

(1) 成長と発達とは

　子供（小児）は単に大人（成人）を小さくした存在ではない。形態的にも機能的にも小児は成人へと向かって劇的に変化する。このような変化は"発育"としてまとめられるが、さらにこれを"成長"と"発達"に分けて考えるのが医療系分野では一般的である。"成長"は量的な形質の変化であり、身長や体重がこれを代表する。"発達"は機能の巧みさと力強さが増していくもので、首の座り、お座り、つかまり立ちから歩行などにつながっていく、質的な変化である。"発達"は一般的に階段状に進んでいき、連続的な数値として表現することは難しい。さらに発達には知能や社会性の獲得という側面も含まれる。

　小児期を年齢で分類すると生後28日目までは新生児期、1歳未満を乳児期、それ以降で小学校に入学するまでを幼児期、思春期に入るまでを学童期とし、以後の成人期をつなぐ期間を思春期とする。思春期を青年前期と青年中期としてそれぞれ中学校、高校をそれに対応するものとすることもある。

　このような小児期の発育は出生が開始点となるが、小児期は受精後から出生までの胎児期に引き続いたものである。子宮内発育環境が胎児発育にとって負に作用するような場合に、成人期の疾病や健康に大きな影響を与えることが近年、科学的に証明されてきている（Developmental Origins of Health and Disease 仮説；DOHaD（ドハド、あるいはドーハッド）仮説）。このように成人期を見据えると"成長"と"発達"は胎児期から小児期、そして成人期に至るまでを一連のものとしてとらえる必要がある。

(2) "成長"と"発達"に影響する因子

　"成長"と"発達"の進み方には個人差があり、その差は遺伝と環境の違いで説明される。例えば、身長は人種や両親の身長など遺伝的因子に強く規定される。さらに食生活などの環境要因や器質的な疾病の有無等の健康状態がそこに作用する。時にはストレスなどの心理的な要因によっても身長の伸びが阻害されるように様々な因子が成長に影響を与える。一方、"発達"はそれらに加えて、親や周囲のものとのかかわり方やテレビやビデオ等の情報媒体やスマホ等の交流手段にも大きな影響を受け、それらの相互作用の中でダイナミックに変化する。このように"成長"と"発達"は様々な要因の影響を受けている。

(3) 成長モデル

　成長とは体を構成する諸臓器が完成形に向かって成熟するプロセスである。その合算したものが長さと重さとして数値化される。それぞれの臓器の成長の仕方は一様ではない。出生直後の乳児期の成長は胎児期の成長の名残ともいえる。受精卵は約0.1～0.2mmとされており、10か月後には約50cmとなって出生するので、2500～5000倍前後に成長していることになる。この勢いを乳児期は引き継いでおり、1年後には身長が25cmも伸びて約75cmとなる。その後は思春期まで成長率（成長速度）が低下していき、思春期を迎えて最も身長が伸びるときに男児で平均10cm／年、女児で約8cm／年の成長速度となる。

　成長はそれを裏打ちする仕組みが存在しており、それらをもとにして成長を説明するモデルとしてス

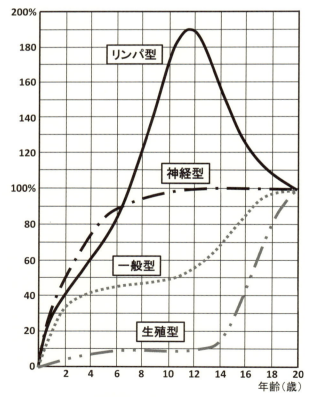

図1　スキャモンの臓器別成長曲線
　J.M. Tanner著, 熊谷公明訳, 前川喜平監修『小児発育学——胎児から成熟まで』日本小児医事出版社, 1983より一部改変

キャモンの臓器別成長曲線とICP（Infancy-Childhood-Puberty）モデル（カールバーグ）が知られている。

① スキャモンの臓器別成長曲線（図1）

生体内の臓器の成長は4型（リンパ型，一般型，神経型，生殖型）に分類されるという仮説を提唱したのがスキャモンである。乳児期から幼児期には自身で免疫系を構築していかねばならない。そのときに重要な働きを担うのが免疫系であり，その場がリンパ組織で，小児期には成人期のレベルを超える。これが「リンパ型」である。「神経型」は神経系組織の成長を示すもので，重量で見る限り，5歳時には成人レベルの9割程度にまで達している。「生殖型」は精巣や卵巣など性器の発達を示すもので，二次性徴の出現とともに急速に成長する。「一般型」はその他の臓器を含むもので，身長や体重はここに含まれる指標である。思春期になると性ホルモンの作用により身長は急激に伸び，体重も増える。成長と生体機能の関連を考える上で興味深いモデルである。

② ICPモデル（図2）

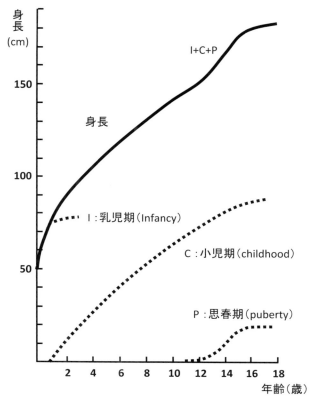

図2　ICPモデル
ICPモデル　Karlberg J. On the construction of the infancy-childhood-puberty growth standard, Acta Paediatr Scand Suppl 1989; 356: 26-37より一部改変

成長曲線に描かれる曲線をよくみると3つの成分に基づいていることがわかる。胎児期の名残である乳児期，伸びがわずかながら鈍化していく前思春期と性ホルモンの上昇に一致した思春期の伸びである。このように成長を3つの要素に分けると成長曲線は理解しやすい。これがICPモデルと言われるもので，I（Infancy）は乳児期，C（Childhood）は幼児期以降思春期の直前までの小児期，P（Puberty）は思春期の成分を表す（カールバーグ）。一人ひとりの成長はこの各成分を合算したもので，それぞれの成分を構成する機能が障がいされるとその成分に依存する身長の伸びが低下する。

I成分は栄養によって支配されているとされ，C成分は成長ホルモンや甲状腺ホルモンが，またP成分は性ホルモンが主要な役割を果たしている。性ホルモンが骨に作用すると身長が急に伸びるがこれを思春期成長加速現象（growth spurt；成長スパート）という。

成長ホルモン分泌が脳下垂体近傍の腫瘍などによって低下するとC成分による成長が抑制され，身長の伸びが鈍化する。ターナー症候群のように卵巣機能低下によって性ホルモンの分泌が少なければP成分を認めない。それに対して思春期早発症ではP成分が年齢不相応に早期に現れる。

(4) 成長の評価

日々の微細な変化を日常生活の中で確実にとらえることは難しいので，成長を客観的に評価するためには経時的（縦断的）に得られる身体計測値を標準集団の中に位置づけて，その推移を見守っていく必要がある。このときに使われるのが"成長曲線"，あるいは"身長・体重標準曲線"である（図3，図4。男児のみ示す）。計測値をグラフで表すと視覚的に計測値の変化が把握できることに加え，個々の測定値が集団の中でどこに位置するかを即座に把握できる。

パーセンタイル成長曲線（図3）の身長を示す領域には8本の基準曲線が引かれている。中央部に位置する太いものが標準曲線で，50パーセンタイル値（中央値）を結んだものである。その上下に各パーセンタイル値の基準曲線が引かれている。また−2.5SDの基準曲線は低身長の診療で用いる。なお，50パーセンタイルは100人を順に並べたとすると50番目であることを意味する。

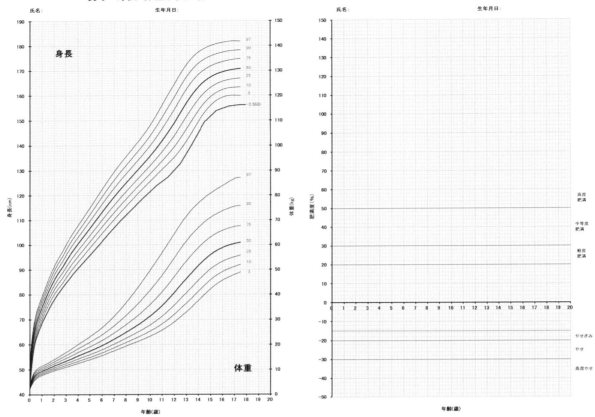

図3　パーセンタイル成長曲線と肥満度曲線（男）
　　https://www.gakkohoken.jp/special/archives/199の図を引用

　SD成長曲線（図4）は各SD（Standard Deviation；標準偏差）で基準曲線が引かれている。±1SDの基準曲線の内側に入るものが全体の68.3％，±2SDに入るものが95.5％となっている。つまり＋1SDの基準曲線上に位置する計測値は100人を低い順に並べたとするとおおよそ84番目に相当する。逆に－1SDの基準曲線では16番目である。このようにパーセンタイルとSDスコアは互換性がある。

　成長曲線の活用を促すために日本学校保健会からは平成28年にソフトウェア"子供の健康管理プログラム"が学校に配布された。また，日本小児内分泌学会は医療用としてホームページ（http://jspe.umin.jp/medical/chart_dl.html）において無料で成長曲線等をダウンロードできるサービスを提供している。

① 体格の測定

　身長は長管骨の骨端に存在する成長軟骨（骨端軟骨，あるいは骨端線）が成人となって閉鎖するまで伸びる。閉鎖する時期には個人差があり，遺伝，栄養状態や性ホルモンなどの影響を受ける。一般的に肥満児は思春期が早めに発来して成人身長に早く達するが，低栄養状態であれば思春期の発来が遅れて，成人身長に到達するのに時間がかかる。

　身長は朝から夜にかけて縮む。起床時が最も高く，起床後2時間で約1cm，その後数時間かけて，さらに約1cm程度は縮む[1]。これは重力によって脊椎の椎間板等が圧迫されるためである。身長計測値が午前と午後で異なるのはそのためである。さらに測定器の誤差，測定者の技量，測定時の姿勢などがさらにそこに反映するので，身長測定値を解釈する際にはこれらの点を考慮に入れねばならない。

　乳児の測定は立位が困難なので，臥位で行う。この場合，0.7cm程度は立位の方が低くなるので注意する[2]。2歳を過ぎれば原則として立位で測定する。

　体重は排便，排尿後に全裸あるいは下着のみで測定する。なお，体重計によって値が異なることがあるので注意する。

② 体格の評価
ア）身長

　身長を相対的に評価する場合はパーセンタイル値，あるいはSDスコアで表現するのが一般的である。これらは年齢が異なっても同じ値ならば，身長の高低の度合いは同じである。あるいは同じ身長でも年齢が進むと値は低くなる。なお，いずれも値はグラフからある程度，読み取ることができるが，SDスコアは以下の式によって計算することができる。

　身長のSDスコア＝（身長計測値－同性同年月齢の平均値）÷同性同年月齢の標準偏差値

※年齢別身長平均値及び標準偏差値[3]

イ）体重

　体重は肥満度，あるいはBMI（Body Mass Index）で評価する。肥満度は以下の式によって求める。

　肥満度＝（実測体重－標準体重）÷標準体重×100

　標準体重は"子供の健康管理プログラム"（日本学校保健会）では性別年齢別身長別標準体重を用いている。一方，性別身長別標準体重の考え方を用いる場合もある[4]。

　前者は年齢ごとに標準体重を身長の１次関数で求めるのに対して，後者は標準体重を身長の３次関数で示し，年齢を考慮していないことが特徴である（表１）。年齢ごとに標準体重を示す式が設定されているということは年齢が変われば標準体重が変わることを意味する。また標準的集団を対象にしてその式が設定されているため，高身長や低身長では現実的ではない標準体重が算出されることがある。一方，性別身長別標準体重は同じ身長であれば思春期発来の有無にかかわらず，同じ標準体重となる点には注意を要する。

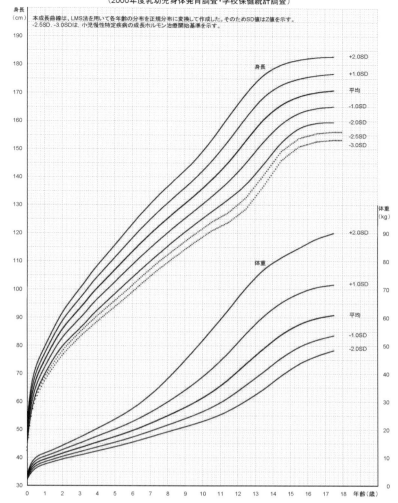

図４　SD成長曲線（男）

http://jspe.umin.jp/medical/files_chart/CGC_boy0-18_jpn.pdf（T Isojima, N Kato, Y Ito, S Kanzaki, M Murata: Growth standard charts for Japanese children with mean and standard deviation (SD) values based on the year 2000 national survey, Clin Pediatr Endocrinol 25(2): 71–76, 2016）を転載

表1　性別年齢別身長別標準体重と性別年齢別標準体重

【性別・年齢別・身長別標準体重】

係数	男子 a	男子 b	女子 a	女子 b
5歳	0.386	23.699	0.377	22.750
6歳	0.461	32.382	0.458	32.079
7歳	0.513	38.878	0.508	38.367
8歳	0.592	48.804	0.561	45.006
9歳	0.687	61.390	0.652	56.992
10歳	0.752	70.461	0.730	68.091
11歳	0.782	75.106	0.803	78.846
12歳	0.783	75.642	0.796	76.934
13歳	0.815	81.348	0.655	54.234
14歳	0.832	83.695	0.594	43.264
15歳	0.766	70.989	0.560	37.002
16歳	0.656	51.822	0.578	39.057
17歳	0.672	53.642	0.598	42.339

標準体重＝a×身長(cm)－b

【性別・身長別標準体重】

男児：
幼児期（6歳未満，身長70cm以上120cm未満）
　　標準体重＝$0.00206 \times^2 - 0.1166 \times + 6.5273$
学童（6歳以上，身長101cm以上140cm未満）
　　標準体重＝$0.0000303882 \times^3 - 0.00571495 \times^2 + 0.508124X - 9.17791$
学童（6歳以上，身長140cm以上149cm未満）
　　標準体重＝$-0.000085013 \times^3 + 0.0370692 \times^2 - 4.6558X + 191.847$
学童（6歳以上，149cm以上184cm未満）
　　標準体重＝$-0.000310205 \times^3 + 0.151159 \times^2 - 23.6303X + 1231.04$

女児：
幼児期（6歳未満，身長70cm以上120cm未満）
　　標準体重＝$0.00249 \times^2 - 0.1858X + 9.0360$
学童（6歳以上，身長101cm以上140cm未満）
　　標準体重＝$0.000127719 \times^3 - 0.0414712 \times^2 + 4.8575X - 184.492$
学童（6歳以上，身長140cm以上149cm未満）
　　標準体重＝$-0.00178766 \times^3 + 0.803922 \times^2 - 119.31X + 5885.03$
学童（6歳以上，149cm以上171cm未満）
　　標準体重＝$0.000956401 \times^3 - 0.462755 \times^2 + 75.3058X - 4068.31$

　体重測定値からは脂肪組織や筋肉組織がどの程度存在するかまではわからない。肥満や肥満症の診断に重要ではあるが，メタボリック症候群や糖尿病等の代謝性疾患を考える上ではあくまでも仮の指標であることを踏まえ，基本的には一人ひとりの子供の体格全体を総合的に評価する必要がある。

　BMIは成人でよく使われるが，小児にBMIを適用する際には十分な注意が必要である。BMIは体重(kg)を身長（m）の二乗で割って求める。このような指標は年齢によらず一定ならば利用できるが，小児では年齢によって標準値が変動するので，BMIが年齢と共に変化しても評価が難しい。また身長の高低によっても同じ体格でBMI値が異なってくる。このような点からBMIではSDスコアあるいはパーセンタイルによって標準化して用いるべきとされている。また以前より学校保健の現場ではローレル指数（体重（kg）÷身長（m）の3乗×10）が用いられている。しかし，BMIと同様に年齢及び身長によって標準値が変動するので，体格評価に用いるには適切ではない。

③　体格のフォローアップ

　子供が順調に発育しているかを確認するには身長や体重，あるいは身長SDスコアや肥満度を数字として見ているだけでは不十分であり，それらの変化を追跡することが重要である。そのために計測結果や指標をグラフに描きなおすことが重要である。

　成長曲線で個々の子供の成長を評価するときに注意すべきことは成長曲線が横断的データ（健診日における多数例の身体計測値）に基づいて作成されているため，子供の経時的計測結果が必ずしも基準曲線と平行にならないことである。特に思春期では思春期成長加速現象を示す時期は傾きが急で，基準曲線に沿わないことがある。このような場合，専門の医師でなければ正常と異常の判断が難しい。

　肥満度については肥満度曲線あるいは肥満度判定曲線（図5）が使われる。"子供の健康管理プログラム"（日本学校保健会）ではパーセンタイル成長曲線と肥満度曲線が自動描画される（図3）。一方，肥満度判定曲線は横軸に身長を，縦軸に体重を取ったもので，それらの交点に点を打つことで肥満度がどの範囲に入るかが容易に判定できる。

(5) **発達の特徴**

　発達の状態を評価するためには一般的な発達の進み方を把握しておく必要がある。また，その発達状態を説明する発達段階理論の概要を知っておくと評価の助けとなる。特に学童期以降に課題となる，コミュニ

ケーション能力やそれを含めた社会性の獲得は発達段階理論を理解していることでアプローチしやすい。

① 乳幼児期の発達

　幼児期までの変化は劇的で一日一日の変化を実感できる。出生直後であれば腹ばいさせても頭を持ち上げることはできないが，徐々に背部の筋力が増して頭を上げられるようになり，生後4か月までにほぼ9割で首が座る。その後，寝返り，お座り，つかまり立ちや一人歩きと発達は進むが，すでにこの月齢から発達を獲得する時期に個人差が見られる。

　乳児は人の顔をじっと見つめるのが特徴であるが，徐々に家族と他人を識別できるようになると人見知りが始まる。体を自分で動かせるようになると後追いが始まる。この時期に母を中心とした家族と情緒的な絆（愛着）が深まって人への信頼感が育まれる。2歳以降は徐々に言語機能を獲得して家族の輪から飛び出し始め，3歳を過ぎる頃から初めて会う人にも言葉で対応できるようになっていく。大人への基本的信頼感をよりどころに，身近な人や周囲の物，自然などの環境とかかわ

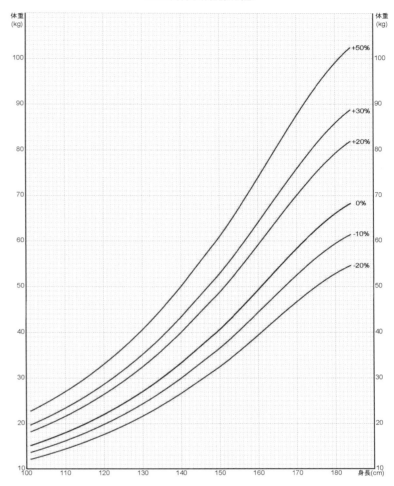

図5　肥満度判定曲線（男）

http://jspe.umin.jp/medical/files_chart/WHC_boygakudo_jpn.pdf（Y Ito, K Fujieda, A Okuno: Weight-for-height charts for Japanese children based on the year 2000 Report of School Health Statistics Research, Clin Pediatr Endocrinol 25(2): 77-82, 2016）を転載

り，興味・関心の対象を広げ，認識力や社会性を発達させていく。また食事や排泄，睡眠といった基本的な生活習慣を獲得していく。子供同士で遊ぶことなどを通じて，自らと違う他者の存在や視点に気づき，道徳性や社会性の基盤が育まれていく。

② 学童期の発達

　小学校に入ると幼児期の特徴を残しながらも周囲の大人からの指示を守ることで善悪についての理解と判断ができるようになる。また，言語能力や認識力も高まり，自然などへの関心が高まっていく。高学年になると物事のみならず，自身を客観的に分析できるようになり，知的な活動が高度化していく。自己肯定感を持てず，自尊感情の低下などにより劣等感を持ちやすくなる時期でもある。また，遊びなどを通じて集団活動に積極的にかかわる一方で，閉鎖的な集団を形成して，付和雷同的な逸脱行動が見られることもある。

③ 思春期の発達

　中学生に相当するこの時期は，自分独自の世界があることに気づき，それを作り上げるなかで自意識と客観的事実との違いに葛藤して，自らの生き方を模索しはじめる。また，友人関係に軸足を移して，親に対して反抗し，親子のコミュニケーションが不足しがちな時期となる。性意識が高まり，異性への興味が高まる時期でもある。そのような変化と平行して家族や親の保護のもとから，社会へと活動の場を広げようとし，自立した成人となる最終的な移行期間を迎える。混乱した思春期前期から大人の社会を展望する

ようになって生き方を真剣に模索する時期である。

(6) **発達の評価**

発達をどのような指標で評価するかは議論が尽きないが，それらをまとめるとア）運動，イ）言語，ウ）社会性，エ）認識，オ）情緒・感情，カ）基本的習慣となる。これらを評価する方法としてDENVER II（デンバー発達判定法），遠城寺式乳幼児分析的発達検査法，新版K式発達検査法，田中ビネー知能検査V，WISC-IIIや津守式乳幼児精神発達検査が知られており，そのような評価法によって得られた発達年齢（developmental age；DA）や精神年齢（mental age；MA）と暦年齢（calendarあるいはchronological age；CA）の比に100を乗じた数値（DA/CA×100あるいはMA/CA×100）を発達指数（development quotient；DQ）あるいは知能指数（intelligence quotient；IQ）とする。

乳幼児健診の場では養育者への問診，子供に与えた課題への反応や上記の発達検査を用いて，発達の遅れや偏りを早期に発見し，養育者が何に困っているかを理解しながら，支援に結びつけることが重要である。発達の遅れや偏りを健診の場で確定することは難しく，実際には自治体の保健センター等で経過観察としながら判断していく。また保育所や幼稚園，あるいはこども園に通所・通園している場合には保育士や養護教諭により発達の遅れなどを指摘され，支援に結びつくこともある。このように小学校に入学する前に発達の遅れやかたよりに対応した教育環境を準備することが重要である。このために5歳児健診や就学時健診の場が設定されており，それらを積極的に活用することが望ましい。

(7) **発達段階理論と発達課題**

① 発達段階理論

教育学あるいは心理学等の先達が発達段階を分類する理論を提唱してきた。それらのうち，ピアジェの理論は現在まで影響力を保っており，小児の認知発達の概要を理解しやすいものにしている。彼は成人期に至るまでの小児の認知発達を操作（operation）というキーワードを用いて以下の4つに分類した。すなわち，感覚運動期，前操作期，具体的操作期，形式的操作期である。操作とは経験する行為をイメージとして思い描き，それをさらにイメージとして再生して想像できるようになるプロセスである。感覚運動期は0～2歳に見られるもので，続いて2～7歳は前操作期，7～12歳は具体的操作期，12歳以上が形式的操作期とされている。

それぞれの時期を簡潔に表現するならば，「感覚運動期」は外界にあるものを視覚や触覚によって，その存在を受けとめ，かつ働きかけることによって認識する時期である。当初は自己と他者（あるいは物）が未分化な状態だが，これらの行為を繰り返すことで，次第に客体の永続的な存在を認識する。「前操作期」になると急速に言語を獲得し始めて，イメージや表象を用いた思考や行動が可能となる。しかし，まだ自己中心的で論理性に乏しい。したがって見かけにとらわれやすいのがこの時期の特徴である。「具体的操作期」になると保存性の概念を獲得し，見かけに左右されない論理的な思考が可能になる時期である。しかし，抽象的概念を用いた推論を行うことはできない。「形式的操作期」になれば具体的な現実に縛られることがなく，抽象的・形式的に考えることができるようになり，抽象的な問題解決も推論も行うことができる。

② 発達課題

発達課題とは生涯を通じて人間が健全で幸福な発達をとげるために各ステージに課題があり，それを習得していくことによって，次のステージにスムーズに移行できるとする考え方につながる。各段階には健全と相反する危機が存在し，健全な傾向を伸ばし，危機的な傾向を小さくしなければならない。教育心理学者のハヴィーガースト

表2　エリクソンの心理社会的発達段階（小児期）

時　期	心理的課題	主な関係性
乳児期	基本的信頼vs.不信	母親
幼児前期	自律性vs.恥，疑惑	両親
幼児後期	積極性vs.罪悪感	家族
学童期	勤勉性vs.劣等感	地域，学校
青年期（思春期）	同一性vs.同一性の拡散	仲間，ロールモデル

が提唱し，エリクソンらがそれに続いた。いずれもライフサイクル全体を網羅するものであるが，エリクソンが提唱した小児期の発達課題（表２）をまとめてみると学童期や思春期に子供が直面する課題を理解しやすい。また，現在の日本の状況を考慮して課題がまとめられている[5]。それを抜粋して要約すると以下のようになる。

　乳幼児期には，ア）家族や地域の中で育まれる愛着の形成，イ）人に対する信頼感の形成，ウ）自己発揮と他者受容による自己肯定感の獲得，エ）基本的な生活習慣の確立，オ）遊びを通じた道徳性や社会性の獲得である。

　学童期には，ア）抽象的に思考すること，イ）他者の視点から理解すること，ウ）自己肯定感の育むこと，エ）集団内の役割を自覚することや主体的な責任意識の育成，オ）体験を通して実社会への興味・関心を持つことなどが課題となる。

　思春期には，ア）個性を伸ばし，自立的な生き方を選択すること，イ）社会の一員として自立して行動し，生活を営む力をつけること，ウ）他者の善意や支援に感謝の念を持ち，それにこたえること，エ）法やきまりの意義を理解し，社会の一員としての自覚を持った行動を取ることである。

(8) "成長"と"発達"を見守る養護教諭の役割

　多くの子供は順調に成人期を迎えるが，ときには教育，あるいは医療の介入を必要とする。そのような子供たちについては課題・問題点を早期に発見し早期に対応したい。早期発見には専門家が果たす役割が大きいが，学童期以降になると行政の保健機関が行う健診などはないので，保健関係者が子供に接する機会はほとんどない。また学童期になると感染症にも抵抗力がついて病院・クリニックに受診することが少なくなり，医療関係者が子供に接する機会は少ない。すなわち，日常の中で子供の健康状態や発達を身近で見守ることができる専門家は養護教諭である。

　発達の問題は学習や友人関係のトラブルとして現れるので気がつかれやすいが，成長にかかわるものは自覚症状に乏しいので，発見が遅れがちである。そのために平成28年から学校での成長曲線の利用が促されているが，十分に展開しているとは言い難い。学校現場は多忙で養護教諭が成長曲線を描くなどの実務にかかわることが難しいのかもしれない。パソコンがあれば簡単に作業が進められそうであるが，ソフトウェアの操作に慣れるまでに時間がかかることも一因であろう。このようなハードとソフトの両面の制約は時間をかけてでも解決していかねばならない。また成長にかかわる身体計測値は重要な健康情報であり，生涯にわたって自己管理すべきものである。成長曲線についても親や養護教諭の独占物とはせずに子供が自分自身でそれを描き，自分の健康を見守るためのツールとしていくことが重要である。

〈引用・参考文献〉
(1) 川畑昌子「人体高径の日内変動に関する研究」『家政学雑誌』32巻9号，1981，pp. 673-678
(2) WHO Department of Nutrition for Health and Development: Measure length or height, p. 19, Training Course on Child Growth Assessment, WHO Child,
https://www.who.int/childgrowth/training/module_b_measuring_growth.pdf
(3) 伊藤善也，加藤則子，立花克彦，藤枝憲二「小児慢性特定疾患治療研究事業において採用された身長基準に準拠した2000年度版「標準身長表」および「標準成長曲線」」『小児科診療』68巻7号，2005，pp. 1343-1351（表はhttp://jspe.umin.jp/medical/files/fuhyo1.pdfより入手可）
(4) 日本成長学会・日本小児内分泌学会合同標準値委員会「日本人小児の体格の評価」（2．肥満度）
http://jspe.umin.jp/medical/taikaku.html
(5) 文部科学省「子どもの徳育の充実に向けた在り方について（報告）」2009年9月
・藤枝憲二監修，加藤則子編『現場で役立つラクラク成長曲線』診断と治療社，2007
・公益財団法人日本学校保健会『成長曲線活用の実際―成長曲線に基づく児童生徒等の健康管理の手引―』2018
・西村昂三，松浦信夫編著『わかりやすい子どもの保健　第2版』同文書院，2016

（伊藤　善也）

3 小児心身医学の基礎知識

(1) 子供の心身症の概念

頭痛，腹痛，めまい，食欲不振などいわゆる身体症状（不定愁訴）を主訴として小児科を初診する子供は稀ではない。特別な身体疾患がないにもかかわらず症状が持続し場所も変動し，慎重に内科的診察を行っても理学的所見と症状が一致しない。また，気管支喘息の子供にストレス要因があるとき，喘息発作が誘発され症状が悪化することがある。このような場合「心身症」が疑われる。心身症の診療では，子供の行動面の問題，特に社会適応（登園しぶりや不登校）の有無，子供の成長過程の背景に隠れている神経発達症（自閉症や知的障害等）との関連に注目し，こころ（心身症），行動（不登校），発達（神経発達症）の関連性に注目することが大切である（図1）。

図1 子供たちは社会心理的支援の必要性が高い

① 心身症の定義

1991年日本心身医学会により定義つけられた[1]。この中で狭義の心身症とは，「身体疾患の中で，その発症や経過に心理社会的因子が密接に関与し（心身相関），器質的ないし機能的障害が認められる病態（ただし，精神疾患による身体症状は除く）」とされている。精神疾患の診断に用いるICD-10，DSM-5には心身症という診断名は存在せず「身体症状症F45.1」が病態として近いが，心身症は身体疾患として対応する方が臨床現場においてより現実的と考えられる病態に使用される。一方，子供ではストレス状況に置かれると成人に比べ心身未分化な全身的反応を呈しやすい。そこで日本小児心身医学会では「子どもの心身症」を2014年以下のように定義した[2]。「子どもの身体症状を示す病態のうち，その発症や経過に心理社会的因子が関与するすべてのものをいう。それには，発達・行動上の問題や精神症状を伴うこともある」。身体症状は，いわゆる不定愁訴とされる，めまい，頭痛，腹痛などのほか，気管支喘息，アトピー性皮膚炎などのアレルギー疾患，摂食障害（神経性やせ症，神経性過食症，回避・制限性食物摂取症等），過敏性腸症候群，起立性調節障害など様々である（表1，2）。

表1 子供の心が関与する疾患や状態

1．ストレス関連身体疾患・身体症状（心身症）：起立性調節障害，過敏性腸症候群，慢性頭痛，摂食障害，チック障害，頻尿，夜尿・遺尿，遺糞，解離性・転換性障害
2．慢性疾患・悪性疾患など身体疾患にかかわる諸問題
3．精神疾患・精神症状：不安障害，抑うつ状態，双極性障害，（初期）統合失調症
4．発達障害：精神遅滞，自閉症スペクトラム障害，注意欠陥／多動性障害，学習障害
5．行動の問題：不登校，引きこもり，反社会的行動，性的問題行動
6．養育の問題：虐待，ネグレクト，家族の病気・経済的問題による養育困難

表2 小児心身症の主な身体症状

アレルギー疾患（気管支喘息，アトピー性皮膚炎等）
起立性調節障害・睡眠障害
チック
消化器系（自家中毒，過敏性腸症候群，胃潰瘍）
摂食障害（神経性やせ症，回避・制限性食物摂取症等）
過換気症候群
夜尿症
肥満
機能性視覚・聴覚障害
円形脱毛症，抜毛症

② 「心身相関」

心身症の病態の理解は心身相関を理解することにつきる。何らかのストレス要因，すなわち心理社会的因子（生活環境：学校でのいじめ，孤立，学校不適応など，生育環境：両親の不仲，虐待など，子供自身の生物学的要因：神経発達症，精神疾患，慢性疾患など）及び身体的な因子を脳が感知すると身体症状を

呈する。自律神経系，内分泌系などに変化が現れる。二次的な不安症状も出現することがある。このような，心と身体の症状は密接に関係しておりこれを「心身相関」という。ストレス心理社会的因子の関与を疑わせる臨床所見として，症状の程度や場所が移動しやすい，症状が多彩である，訴えのわりに重症感がない，理学的所見と症状があわない，曜日や時間によって症状が変動する，学校を休むと症状が軽減する，などがある。心身症の治療の基本は薬物療法ではない。患者と家族が日常生活の中で生じる身体症状の悪化が，「心身相関」によるものであることを理解でき，ストレスに対して適切な対処法を見い出すことが可能になったときに治療が完結する。

(2) 小児科外来で経験する心身症事例

> 【A君，中学1年生　男子】
> 　小学校時代は休むことなく登校していた。
> 　地元の公立中学校に進学。部活はテニス部。5月連休明けから，朝腹痛と下痢でトイレに入る時間が長くなり，遅刻が増えた。テニス部の朝練習にも参加できないことが増え，友達から非難される。春の運動会の練習も体調が悪く参加できない日が続いた。春の運動会には参加できたが，週明けから，朝腹痛と頭痛，全身倦怠感を訴え登校できなくなった。両親はできるだけ登校するように，朝無理してでも起こした。しかし，7月に入り，親が起こすと逆切れするようになり，母や弟に家庭内で暴力を振るうようになった。学校側も当初はできるだけ登校するように勧めたが，長期欠席が続くため医療機関受診を指示した。夏休み前に当科受診。内科的な診察，身体的な器質性疾患を検査し特別な異常を認めなかった。診療を進めるとA君にとって中学生になってから学習，部活，友達関係等でストレス要因が複数明らかとなった。A君は登校したいのに，朝起きると腹痛と下痢で登校できない，との訴えがあった。心理士による支持的介入も開始，本人と家族の心身相関の理解を進めた。2学期に入り，養護教諭が窓口となって学校と連携し，スモールステップで登校できる環境設定を行った。当初は保健室に1時間滞在し帰宅，その後少しずつ登校時間を増やし，3学期には教室内で2時間程度授業に参加できるようになった。

　以上は，不登校，心身症（過敏性腸症候群）の事例である。学校との連携に養護教諭が大きな役割を担うことは日常よく経験する。保健室は心身症症状を呈する子供たちにとって重要な安全地帯となっている。

(3) 不登校

　不登校とは，「何らかの心理的，情緒的，身体的，あるいは社会的要因・背景により，児童生徒が登校しないあるいはしたくともできない状況にあること（ただし，病気や経済的理由によるものを除く）をいう」と文科省は定義している。平成28年文部科学省不登校児童生徒への支援に関する最終報告によると[3]，平成18年度に行われた不登校生徒に関する追跡調査報告書の結果を分析し，不登校経験者からのアンケートでは「友人との関係」52.9%，「生活リズムの乱れ」34.2%，「勉強がわからない」(31.2%)が上位であった。本人に係る不登校要因を考えると，不安などの心理的な問題，生活リズム，学習の遅れ，対人関係の問題などが上位を占めると考えられた。以上を踏まえて，不登校に陥る要因を以下のようにまとめた。1)からだ：頭痛，腹痛，めまい（心身症，OD，過敏性腸症候群，摂食障害等），2)生活リズム：朝起きられない（概日リズム睡眠障害等），3)ひと：友達や先生と合わない（神経発達症：社会性・コミュニケーション障害等），4)こころ：不安感，友達の目が気になる（不安障害，抑うつ状態等），5)学校・家庭環境（いじめ，虐待，経済的貧困，両親の離婚や不仲，非行等）。以上より，不登校児童は心身症と考えられる身体症状を訴えることが多いことがわかる。

(4) 概日リズム睡眠障害

　不登校状態の子供では概日リズム睡眠障害をみとめることがある[4][5]。不登校当初は，朝起きるのが遅くなり睡眠相後退型を示すことが多い。就寝時間の遅れが8時間以上となれば明け方眠るので「昼夜逆転」と呼ばれる。就寝時間はそれほど遅くならないが，半日寝ているような長時間睡眠者（Long Sleeper）もいる。不登校状態が長期化し，毎日の睡眠相や時間が不規則になると不規則睡眠-覚醒型と言われる。本人の考えで朝起きようと前日から徹夜して調節し無理やり登校する子供もいる。朝起きた翌日は起床できず時間が遅くなるため，起床時間と就寝時間が次第に遅くずれ込んでいく。これを自由継続型（非同調型，非24時間睡眠-覚醒症候群，Free-Running）と呼ぶ。長期不登校状態になると，もともと学習意欲があった子供でも，家庭学習から遠のいてしまうことが多い。時間を持て余すのでゲーム・インターネットの世

界に入り込んでいくのは避けられない[6]。

(5) 起立性調節障害（OD：Orthostatic Dysregulation）

ODは一般小児科外来ではよく遭遇する病態である。小学生では男女とも2〜3％程度だが，中学生になると急激に増え男子の約15％以上，女性の約25％に認められる[7]。ODは，自律神経系（大脳辺縁系，視床下部等）の機能障害に起因した，交感神経と副交感神経のバランスの崩れから朝起きの不良，朝の食欲不振，全身倦怠感，頭痛・立っていると気分が悪くなる，立ちくらみ等の症状が発現すると考えられている。症状の発現には心理社会的因子が関係していることが稀ではなく，心理的な支援が治療に必要な場合がある。診断は，日本小児心身医学会が提唱している，新起立試験を施行しサブタイプ分類を行う[2]。サブタイプは，①起立直後性低血圧（INOH），②体位性頻脈症候群（POTS），③遷延性起立性低血圧（delayed OH），④血管迷走神経性失神（VVS）などがある。

(6) 概日リズム障害やODを呈する心身症・不登校児への対応

① 睡眠表の活用

睡眠状況を明確にするために，睡眠表をつける。当科では，睡眠表と同時に「できたことカレンダー」と名づけた空白のカレンダーを渡している。このカレンダーには，毎日，夕食後などに親子でその日1日を振り返って，できたことを記載してもらう。できたことカレンダーの目的は，1歩も外出はしないが，家庭で本を読んだり，手伝いができたり，少しだけ勉強，音楽を聴く，入浴する，笑顔があった，などほんの少しでもうまく行動できたことを記載し本人の気に入ったシールを貼らせるなどして，「登校していない自分でも，親から責められず評価されているのだ」という安心感を与え，「自分は意外に行動できているのだ」と認知を進め自尊心を向上させるための認知行動療法である。

② 睡眠の調整

再診時，睡眠表とできたことカレンダーを確認しながら，うまく睡眠ができていれば褒め，うまくできなかったときには，その要因を患者と検討する。基本的なことであるが，起床時間，就寝時間は事前に設定しておく。母が起こすか，起こさないかも，本人と検討する。朝は必ず部屋のカーテンを開けて明るくする。夜間のゲーム使用が大きな問題となる。患者自身がルール作りできないと，コントロールは難しい。家族の協力も必要であり，些細な小言から家族内の不仲に発展することも少なくない。日中の行動を増やす目的で，明るい時間に散歩なども勧める。自由継続型の場合は，就寝時間を設定し1時間前に睡眠導入剤（ラメルテオン等）を投薬し就寝時間を確保できるとコントロールできることもある。

OD症状が強く，朝起きが難しいと考えられる場合は，薬物療法が有効である。サブタイプを考慮して行うが，起立直後性低血圧では，塩酸ミドドリン，無効児はメチル酸アメジウム，体位性頻脈症候群では塩酸ミドドリン，無効の場合プロプラノロールを投与する。

(7) 過敏性腸症候群（IBS：irritable bowel syndrome）

① 概念

明らかな感染兆候がないのに繰り返す腹痛の大部分は機能性疾患である機能性消化管障害（FGIDs：functional gastrointestinal disease）と考えられ，年少児によくみられる反復性腹痛（recurrent abdominal pain：RAP）と思春期以降に多い過敏性腸症候群がある。1989年に策定されたRome基準が診断基準となっている。2006年RomeⅢ基準で，小児FGIDsの診断基準はさらに明確となり，新生児・幼児（4歳未満）と小児・思春期（4〜18歳）の2つに分類された[8]。

② IBSの病態（脳腸相関）

IBSの病態は不明であるが，内臓神経の過敏性により健常人に比べて"痛み"を感じやすくなっているとされる。また，ストレスに陥りやすく不安状態を抱えやすい人がIBSとなる可能性が高い。小児期特有の原因についての報告はみられていない。精神的なストレスは，小腸や大腸運動に影響を与える。このメカニズムで有名なのはセロトニン神経系が関与していると考えられる「脳腸相関」である。神経伝達物質セロトニンの大半は消化管に存在する。セロトニンが小腸の粘膜にあるクロム親和細胞内から放出される

と末梢神経を刺激し，消化管の蠕動や腸液の分泌，血管拡張，痛み反射を引き起こし，その結果，吐き気，嘔吐，腹痛，腹部膨満感等の消化器症状を起こすと考えられる。

③ 小児過敏性腸症候群の臨床的特徴

1）反復性腹痛（RAP）

Apleyにより，「日常生活に影響するほどの反復性発作性腹痛のエピソードが，少なくとも3か月以上にわたり，3回以上独立して認められるもの」と定義されている。RAPの診断の約半数は自然に軽快し，残りの25％は不変，25％がIBSへ移行すると言われている。従来から用いられるRAPという診断に関しては，思春期のIBSの前段階と位置づけ成人へ移行しうるものである。

2）過敏性腸症候群（IBS）

大腸を中心とした消化管機能異常により，排便に伴う腹痛・腹部不快感・下痢・便秘等の便通異常を慢性的に訴える症候群である。排便に伴う腹痛・腹部不快感・下痢・便秘等の便通異常を慢性的に訴える。症状は軽快と悪化を繰り返す。長期間続くが，適切な治療により完治が可能である。腹痛は，腹部全体から，左下腹部，心窩部など様々である。腹痛や腹部不快感は排便により軽快する。嘔気，食欲不振を伴うこともある。理学的所見では，腹部圧痛，腸雑音の亢進を認める。

排便のパターンにより，(1)便秘型，(2)下痢型，(3)下痢・便秘混合型，(4)その他の4群に分類される。IBSの頻度はきわめて多く，思春期年齢以上のおよそ5〜10人に1人の割合でみられる。男性より女性の方が多い。小児IBS患者の頻度は，中学生6％，高校生14％であり年齢とともに増加する。

④ 治療

腹痛はすぐに消失しない。症状とうまくつき合っていくことを患者とともに考える。症状中心にかかわるのは，それを消失させるためではなく，症状をコントロールすることによって症状の存在による不安を軽減し，子供と家族の心の安定を図るのが目的だということをしっかりと認識する。

1）病態の理解と食事指導・生活習慣の改善

a．正常な排便のメカニズムの理解

胃結腸反射が重要である。食物が胃に入る刺激によって，便塊を肛門側へ送り出す蠕動運動が結腸に生じる反射である。この反射により，便塊は直腸に至り，直腸が一定の内圧に達すると直腸肛門反射により便意を生じ肛門括約筋が弛緩，便が排泄されるのである。胃結腸反射は朝が最も強く出現する。排便のメカニズムをわかりやすく患者，保護者に伝え理解してもらうことが重要である。IBS症状が改善するのは，健康な胃結腸反射がよみがえることであり，食事・睡眠・運動等の生活指導を中心に，快適な排便習慣を確立することを目的とする。

2）対症的薬物療法

a．プロバイオティクス：IBS治療ガイドラインではエビデンスAである。腸内細菌のバランスを改善する生菌，またはその微生物を含む薬品や食品を指す。

b．塩酸ラモセトロン：IBS下痢型に対しては，塩酸ラモセトロンが有効である。

5HT3受容体拮抗薬としてセロトニン3受容体に結合し，セロトニンがセロトニン3受容体に結合をブロックする。

〈処方適応〉

・男性における下痢型過敏性腸症候群

　5μgを1日1回経口投与。1日最高投与量は10μgまで。

・女性における下痢型過敏性腸症候群

　2.5μgを1日1回経口投与。1日最高投与量は5μgまで。

(8) 子供のやせ症：摂食障害

子供の摂食障害は増えている。最近のトピックスとして，低年齢化，自閉スペクトラム症の併存，成人への移行の問題等がある。保健室で摂食障害児に遭遇する機会が増えていると予想される。

① 子供の摂食障害の診断

　摂食障害は文化的背景が異なっていても全世界で思春期前後の子供の健康に関連し大きな医学的，社会的な問題であり患者数は増加していると考えられる[9]。DSM-5[10]によれば，若年女性における神経性やせ症（AN：anorexia nervosa）の12か月有病率（過去12か月間に診断基準を満たした人の割合）は，約0.4％である。男女比は1：10で女性に明らかに多く発症する。一方，神経性過食症（BN：bulimia nervosa）の12か月有病率は1～1.5％とANより頻度が多いが，年齢は成人期にピークとなる。米国の調査では，13～18歳の37人に1人が摂食障害を有するとの報告がある[8]。

　初発時の子供の摂食障害の病型分類では，やせ願望を主訴とする神経性やせ症の摂食制限型が最も多く約50～70％以上，神経性過食症は数％，やせ願望の明らかではない回避・制限性食物摂取症が30％程度とされる。ただし，注意を要するのは小児科領域においても過食症への移行が増えているのではないか？との問題である。過食症は精神病理を抱え身体管理だけでは治療が難しく精神科や心療内科で治療が必要となる場合が多い。

　診断基準は，成人と同様にアメリカ精神医学会DSMの診断基準を使用する。2013年改訂されたDSM-5では，DSM-Ⅳの「幼児期または小児期の哺育，摂食障害」カテゴリーが廃止され摂食障害に統合された。そこには，異食症や反芻症と共に，回避・制限性食物摂取症（Avoidant/Restrictive Food Intake Disorder）が含まれている（表3）。この診断分類は，DSM-Ⅳの幼児期または小児期早期の哺育障害が改訂されたものだが，年齢制限（6歳以下の発症）の削除とともに，Laskらによる Great Ormond Street criteria（GOSC）[11]に含まれる診断分類（食物回避性情緒障害，選択的摂食，機能的嚥下障害等）が採用されたことが重要である。日本では日本小児心身医学会が小児摂食障害のガイドラインを出版しているので参考にするとよい[2]。

表3　食行動障害及び摂食障害群
Feeding and Eating Disorders：DSM-5より改変

- 異食症
- 反芻症／反芻性障害
- 回避・制限性食物摂取症／回避・制限性食物摂取障害
  （Avoidant／Restrictive Food Intake Disorder）
- 神経性やせ症／神経性無食欲症（Anorexia Nervosa）
  　摂食制限型（Restricting type）
  　過食・排出型（Binge-eating／Purging type）
- 神経性過食症／神経性大食症（Bulimia Nervosa）
- 過食性障害（Binge-Eating Disorder）

② 成人期に及ぶ身体的な問題

　小児期の慢性的な低栄養は成長に大きな影響を与える。特に前思春期の摂食障害児では，低栄養状態が持続すると性ホルモンの分泌能が著しく低下し，低体重だけでなく身長の伸びが緩徐になり停止する。性ホルモンが低下すると骨密度も低下するので，将来骨粗しょう症発症のリスクが高くなる。運動時病的骨折のリスクも高くなる。この時期の低栄養患者の身体管理は患者の骨端線が閉じる前に身体治療を行うべきである。性ホルモンの低下は，初経の遅れあるいは無月経の要因となりこの状態が続けば妊孕性にも支障をきたす。月経周期を保つためには体脂肪率22％以上が必要であり，ダイエットにより脂肪組織が減少すると脂肪組織から分泌される卵胞ホルモンが低下し無月経に陥る。小児摂食障害は，小児期だけの問題ではないことを医療者・教育者が認識し，患者，家族へ十分な情報提供（疾病教育）を行い思春期以降の健康に影響を与えないように啓蒙することが養護教諭の責務と考えられる[12]。

③ 摂食障害の早期発見

　小学生から摂食障害は存在する。子供の摂食障害に気がつくことが第一歩である。小中学生においてダイエットは一般的であり母親も一緒にダイエットしていることが珍しくない。もっとも身近な家族でも気がつかないことがある。2013年1月から14年9月までに当科を初診した子供の摂食障害患者92名（15歳以下の小中学生）を対象に，紹介元の医療機関の対応，学校と医療の連携の有無，連携の内容，養護教諭の役割について後方視的に調査した[13]。驚くべきことは，最初に子供の摂食障害に気づいた人は，家族が50％，学校関係者21.7％（この中で養護教諭が20名中14名）であり，半数の家族が第三者に指摘されないと自分の子供が摂食障害であることに気がついていなかった（図2）。養護教諭が子供の摂食障害の早期発見に果たす役割は大きいと考えられる。給食は子供の摂食障害早期発見の場として重要である。逆に，

摂食障害発症への引き金ともなりうるので警鐘を鳴らしたい。食が細く食事摂取に時間がかかる生徒に完食を強要すべきではない。他児から批判され食べられず，つらくて嘔吐してしまう経験の後拒食状態に発展することがある。子供の摂食障害の発症に早く気づき対応できるように，子供を取り巻く家庭，学校，医療などの連携体制を築くことが大切である。

④　小児のやせの評価

成人ではBMIで評価するが15歳以下ではBMI-SDSと標準体重で評価する。

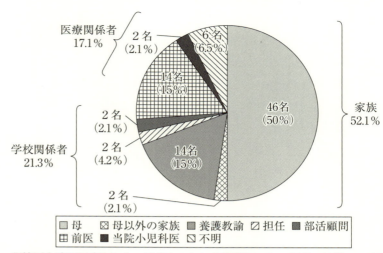

獨協医大埼玉医療センター子どものこころ診療センター　2013～14年　n＝92
図2　摂食障害発症の気づきは？

理由は，BMIを算出すると年齢が低くなるほどBMI値が低くなってしまうからである。日本人女子BMI曲線の50パーセンタイル値は16歳で20だが15歳未満では徐々に低値となり8歳で16である。標準体重の65％（BMI-SDS：－4.0）未満は入院治療が必要な最重度とされる。ただし，小児では標準体重の75％を切っていなくても，1～2か月の短期間で急激な体重減少がある場合には入院治療の適応になる。日本人小児の体格評価・成長曲線は，日本小児内分泌学会HP（http://jspe.umin.jp/medical/taikaku.html）で検索が可能なので参考にすると良い。

⑤　早期対応

1）初期治療のポイント

ANの初期治療のポイントは，外来・入院治療どちらでも，①身体症状の治療を優先する，②心理的介入は身体症状が安定してから開始する，③行動制限を用いる認知行動療法を行う，である。行動制限療法は，食事摂取量が増え体重が増加した時に自己の健康状態が改善することを認知し，安静から多くの行動への制限が解除され，自己評価が向上し非機能的認知（体型への認知の歪み）が改善することを目標とする[14]。しかし，初期身体治療でもっとも注意すべきは，再栄養症候群である。慢性的低栄養状態の患者に急激な栄養補充を行うと血管内から細胞内に電解質が急激に移行し電解質異常（特に低P血症）を呈し重篤な全身合併症を生じ心停止に至る場合もある[15]。経口摂取は1日3食を基本として指導する。再栄養症候群の予防が最も重要である。外来診療で再栄養症候群を予防するため，治療開始時のカロリーは，20-30kcal／kg／日とする。外来治療が可能な最低基準の体重は標準体重の70％程度以上を維持することを目標とする。ビタミンやミネラル（P・Mg・銅・亜鉛）欠乏の予防に配合経腸溶液のほか，再栄養症候群の予防にも役立つ高リン含有補助食品（アイソカルアルジネード等）を併用する場合もある。患者と家族に対して，低栄養であること，適切な現時点での栄養量，適切な行動制限など，心理教育を中心に対応する。その際，決して家族に対して摂食障害の犯人探しをしないことを説明する。家族自身の罪悪感が大きいからである。また，悪いのは子供ではなく摂食障害という病気なのだ，という考え方（疾患の外在化）を明確に示すと，本人も家族も病気に向かい合うことが容易になる。

学校や家族の状況を見直して，適応しやすくなるよう環境調整をすることも重要である。患者に対して体重が適正になれば健康に戻ることを理解できるように説明する[16]。

2）子供の摂食障害治療における医療と教育の地域連携

厚生労働省は平成26年独立行政法人国立精神・神経医療センターが摂食障害全国基幹センターとして指定を受け，情報ポータルサイトから摂食障害についての新しい知見を発信している[17]（https://www.ncnp.go.jp/nimh/shinshin/edcenter/index.html）（http://www.edportal.jp/index.html）。地域における摂食障害医療可能な医療機関リストの提示・情報発信している。小児摂食障害予防面では，養護教諭を早期

発見のキーパーソンと位置づけ，養護教諭を介して医療機関が学校と連携を図ることが小児摂食障害の早期対応として効果的と考えられる。養護教諭へのガイドラインとして小学校，中学校，高等学校，大学のそれぞれの現場での使用できる「エキスパートコンセンサスによる摂食障害に関する学校と医療のより良い連携のための対応指針」が作成された。摂食障害全国基幹センターHPからダウンロード可能なので活用することを勧める（図3）。

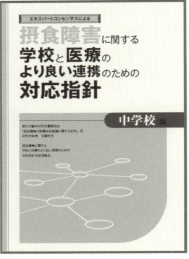

図3　摂食障害に関する養護教諭用対応指針

(9) 子供の肥満

　子供の肥満のほとんどは単純性肥満（原発性肥満）である。摂取エネルギーが消費エネルギーを上回った状態が続くために生じる。主食，おやつ，ジュースなどの過剰摂取，食事内容のバランスの悪さ，運動不足等が原因となる。平成28年度学校保健統計（学校保健統計調査報告書）によると増加しているとされた肥満傾向時の出現率は平成18年度以降減少傾向にある[18]（http://www.mext.go.jp/component/b_menu/other/__icsFiles/afieldfile/2017/03/27/1380548_01.pdf）。肥満傾向児とは，性別・年齢別・身長別標準体重を求め，肥満度が20％以上のものをいう。肥満度＝[実測体重(kg)－身長別標準体重(kg)]÷身長別標準体重(kg)100(％)で計算する。

　肥満は生活習慣病と呼ばれる2型糖尿病，脂質異常症，高血圧等の原因となり，のちに動脈硬化を生じ将来的に心筋梗塞や脳卒中などを引き起こすハイリスク要因となる。脂肪肝，睡眠時無呼吸症候群の併存もある。小児期の肥満は成人になってからの肥満に移行に関係がある。幼児期肥満の25％，学童前期肥満の40％，思春期肥満の70〜80％が成人肥満に移行すると言われている[19]。思春期肥満がそのまま成人肥満に移行しやすいのは，思春期では体格形成が最終段階であること，生活習慣が固定化し変更しづらくなることが原因である。小児期（6〜15歳）でもメタボリック症候群の診断が下される。以上から，小児肥満のできるだけ早期に肥満対策を講じる必要がある。

① 食環境の変化と食べ過ぎてしまう心理的な要因[20]

　肥満の増加には食生活や食環境の変化に伴い，子供の食行動が変容したことがあげられる。我が国は肥満を生み出しやすい社会環境にあるといえるだろう。都市部ではいたるところにコンビニエンスストアやスーパーがあり，いつでも，どこでも，なんでも，食べたいときに食べ物を入手することが可能である。食生活は第2次世界大戦後急激に欧米化し国民の摂取エネルギーが増大した。生活習慣も変化し夜型生活が増え，就寝時間が遅くなり，それに伴って夕食の時間が遅く，夜食をとる習慣や朝食をとらない習慣が大人だけではなく子供にも広まった。夜型生活に関連して，夜遅くまでインターネットで動画にはまったり，ゲームをしたり，いわゆるネット依存も問題である。その背景には，学校などの環境への不適応，対人関係・社会生活の困難さ，などによる心理的ストレスが関わっている。家庭環境要因として経済的な貧困，ネグレクトなどの虐待も関係している。過食にいたる心理的要因が引き起こす行動として，外的刺激によって引き起こされる行動，不安や内的な負の感情によって引き起こされる行動，さらにダイエットなど摂食の抑制によるストレスが引き起こす過剰な摂食行動（脱抑制による反対調節）があると考えられる。いつでも食べられる環境では，外的刺激によってつい食べ過ぎてしまい肥満につながる。ネガティブな負の感情は摂食を促進する。負の感情とは，怒り，悲しみ，恐怖，緊張等である。この負の感情によって慢性的欲求不満状態に陥り過食傾向へ向かう。喜びや安心感などポジティブな状況下では安心感によって食事が足りていれば空腹感が満たされ食欲は抑制される。中学生において，メタボリックシンドロームや生

活習慣病の発症が見られるようになり若年化が問題になっている[21]。肥満から，情緒不安定，自己効力感の低下，対人関係の困難さ，不登校に発展する。逆に，思春期特有の精神的な不安定さが過食，肥満といった経過に関与するとの報告もある[22]。

(10) 慢性疾患と心身症：子供の糖尿病

日本で治療を受けている小児糖尿病患者は約6,500人といわれている。糖尿病は1型糖尿病（インスリンの完全な分泌不足）と2型糖尿病（インスリン抵抗性あるいはインスリン分泌不足）の2型に分類される。病型の割合は1型が20～40％，2型が60～80％以上であるが，小児や若年成人は1型糖尿病が比較的多い。1型はウイルス感染など免疫異常が誘因となることがある。小児糖尿病は遺伝子異常に伴うものが成人よりも多い特徴がある。日本人小児1型糖尿病の発症率は，0.5～2.5（対10万人・年）であり，欧米白人よりも低率で約1／20～1／30とされる。一方，日本人の小児2型糖尿病は欧米よりも多く80％以上が肥満の併存がみとめられる[19]。

① 小児糖尿病の治療と心理社会的要因の問題

血糖のコントロールは，インスリン作用の程度，食事摂取量，運動強度，持続時間の3要素のバランスで決まる。1型，2型，病型を問わず，治療によって血糖コントロールがうまくできていれば，学校行事などへの参加の制限はない。そのため，患者，家族，学校，主治医当の連携が重要となる。また，発症時期に応じて，患者の発達段階に合わせた治療，サポートが必要となる[23]。乳幼児期では，食事摂取のむらもあり血糖の変動が激しく，低血糖が把握しづらいため，家族の負担も大きい。学童期では，自己管理を開始し，学校など家庭外の活動が増える。その際学校でのインスリン注射や補食の問題，学校行事参加への対応の問題が生じる。思春期では，療養の主体が本人中心となり，二次性徴による血糖値の変動もあり，心身共に不安定となりやすい。そのため血糖コントロールが悪化することがある[24]。

1型糖尿病はインスリンが欠乏しているためインスリンを補う必要があり，治療の際インスリン自己注射の問題や生活管理（食事や運動）の問題が予後を左右する鍵となる。肥満を伴う糖尿病では，肥満の原因に家庭・学校・社会での問題を抱え不登校などが関与していることがある。感染，ストレス，清涼飲料水ケトーシスなどによるケトアシドーシスや，経口血糖降下薬にとって十分なコントロールが得られない場合はインスリンを使用する。非肥満2型糖尿病では継時的な内因性インスリン分泌低下に伴いインスリン治療に移行することがある。

小児糖尿病に対する誤解や偏見が存在する。特に1型糖尿病は，学校生活の中で不当な扱いや制限を強いられることがある。学校でのインスリン注射や血糖自己測定，低血糖時の補食など，患者にかかわるすべての学校関係者が理解し支援しなくてはならない。基本的に，すべての学校行事（部活動，修学旅行など宿泊を伴う行事など）の制限はない。単に糖尿病という身体疾患の治療に留まらず心理ケアの観点から心理士などの心理支援者を加え，また栄養管理の面から管理栄養士を含めた包括的なチーム医療が必要である。

(11) 最後に

心身症の治療は，患者が自身の身体症状とうまくつき合う状態が続くと，次第に心に余裕が生まれ，初めて心理社会的要因が関与しているという事実を受け入れる心の準備が整う。そのとき患者に「気づき」が生じる。患者自分自身で気づくこともあれば，医師，心理士，家族，友達，教師（養護教諭）など患者を取り巻くすべての環境の中で気づかれることもある。家族の理解が進まない場合，家庭環境の問題（両親の不和，経済的困難さ，無理解，虐待等）を注意深く検討する。

〈引用・参考文献〉
(1) 日本心身医学会教育研修委員会「心身医学の新しい診療指針」『心身医学』31巻7号，1991，pp.537-576
(2) 日本小児心身医学会編『小児心身医学会ガイドライン集―日常診療に活かす5つのガイドライン 改訂第2版』南江堂，2015
(3) 文部科学省「不登校児童生徒への支援に関する最終報告」2016年7月
(4) 谷池雅子編『日常診療における子どもの睡眠障害』診断と治療社，2015

(5) 米国睡眠医学会著，日本睡眠学会診断分類委員会訳『睡眠障害国際分類　第2版　診断とコードの手引』医学書院，2010
(6) 作田亮一「ネット依存の強い子ども」『保健の科学』58巻4月号，2016，pp. 249-256
(7) 財団法人日本学校保健会編「平成22年度児童生徒の健康状態サーベイランス事業報告書」2012
(8) 松枝啓編『過敏性腸症候群の診断と治療—Rome3新診断基準を踏まえた合理的アプローチ』医薬ジャーナル社，2009
(9) 傳田健三「子どもの摂食障害の現状」『教育と医学』第64巻3号，2016，pp. 4-14
(10) American Psychiatric Association: Diagnostic and Statistical Manual of Mental Disorders 5th ed (DSM-5) 2013. Feeding and Eating Disorders, American Psychiatric Pub, 329-35
(11) Rachel Bryant Waugh and Bryan Lask: Overview of eating disorders in childhood and adolescence. Eating Disorders in Childhood and Adolescence 4th ed 2013, Routledge, 33-49
(12) 作田亮一「子どもの摂食障害：早期発見と包括的治療」『小児科学会雑誌』2019 in press
(13) 作田亮一「子どもの摂食障害の治療—早期発見と治療のための診療体制構築」『教育と医学』第64巻3号，2016，pp. 195-205
(14) 日本小児心身医学会編『初学者のための小児心身医学テキスト』南江堂，2018
(15) 作田亮一「MEDI QUIZ　小児　リフィーディング症候群」『日経メディカル』(591)，2017，pp. 79-80
(16) ブライアン・ラスク，ルーシー・ワトソン著，作田亮一監修『わかって私のハンディキャップ③　摂食しょうがい　食べるのがこわい』大月書店，2016
(17) 摂食障害全国基幹センター
https://www.ncnp.go.jp/nimh/shinshin/edcenter/index.html
http://www.edportal.jp/index.html
(18) 文部科学省「平成28年度学校保健統計（学校保健統計調査報告書）」2017年3月
(19) 日本小児内分泌学会　http://jspe.umin.jp/public/himan.html
(20) 作田亮一「肥満・やせをきたす社会心理的背景」『小児内科』47巻8号，2015
(21) 日本肥満学会編『小児の肥満症マニュアル』医歯薬出版株式会社，2004
(22) 西山智春，村田惠子，小和瀬貴津，荒川浩一「思春期肥満の日常生活習慣行動，自己健康管理行動とライフスキルとの関連—中学生における肥満群と非肥満群との比較から—」『小児保健研究』68巻2号，2009，pp. 256-267
(23) 青野繁雄著『1型糖尿病と歩こう—"この子"への療養指導』医学書院，2003
(24) 日本糖尿病学会編著『糖尿病診療ガイドライン2016』南江堂，2016，pp. 391-410

（作田　亮一）

4　精神医学（精神疾患）の基礎知識

(1) 精神疾患全体に関する基礎知識

① 子供特有の精神疾患と大人と共通した精神疾患

小学生から高校生の精神疾患は，子供特有の精神疾患（思春期よりも前に始まるもの）と大人のものと同じ精神疾患（思春期・青年期に始まるもの）に分けて考えると理解しやすい（図1）。前者は発達段階の初期から明らかになるもので，自閉スペクトラム症や注意欠如多動性障害（ADHD），場面緘黙，親との分離不安などが含まれる。また乱暴や癇癪の激しさ，非行等の行動上の問題（DSM-5では反抗挑発症，素行症と呼ばれる）もここに含まれる。これらには，成長とともに改善するもの，場面緘黙のように改善する例も成人まで続く例もあるもの，自閉スペクトラム症のように基本的に成人まで続くものがある。成人まで続く場合には，思春期以後，あるいは成人後，学校，職場，家庭等生活の場で必要とされる行動や人間関係が複雑・高度になるにつれ，不適応とそれに伴う不安・うつ等の症状がより強くなることもある。

② 大人と同じ精神疾患は10代から急増

一方，大人のものと同じ精神疾患は，10代思春期から増加し始める。子供と大人の生物学的な境は性ホルモンの増加に伴う第二次性徴出現にあり，大人と同じ精神疾患もこれとともに好発年齢を迎え，10代から20代前半で急増する（図2）。10代で

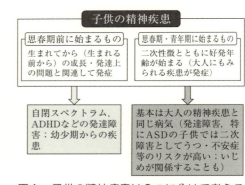

図1　子供の精神疾患は2つに分けて考えると理解しやすい

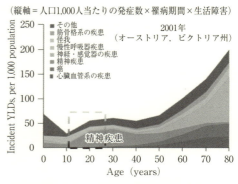

図2　精神疾患とその影響は10代で急増する

は脳，特に感情や衝動をコントロールしたり行動や発言にブレーキをかける前頭前野が未熟なため，情動不安定や突発的な行動が出やすい等，症状や治療への反応等に大人と違う面もある。しかし基本的には同じ病気と考えてよい。

認知症を除く大人の精神疾患は，うつ病，双極性障害（躁うつ病），社交不安症やパニック症等の不安症，摂食障害，統合失調症など，いずれも，10代から好発年齢が始まる。このうち特に出現の早いのは社交不安症で，米国のデータでは8歳頃からみられ，発症年齢の中央値が13歳と報告されている。また統合失調症のように発症が10代中頃から20代にほぼ限られている病気もある。なお近年の研究では，発達障害なども含め大人で精神疾患を有する人の半分は10代半ばまでに，4分の3は20代半ばまでに病気が始まっていることが報告されている。

10代では発達障害の傾向がある子供の学校その他での適応も変わりやすい。これは友達関係の質が小学校高学年頃から変化するためで，特に自閉スペクトラムの傾向が強い子供では友達を作りにくく孤立しやすくなる。いじめの対象にもなりやすい。社交不安の併発・悪化やうつ状態，不登校につながることもあり，要注意である。

③ 精神疾患の特徴

 1) 精神疾患はありふれた病気

一般の印象と異なり，精神疾患の頻度は極めて高い。最近の研究では，日本人の場合，一生の間に何らかの精神疾患（薬物やアルコール等の物質依存を含む。認知症を除く）にかかる人は2割程度，つまり5人に1人と報告されている。海外ではこれより頻度の高い国も多い（先進国全体では3～5人に1人が罹患）。また，精神疾患は罹病期間が長く，生活への障がいも大きい。自殺に至る人も少なくない。

 2) 精神疾患は大抵慢性疾患

風邪等と異なり，精神疾患は回復に時間がかかる。短くて数か月，しばしば数年以上かかる。また再発のリスクも高い。したがって治療は長期間根気強く続ける必要がある。中には統合失調症や双極性障害のように，一生再発のリスクが続き，治療継続が必要な疾患もある。また教科書にはあまり書かれていないが，後遺症を伴うことも多い。例えばうつ病では「疲れやすさ」が最後までなかなか取れにくい。統合失調症のように再発を繰り返すほど，思考力低下などの後遺症が強くなることもある。これは糖尿病など慢性の生活習慣病（後遺症がつきもので，生活の大きな障がいとなる）と似ている。

 3) 精神疾患は気づきにくい

精神疾患の代表的症状は，落ち込み，意欲低下，不安，恐怖，イライラ，怒りっぽさ，疑い深さ等であるが，これらは誰もが普段から多少は経験するものである。パニック発作（交感神経系の働きの亢進でおこる発作。「過呼吸発作」と似ているが，中学女子の集団ヒステリーのように，「パニック発作」とは違っていそうな「過呼吸発作」もある。なお精神疾患の診断分類に「過呼吸発作」という病名はない。）のように明らかに病的とわかる症状もあるが，例外的である。このため「どのレベルから病気か」の線引きが難しく，精神科の医師にも区別が困難なことが稀でない。まして精神疾患に関する知識が乏しい場合には，治療を必要とする病気かどうかの判断は容易でない。統合失調症でみられる幻聴などは，一度でもあれば病気と疑うべき症状だが，こういう症状・体験が病気で起こることを予め知っていなければ，これが病気の症状であると本人が理解できる可能性はほとんどない。

 4) 身体症状・イライラの陰に精神疾患

精神疾患の症状は「精神症状」のみではない。身体症状も高頻度で出現する。よく知られているのは不眠や食欲不振だが，ほかにも頭痛，腹痛等の体の痛み，耳鳴り，めまい，ふらつき，発熱，体のだるさ等の身体症状がよく見られる。特に子供の精神不調では身体症状が目立ちやすく，年齢が低い子供・言語表現が苦手な子供では，身体症状しか訴えない場合も多い。また子供の精神不調ではイライラも目立ちやすい。身体症状やイライラの裏には落ち込みや不安などの精神症状が隠れている可能性があり，注意が必要である。

ちなみに保健室やカウンセリングルームに「メンタルの不調」を訴えてくる子供は，精神不調の子供のごく一部であり，それ以外の子供の精神不調を見逃さない注意・工夫が不可欠である。

④ 早期発見・早期対応の重要性

体の病気と同様，精神疾患も適切な治療・ケアを早く始めれば，病気による生活の障がいと病状の悪化を防げる可能性も高まる。このためにはできるだけ早く不調に気づくこと，適切な対応を始めることが必要だが，それを妨げる要因も多い。第一は病気に関する知識の欠如である。これまで我が国では保健の授業を含め，精神疾患に関する教育がなかった。このため子供たちはもちろん，教員，保護者にも精神疾患に関する知識は欠しく，なかなか病気や不調に気づくのが難しいのが現状である。もちろん昨今はインターネットなどで膨大な情報が流れているが，その中から正しい情報を選別するには，やはり正しい基本知識が必要である。なお平成30年の学習指導要領改訂で高校の保健体育での精神疾患教育が必修化されたが，これについては後でふれたい。

また正しい知識に欠ける分，偏見も強く，仮に病気の可能性に気づいても，それを感情的に受け入れられない保護者もいる。学校から子供の精神不調の可能性を伝えても，あべこべに学校に文句を言う保護者がいる現状では，学校からのアドバイスも容易でない。これでは必要な対処が遅れ，病気の本格化，生活障害の長期化というつけが子供に回ってしまう。

(2) 対処・治療

① 薬物療法，心理療法，生活習慣・環境改善

図3のように，精神疾患の治療は身体的治療と心理的治療に分けられる。このうち身体的治療の中心は薬物療法である。ほかに通電療法（薬等で治療効果の得られないうつ病患者等に有効）や経頭蓋磁気刺激（新しい治療法で十分な確立はこれから）等もあるが，数としては薬物療法が圧倒的である。心理的治療には様々な心理療法が含まれるが，科学的（統計学的）方法で効果が実証されている心理療法の代表は認知行動療法（略称CBT）である。これは，うつ病や不安症で効果が実証されている。英国のように国の方針として，うつ病でも重症でなければまずCBTによる治療から始める国もあるなど，欧米では心理療法の主流となっている。しかし我が国では残念ながらCBTに精通した心理士が不足しており，その治療を受けられる医療機関も限られている。CBT以外では，臨床研究のレベルで効果が実証された心理療法は，現状では，うつ病に対する対人関係療法など僅かである。

なお図3の下にある「生活習慣の改善」は，いずれの治療を進める際にも重要である。例えば睡眠不足や睡眠時間帯の不規則な状態が続いていては，どのような治療を行っても十分な効果は期待できない。あらゆる治療の土台として重要である。また，生活習慣，生活環境，職場環境等が症状の出現，悪化にかかわっていて，そのような習慣，環境の改善が治療上最も重要となる場合もある。

図3 精神疾患の治療方法の大まかな分類

② 薬の使用

1) 薬の有効性と安全性

子供の脳は発育途上にあり未成熟である。特に感情や行動をコントロールする前頭前野は最も成長が遅く，20歳を過ぎないと成熟しない。このため，子供ではイライラや攻撃性のコントロールが悪く，極端な思い込みにも走り易い。

これから容易に想像できるが，大人で有効な薬が子供にも有効とは限らない。特に問題となりやすいのは抗うつ薬で，有効性と安全性が子供で実証されている抗うつ薬は，現状では非常に乏しい。したがって治療法も子供と大人では違う場合がある。例えばうつ病の治療の場合，欧米では子供にはCBTがまずは推奨されている。

2) 子供にも薬物療法が必要不可欠なときがある

ただし子供の精神疾患で薬を決して使っていけないわけではない。むしろ急ぎ薬物治療を始めるべきと

きも少なくない。統合失調症での抗精神病薬の使用，双極性障害での気分安定薬の使用等がその例である。これらは子供でも急ぎ始める必要があり，症状改善後も再発防止のため継続が不可欠である。またこれらの病気では，心理的治療は薬の代わりにならない。心理的治療にこだわって薬の使用開始が遅れると，重症化や後遺症の悪化，自殺など非常に残念な結果を招くことになる。

パニック症で合併しやすい広場恐怖症（パニック発作再発への恐怖から乗り物に乗れなくなったり，教室等に入れなくなる症状）でも，できるだけ早く症状を抑えて登校や授業への出席を可能とするには，薬の使用が有効である。広場恐怖症にはCBTも有効だが，十分な効果を得るには数か月を要し，かつ本人に治療への理解力と意欲が必要なため，登校や授業出席の再開が遅れる可能性がある。それに比し，効果の出現が早いのが薬の利点である（早ければ数日）。

③ 発症・再発の予防

身体疾患と同様，精神疾患にも遺伝要因と環境要因の両方が関与する。関与の割合は，統合失調症や双極性障害，自閉スペクトラム症など遺伝要因の大きいものから，うつ病，不安症のように環境要因の大きいものまで様々だが，環境要因が関与していることは，それを介した予防の可能性も示唆している。

ここで注目すべきは，教育等で改善可能な環境要因があることである。生活習慣もそこに含まれる。特に現代の子供たちでは，睡眠時間の減少と不規則な睡眠に注意が必要である。日本人の平均睡眠時間はこの半世紀で1時間減少し，10代でも大きく減った。最近ではスマホ使用などがさらに拍車をかけている。ちなみにスマホは子供同士の連絡を便利にしている反面，睡眠時間の減少，SNSのやり取りでのトラブルやいじめの元にもなっている。スマホを持たせるときの家庭での約束事など，親への教育を含めた対処の工夫が不可欠である。なお生活習慣等の環境要因は治療効果にも影響する。

一方，再発予防では治療の継続が大変重要になる。ほとんどの精神疾患は再発のリスクが高い。症状が改善したから，もう何年も治療を続けたからといって，勝手に治療を中止するのは再発リスクを高め危険である。薬を勝手にやめたり減らしたりするのも同様である。特に統合失調症や双極性障害等，再発リスクがほぼ一生に及び，治療に薬が不可欠の病気，再発の繰り返しで後遺症が重篤化する病気では要注意である。

(3) 必要な対処を進めるための注意点

① 個々の病気はどこまで知っておくべきか？

養護教諭が病名まで「診断」する必要はない。しかし代表的な精神疾患の症状については，それなりの知識を持っておく必要がある。また一般人の精神疾患の知識には間違いも多いが（「双極性障害はうつ状態と躁状態を繰り返す病気」といった誤解等），養護教諭は正しい知識を持っておく必要がある（本章の最後に参考文献を挙げるので参照してほしい）。そうでないと子供の病気に気づくことはできない。自分から「精神疾患です」と言って保健室に来る子供は，精神不調の子供のごく一部にしか過ぎない。行動や発言，表情や声の様子，体の不調の訴えなどから，「もしかして」と気づけることが，保健のプロとしては必要である。

② 緊急対応：精神病急性期，自殺リスク，摂食障害

もう1つ必要なことは，緊急対応の必要性を見逃さないことである。例えば，統合失調症（精神病）の急性期，自殺リスクの高いとき，摂食障害による痩せで死亡の危険が高いとき等である。前の2つは即日，痩せの場合も早急に保護者に連絡して医療機関受診につなぐ必要がある。統合失調症の急性期には幻聴や被害妄想を伴うが，特に即日治療（しばしば入院治療）が必要なのは，発言や行動がまとまらず興奮を伴うときである。こういうときの興奮は，少し（例えば数十分）治まったように見えることもあるが，それに安心して対応の機会を逸してはいけない。しばらくすると滅裂・興奮がまた起こるからである。このような状態では幻聴や被害妄想につられて，自傷や他人への危害のおそれもある。入院施設のある医療機関への即日受診が必要である。

自殺の危険は，何となく生きていても仕方ないと思うレベルから，自殺が差し迫ったレベルまで様々だ

が，後者では即日対応が必須である。問題はどうリスクを評価するかだが，「実際に死にたい気持ちがどの程度強いか？」「自殺の方法を考えているか？」「その準備をしているか？」「実行しかけたことがあるか？」を，確認する必要がある。これはまず本人に確認する。その上で，可能なら周りからの情報収集も行う。そんなことを聞いたら自殺のリスクが上がると信じ込んで尋ねない人もいるが，それは迷信で，リスク評価を怠ったまま最悪の結果を招くことこそ最も避けるべきである。

摂食障害で極端な痩せになると，痩せによる死亡リスクが高まる。文字どおりの餓死，あるいは電解質異常（特に食べ吐きがひどい場合）での心停止等が起こり得る。

なおいずれの場合も，結果的に「緊急対応が必要」との判断がハズレであっても構わない。それは「ラッキー」と考えればよい。見逃しによる死亡や事故こそ大問題である。見当違いなクレームをする保護者もいるかもしれないが，これは管理職を中心に学校として対応してもらえばよい（それをしない管理職は失格である）。ただ学校としての対応をスムーズに行うには，普段からの管理職，担任との連携が重要である。これはコーディネーターとしての養護教諭の職務でもある。一刻を争う緊急場面では手順どおり連絡する時間がない場合もあるが，そのときこそ普段からの学内連携とコーディネートがものをいう。

③ 子供と保護者，教員の知識レベルを高める

1）知識向上の必要性・有用性

病気に早く気づき対応するには，病気に関する知識が必要で，精神疾患も同様である。特に精神疾患の場合は，風邪やけがなどと異なり，症状や経過に関するイメージが無いと，なかなか気づきにくい。また保護者の中には，精神疾患に対する偏見が強い人もいて，治療の必要な可能性があると知らせても，「うちの子供に限って」と専門家への受診を躊躇・拒否する人もいる。そういう保護者との経験から管理職や担任の中にも，保護者対応を躊躇する人がいるかもしれない。しかし対応の遅れは，生活障害・病状悪化として子供につけが回る。

これを防ぐには，ある程度の知識を管理職・担任を含む全学校教員，さらに保護者にも持ってもらう必要がある。もちろん子供たちにも必要である。そのような全体での知識向上の必要性を理解し，それを促進することもコーディネーターとしての養護教諭の大切な役割である。

2）精神疾患の授業

平成30年の学習指導要領改訂で，精神疾患に関する授業が高校で必修化された。予防と回復，生活習慣との関係の理解に加え，個々の精神疾患に関する知識向上も学習目標に位置づけられている。海外ではすでに多くの国でこのような授業が行われているが我が国では初めてのことであり，大変意義深い。この授業の科目は保健体育であるが，養護教諭はその専門性を踏まえ，授業への協力を含め健康教育活動全体でこのことに取り組むべきである。また今回は高校での必修化ではあるが，高校ではすでに病気の始まっている子供も少なくない。本来は小学校高学年，中学から教え始めることが必要なことも忘れてはいけない。

なお実際に学校で授業を行う際の懸念は，「どのように教えたらよいか」である。これまで我が国でも少数の研究者が児童生徒向けの精神疾患授業を開発しているが，参考に筆者らのプログラムを紹介する。このプログラムの特徴は，1）短時間（小学校5，6年生向けが45分1回，中高生向けは50分1～2回）で，2）学校教員にも無理なく実施できる点である。授業では専用に作成したアニメ2本（小学校では1本）と，黒板掲示用の資料を用いる。教員用の学習DVD（45分）と指導書もある。

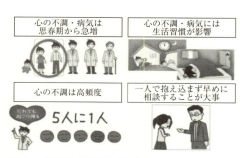

図4 授業の指導ポイント-1

授業で教えるポイントは，小学校では「1．精神疾患は10代から増加」「2．睡眠などの生活習慣が影響する」「3．5人に1人の高頻度で，誰もがかかり得る」「4．早めの対応が大切で，そのためには信頼できる大人（学校の教員等）への相談が大切」の4点である（図4）。中高ではこれに加えて「5．精神疾患の主な症状をうつ病，パニック症，統合失調症を例に学び」「6．友達から悩みを相談されたときの対

処法」について教える（図5）。6．を教えるのは，中高生では悩みの相談相手は家族，友達がほとんどで，高校では友達がトップになるからである。

これらの内容は，アニメの中で物語仕立てで説明されており，それを見ることで子供たちは容易に理解できる。さらに教員が導入，ディスカッション，知識のまとめを指導する。プログラム改善に向けた効果検証のため，授業前・後と3か月後に子供に質問紙に答えてもらうことを条件に，子供用アニメ，教員用アニメ，指導書等はすべて無料で配布しており，多くの学校が実施している。授業用アニメは大人の鑑賞にも耐える内容であり，学校保健委員会や保護者会などの機会を利用すれば，保護者の知識向上に役立つ。教員用DVDは校内の教員研修にも活用できる。

図5　授業の指導ポイント-2（中高生用）

④　校内連携の在り方

1）待っているだけではダメ

子供の精神疾患対応には，校内連携が極めて重要である。そのためには普段から担任，管理職と連携しておく必要がある。校内連携が重要な理由は，先述のように緊急対応等，いざというときの対応をスムーズに進めるためだが，もう1つの理由は，リスクの高い子供の情報を共有するためである。自分から保健室に精神不調を訴えてくる子供は稀である。代わりに体の不調などで保健室に来る子供もいるが，最も多いのは不調を抱えていても保健室に来ない子供である。特に男子で，また学年が進むほどその傾向は強くなる。また深刻な精神不調や孤立・いじめ等の悩みを抱えた子供では，誰にも相談できない傾向が強い。保健室に座って待っているだけでは，これら深刻な問題を抱えた子供たちは見逃してしまう。担任との情報共有，校内の見回り・観察，さらには保護者との情報共有が必要である。また健康診断の際にメンタルの質問も行って，児童生徒全員のスクリーニングを行うのも1つの手である。

2）SC・SSWとの連携

これからはスクールカウンセラー（SC）やスクールソーシャルワーカー（SSW）が学校に配置され，定期的に訪問してくれる可能性がある。この人達と上手に連携すれば学校精神保健の実践に大きく役立つ可能性がある。ただし注意点もある。

第一は，保健室来室と同様，SCに相談に行く生徒は，悩みを抱えた生徒のごく一部にしかすぎないことである。子供の場合，精神不調があっても（それに気づいていても気づいてなくても）体の訴えで相談にくる場合が少なくないので，どんな理由でも来室できる保健室の役割は，SCの有無にかかわらず重要である。むしろ保健室を校内の「ハブ空港」と考え，そこから校内にアンテナを張って，SCやSSWとの情報共有を密に進めれば，メンタル面への対応も画期的に向上する可能性がある。SCがカウンセリングルームにこもるのではなく保健室にも毎日来てもらい連携を高めるとよい。

第二は，SCは医師と違って医学的治療はできず，薬に関する知識に乏しい人もいることだ。統合失調症など早急に薬物療法を始めることが必要な病気もあるので，この点は注意しておく必要がある。このためにもすべてSC任せにせずSCと養護教諭が情報を共有し連携を進めることは必要不可欠である。当然ながら「体のことは養護教諭，メンタルはSCで完全分業」してしまうのは論外である。

⑤　医療機関への受診

1）「半年待ち」は待つしかないか？

養護教諭からよく聞く言葉に，「折角保護者を説得して医療機関を受診することになったのに，予約が一杯で半年待ち」がある。児童精神科医の数は限られており，そう簡単に増える見込みもないので，もし「児童精神科医への予約」にこだわり続けるなら，この問題に解決の見込みはない。

しかし精神疾患における早期対応の重要性，対応の遅れによる生活障害や後遺症の悪化は説明したとおりで，やはり「半年待ち」は問題が大きい。ここで思い出してほしいのは，10代で増加する精神疾患は大

人の精神疾患，つまり児童精神科医でない「普通の精神科医」が普段診ている病気と同じ，ということである。「半年待ち」問題解決に向けた1つの鍵がここにある。

2）地域の情報をキャッチし，医者を育てる

つまり「普通の精神科医」をつかまえて，受診させればよい。あるいは小児科医に精神医学の勉強をしてもらってメンタルの問題を相談できるようにするのもよい。その際には，評判の良い医者を選ぶ必要があり，そのためには地域の情報を普段から収集しておくことが大切である。この「地域情報の収集」は養護教諭の大事な課題の1つである。ただし1人では難しいので，地域の養護教諭が協力して進めるとよい。

一方「普通の精神科医」側にも不安がある。ほとんどの精神科医は子供の診察には不慣れである。折角受診させても，子供は黙ったままで診察終了となってしまうことも稀でない。また学校は，医者から見れば未知の世界である。学校では当たり前の規則や習慣，言葉も，医者には初耳のことが多い（これは精神科医である筆者自身が，学校に出入りし始めた頃に強く実感したことである）。

この克服には，良い「普通の精神科医」をつかまえたら，子供の診察に慣れてもらい，教員には当たり前の「学校の事情」についても知ってもらう必要がある。このためには医師と地域の養護教諭とで勉強会を開くとよい。その際には小児科医にも参加してもらうとさらによい。そうすれば，精神科医は子供の診療のコツを，小児科医は精神医学の知識を互いに学ぶことができる。なおSCやSSWにも勉強会に加わってもらうと心強いだろう。

3）学校から精神科医に必要な情報を伝えること

いざ子供を医療機関に受診させる際に重要なことは，情報提供である。何も喋らない子供と学校での状況をよく知らない保護者の説明だけでは，何のために受診してきたのか精神科医も理解できない。子供の診察経験の少ない「普通の精神科医」ではなおさらである。ここでもし学校側から，「いつからどういう問題があるのか，どうして受診という話になったのか」等の情報が得られれば，医者が診断や治療方針の見当をつける上で大いに役立つ。教員は，子供の集団内での様子を知っており，他の子供との比較も可能なので，受診した子供の元々の特徴や最近の様子について，保護者とは違った観点で説明可能と考えられる。この情報は，医者にとって極めて重要である。これらの情報を教員から医者に伝えるとよい。その際，養護教諭と担任，SC，SSWなどが協力して情報をまとめれば，より正確で価値の高い情報が伝えられるだろう。

情報の伝え方は簡潔なレポートにして，初診のときに保護者に持たせるか，あるいは先に受診先に送っておくのがよい。受診に同席するという方法もある。なお電話でのやり取りは，医師に課せられている守秘義務の観点から難しいことが多い。また医師に情報を伝える場合，原則的には保護者や子供に了解を取っておいた方がよい（虐待等の事情がある場合は別）。そうでないと，せっかく学校から情報を得ても，診察の場面で医師がそのことを話せなかったり，知らないはずの情報を医師が口に出して気まずい状況となる可能性がある。

なお学校からの情報は，初診時だけでなく，その後も継続して提供することが望ましい。一般に精神科医は，可能性の高いと考えられる治療方針をまず選択し，それが実際に正解であったかどうか治療経過を見ながら判断していく。その後の情報が得られなければ，その判断が難しくなり，治療方針の修正も困難となる。その意味で，学校側からの継続的な情報提供は精神科医にとって極めて重要である。これは「普通の精神科医」だけでなく，児童精神科医でも同様である。

4）提供する情報は手短に

現在の精神科医は，一日に40人程度診察することはざらで，50人，60人診察することもある。平均の診察時間は一人10分とれればよい方である。したがってせっかく提供してもらう情報も，分厚い束のような手紙では，読む時間はない。できればA4で1—3枚にまとめての情報提供が望ましい。手短にまとめる作業は意外と大変なので，SCや校医と相談して，項目立てした用紙を作っておくとよいだろう。また年間予定表にメモを書きこんでおくと，どういう状況で具合がどうなるのか医者の側で把握しやすくなる。

5）学校への復帰と治療継続

　もし学校を休む，保健室登校をしている，といった場合には，次のステップにいつ頃，どのように踏み出したらよいかが問題となるが，それについても主治医との相談が重要である。ただし学校生活の中でどういう選択肢やステップがあるか医師はほとんど知らないので，それらの情報も学校側から医師にしっかり伝える必要がある。

　なお学校への復帰，教室への復帰は治療が完了してから，あるいは薬を減らしてからすべきことと考えるのは大間違いである。復帰に向けてのステップアップは，子供にとって大きなストレスであり，服薬継続も含めて十分な治療を継続しながら進めるのが正解である。

〈参考文献〉
佐々木司，竹下君枝著『精神科医と養護教諭がホンネで語る　思春期の精神疾患』少年写真新聞社，2014

（佐々木　司）

5　児童生徒の発達障害の基礎知識

　平成16（2004）年に発達障害者支援法が成立するなど，発達障害者支援の必要性が社会全体に浸透しつつあり，学校にも，発達障害を持つ児童生徒を把握し，学校生活支援を行う役割が強く期待されている。学校での発達障害者支援の取組は着実に進んでおり，例えば，大学が把握する発達障害を持つ学生の割合は増加しつつある（2014年度0.08％，2017年度0.15％：日本学生支援機構）。一方でこの数値は，医学的にみた発達障害の頻度と比較して，相当小さな値に留まっており，学校での発達障害者支援には一層の取組が必要であることが示唆される。児童生徒を支える教職員は，発達障害にかかわる基礎知識を身につけ，支援力向上につなげてほしい。

(1) "発達障害"の用語について

① 発達障害に関係する用語

　発達障害に関係して，広汎性発達障害，高機能自閉症，軽度発達障害，アスペルガー症候群など多くの用語がある。これらの用語は医学的な概念や診断名をもとにしており，研究が進むにつれて新しく生み出されたり，あまり使われなくなったりしてきた。現在も研究進展のさなかにあるため，本項で紹介する用語や事項について，今後改められる可能性があることに留意し最新の情報を入手してほしい[1]。

② 最近用いられる診断名と発達障害の考え方

　発達障害者支援法（平成17年4月1日施行）によると，発達障害とは「自閉症，アスペルガー症候群その他の広汎性発達障害，学習障害，注意欠陥多動性障害その他これに類する脳機能の障害であってその症状が通常低年齢において発現するもの」とされており，このうち「日常生活又は社会生活に制限を受ける者」を「発達障害者」として支援の対象としている。現在のところ学校では，この分類が参考にされることが多いかもしれない。

　一方で，精神医学の領域では，診断分類＊の改訂が相次いでおり，最新の知見が反映された分類と用語が用いられるようになった。このうち，DSM-5では，従来の広汎性発達障害（含：自閉症，アスペルガー障害等）とおおむね重なる診断分類として，自閉スペクトラム症／自閉症スペクトラム障害（Autism Spectrum Disorder／ASD）という用語が採用された。近年，発達障害は「有無」ではなく「スペクトラム（≒特性の程度）」で評価する考え方が提唱されており，その特徴を反映した診断名といえる。なお，社会的コミュニケーションの著明な欠陥がありながらも，基準に合致しない場合には，社会的コミュニケーション障害と診断される。こちらも学校で出会う診断名になるだろう。また，従来広義の発達障害が指し示していたもの（広汎性発達障害，注意欠陥多動性障害（Attention-Deficit/Hyperactivity Disorder／ADHD），学習障害，知的障害等）に対しては，神経発達症群／神経発達障害群（Neurodevelopmental Disorders）という用語が採用された。医療者との情報共有時だけでなく，今後，これらの用語が用いられる場面が広まることが想定されるため，本項ではこれらの用語を採用する。

(2) 自閉スペクトラム症

① 概要

コミュニケーションの問題や対人関係，社会性の問題，こだわりなどを特徴とする。家族研究（双子間の一致率など）から遺伝要因の関与が考えられているが，遺伝要因だけではすべてを説明できない。障がいを認める人の割合は，かつては数千人に1人と報告されていたが，最近の研究ではおおむね1％とされており，男性の方が女性よりも多い。生下時からみられる脳機能の障がいであり，幼少期より症状を呈すると考えられるが，成長後に（例えば大学生や社会人になって）初めて症状が顕在化することもある。

② 特性

以下に自閉スペクトラム症でよく見る特性を示す。かつてはすべての特性が揃わない場合にも，広汎性発達障害と診断されていたが，新たな基準では，社会的コミュニケーションの障がいを認めるが，こだわりを認めない場合には，社会的コミュニケーション障害という別の診断名が与えられる。

1）コミュニケーションの問題

言語発達の問題や，非言語コミュニケーションの問題を認めることがある。場面や感情にそぐわない表情（無表情を含む）が見られたり，他者の非言語メッセージを理解することが苦手だったりする。アイコンタクトがうまくいかないこともよく指摘される。人は場面，言語／非言語のメッセージの組み合わせで，コミュニケーションをはかるため，この作業が苦手な場合，意思疎通がうまくいかず，相互に誤解を生じやすい。

2）対人関係の相互性の問題

対人関係の構築に苦労することがある。相手の気持ちを理解し共感することが難しい場合があり，相手の言動を受けて適切に応対することや，適度な距離感を保つことに困難を認める。例えば，友人は少数（ときにほとんど交流を持たず孤立する）でも，本人は「人付き合いが苦手」「一人でいるのが好き」と述べてあまり苦痛を感じない場合もある。一方で，相手との距離感をうまく調節できず，関係に比して距離が近すぎたり，一方的に相手に接近してしまったりすることがある。周囲が特性を知らない場合には，迷惑行為ととらえられてトラブルになることもある。

3）こだわり，限定された興味や関心

なんらかの物事への強い興味や関心，こだわりを認めることがある。同じ行動（スイッチをつけたり消したり，同じ図形・模様を描いたり）を繰り返したり，生活上の様々な物事（例えば，車，漢字や数字，食べ物や着るもの，道順，手順等）にこだわりを持ったりする。こだわりが満たされることを強く求め，叶わない場合や中断させられた場合には不機嫌，怒ることがよくある。また，「同じであること」を求めて変化を嫌い，計画の変更が苦手といった生活上の支障をきたすこともある。一方で，興味関心があることへの集中，注意力には大変優れており，長時間作業しても苦にならない，周囲が気づかない誤りを見つけ出すなど，特性を活かした活動が可能である。

4）その他の特性

例えば，聴覚，特に高い声というように，特定の刺激に対して感覚の過敏性を認めることがある。過敏なあまり苦痛を伴うことが多く，注意をひきつけられてしまい，目の前の課題に取り組むことが難しくなる。このほか，物事に優先順位をつけることが難しい，並列作業が苦手，物事の一部に注意が集中して全体が見えない，計画が立てられない，決断するのが苦手で決断した後ひどく後悔する，完全へのこだわり（1つ失敗するとすべて嫌になってしまう），聴覚よりも視覚での理解が優位といった特性は成長後の学校生活でよくみかける。

③ 二次障害，精神疾患の合併

前記の特性が日々の生活の妨げとなって，大きなストレスがかかることも多い。周囲の理解やサポート

が十分にない場合には，学校不適応や自己肯定感の低下につながりやすい。情動不安定，気分の落ち込み，イライラなどはよくみかける症状であり，頭痛その他の身体化症状を伴うこともある。この段階で，「適応障害」として医療につながるケースも多い。このほか，睡眠障害は合併する頻度が高く，入眠困難があると学校の遅刻につながることがある。ここに完全へのこだわりがあわさると，「遅く起きる→学校に間に合わない→学校に行くのをやめよう」と学校欠席につながることもある。ほかには不安症，強迫症，統合失調症などの合併も見られる。なお，自閉スペクトラム症者の3〜4割はADHDの診断を満たすとした報告もあり，後述するADHDの特性にも注意して，観察・支援を行う。

④　医療機関でのケア

　本人・保護者への問診により，幼少期から受診時まで，生活上のエピソードを通じて本人の特性，環境や本人の成長による生活への支障の変化を評価する。このため児童では，家庭生活と並んで学校生活の情報が重要になる。検査としては，自記式の質問紙（Autism-Spectrum Quotient 日本語版（AQ-J）：児童用は保護者が回答）や養育者を対象としたインタビュー形式の評価ツール（Parent-interview ASD Rating Scale （PARS））の活用が診断の参考になることもある。このほか，知的機能検査が行われることもあるが，これは診断目的よりも，学校生活等の適応向上を目指した訓練や支援の参考とするために行われることが多い。

　診察では，日常生活のできごとをテーマに，本人の良い行動，うまくいった行動を強化し，望ましくない行動を抑制するようなかかわりを行う。同時にこれを補う周囲の支えを得るために，家族や周囲の人への助言も行う。例えば，学校生活でみられる自閉スペクトラム症児のパニックに対して，保護者，学校関係者，医療者でパニックの誘因，対処法について話し合い，試してみるといったかかわりがあるだろう。

　現時点で根本的な薬物療法は存在しない。ただし，前記のとおり，二次障害や他の精神疾患の合併が見られたときには，症状にあわせて向精神薬の投与を行うこともありうる。

(3)　注意欠陥多動性障害

① 概要

　多動性，衝動性，不注意等を特徴とする。遺伝要因の関与は明確には示されていないが，家族内集積性の高さなどが報告されている。障がいを認める人の割合は，小児で5％前後，成人で1〜2％と報告されている。性別では男性の方が多い。小児期には多動，衝動性で気づかれる例が多く，成人では不注意が目立つ例が多いとされている。基本的に小児期より症状が見られるとされており，小児期に診断を受けた者の一部が，成人後も症状を持ち続けることが報告されている。ただし，小児期に症状が目立たず成人期に初めて診断を受ける者もいて，近年，成人期のADHDのケアが注目されている。

② 特性

　ADHDではその特性が行動として見えやすく，周囲から気づかれやすい。ただし，幼少期にあっては，多動性・衝動性，不注意といった特性は誰にでも認めうるため，ADHDの存在が見過ごされることもある。

　1）多動性・衝動性

　観察上，「じっとしていられない，落ち着きがない」と評価される。授業中の立ち歩き（着席する場面であることは理解していても，離席してしまう）のほか，着席しているが手足を動かしている（手足をもじもじ，消しゴムの皮むき，ペンの分解など），不適切に走る・よじ登るなどは学校でよく見かける行動である。待つ，並ぶことは苦手であるため，子供同士でトラブルになることも多い。このような傾向は，体の動きに限らず，思ったことを口に出してしまう（相手の話や質問を遮る形で発言してしまう），一人でたくさんしゃべってしまう，といった行動にも見られる。

　2）不注意

　学校生活上，「注意が散漫で気が散りやすい」「ケアレスミスを繰り返す，忘れ物が多い」と評価されることが多い。細かな点にもらさず注意を向けることが難しいため，ミスを繰り返しがちである。外部から

の刺激があると，容易に注意をひきつけられてしまう特性もあるため，注意の持続が難しい。これらの特性により，「指導を受けてもミスや忘れ物がなおらない」状態が生じやすい。

　　3）成長とともに変化する症状

　多動性・衝動性は小児期でよく見られ，成長とともに改善する場合が多い。ただし成人例もしばしば見られ，行動や衝動を思いどおりにコントロールできない苦痛感を訴えて受診に至ることがある。「映画館で映画を最後まで見られない」「一本待って快速電車に乗った方が早いことがわかっていても，目の前の普通電車に乗ってしまう」「ぎりぎりまで別の用事を詰め込んでしまい，少しだけだがいつも遅刻する」といった訴えは，生活上のささやかな問題に見えるが，当人にとっては大きな苦痛となりうる。このほか，衝動的な乱費やとっさに出る対人関係に支障をきたすような言動などは，生活の安定を脅かすことがある。

　不注意に関しては，成長に加えて，「自分なりの工夫」をすることで緩和されることが多い。一方で，ケアレスミス，忘れ物を「注意されても繰り返す」ことに対しては，成長とともに社会的評価が厳しくなるだろう。学校や会社で「こんなにミスや忘れ物が多いのはおかしい」と指摘されて，受診に至る例もある。

　このほか，「思いついて作業にとりかかるが，最後のツメが甘い」「腰を据えて考えたり準備したりする必要がある課題が苦手」といった特性は，成長とともに与えられる課題，求められる能力が変化することで顕在化する。結果として，「（必要なことでも）おっくうなことは先延ばし」となる場合もある。

③　二次障害，精神疾患の合併

　ADHDの場合にも，特性がもたらす生活上の失敗が，周囲からの叱責や非難につながり，不安や自信喪失，自己肯定感の低下を招くことがある。このような体験は，小中学生時代のつらかった思い出として，本人が長く苦しむ場合がある。なお，ASDを合併した例の一部では，周囲の言動から自身の問題に気づくことが難しい場合があり，本人の苦痛感が明らかでない一方，周囲の人が心配して気をもむこともある。他の精神疾患の合併については，双極性障害，不安症，反抗挑戦性障害等の合併率が高い。特に双極性障害の場合，特性に基づく生活上の失敗がうつ症状を増悪させることもあり，受診が強くすすめられる。ADHDを持つ場合，希死念慮や自殺企図，自殺既遂を認める割合が一般群よりも多いとする報告もある。

④　医療機関でのケア

　本人・保護者への問診を重視する。衝動性や不注意といった症状の評価のためには，同年代との比較が重要であり，また環境が変わっても（家庭でも，学校でも）症状が出現することを確認するためにも，学校生活の情報が欠かせない。成人例では，通知票などを診断の参考にする。

　　1）心理社会的治療

　特性に配慮した環境調整をすすめる。集中しやすい（刺激を遮断した）学習環境の整備や，周囲の人のかかわりの工夫について助言する。両親がADHDの特性を知り，かかわり方のコツ（良い行動の強化方法，指示は短くシンプルに…等）を知ることで，家庭でも実践できるようにするペアレントトレーニングはその一例である。また，本人に対しては社会的スキルの獲得を促す。「順番が待てない」「すぐかっとなり手が出る」といった特性は，実生活の中で対人関係を損ね，社会性の成長を阻む悪循環になりうる。生活の具体的な場面を想定して，望ましい行動や対処を考え，練習するといったかかわりがある（ソーシャルスキルトレーニング）。

　　2）薬物療法

　ADHDと診断された場合には，薬物療法が考慮される。小児に対しては，メチルフェニデート（商品名コンサータ）が処方されることが多く，症状の緩和と学校適応の向上（授業に集中できるなど）が期待できる。処方できる医師，薬局は登録制であり，希望する場合には問い合わせてから受診するとよい。成人例に対しては，アトモキセチン（商品名ストラテラ）が処方されることが多い。依存性が少なく，医師，薬局の登録も不要であるが，無効時にはメチルフェニデートの投与が検討されることもある。最近では，

グアンファシン（商品名インチュニブ）が18歳未満のADHD者に処方できるようになるなど，薬物療法の選択肢が増えている。

薬物療法中も学校生活の観察は重要である。例えば薬が作用している時間（薬の効果の切れめ），薬作用中と切れた後の状態の変化は学校生活の中で観察されることが多く，診療に有用な情報となる。処方の開始や変更，それに伴う学校生活の変化については，保護者，学校間で情報共有されることが望ましい。

(4) 学校での支援と医療機関の活用

発達障害者支援法，障害者差別解消法の成立により，「合理的配慮」が学校に求められるようになった。配慮の目的は「社会的障壁の除去」であるが，すでに述べたとおり，一人ひとりが持つ特性とその程度は様々であり，言語発達や知的機能の程度，合併する精神疾患の有無等もあわせて考えると，除去すべき社会的障壁は個々に大きく異なることが理解できよう。児童生徒一人ひとりにあった学校での配慮が日々試みられており，そのデータベースは参考になるだろう[2]。

支援にあたり医療機関を活用する意義としては，

① 医学的に診断の検討を行う
② 医学的，心理学的な状態評価が，本人の特性把握，支援法の検討に役立つこともある
③ 二次障害，精神疾患の合併の有無を診断し，必要に応じて治療を行う
④ 就労支援制度，福祉制度利用のために診断書を作成する

などがあげられる。家庭や学校での支援を考えた場合，①は必須ではないが，学校で合理的配慮を行う根拠や，④のために診断を希望される場合がある。②について，保護者，教員等の支援者は，基本的な発達障害の知識，本人の特性，支援の方法について共有していることが望ましいが，ときに支援者ごとの理解度や姿勢に隔たりが生じる。このようなときに医療機関の介在が，支援者間の連携の助けになる場合もある。④については，近年，発達障害を持つ生徒・学生の，学校から社会での生活への移行が課題となっている。個々に必要な支援は，日常生活の維持から，配慮下での就労，一般就労下での支援まで幅広い。環境調整にあたっては，進路指導あるいは本人が活躍できる環境や支援の引き継ぎという形で，学校のかかわりも期待されるだろう。学外資源との連携が重要であり，学校のコーディネーター役として養護教諭の活躍に期待したい。

※ 診断分類
精神科医が用いる主な診断の方法（基準）には，従来診断，ICD-10，DSM-5がある。後者2つは操作的診断と呼ばれ，診断に必要な要件が明文化されており，医師間で診断のぶれが起こりにくくなるよう工夫されている。
ICD-10（International Classification of Diseases）
世界保健機関（WHO）が作成する疾病の分類基準であり，死因や疾病に関する統計や，国際的な比較のために用いられている。日本では福祉制度の手続き（診断書）等にも採用されている。2018年改訂版のICD-11がWHOより公表されており，今後日本でも翻訳されて導入が進むことが見込まれる。
DSM-5（Diagnostic and Statistical Manual of Mental Disorders）
米国精神医学会が作成する精神疾患の分類，診断基準であり，日本でも広く用いられている。最新版はDSM-5であり，日本語版も2014年に出版されている。

〈参考資料〉
(1) 発達障害情報・支援センター　http://www.rehab.go.jp/ddis/
(2) 発達障害教育推進センター「発達障害のある子どもの合理的配慮」　http://icedd.nise.go.jp/?page_id=1449

（大島　紀人）

6　子供の自傷行為及び自殺企図の基礎知識

(1) はじめに

リストカットなどの非致死的な自傷行為は，いまや学校保健における主要な課題の1つとなっている。

筆者らの調査[1]によれば，中学生・高校生の約1割（男子7.5％，女子12.1％）に，刃物で故意に自らの体を切った経験があることが明らかにされている。

これほど広く見られる現象でありながら，周囲にいる大人の多くは子供の自傷行為に気づいていない。平成18年度に日本学校保健会が実施した，『保健室利用状況に関する調査』[2]では，学校側が把握している自傷をする生徒の割合はわずかに0.33～0.38％と報告されている。この結果は，大人が気づいている自傷は，現実に存在するもののうちの約30分の1でしかないことを示している。

いずれにしても，中学生・高校生の10人に1人が自傷経験者であるという事実は，重要である。もはや自傷は精神科医療だけの問題ではなく，ましてや「自傷＝境界性パーソナリティ障害」などと決めつける問題でもなく，地域や学校，あるいは家庭においても向き合わなければならない問題であることを意味するからである。

本稿では，自傷行為を繰り返す生徒をどのように捉え，援助に際して何を心得ておくべきかについて概説したい。

(2) **自傷行為をどう理解するか**

① 気を惹くためにやっているわけじゃない

自傷行為ほど多くの誤解と偏見に曝されている行動もない。教師や援助者の中には，リストカットなどの自傷行為を，「誰かの気を惹くために」行われる，一種のアピール的な行動と思い込んでいる者が少なくないが，実はそのことを支持するエビデンスなどどこにも存在しないのである。

エビデンスが示しているのは次の2点である。1つは，自傷行為の96％は一人きりの状況で行われ，誰にも告白されないということであり，もう1つは，自傷行為を繰り返す者の大半は怒りや絶望感といった感情的苦痛を緩和することを意図しているということである[3]。このことは，自傷行為を繰り返す者は，周囲へのアピールどころか，むしろそれとはまったく反対に，誰かに助けを求めたり相談したりせずに，孤独に苦痛を解決しようとしていることを意味する。

② 孤独な人の「鎮痛薬」

自傷行為には，「心の痛み」に対する「鎮痛薬」としての機能がある。事実，興味深いことに，自傷行為を繰り返す者では，自傷直後に脳内における内因性オピオイドの分泌が急激に高まることを明らかにした研究が存在することである[4]。この知見は，自傷が感情的苦痛を変容させている可能性を示唆する。その意味では，自傷行為を繰り返す者がしばしば語る，「切るとホッとする，気分がスッキリとする」という安堵感や解放感の言葉が実に的確な表現であるといえるであろう。

自傷には，苦痛を伴う記憶や感情的苦痛から意識を逸らし，それらを封印する機能もある[5]。ある患者は私に自傷についてこう語ったことがある。「心の痛みを身体の痛みに置き換えているんです。心の痛みは意味不明で怖いけど，身体の痛みならば，『あ，ここに傷があるから痛くて当然なんだ』って納得できるんです」。この言葉は，自傷が理解不能な「痛み」を理解可能な「痛み」に置き換えるプロセスであることを示唆する。

また別の患者は，「自傷するようになってから，すごく悲しいときにも涙が出なくなった」と語った。おそらく悲しい出来事を「悲しい」と体験しそうになるとほとんど無意識的に自傷し，その感情を封印しているのだろう。あるいは，こうもいえるかもしれない。すなわち，自傷行為を繰り返す者が切っているのは皮膚だけではない。彼らは，皮膚を「切る」のとともに，苦痛を伴う記憶や感情的苦痛を意識の中で「切り離して」いるのだ，と。

③ 「死への迂回路」としての自傷

とはいえ，自傷行為には2つの深刻な問題がある。1つは，結局のところそれは一時しのぎにすぎず，困難に対する根本的，建設的な解決がなされなければ，長期間には事態の困難さはむしろ深刻化してしまうという点である。もう1つは，自傷行為は，繰り返されるうちに麻薬と同じく耐性を獲得し，それに伴ってエスカレートしてしまいやすいという点である。特に後者はやっかいである。耐性を生じることに

より，当初と同じ程度の「鎮痛効果」を得るために，自傷の頻度や強度を高めざるを得なくなってしまうからである。自傷行為が習慣化してしまった者の多くが，「切ってもつらいが，切らなきゃなおつらい」という事態に到達している。しかも，すでに述べたように，本人を取り巻く現実は長期的にはいっそう過酷なものとなっている。実際，この段階では，「消えたい」「いなくなりたい」「死にたい」という考えにとらわれている者が少なくない。

要するに，自傷とは，「その瞬間を生き延びるために」繰り返されながら，逆説的に死をたぐり寄せてしまうという意味で，「死への迂回路」ともいえる行動なのである。実際，十代においてリストカットや過量服薬といった，致死性の低い自傷の経験者は，そうでない者に比べて10年後の自殺既遂によって死亡するリスクが数百倍高くなることが知られている[6]。つまり，たとえ「リストカットじゃ死なない」といえたとしても，「リストカットをする奴は死なない」とはいえないのである。

(3) 自分を傷つける自傷にどう向き合うべきか？

① "Respond medically, not emotionally"

では自傷行為を繰り返す者とどのように向き合ったらよいのだろうか？

まず忘れないでほしいことがある。それは，「自傷行為とは単に体を傷つけることだけを指すのではない。傷つけた体をケアしないこと，傷つけたことを信頼できる人に伝えないことも含めて自傷と呼ぶのである」。事実，Hawtonら[7]は，自傷行為に及んだ後に医療機関受診した群と受診しなかった群とを比較した場合，身体損傷の程度には両群間で差がなく，むしろ非受診群でうつ症状が重篤であり，自暴自棄的かつ虚無的な気分が強いことを指摘している。

ここから自傷する子供への対応の原則が見えてくる。つまり，自傷による身体損傷の手当てを求めて医療機関を訪れるのは，「確かに自分を傷つけてしまったけれど，それでも自分を大切にしたい」という気持ちの現れであり，少なくとも最悪な事態ではない。援助者に自傷について告白するも同様である。したがって，傷の手当てを求めてきたり，自傷行為を告白したりした場合には，「よく来たね」「よく話してくれたね」と肯定的な評価を伝え，ひとまずはその「反自傷的な」行動を支持すべきである。

それから，穏やかで冷静な対応を心がけるべきである。グロテスクな自傷創を前にして驚いたり，怖がったり，怒ったり，叱責したり，拒絶的な態度をとったり，過度に同情したり，悲しげな顔をしたり，あるいは，わざとらしく見て見ぬふりをしたり……といった反応はいずれもすべきではない。こうした反応はすべて自傷を強化し，二次的にアピール的な意図を持つ行為へと変容させる危険性がある。

最も不適切な強化が少ない反応は，冷静な外科医のような態度である。穏やかかつ冷静に傷の観察をし，必要な手当てを粛々と，丁寧にこなす。そしてその後で，「この人がこのように自らを傷つける背景にはどのような困難な問題があるのか」と，冷静に推測をめぐらせる……そのような態度こそが望ましい。曰く，「Respond medically, not emotionally（感情的に反応するな，医療者として反応せよ）」である。

② 「見える傷」の背後には「見えない傷」がある

すでに述べたように，自傷行為には「心の痛みに対する鎮痛薬」として機能し，つらい状況を「生き延びる」上で一時的には役立つ。こう言いなおしてもよい。自傷は，「自分では説明できない，コントロールもできない痛み」から気をそらすのに役立つ，「自分で説明でき，コントロールできる痛み」をもたらしてくれる，と。一時的には「死にたい気持ち」を打ち消す効果もある。その意味では，「自傷はイケナイ」という絶対的な理由はない。援助に際しては，自傷の肯定的側面も認めた上で，その問題点や背景要因について協働的に分析する姿勢で臨むべきであろう。

むしろ，自傷行為という「見える傷」の背後には，何かしら「見えない傷」があると心得ておく方がよい。実際，自傷を繰り返す者の中には，子供時代に虐待やいじめの被害を受けた経験を持つ者が少なくない。したがって，自傷という「見える傷」の背後には，言葉で表現されないつらい記憶——もしかすると本人も覚えていない，下手をすると，「忘れていること」すら忘れている記憶があると心得て向き合う必要がある。そのような体験が「ある」と思ってかかわった結果，後になって実際にはそうした体験は「な

かった」ことが判明しても特に問題は生じないが，逆の場合には，ときとして本人に対して取り返しのつかない深刻なダメージを与えてしまう。そして，そうした体験が本当にあったかどうかが判明するのは，しばしば数年の月日を要し，学校でかかわれる期間には判明しないことがほとんどである。

③　加害者と重ならない態度が大切

　自傷行為を繰り返す子供に対して，例えば「切っちゃダメ」「もう二度と切らないと約束しなさい」といった管理的な態度は禁物である。このように，頭ごなしに決めつけ，善悪を裁くような対応は，子供の反発を招きやすい。理由の1つとして，そのような態度・対応が，彼らの多くが抱えているトラウマ体験の加害者を思い起こさせることがあげられるであろう。さらにいえば，たとえ「患者を何とか助けたい」という善意からであったとしても，それが過剰となれば，「過保護や過干渉による支配」という点で加害者と類似の性質を帯びてしまう可能性があり，注意が必要である。

　また，自傷行為の是非をめぐって子供と議論になり，面談があたかも「綱引き」状態に陥るのはきわめて好ましくない状況である。トラウマの影響から無力感の強くなっている者は，誰かから「屈服させられる」状況に敏感である。例えば援助者との治療方針に関して意見が対立し，論争的な状況，もしくは「支配／被支配」と感じられるような関係に陥ってしまうと，患者は意地になって援助者の意向に反発するであろう。

　やりとりが「綱引き」状態となっている場合，子供の主観の中では，治療者が加害者と重なって見えている可能性が高い。したがって，「綱引き」状態に気づいたら，意見を撤回する，決定を保留にする，率直に謝るなどといった柔軟な対応をすべきであろう。

④　怒るのはあなたが怖くない証拠

　自傷行為を繰り返す子供は，ともすれば援助関係に容易に過剰適応し，「よい子供」を演じようとする。例えば，援助者が喜びそうな「よい知らせgood news」ばかり語り，自分の本音や不満を語れなくなってしまいやすい。援助者の方から，「たまには悪い知らせbad newsも聞かせてほしい」と話を向ける工夫が必要な場合もある。

　なかでも抑圧されやすいのが，援助者に対する不満や怒りである。自傷行為を繰り返す者は，怒りの感情を抱くことそのものに罪悪感を抱いており，怒りの存在を否認する傾向がある。その一方で，ある段階でため込んだ感情が一気に爆発すると，暴力や自傷として行動化されやすい。

　もしも援助者に怒りを爆発させることがあったならば，それは最悪のことではない。もちろん，最終的には穏やかな言語的表現で怒りを表現できるようになる必要があるが，そのプロセスではまずは「外に向かって表現できた」ことを評価すべきである。むしろ重視すべきなのは，その援助者が少なくとも「トラウマ体験の加害者」とは異なる人物イメージで認識されている――「この人は怖くない」――という事実である。おそらくその子供はこれまで一度も加害者には怒りを表現したことがなく（表現すれば「倍返し」ではすまないはずだ），その意味では，一歩前進と考えてよいだろう。

⑤　親に内緒にしない

　「親に内緒にしてほしい」という約束を求められることも少なくない。もちろん，この約束に応じるのは望ましくないが，くれぐれも「いただけないことをしたから親を呼び出す」といったかたちにならないように注意する必要がある。

　理解しておくべきなのは，自傷行為を繰り返す子供が恐れているのは，単に「自傷行為をしている」という秘密を親に知られることそのものではない，ということである。そうではなく，「自分の子供が自傷行為をしている」という事実を知った親がとる「反応」を恐れているのである。そうした親の反応には，若者を単に叱責・非難したり，親自身が激しく自責をしたりするといった過剰なタイプと，「誰かのまね」「気を惹きたくてやっている」というように，事態の深刻さを否認・矮小化するタイプがあるが，いずれの場合でも，若者に対して，援助者が親にどのように説明しようと思っているのかを伝えた上で，親との同席面接に関して同意を得るべきである。

その際，次のように伝えるとよい。

「自傷行為とは，自殺企図とは違うものです。同時に，それは決して『誰かのまね』ではありませんし，『誰かの関心を惹きたくて』行うものでもありません。若者なりに，うまく言葉にできない，つらい状況の中で出てきた行動なのです。ですから，このまま何の支援もしなければ，先々，自殺の危険が生じることがあります。そうならないためには，継続的なカウンセリングとご家族の理解と協力が必要なのです」

⑥　家族の支援を考える

子供の自傷行為に対して，家族が共感的，同情的に捉えているのか，あるいは，怒りや敵意などの否定的な反応を呈しているのかを評価することは非常に大切である。後者の場合には自傷はエスカレートしやすいだけでなく，自殺企図のリスクも高くなる。

また，家族によっては，子供が自殺念慮を訴えていてもこれを否認し，「一時の気の迷い」「魔が差して馬鹿なことをしてしまっただけ」などと，事態を矮小化している場合もある。このように自殺の意図を否認する態度は，子供が抱えている現実的な困難を否認することにもつながりやすく，やはり自殺企図のリスクを高める。

家族の否定的な反応や否認は，家族自身も何らかの心理社会的，もしくは経済的困難を抱えている場合に生じやすい。かつてPfeffer[8]が指摘したように，「自殺リスクの高い子供の背後には，自殺リスクの高い大人がいる」というのは，多くの局面で痛感させられる臨床的事実である。さらにいえば，そのような状況に置かれている家族は援助者のささいな言動を被害的に受け止めやすく，「家族がもっとしっかり監視していれば」とか，「家族の対応が不適切だから」と批判されたと誤解しがちである。

まずは家族の苦労や来談同行をねぎらう態度が大切である。その上で，保健所・保健センターや子ども家庭支援センターなど，活用できる地域の保健福祉的資源を利用した家族の支援を検討するべきであろう。

⑦　他の子供に知らせない

子供の自傷行為について他の子供に伝えるべきではない。自傷行為には伝染性がある。どのような子供にも伝染するというわけではないが，同じようにつらい状況にある子供に対しては驚くほど簡単に伝染する。

自傷行為を繰り返す子供に対しては，個別的に継続的なサポートを提供する一方で，夏場は長袖シャツやサポーターなどの着用を提案し，自傷創が他の子供の目に触れない工夫が必要である。

⑧　精神科治療は懲罰ではない

「今度切ったら精神科に受診……」「今度切ったら入院……」といった具合に，精神科治療をあたかも懲罰のようにして子供に提示すべきではない。このような理由で子供が精神科に受診したり，入院したりしても，治療はなかなかうまくいかないものである。そもそも，精神科受診や入院といった専門的治療が必要なのは，その子供が自傷行為におよんだからではなく，背景に何か困難な問題が存在するからなのである。

筆者は，自傷する子供全員に精神科治療が必要であるとは考えていない。短時間診察のために信頼関係が築けないまま大量の向精神薬が処方されれば，向精神薬の乱用や過量摂取が引き起こされるなど，弊害も皆無とはいえない。過度に管理的な病棟での入院治療によって，かえって自傷行為が悪化することもある。

とはいえ，自殺のリスクの高い子供の場合には，精神科医療につなげ，緊急時には短期間の危機介入的な入院治療を行う必要がある。あくまでも1つの指標にすぎないが，以下のいずれか1つに該当する場合には精神科受診を検討する必要がある。

・自傷行為をやめたいのにやめられない，または，自傷行為が持つ「心の痛みに対する鎮痛効果」が著しく低下している
・自殺目的で自傷をしている（実は，これは立派な「自殺企図」である），または，自傷自体は自殺目的ではないが，日頃から「死にたい」という思いがある
・自傷行為の前後に「記憶が飛ぶ」現象（「解離性健忘」）が認められる
・摂食障害やうつ病など，他の精神障害が併発している

・アルコールや薬物（市販の感冒薬や鎮痛薬も含む）の乱用がある

・性的虐待の被害を受けたことがある

(4) おわりに

最後に，自傷行為を繰り返す子供が抱える根本的問題について私見を述べさせていただきたい。

自傷経験のある10代の子供は，早くから飲酒・喫煙を経験し，薬物乱用者との交遊や誘惑を受けるなど，薬物乱用の高いリスクも抱えている[1]。また，拒食や過食，自己誘発嘔吐といった摂食障害的な行動を併せ持っていたり，避妊しない性交渉や不特定多数との性交渉といった，性的危険行動を繰り返す者も少なくない[9]。以上からわかるのは，自傷する若者の問題は，単にリストカットだけではなく，生き方全体が「自傷的」であるということである。

しかし，このような多方向性に自傷的な生き方の中で，最も「自傷的」な行動を1つだけ選べといわれたら，それは決してリストカットでも薬物乱用でも摂食障害でも危険な性行動でもない。それは，「悩みや苦痛を抱えたときに，誰にも相談しないこと，人に援助を求めないこと」である。そして，自傷行為の援助において最も重要なのは，「自傷行為をやめさせる」ことではなく，援助の過程を子供とともに体験することを通じて，「世の中には信頼できる人もいて，つらいときには助けを求めてもいい」，あるいは，「人生において最も悲惨なのは，ひどい目に遭遇することではなく，一人で苦しむことである」といったことを知ってもらいたい。そうした認識こそが，自殺リスクの高い自傷する子供たちの，将来における自殺予防に貢献する――筆者はそう信じている。

〈参考文献〉

[1] Matsumoto, T., & Imamura, F.: Self-injury in Japanese junior and senior high-school students: Prevalence and association with substance use. Psychiatry Clin Neurosci, 62: 123-125, 2008.
[2] 財団法人日本学校保健会「保健室利用状況に関する調査報告書（平成18年度調査）」2008
[3] Walsh, B.W.: Treating self-injury 2nd edition. Guilford Press, New York, 2012（B・W・ウォルシュ著，松本俊彦監訳「自傷行為治療ガイド 第2版」金剛出版，2018）
[4] Coid, J., Allolio, B., Rees, L.H.: Raised plasma metenkephalin in patients who habitually mutilate themselves. Lancet Sep 3; 2 (8349): 545-546, 1983.
[5] 松本俊彦著『自傷・自殺する子どもたち（子どものこころの発達を知るシリーズ01）』合同出版，2014
[6] Owens, D., Horrocks, J., House, A.: Fatal and non-fatal repetition of self-harm. Systematic review. Br J Psychiatry, 181: 193-199, 2002.
[7] Hawton, K., Rodham, K., Evans E.: By Their Own Young Hand: Deliberate Self-harm and Suicidal Ideas in Adolescents. Jessica Kingsley Publisher, London, 2006.（キース・ホートン，カレン・ロドハム，エマ・エヴァンズ著，松本俊彦，河西千秋訳『自傷と自殺―思春期における予防と介入の手引き』金剛出版，2008）
[8] Pfeffer CR (1986) The suicidal child. Guilford, New York（シンシア・R.フェファー著，高橋祥友訳「死に急ぐ子供たち―小児の自殺の臨床精神医学的研究」中央洋書出版部，1990）
[9] Tsutsumi A, Izutsu T, Matsumoto T (2012) Risky sexual behaviors, mental health, and history of childhood abuse among adolescents. Asian Journal of Psychiatry. 5: 48-52.

（松本　俊彦）

7　カウンセリング心理学の基礎知識（カウンセリングの基礎と技法の基礎を含む）

学校の養護教諭が行う相談活動では，健康面や学習面だけでなく心の健康問題への対応も担うことになってきている。

対人関係，親子関係，不登校，いじめ，摂食障害，発達障害，ジェンダーアイデンティティの問題など多岐にわたる。

このような問題を抱えた子供たちに対応していくには，カウンセリングの対応が余儀なくされる。カウンセリングとは，対話や会話をとおしてクライエントが抱えている学業や生活，家族関係，人間関係等の問題や悩みなどを専門的な技術や知識を用いて解決または行動変容につなげる相談援助であり，成長を促す活動である。

健康相談では，児童生徒のカウンセリングに留まらず教職員や保護者への対応，他職種による連携など人とのかかわりも多くなり，カウンセリングの知識や技術が活かされる場面がより多くなる。相談活動だけでなく，人間関係を円滑に進めるためにもカウンセリングの姿勢は有効であり，実践していくには実践を下支えするカウンセリング理論の学習や現場で実践する臨床的アプローチの知識やスキルを習得し，様々な場面で応用していくことが重要である。

　そこで本章では，個別面接方式を中心とした「カウンセリングの基本姿勢や基礎技術」「カウンセリング（面接）はどのように実施されていくのか，面接の流れ」，知っておくべき一般的な「カウンセリングの理論や療法の特徴」「健康相談に活かせる心理査定」においては，実際に臨床場面で使用されている知能検査や人格検査，発達検査などを摘出し，カウンセリング心理学の基礎知識を4つの視点から述べている。

　ここで重要なことは，症状を治療する専門家（心理療法家）の対応ではなく，養護教諭の行う健康相談はカウンセリング領域で心身の健康や問題について対応していくという点である。心理療法が症状の治療が目的であれば，カウンセリングは問題や課題を乗り越えながら気づき（意識化）や自己成長を援助することが目的である。

(1) 人間観・カウンセリングの基本姿勢・面接の実際

① カウンセリング理論の視点

　カウンセリング理論は，クライエントとカウンセラーの関係（カウンセリング）・パーソナリティの形成・問題行動等（病理）・援助の目標やアプローチ方法（技法）・人間観等から，それぞれの理論が構成されていると思えばよい。

　カウンセリングを実施するには，専門知識と人間観や人間性が重要であり，援助者自身の持っている人間観や価値観，物事の受け止め方などでは特に援助者自身の要因でカウンセリングの方向性や結果が大きく左右される。

　例えば人間観はカウンセリングの方向性を決める上で大切である。心理臨床に携わる者は，多くの理論を学び，技法の習得のための訓練を受ける。同じ理論や技法を学んでも，その人の持つ人間観や価値観，物事の受け止め方等で心理相談に影響を及ぼす要因につながる。アブラハム・マズローの「人間は自己成長力をもっている」という人間観にたった援助が望ましい。例えば，不登校の子供に対して"もう何をやってもこの子は無理かもしれない"と諦めるのではなく"いつか自分の力で再登校できる日がくる"と子供の備わっている力を信じて一緒に歩いていく姿勢が大切になる。

　人間は自分の力で乗り越え成長したり，悩みを解決できる力を備えているという捉え方や今までできたこと，表に出ていない潜在可能性に焦点をあてることが鍵である。これらを踏まえ健康相談活動を実施する前に自分の人間観（人間をどういう存在とみるか）を知っておく必要がある。また，養護教諭として心と体が常に健康であることが基本である。

② カウンセリング理論の有効性

　臨床現場では，カウンセリングを実施するために相談者の問題に対して一定の見立てをしてから具体的な支援を実施していく。そのときの拠り所となる根拠が理論である。国分[1]（1980年）は，「まず第一は，結果の予測である。理論があれば（略）予測が可能である。（略）ある事実を説明・解釈する手がかりになることである。（略）ある現象を整理することである。（略）理論上こうなるはずだというひとつの仮説が立てられる。（略）」と述べている。アセスメント（面接や心理検査などで情報収集すること）を実施し，理論のベースがあることで"どちらかというとこのような傾向があるようだ"という仮説が立てやすく，個人の問題やパーソナリティに合わせた介入計画（フォーミュレーション）につなげていくことが可能となる。

③ カウンセリングの基本姿勢（理解しようとする姿勢）

　心理的援助を実施する際には，問題を抱えて援助を求めるクライエント（相談者）に対して信頼関係の構築が大切である。態度・姿勢・話し方・動作はクライエントとの関係性や心理相談の効果と密接に結びついており，面接の始まりから終結に至るまでの時間をクライエントとの信頼関係の維持や促進に努めて

いかなければならない。特に面接の最初の段階が重要で，クライエントのために真摯に耳を傾け，気持ちを受け止め"自分にできることは何なのか"という考える姿勢が"この人に相談してみよう"という気持ちにクライエントは心が動かされるのである。

　カウンセリングの基本姿勢は傾聴である。傾聴の姿勢で対応することは，信頼関係の形成やラポールが醸成されることにつながっていく。ここでカウンセリングの重要な基本姿勢を4つの視点から述べる。

　1）傾聴

　相談者の話を聴く際には，相談者が話す問題状況について熱心に耳を傾け，傾聴の妨げになる聞き方をしないように注力することである。表面的で上辺だけの聞き方や自分の聞きたい内容だけに耳を傾けたり（選択的），援助者が類似性のある問題を克服していない場合に湧き起こる，なるべく触れたくない気持ち（逃避的・防衛的），相談者の話す内容からすでに"この人はもう変わらないかもしれない"など諦めの気持ちや話を誘導しようとする姿勢は傾聴とは程遠いものになり，カウンセリング機能が果たせなくなる可能性が強くなる。目の前に居るその人のありのままの姿を理解しようとする姿勢が傾聴につながる。また感情や好意の伝達の手がかりは，顔による表情が大きく，特に初回面接では非言語的コミュニケーション（身振り手振りや優しい表情など・声の質（大きさ・トーン・スピード等））によるかかわり行動でカウンセラー（援助者）の印象がつくられることが多い。話に合わせて頷きや合づちをうち，表情の変化やアイコンタクトをとるなど援助者の反応を表現することが大切である。

　2）共感的理解（準拠枠・確認）

「感情伝染」とは人の感情が人に伝染することであり，生まれつき人に備わっている「共感」の基礎と言える。

　相手の世界に巻き込まれて（感情移入）自分の世界を見失う感情同一ではなく，ロジャースによれば「クライエントの私的な世界をあたかも自分自身のものであるかのように感じとる」と述べている。心に寄り添い，同じように感じていながら，相談者の事柄や感情に巻き込まれてしまわないような感じ方，受け止め方が鍵である。

　また人は言葉をとおして複雑な感情や考え方を表現するが，例えば相談者の「つらい」「悲しい」と伝えてきた言葉に対して，援助者自身にとって「つらい」「悲しい」とは共通した言葉であるが，援助者自身と相談者と同じことを意味するとは限らないことを意識しなければならない。つらい・悲しいは共通の準拠枠であるが，個人の準拠枠ではつらい・悲しいはそれぞれの体験した事柄で違ってくることから，相談者の感情や事柄など話す内容を要約して援助者自身がどのように理解したか，その理解の仕方でよかったのかなどの確認をとっていくことが必要であり，その作業は共感的理解にもつながっていく。

　3）受容（簡単受容）

　受容はロジャースの無条件の肯定的尊重と相談者の話す内容に判断や批判をせず受けとめる「簡単受容」がある。ここではカウンセリングの基本姿勢の1つである簡単受容を説明する。受容とは，相談者その人の価値観や人間観，生活史などのすべてを一人の人間として尊重し，あるがまま受け入れることである。国分[2]（1979年）はカウンセリングの技法で「受容とは（略）あらゆるスタイルの面接に活用されるべきものである。具体的には，相手の話を「うむ，うむ」と合づちをうちながら聴くことである。（略）ただそれだけのことであるが，これが意外にむずかしいのである。（略）」と述べている。カウンセリングでは，先入観を持たず，援助者自身の価値観を先ず横において，できるだけまっさらなキャンバスを用意し，相談者の世界を描きだしていくことに努めてもらいたい。援助者が受容することで，相談者は強い支えや安心を感じることができ相互の距離感が縮まるのである。自分を理解してくれる人が一人でもいると感じられることが孤独や孤立を防ぎ，自殺念慮という危険因子から回避することにつながり，人は生きていけると思うのである。

　4）カウンセラーの自己一致＝純粋性（感情・思考・表現）

　カウンセリングのプロセスでは相談者から発せられたメッセージ（言語・非言語）を傾聴しながら，援

助者は「今この瞬間に感じた気持ちやその感情に対して考えた心の動きなど援助者自身の心理状態を正確に自覚でき，そのことに対して表現できること」に着目する。話す内容からカウンセラーが「あぁ，私は〇〇のように感じている」「この話は△△だと考える」など自分の内面の体験に気づき，それをありのまま受け止め，自分の意識を否定したり，歪曲しないでいられることが自己一致で重要である。内面で起きていることに常にフォーカスし，気がついていることがポイントである。認識した感情や思考（感じたことに対して考えたこと）と相談者に対して援助者自身の言動が一貫して，できる限り矛盾がないような状態が自己一致（純粋性と同一）となるため，ただ率直にそのまま応答することは自己一致ではなく，相談者の面接での状態に合わせて，今伝えるべきなのかなどの判断や伝え方に配慮する工夫が必要である。

④　面接の実際（カウンセリングのプロセス（初期・中期・後期））

　国分[3]（1979年）は「面接の流れは，（略）大雑把に面接の初期・中期・後期と3つに分けられる。初期とは導入期である。つまり，リレーションづくりが主題になる時期である。中期とは問題の本質に肉迫する時期である。（略）後期は問題を解決する段階である。（略）」と述べている。援助目標を達成するためには，面接での心理的援助過程で援助者自身の対応や相談者がどの段階にいるのか把握しておくことが重要である。相談者は常に先に進むとは限らず後戻りすることも多い。これを踏まえ，相談者の心の歩調に合わせた援助を実施するために，傾聴を重視したカウンセリングプロセスの各段階で必要となる基本的な視点を取り上げた。

　初期では，まずカウンセラー側は信頼関係の構築から始める。傾聴や共感的理解，受容等の基本姿勢で対応し相談者が安心して心の内（批判や反論，思いついたこと等）を話せるように，クライエントとは対等な意識を持ちながら寄り添う姿勢が大切になる。この姿勢は相談者の主訴（現在の問題に対する認識）や問題状況，どうなりたいかという思いの把握，理解につながっていく。主訴については，カウンセラー視点の問題把握とクライエント視点の問題把握を分けて捉えることで，クライエントが隘路にはまり込む気づかない問題点をカウンセリングで意識化していくことができる。

　また初期に行われる作業として心理アセスメント（面接・観察・心理テスト等）がある。アセスメントは，仮説をたてて問題の介入を行う際の仮説に対する裏づけの役割も果たす。そしてクライエントの問題に対して仮説を立て，問題解決の援助を具体的に反映（介入計画・フォーミュレーション）させていかなければならない。計画のためにも1つの理論にかかわらず各学派の理論やアプローチの解釈などの知識を活用してカウンセリングに反映させていくことを要する。

　中期では，初期と中期の境目は明確に分割できないが，クライエント自身の課題や問題等があらわになり，核心に触れ話を焦点化することで自己との対峙や変化に苦痛を感じる時期である。クライエントの葛藤や抵抗，防衛（防衛機制）などが働き（面接中断や沈黙等），ときには変化なく同じことを繰り返しカウンセリングがはかどらないとカウンセラーは感じ取ることもある。ここで停滞を回避せず行き詰まりを認識し，初期に実施した介入計画を再検討したり，新たな視点で捉えていくことの努力が展開を促すのである。このような状況を踏まえ，各学派の理論やアプローチ技術を整理し自分なりに統合，使いやすい方法を考案し，健康相談活動でのカウンセリングに活用していくことが重要である。

　後期では今までの馴染み（苦悩・マイナス思考）のある自分ではない自分に向き合うステージである。新しい健康的な自分に変化する過程は，苦痛を伴いストレスにもなり変化への恐怖もあることから後戻りを選択する場合もある。しかし，カウンセラーの対応次第でクライエント自身でこのような過程を乗り越えることができるのである。自分をディスカウントする（自己否定）ことなく自分の弱さ（自己理解）や課題を理解し受け入れる（自己受容）ことができるようになれば，さらに自分の経験を現実的に見つめ直せるようになり自分の解決すべき問題にとりかかれるようになる。願望や希望を表現する言葉や自ら行動に移していくなど思考や行動に変化が表れてくるのである（行動変容）。クライエントが希望する目標に対しては，実行可能なできるところ（短期目標）から始め，その達成に向けて気力（自己効力感）が高まるように働きかけ，継続させる。

⑵　カウンセリングの基礎技法

　教育分野では，3段階の心理教育的援助サービスが提唱され，健康相談活動においても一次的援助（発達促進・予防）や二次的援助（苦戦し始めた一部の子供），三次的援助サービスである非行や虐め，不登校等の問題にも対応していかなければならない。それぞれの援助を基盤とした上で，子供に必要な健康相談活動に包括的・折衷的アプローチ（マイクロ技法：Ivey, AEやヘルピング技法：Carkhuff, R. R., コーヒーカップモデル：国分康孝）であるカウンセリングの基礎技法を活用することである。これは，各学派のカウンセリングアプローチの特徴を統合した基礎技法である。ここでは1対1の個別面接法による基礎的な技法や包括的・折衷的アプローチも取り入れながら説明する。

① 場面構成

　場面構成とは，カウンセリングの日時の設定や期間，時間内の使い方，守秘義務，面接目標・課題，料金設定などカウンセラーとクライエントの間でカウンセリングの特質や関係について合意を得ることをいう。学校の健康相談活動での場面構成としては，子供たちが立ち寄りやすい雰囲気の保健室づくりに努め，特に会話の少ない子供や心理的問題を有する子供たちには，リラックスさせるような会話の導入を行っていく。また遊戯具はコミュニケーションをとる機会にも活用できるため，遊戯療法（本や人形，描画セット，遊び道具等）などで言語を介しての相談とは違った特別な配慮も必要である（遊戯療法は，遊びが心的活動あり表現の理解が必要。実際にセミナー等で体験しておくとよい）。

② カウンセリングで必要な基礎技法

　カウンセラーの「人間観」がカウンセリングの方向性に影響を与えることを理解しておくことやカウンセリングを実施していくには「傾聴」「受容」「共感的理解（準拠枠・確認）」「自己一致」等のカウンセリングの基本姿勢を最終面接まで継続していくことなどが重要である。技法を学ぶ上で注力することは，相談過程において"理論や療法の技法を使わなければ"というアプローチ方法への捉われではなく，技法を使う意味や価値を見出すことが重要である。

・「かかわり行動」とは，カウンセリングの基本であり初回面接では特に重要である。相手に視線を合わせること（アイコンタクト）・身体言語（身振り手振りや優しい表情等の非言語的表現）・声の質（大きさ・トーン・スピード等）等表情や態度に積極的な傾聴の姿勢を示すことが基本である。これらはすべてクライエントへのメッセージとしての役割を果たす。クライエントの話題を変えず話を先回りせず後からついていく言語追跡も大切である。話を聴いている過程においては，"うなずき"や"あいづち"も重要で，相談者の話す内容を「聴いていますよ」「受けとめ，理解しましたよ」というメッセージの役割を果たしている。

・「質問」とは，「閉ざされた質問」と「開かれた質問」に分けられる。閉ざされた質問とは例えば「お昼は食べましたか？」という質問は「はい」か「いいえ」で答えられる。閉ざされた質問は，緘黙（緘黙症）な子供たちにも有効なコミュニケーション方法の1つとして考えられる。「お昼はどうなさいましたか？」という開かれた質問では，「はい」や「いいえ」では答えられず，クライエントが言葉を自由に選んで気持ちや事柄などを表現できるので，話が展開しやすい。ただし，相談者を理解するための情報も多くなることから相談者に負担をかけさせないように配慮する。質問で注意しなければならないことは，相談者を助けるための質問や相談者が話した内容に関連あるところから聞いていくこと，相談者が今は話したくないと思っていることを無理に聞きだすのではなく，話したくなるまで焦らず待つことである。信頼関係が深まると自然と相談者の方から話し始めてくれるものである。

・「観察技法」とは，カウンセリング過程でのクライエントの様子を観察することである。言語的コミュニケーション（バーバルコミュニケーション）では具体的な言葉で会話が表現されているが，非言語的コミュニケーション（ノンバーバルコミュニケーション）では身振り手振り等の身体言語や声の質（大きさ・トーン）のように言葉以外で表現される。

　発言は肯定的だが"時計を何回も見る""髪の毛を抜きだす"等の行為や，声のトーンや表情が否定的

等の矛盾点（思考と感情の矛盾）に気づくことが話を聴く上で重要である。

・「支持」とは，クライエントが「これでよいのだ」と肯定され認められることである。例えば「学校や塾通いで忙しく部活動を休みがちでやる気が出ず，怠けているように感じて…」の発言に対してカウンセラーが"大変だと思う。よく頑張っていると思うよ。疲れたら休んで当然。"と伝えることが支持である。それでよいのだ（You are OK）と認められることで今の自分の考えや湧き起こった感情を受け入れられる（自己受容）主要な役割を果たす。心のこもった支持的反応を示すことが大切になる。

・「繰り返し」とは，クライエントの話した重要な語句を繰り返し，要点のみを取り出して簡潔に伝え返すことである。（内容の反射）クライエントの話す複雑に絡み合った感情や考え・事柄などを整理し，具体化するのを助ける「繰り返し」は会話の交通整理に近い。また相談者の感情・事柄をカウンセラーが的確におさえているか相談者が確認できる。

・「感情の反映」とは，今ここでのクライエントの気持ち（言語的コミュニケーションや非言語的コミュニケーション），表現された感情（喜怒哀楽）や情緒，情動（激怒・喜悦・恐怖・悲観）をくみとり，クライエントが納得するカウンセラーの言葉で伝え返すことで，隠れていたものが表面化した部分と表面に出ていない部分（内在）の両方をとりあげる。

感情の反映は，カウンセラーの共感的理解が効果的に伝わり，この応答によりクライエントは自分の気持ちがわかってもらえたという安心感につながる。感情や情動の反射は，クライエントの意識されていない（無意識）感情に気づく（意識化）機会を与え，自己理解を深めることや葛藤に向き合うことなどに役立つのである。

・「事柄への応答」とは，クライエントが話した事実や出来事，状況等の事柄について重要と思われるキーワードを捉えてクライエントに伝え返すことである。クライエントが経験した事柄を明確にする意味をもつ（ヘルピング技法）。

・「応答技法」とは，ヘルピング技法の1つである。クライエントの話す内容を感情への応答や事柄（出来事・事実・状況）への応答，意味（価値観や信念等）への応答に分けて捉えることで，カウンセラー自身も主訴や背景を整理し，理解を深めることができ，クライエントにも自己理解や問題把握の促進につながる。カウンセリングプロセスではクライエントは様々な感情や現時点で問題となる事柄を話してくる。感情はエピソードに付随していると考えるならば，感情の元になっている根拠や理由（いつ何処で何があったときの事柄か）を明らかにすることで，例えば，クライエント自身が過去のエピソードで体験した感情が整理されておらず，現在の類似性のある出来事により再び同じ感情が湧きおこってきたことに気づくことができる。感情や事柄，意味への応答に対してクライエントに効果的な働きかけをしていくためには，逐語録（発言内容を文章に書きおこす）でこの言葉は感情を表現している，この言葉は事柄，意味（価値観等）を表現していると日頃から学習しておくとクライエントの話す内容を面接過程で整理しやくなり，ポイントをおさえた要約をクライエントにフィードバックできるようになる。

・「明確化」とは，クライエントが言葉に表わせない部分を推察して意識化することをいう。クライエントが気持ちを伝えたいけれど，適切な表現が見つからないような場面では，カウンセラーが言語化（意識化）して確認する。相談場面で，「友達にいつもちゃんと気持ちが伝わらない。そんな自分がもう嫌で…」と発言した場合，クライエントの感情表現を捉えることが重要であり，その言葉を伝え返すことである。「…そんなことを思う自分が嫌？（とは？）」「自己嫌悪を感じているってこと？」またクライエントの態度や表情，態度が伝えてくるメッセージなど，「髪の毛ばかり触り出す（髪の毛を抜く）」クライエントに対して「今話している内容が辛ければ（話したくなければ）また○○さんが話したくなったらお聴きしましょう」など直ぐに察知して対応し，意識化されていないところを言語化して確認していく。内面の意識化は効果的で促進的役割を果たすことが大きいと言われているため，健康相談活動では児童生徒が対象であることから明確化技法を応用してほしい。留意することは，カウンセラーの間違った推察の仕方や憶測でカウンセリングそのものに支障を及ぼすこともあるので正しい判断が必要である。

・「要約技法」とは，クライエントは整理しきれない問題や感情を抱いて相談室に訪れるため，何から話せばいいのかわからないことが多い。早口で話し始めたり，声が小さく聴きとりにくかったり，脈絡なく話しだしたり，話がいろいろな方向へ飛んだりと様々である。複雑に絡み合った感情や事柄が整理できるよう，クライエントの話の要となるものをまとめフィードバックする技法である。これは，クライエントの話す内容が一区切りした毎に要約して伝えることで，クライエント自身が感情や事柄を整理することが可能となり，カウンセラー自身がクライエントの伝えたいことを正確に理解しているか確認もできる。

・「沈黙」とは，クライエントが伝えてくる1つの表現であるが，カウンセラーにとって沈黙は不安を感じるものである。クライエントの沈黙には，自分自身を語ることへのためらいや不安，自分の考えていることをどのように伝えればよいのか思案していることが考えられる。話すことについて抵抗や拒絶を感じ取ったときにはその気持ちを取りあげ，緊張していたり話すことに決心がつかない様子を感じた場合は，その気持ちを伝え返したりして状況に応じた対応が必要である。またカウンセラーへの失望や反感，不信感を沈黙で表すこともあり，クライエントの沈黙の意味に着目する。

沈黙が長いほど重苦しい雰囲気を回避する対応をとりがちになるが，沈黙を待てる耐性力を養うことも求められる。

・「リファー」とは，クライエントを守るために別の適切な専門家に依頼するという意味である。健康相談活動において，幻聴等の精神的疾患や危険因子（自殺念慮等）がわかったときや自分の相談範囲をあきらかに超えるケース（医療・心理領域や障がいの疑いがあり心理テストの必要性が出てきたときなど）はリファーしなければならない。リファーするためには，"つなぎ先"を数多く知っておく必要があり，常に様々な各機関から情報収集を行っておくことである。

③ 問題の把握と目標設定準備

後期になるとクライエント自身が問題や課題へ向かって行動するようになる。目標に向っての支援では，問題をカウンセラーとクライエントが共有しながら目標を明確化，行動計画を作成していくこと。クライエント納得の上で詳細なスケジュールの元に行動していく準備を整えることが必要である。またクライエントの歩調に合わせて進めることで次のステップである目標設定につなぐことが可能になる（アプローチ方法にヘルピング技法の「てほどき能力」がある）。

④ 目標の設定

目標を設定すると目的が明確になり目標達成に向けて具体的な行動に移すことができるようになる。フォーミュレーションに基づいた目標設定や今後の在り方をクライエントと十分に話し合い，検討し確認していくことが重要である。目標設定を4～5段階程度に分けてスモールステップ法で設定し，小さな目標を達成する体験を積み重ねながら自信につなげ，最終目標に近づいていくのが望ましい。

⑤ 具体的方策と実行

カウンセリングは，予測する結果の望ましさの評価からクライエントが目的に叶うものを決めていく（意思決定）ことから傾聴が対話へと移行するのが特徴である。具体的行動により，どのような結果を生み出すのか，結果を生み出すために必要な行動がどの程度できるのかに注力していく。実行過程においても，クライエントの心理的段階を1つひとつ踏んで，クライエントに合わせた進み方や常に修正や変化していくものであるという柔軟な捉え方が必要である。

(3) **カウンセリング理論・心理療法の特徴**

個別面接での援助を実施するにあたり，実践を下支えするのがカウンセリング理論である。健康相談活動の実務や実践に見合ったカウンセリングを実施するには，各学派の理論や技法，個別と集団アプローチを組み合わせる等の統合的な心理援助や介入が必要である。学び身につけたものを整理・効果を吟味・整合性をとるなどの創意工夫をした独自のオリジナル技法をあみ出していくとよい。これを踏まえ，各学派のカウンセリング理論・療法を紹介する。

① 自己理論（来談者中心療法）

感情的アプローチの代表は，ロジャーズ（Rogers. C.R）であり，来談者中心療法におけるカウンセラーの基本的態度として次の3点をあげている。①カウンセラーは，クライエントに対して無条件の肯定的関心を持つこと（受容的態度），②クライエントの内的世界を共感的に理解し，それを相手に伝えること（共感的理解），③クライエントとの関係において心理的に安定しており，ありのままの自分を受容していること（自己一致・純粋性）。技法は，受容・繰り返し・感情の反映・明確化・非支持的リード，要約等の技法が使われ，今日あらゆる領域でのカウンセリングの基礎として確立されている。

② 精神分析理論

フロイトによって創始された精神分析理論は，局所論（意識・前意識・無意識）や構造論（自我・イド・超自我），防衛機制（抑圧・抵抗・感情転移等）で心の全体を捉え，無意識の領域を扱う。精神分析的アプローチでは現在の行動と過去の経験を関連づけて考え，数々の防衛機制等の知識を得ることで，カウンセリング（相談）プロセスで問題の解釈の仕方や相談者の心の在り方の理解に役立つことが多いと考えられる。

③ 行動主義（行動療法）

不適切な考え方，感じ方，行動の仕方をより適切な方向に変化させる試みを総称している用語である（アイゼンク（H.J. Eysenck））。学習理論を基礎とした療法で，臨床的な問題を心を対象とせず行動として捉え，不適応な行動を消去し，適応的な学習を再学習すればよいと考える。例えば，電車に乗ると不安を感じる（パニック障害等）場合に系統的脱感作法が活用できる。これは不安の低いものから高いものへと段階的（不安階層表を作成）にイメージして条件づけていく方法である。またシェイピングの手法では，不適応な行動が生じやすい場面を分析し，スモールステップに分けて段階的に強化していく方法である。別室登校である保健室登校から始め養護教諭が教室への橋渡しの役割を担うのに役立つと考えられる。

④ 認知行動療法（CBT）

最近では研究や実験，調査といった科学的な裏づけを基にしたEBM（エビデンス・ベースド・メディスン：根拠に基づいた医療）の考え方が普及している。EBMの代表ともいえるのがCBTである。クライエントの抱える悩みや問題について，考え（認知）や感情，行動のつながりに焦点をおいて取り組む方法である。感情は思考（ものの見方・受け止め方等）によって影響を受けるので，認知を変えれば感情が変わるという考えに基づく技法であり，問題解決しやすいところからアプローチしていく。例えば，クライエントに思考記録表をつけてもらい，それをもとにクライエントの受け止め方（認知）についてカウンセラーと共に話し合い，受け止め方のプロセスを検討，必要に応じて修正する。例えば，新しいクラスになじめない，皆から嫌われているのではないかと悩んでいる児童に対して，それが事実なのか思い込みなのか思考記録表をもとに確認し，そう思い込むことは非合理的な思考であることを気づかせたり，そう思い込むことで何かメリットがあるのか質問することで思考の修正につなげていく。必要な場合は，認知療法（否定的自動思考の修正）と行動療法の技法を組合せたトレーニングを実施する。

⑤ アサーション・トレーニング（現在では認知行動療法の一種として捉えられている）

自己表現方法のことであり，人間関係の持ち方を①攻撃的，②非主張的（ノン・アサーティブ），③自分も相手も大切にする表現（アサーティブ）の3つに分けアサーティブな表現ができるようにトレーニングしていく。DESC法は，相手に伝えたいことを4つ（客観的状況・主観的（自分の）気持ち・提案・代案）に整理し，アサーティブに意見や気持ちを伝える訓練である。Iメッセージとは，「私」を主語につけて話すことで，自分の気持ちや考えが明確化できるという考え方である。

⑥ 社会的技能訓練（Social Skills Training：SST）

精神や発達等の障がいを持った人が社会生活をするために必要な対人関係やQOLの向上，ストレス対処などのスキルの習得を目指す認知行動療法に基づいたリハビリテーション技法。グループによるロールプレイ形式が多く，基本訓練モデル・問題解決技能訓練モデル・モジュールの3種類がある。

⑦ 交流分析バーン（Berne. E）

　交流分析は，人と人とのかかわり方を中心に考えられた心理療法の理論であり，構造分析，交流パターン分析，ゲーム分析，脚本分析が骨組みとなる理論である。構造分析では，人は3つの自我があると仮定した（PACモデル）。①P（parent）は親から受けた影響を自分の感情や行動様式の中に取り入れたもの「親の心」，②A（adult）は現実の判断や適切な問題解決を行う機能を持つ「成人の心」，③C（child）は天真爛漫に振る舞う「子供の心」これをもとにデュセイは5つの自我状態CP（厳しさ），NP（優しさ），A（論理性），FC（奔放さ），AC（協調性）が放出する心的エネルギーの高さをグラフにしたエゴグラムを考案した。健康相談・健康相談活動でエゴグラムを活用した場合，自己理解のツールとして用いたり，エゴグラムが表わす子供の自我状態の特性を把握し，それに基づいた対応が可能になる。また，ストローク手法は，実際に身体的に接触するもの（タッチストローク）と言葉かけなどの精神的なものと（心理的ストローク）の2種類があり，養護教諭は言葉かけとあわせて痛みのある個所（お腹が痛いなど）へのタッチストロークもできるので養護教諭ならではの素晴らしい特権である。

⑧ ゲシュタルト療法

　パールズ（Fritz Perls）により広められ，未完結な問題や悩み（未完の行為）に対して，再体験を通じて「今，ここ」での「気づき」を重視する。例えば，虐待やネグレクトされてきた子供が過去の出来事に対してどうゲシュタルト（外界に対する意味づけ・受取り方・図地）を構成しているのか，治療はゲシュタルトの再構成（図地反転）になる。対面に空の椅子を用意し自己や他者，問題そのものを座らせるイメージをして移動しながら対話するホットシート（エンプティチェア）等の療法がある。援助者が課題解決に困難や行き詰まりを感じたときなど，1つの事柄（図）に固執していないか再度，背景（地）を見直し柔軟に対応（図地反転）していくゲシュタルトを作るとよい。

⑨ 論理療法（ABCDE理論）

　エリス（Ellis. A）によって提唱された心理療法である。REBT（論理情動行動療法）理論とも呼ばれる。「人は起こった出来事（A）で感情や行動（C）が出るのではなく，その受け止め方（B）が感情や行動（C）を生む。」と考える。受取り方（B）には「〜にこしたことはない・ラショナルビリーフ」（rrational Belief）と「〜ねばならない／〜すべきである・イラショナルビリーフ（Irrational Belief）がある。例えば，「クラス全員（すべての人）から好かれなければならない」と考える（非論理的ビリーフ）人は，好かれていない状況がわかると不安になるため，「クラス全員に好かれるにこしたことはない」（論理的ビリーフ）に修正していけばよい。イラショナルビリーフ（間違った受け止り方）に非論理性・非現実性を明らかにする反論（D）を加えて効果（E）を出す方法である。

⑩ 家族療法

　「家族全体」を1つのシステムと考え，家族を対象とした心理療法である。例えば，問題を起こす・心理的な病気を抱えるなどのクライエント（IP）は，家族全体の問題を代わりに独りで背負い，結果として症状を現していると捉える。理論や技法は学派により様々であるが，システム論（システムアプローチ）という考え方を基に理論が作られており，1人（IP）に焦点を当てるのではなく，人が複数集まった集団を1つのシステムと捉え，集団を治療，支援していく。例えば，コミュニケーション学派では，家族の内面の問題は対象とせず，コミュニケーションの機能不全的な連鎖を取り上げ，継続している症状や問題に対して今まで解決を試みていた行動事態に問題があると捉え，これまでの解決方法と異なった言動をすることで家族システム内のコミュニケーションに変化をもたらす療法である。

　この他に家族システム構造に重点をおきジョイニング（参加や仲間入り）する技法を使う構造派家族療法や，長期目標はとらず実際的な問題解決を目指し症状や抑制処方で介入していく戦略的家族療法，他世代派家族療法等がある。

　例えば，子供への虐待などを繰り返す母親への対応などでは，母親（IP）を取り巻く環境に注目し家族全体への家族療法（システムアプローチ）が不可欠である。

第4章　健康相談・健康相談活動を支える諸理論及び技法

⑪　遊戯療法

　子供に対して行われる心理療法の包括的な名称である。遊戯療法そのものには理論はなく，ユング心理学など各理論を応用した遊戯療法が数多くある。遊びで表現されたものを子供にわかる言葉で伝え返し（言語化）遊びの体験を深めることが重要。各派の遊戯療法を創意工夫し，健康相談・健康相談活動で活用していただきたいので紹介する。その際は専門家の指導・助言を受けて判断，対応することが大切である。

　箱庭療法：縦57cm，横72cm，高さ7cmの内側がブルーに塗られた木箱の中に砂が入っており，その箱の中にミニチュアの建物や人形，植物，動物などを自分の好きなように置き，遊ぶことをとおして何かを表現する心理療法である。準備を要することや解釈の仕方を学ぶ必要があるので，学会等のセミナーに参加して学び，体験するとよい。

　コラージュ療法：芸術療法に属する心理療法である。方法は簡単で，雑誌やパンフレットなどで心にとまった絵や写真，文字等をハサミで切り抜き，台紙の上で構成し，貼り付けるだけである。相互交流の手段としての活用できる。

　絵画療法：人物画や風景画などテーマを決めて自由に描くことで自己の内面を表現する。リハビリテーションの効果があり，絵画はコラージュ療法同様保健室でも準備できるので，子供たちが気軽に画用紙などを手に取り，書けるような工夫をされるとよい。

⑫　園芸療法

　植物と触れ合い作業を通じて治療につなげる。健康相談や健康相談活動では，花やハーブ，野菜等の育てる活動を企画してみる。これは仲間との共有体験から仲間関係を構築し，社会的自尊感情を養い，心を開く機会にもつながる。

(4) **健康相談・健康相談活動に活かせる心理査定**

　心理査定とは，クライエントの性格や行動の特徴，問題を客観的・科学的に診断し，不適応や適応力の側面にも注目し多面的に評価する。補助的道具であり肯定的な表現で説明，投影法など難しい査定は専門家に依頼することをすすめる。ここでは知識として知っておくべき一般的な心理査定を以下の表にまとめる。

個別式知能・発達テスト			
検査名	適用年齢	所要時間	目的
前訂版田中ビネー知能検査	2歳～成人	30～60分	幼児から成人の知能を個別に検査し，知能水準や発達を明らかにし知能障害の診断や指導に役立たせる。
日本版KABC-Ⅱ	2歳6か月～18歳11か月	30～60分	認知処理過程と知識・技能の習得度の両面から評価し，得意な認知処理様式を見つけ，子供の指導教育に活かす。
WAIS-Ⅲウエイス	16～89歳	60～95分	成人用知能検査。発達障害などの診断に有効とされている。
性格・人格に関するテスト（パーソナリティ）…質問紙法			
Y-G 矢田部ギルフォード性格検査	小学生～成人	30～40分	性格特性の質問項目を用いて，個人の性格の全体構造を把握し，理論は特性論になり解釈は類型論を背景に成り立つ。
CMI健康調査表	14歳～成人	約20分	心身の自覚症調査と情緒障害のスクリーニング。
MMPI新日本版	15歳以上	45～80分	パーソナリティの査定のあらゆる面で使用され，550項目から構成，臨床実践上の経験に基づいて作成されている。
SDS 自己評価式抑うつ性尺度	18歳以上	約15分	自己評価により抑うつ状態を測定する検査である。
小児ANエゴグラム	小学生～高校生	約20分	交流分析の理論に基づいて心の仕組みや働きを判定する。CP/NP，A，FC/ACの5尺度のグラフプロフィールに表現。
性格・人格に関するテスト（パーソナリティ）…投影法			
ロールシャッハテスト（エクスナーが開発した包括システムで実施・解釈）	5歳～成人	約50分	パーソナリティの査定と心理的機能の特徴に基づく診断。インクを落として作成した左右対称の図版（10枚）を見せそれが何に見えるか，どのように見えるか反応してもらう。

TAT主題統覚検査 （CAT幼児用・SAT高齢者）	5，6歳から成人・高齢者まで有効	45～60分	パーソナリティの潜在的な衝動・感情・情緒および葛藤を明らかにする上で有効である。様々な受取り方ができる場面が描かれた絵をみて自由に語る方法。
P-Fスタディ	4～20歳	個別法，集団法20分	人格の独自性を明らかにする。フラストレーション耐性理論に基づいて開発。24枚のイラストを見て返答していく。
SCT 文章完成テスト	小学生・中学生・成人用	40～50分	全体像をトータルに把握することが目的。言語連想検査から創案される。刺激語（家の暮らしは）の後に文章を書く。
バウムテスト	3歳以上	約20分	人格・精神発達・心理治療過程の理解。用紙に実のなる木を描画。教育相談家の補助として有効とされている。

〈引用・参考文献〉
(1) 国分康孝『カウンセリングの理論』誠信書房，1980，pp. 18-19
(2) 国分康孝『カウンセリングの技法』誠信書房，1979，pp. 26-27
(3) 国分康孝『カウンセリングの技法』誠信書房，1979，p. 74
・国分康孝『カウンセリングの技法』誠信書房，1979
・一般社団法人日本産業カウンセラー協会『産業カウンセリング　産業カウンセラー養成講座テキスト』（2010年版）
・一般財団法人日本心理研修センター「公認心理師現任者講習会テキスト」（2018年版）
・三木とみ子・德山美智子編集代表『養護教諭が行う健康相談・健康相談活動の理論と実際』ぎょうせい，2013
・氏原寛ほか編集「心理臨床大事典　改訂版」培風館，2004

（四條　馨）

8　看護学の基礎知識

(1)　看護学を学ぶ意義

　看護とは何か…。将来看護師を目指す者は，いかなる教育機関に在籍しようが，まずはそのことについて学ばされる。大抵は「看護学概論」という科目の中で，看護師の誕生からその歴史，その過程で明らかにされた看護の本質や機能，その独自性や専門性などである。今日，養護教諭を目指す者が，養護とは何かを教授されるのと同様である。

　ところで，養護教諭が昭和16年に「養護訓導」となり，法的にも教育者として見なされる以前は，看護婦として教育を受けた者がその職務を担ってきた。当時我が国がおかれていた状況や学校の衛生状況，そして子供の健康実態などから，学校看護婦や養護訓導の役割を遂行するために必要であった知識や技能の一部には，医学や衛生学等に加え，看護の知識や技術が含まれていた。そして，それらは養護教諭の免許を取得するための必修科目として現在でも教育課程に残っている。

　そのような歴史的背景から考えても「養護学」に一番近い学問分野は「看護学」であり，看護と養護の本質は極めて近いものがある一方，（養護教諭に替えたという事実からも）決して同一ではあり得ない。

　また，学校看護婦が誕生した時代から今日までの間に起こった人と人を取り巻く様々な環境の変化によって，「看護」「養護」それぞれが役割を拡大させられた一方，一部ではあるが自分たちの役割を新たに誕生した専門職に譲らされた（看護でいえば，理学・言語療法士や臨床工学技士等，養護でいえば，スクールカウンセラー等である）。そして，このことは，あらためて自らの専門性や独自性とは何か，そのために何をしなければならないかについて考えさせられる契機ともなった。

　なぜ学校は看護婦ではなく養護教諭を求めたのか，また，看護は，自らの本質や機能，独自性というものをどのように探究し認知しえたのか。そのようなことについて知ることは，養護とは何か，養護学とは何を追求する学問か，また養護教諭の独自性や専門性は何か，養護教諭として必要な知識は何で，どのような養護教諭を育てれば良いのかなど，多くのアイディアやヒントが得られるのではないだろうか。

(2)　看護とは

　看護の「看」は，「手」と「目」で「看る」と，「護（まもる）」という語からなり，「人を見守ったり，保護をする」という意味に解釈されている。英語では「nursing」で，「育て養う，成長発達や生活に関与

する」という意味がある。近年，看護と同義で用いられるケア（care）は，医療の治療的側面を示すキュア（cure）と対比して用いられる。このような看護という行為は，古来より人類の歴史とともにあり，家族や身近な人への看護，傷ついた人や病になった人への看護として存在してきた。これを職業とし看護する人のことを「看護師（nurse）」と呼んだのがF. Nightingaleである。彼女が近代看護の祖といわれる理由は，『看護覚書』（1859年）を執筆し，初めて「看護とは何か」について定義し，「どのような看護を受けたかによって回復の在り方は大きく違ってくる」と看護の責任について述べたからである。

(3) 看護の定義（看護の目的と役割・機能）

看護の定義は，F. Nightingaleを初め，数々の看護理論家や国，団体によって表明されてきた。そこで示された看護の本質は変わらないが，役割については，その時代や社会，文化などと深いかかわりをもちながら変化してきた。ここでは2002年に改定されたICN（International Council of Nurse：国際看護師協会，2002年簡約版，日本看護協会国際部訳）の看護の定義を紹介する。見てのとおり，定義には，看護の目的や対象に加え，その機能や役割が示されており，そこに流れる看護の価値観は国内外を問わず共通している。

> 「看護とは，あらゆる場であらゆる年代の個人及び家族，集団，コミュニティを対象に，対象がどのような健康状態であっても，独自にまたは他と協働して行われるケアの総体である。看護には，健康増進及び疾病予防，病気や障害を有する人々あるいは死に臨む人々のケアが含まれる。また，アドボカシーや環境安全の促進，研究，教育，健康政策策定への参画，患者・保健医療システムのマネジメントへの参与も，看護が果たすべき重要な役割である」[1]

(4) 看護理論の開発と看護学の探求

看護とは何か，そして何をすべきか，この問いに答え，専門職として社会的責任を果たしたり，看護の道に入った者たちを育てるために「看護学」は追求されてきた。かつて看護師たちは，自分の体験や先輩の看護をモデルとして看護を提供してきた。体験から患者の必要とするものを推測し，また対象の訴えや考えをもとに対応し，試行錯誤の中で看護を行ってきたのである。科学的には根拠のない看護ではあったが，十分に看護の効果を上げ，患者の満足を得られた看護であった[2]。しかし，1970年代になると，アメリカの看護指導者たちは，専門職としての看護知識を発展させることの必要性を認識し，看護理論の開発に着手した。つまり，看護理論が看護に科学的根拠を与えると考えたからである。開発された理論は出版され，実践で使用されることで改善点が明らかになった。その結果，1980年代に入ると次々に理論は修正され改訂版が出版されるようになった[2]（表1「主な看護理論家」参照）。

表1　主な看護理論家[2]-[7]

	看護とは（看護の目的）	備　考
F. Nightingale 「看護覚書」 1860年	新鮮な空気，陽光，暖かさ，静けさを適切に保ち，食事を適切に選択し管理すること。すなわち患者の生命力の消耗を最小限にするようなすべてを整えることである。	看護の祖といわれ，統計学を看護に初めて取り入れる。看護の専門教育の必要性を唱える。
H. Peplau 人間関係の看護論 1952年	看護を人間関係のプロセスとして捉えた上で，看護師の役割は関係深化の過程において患者が自ら問題を解決できるようパーソナリティの発達を援助することであるとした。	精神科看護師であったことから心理学・精神医学からの多大な影響を受けている。
V. Henderson 『看護の基本となるもの』 1955年	病気あるいは健康な人をケアするにあたっての看護師の独自の機能とは，彼らの健康状態に対する彼らの反応を査定し，彼らがもし必要な力，意志あるいは知識をもっていれば手助けされなくても行えるであろう健康あるいは回復（あるいは尊厳死）に資するこれらの行為の遂行を援助すること，そして彼らができるだけ早期に部分的あるいは全面的な自立を得るような形でその援助を行うことである。	ICN（国際看護協会）より依頼され，「看護の基本となるもの」を執筆。看護の独自の機能を説いた。
I. Orland 看護過程理論 1961年	患者のニードを満たすために患者の求める助けを与えることである。看護は3つの基本的要素，患者の言動，看護師の反応，看護師の活動からなり，これらの要素がお互いにからみあっているのが看護過程である。	患者はニードをもった個人であり，それが満たされれば，苦痛は軽減され，充実度やウェル・ビーイングは促進されるとした。

M.E. Rogerrs 人間対人間の看護 1970年	看護は，看護における人間性の科学を通して健康を維持・増進し，病気を予防し，病人や障害を持つ対象者のケアや回復をはかるものである。	人間を統一された全体の存在として捉え，ホリスティックとは異なると唱え，患者という言葉をあえて使わなかった。
J. Travelbee 人間対人間の関係モデル 1971年	対人関係のプロセスであり，それによって専門実務看護師は，病気と苦難の体験を予防したり，あるいはそれに立ち向かうように，そして必要なときにはいつでもそれらの体験に意味を見い出すように，個人や家族，あるいは地域社会を援助する。	患者と看護師の関係は，「患者」と「看護師」というステレオタイプではなく，独自性を備えた人間対人間の関係である。
D.E. Orem 看護のセルフケア不足理論 1971年	看護ケアは対象者が生物学的，精神的なニード，あるいは発達上や社会的ニードを満たすことができなくなったときに必要となる。	セルフケアとは個人が自らの機能と発達を調整するために毎日必要とする個人的ケアである。
S. C. Roy 適応モデル 1979	看護は人と環境との相互作用を促進するように，言い換えれば適応を促進するように働く。	人間は生理的，精神的，社会的，相互依存における適応可能なモードに基づくモデルである。

(5) 看護理論とその活用

　看護理論は，看護における現象を説明するものや，看護に対する見方や考え方を体系づけたもので，専門職として看護実践する際の基礎になる知識体系である。看護理論を活用する目的は3つある。1つは，看護理論を学ぶことで看護観が形成され，看護専門職としての倫理が形成され，職業規範を自律的に決定できることである。2つめは，秩序だった看護過程を展開するために活用できる。3つめは，現在公表されている看護学の知識としての看護理論を実践，研究，教育のそれぞれの領域で活用し，評価，検証と反芻のために活用することである[2]。以下，具体的にイメージできるよう3つの目的別に活用例を示す。

① 看護観の形成と看護の倫理

　専門職として求められる看護，かつ適切である看護を提供するためには，まず，対象である『人間』を理解しなければならない。人間はどんな存在で，その人は何を求めているかということである。例えば，V. Hendersonは，「人は誰でも共通な14のニードを持ち，健康であるなら，そのニードを自分で充足させたいという欲求を持つ存在である」と提唱した[3]。それがHendersonの『人間観』であり，『健康観』である。また，看護は，人がなんらかの事情（心身等の健康上の問題）で，そのニードを充足できなくなったとき（つまり健康でなくなったとき）に，何が不足したために（Hendersonは，知識・体力・意識の3つの視点から探った）自力でニードを充足できなくなったかをアセスメントし，不足しているものだけを支援する（つまり自立を妨げない）ことと『看護』を定義した[4]。一方，看護師は，ニードを充足させるという看護実践の優先順位を決定する際に，マズローが提唱したニードの階層説を参考にしたり，介入するタイミングを決定する際にD.E. Oremのセルフケア理論に基づいて実践の時期を決定したりする。また，J. Travelbeeは，人を「共通の生活体験から類似性を持つ存在だという以上に，各人に完全な独自性があり価値を有する」と唱えた。例えば，最先端の医療を使って余命を伸ばすことよりも安らかな死を願ったり，治療を優先するよりも自己実現を優先させた時間を過ごしたりと，人によって考え方や生き方は様々であり求める看護も異なってくる。さらに，どの様な看護を提供するかは，看護師それぞれの看護観も反映されるであろうし，ケースによっては，看護師の職業倫理にしばられることもあるであろう。加えて，対象となる人を取り巻く環境やその人の価値観，対象の発達段階や病態の違いなど，個別性を挙げればきりがない。

　以上から，対象にとって必要とされる看護を提供するには，看護の重要概念とされる「人」「健康」「環境」「看護」の理解，関係する諸理論や看護の倫理，また，それらを結びつける種々の看護理論やその活用法について学んでおくことが重要である。

② 看護過程の展開と看護理論

　看護過程（Nursing Process）とは，看護の知識体系に基づき，看護ケアを必要としている対象者の看護上の問題を見極め，最適かつ個別的な看護を提供するため，どのような計画・介入援助が望ましいかを

考え実践する系統的・組織的な活動のことである。使用する看護理論により若干のプロセスが増えることもあるが、通常は、次に1〜5に示す順で実施され、繰り返される。

> 1. 看護アセスメント：顕在または潜在する健康問題を把握するために、アセスメントを行う
> 2. 看護診断：アセスメントの結果、看護上の問題を決定する
> 3. 看護計画：その問題の解決のために、患者と共に計画を作成する
> 4. 看護介入：目標に到達するための、看護行為や患者の自己努力が行われる
> 5. 看護評価：問題は改善したか、または計画を変更する必要はないか、患者と一緒に評価を行う

なお、看護過程は、1956年のアメリカにおいて、看護理論を看護実践に活用するためのツールである問題解決技法として導入された。情報収集の後に『アセスメント』というプロセスが、実践または介入の後に『評価』が追加されたのは、1960年代に入ってからであり、アセスメントの後に『看護診断』が入ったのは1973年に開催された第1回全米看護診断分類会議からである。これは、従来行ってきた判断をアセスメントと言い換えることで、系統的かつ根拠に基づいた分析にしようとするものであり、共通の名称がなく看護師それぞれが表現してきた看護上の問題に共通の名前をつける（看護診断を決定する）ことで、看護過程の質を向上させようとしたものである。

以下、看護理論を使って看護過程を展開する方法についての概要を紹介するが、ここでは、先に紹介したV. Hendersonの理論を使って説明する。

【看護理論を使って看護過程を展開する（V. Hendersonの理論を例に）】
＜Hendersonの看護の目的＞[3]

健康の維持増進または回復（あるいは平和な死）に向けて基本的欲求が充足するように、個別性の保持と自立度の向上を目指して生活構造を援助する。

Ⅰ アセスメント
(1) 情報収集：以下の14の基本的ニードについての情報を収集する
　① 正常に呼吸する
　② 適切に飲食する
　③ 正常に排泄する
　④ 正常な身体動作と姿勢の維持ができる
　⑤ 適切な睡眠と休息をとる
　⑥ 適切な衣服の選択と着脱ができる
　⑦ 衣服の調節と環境調整により体温を生理的範囲に維持する
　⑧ 身体を清潔に保ち、身だしなみを整え、皮膚を保護する
　⑨ 環境の様々な危険因子を避け、また他人を傷害しないようにする
　⑩ 自分の感情、欲求、恐怖あるいは"気分"を表現して他者とコミュニケーションを持つ
　⑪ 自分の信仰（信条）に従って礼拝する
　⑫ 達成感をもたらすような仕事をする
　⑬ 遊び、あるいは様々な種類のレクリエーションに参加する
　⑭ "正常"な発達及び健康を導くような学習をし、発見をし、あるいは好奇心を満足させる
(2) アセスメント：情報の分析・解釈
　① 収集した情報の1つひとつが、標準や平均、正常性、日常と照合比較し、ニードが充足しているか未充足かを判断する
　② 充足していない原因・誘因を体力・意志力・知識の側面から、何が欠けているせいかを見極める

Ⅱ 看護上の問題の明確化（看護診断）
　① 看護診断名（開発された診断の定義に合致している）がついている問題ならばそれを使用する

② 看護診断名がない場合は，基本的欲求の未充足の状態とそれを引き起こす原因・誘因を特定し，簡潔に表現する
　Ⅲ　看護計画の立案
　　　① 看護介入する際の優先順位を決定する（マズローのニード階層説等を参考に）
　　　② 自立度と基本的欲求の充足を目指した目標設定をする（体力・意志力・知識の面の何がかけていることにより起こっているのか）
　　　③ 健康レベルや自立の可能性の程度，実施上の成功の確率等を勘案して看護内容を決定する
　Ⅳ　看護介入（実施）
　　　① 自立に向けてその人の基本的欲求を充足するための行動をとる
　　　② 実施した看護行為の記録及び報告をする
　Ⅴ　看護評価
　　　① 対象がどのくらい日常行動を取り戻せたか，評価基準と比較して目標達成度を判断する
　　　② 問題の予防・緩和・解決の状況を判断する

③　看護理論の活用
ⅰ　実践への活用
　看護理論にはそれぞれ特徴があり，前述したV. HendersonやD.E. Orem，S, C. Royなど看護過程を展開する上で役立つ理論や，H. PeplauやI. Orland，J. Travelbeeなど患者との信頼関係を築く上で，役立つ理論などがあり，これは養護教諭がヘルスアセスメントをしたり，児童生徒等との信頼関係を築く上でも参考になる理論である。
ⅱ　教育への活用
　前述した看護過程を展開する看護理論の学習については，初学者が看護過程を学ぶ際のツールとして，また，臨床実習にいった際は，患者との信頼関係を築き実習を受け入れてもらうための方法を学ぶなどに利用されている。また，看護とは何か，看護の対象や目的，機能等を理解すること，看護の中心概念である，看護観，人間観等を形成するために役立つ。
ⅲ　研究への活用
　M.E. Rogerrsの理論は看護過程の展開には向かないが，看護の学問としての独自性を理解するためには活用できるといわれている。例えば，M.E. Rogerrsの看護科学を実践で展開したとされるのが，Kriegerであり，彼女が提唱したセラピューティック・タッチは，ヒーリングタッチの前衛ともいえるセラピーであり，ヒーリングタッチは，日本で急速に普及してきている[2]。このように看護は実践の科学であることから，看護理論は実践者らにより活用され，すでに検証された他の理論や法則と調和しながら，あらたな理論や法則を生み出している。

(6)　看護研究と実践
　以上，看護に携わる先人達は，看護の本質を探究し，看護の目的や機能を明らかにするために研究と実践を重ねてきた。そうした中で，看護を見い出す１つの方法として，多くの経験や出来事，そして現象を収集し，その中から法則性や普遍的な要素を明らかにし，理論を生み出してきた。一方，近年では，看護活動を分析するという質的研究も急速に発達し，従来の看護が患者にとって良いものであったと証明できるような研究も盛んになってきている。
　同様に，養護学やより良い養護実践は，養護の本質や目的，独自の機能を探求し明らかにする過程で発展していくものと考えられる。

(7)　医療的ケアにおける養護教諭に求められる役割
　このことについては「学校における医療的ケアの実施に関する検討会議（中間まとめ）」で以下のように公表されている。

第4章　健康相談・健康相談活動を支える諸理論及び技法

1．学校における医療的ケアに関する基本的な考え方について
　※小・中学校等を含む「すべての学校」，人工呼吸器の管理などを含む「すべての医療的ケア」を想定。
(1)　学校における医療的ケアに係る関係者の役割分担について
・教育委員会や学校だけでなく，主治医や保護者など，医療的ケア児にかかわる者それぞれが，その責任を果たし，学校における医療的ケアの実施に当たることが必要。
・国は，教育委員会や学校が参考となるよう，標準的な役割分担を示すことが必要。

（役割分担の例）

○教育委員会 ・医療的ケアに係るガイドラインの策定 ・看護師の確保（雇用・派遣委託） ・教職員・看護師に対する研修〔都道府県単位の支援〕等	○看護師 ・医療的ケアの実施、記録・管理・報告 ・必要な医療器具、備品等の管理 ・認定特定行為業務従事者教職員への指導助言　等	○保護者 ・学校との連携・協力 ・必要な医療器具等の準備 ・健康状態の報告　等
○教職員 【校長等管理職】 ・校内の医療的ケア安全委員会の設置・運営 ・看護師の勤務管理等 【認定特定行為業務従事者である教職員】 ・医療的ケアの実施（特定行為のみ）　等 【養護教諭】 ・児童生徒等の健康状態の把握　等	○医師 【教育委員会の委嘱した学校医・医療的ケア指導医】 ・医療的ケアの実施要領や個別マニュアル等の確認 ・医療的ケアに関する研修　等 【主治医】 ・本人や学校の状況を踏まえた書面による指示 ・緊急時に係る指導・助言 ・個別の手技に関する看護師等への指導　等	

(2)　医療関係者との関係について
・地域の医師会や看護団体等の協力を得て，小児医療や在宅医療等の専門的知見を活用することが必要。
・指示書の内容に責任を負う主治医との連携も不可欠。学校は医療的ケア児の健康状態等の必要な情報を主治医に提供することが必要。
・教育委員会は，医療的ケアや在宅医療に知見のある医師を学校医としたり，特に医療的ケアについて指導・助言を得るための医師（医療的ケア指導医）として委嘱したりすることが重要。
(3)　保護者との関係について
・健康状態や医療的ケアの頻度，想定される事故等や対応について説明を受けた上で，学校で対応できる範囲について，あらかじめ学校・保護者の双方で共通理解を図ることが必要。主治医等の医療関係者や相談支援専門員等を交えることも有効。
・健康がすぐれない場合の無理な登校を控えたり，緊急時の連絡手段の確保など保護者にも一定の役割。
・保護者の付添いについては，本人の自立を促す観点からも，真に必要と考えられる場合に限るよう努めるべき。やむを得ず協力を求める場合にも，代替案などを十分に検討し，その理由や今後の見通しなどを丁寧に説明することが必要。
2．教育委員会における管理体制の在り方について
・教育委員会は，域内の学校に共通する重要事項について，ガイドライン等を策定。
・教育，福祉，医療等の関係部局・関係機関，保護者の代表者などから構成される運営協議会を設置。
・運営協議会の運営に当たっては，医療的ケアや在宅医療に精通した医師を加えるなど留意。
・看護師の配置については，教育委員会が自ら雇用するだけでなく，医療機関等に委託し，医療的ケアに係る指示と服務監督を一本化することも可能。その場合，看護師と校長や教職員との連携を十分に図ることが必要。
・都道府県単位での研修の実施など，都道府県教育委員会等による市町村教育委員会や市町村立小中学校への支援体制の構築が必要。
3．学校における実施体制の在り方について
・学校は，教育委員会のガイドライン等を踏まえ，各学校における実施要領を策定。
・医療的ケア安全委員会を設置するなど，校長の管理責任の下，関係する教諭・養護教諭，看護師，教育委員会の委嘱した学校医・医療的ケア指導医等が連携し，対応できる体制を構築。
・医療的ケア安全委員会の運営や個々の医療的ケアの実施に当たっては，主治医のほか，教育委員会の委嘱した学校医・医療的ケア指導医に指導助言を求める。
・医師が近くにいない中で医療的ケアに当たる看護師の不安を可能な限り解消する配慮が必要。

（文部科学省「中間まとめ概要」学校における医療的ケアの実施に関する検討会議（第5回）資料4－2）

　養護教諭については，「児童生徒の健康状態の把握」等となっているが，本文中は以下の内容も役割と表記された[8]。

　①医療的ケア実施に関わる環境整備，②主治医，学校医，医療的ケア指導医等医療関係者との連絡・報告，③看護師と教員の連絡支援，④研修会の企画・運営への協力，であるが，文部科学省の検討会議のホームページや他の資料には，⑤全ての児童生徒に係る緊急時の対応・応急処置，⑥看護師・医療的ケアを実施する教職員の補助が加えられているものもある。

　最終報告で明確になると考えるが，いずれにしろ養護教諭の職の特質や専門性から考えて，養護教諭は，当該の幼児・児童・生徒が継続的かつ安全に教育が受けられる環境整備に努めることである。そのためには，看護師が一番困難に感じている，学校の教職員との連携・調整役になり，かつ看護師や教職員等

の研修機会の確保，緊急時に備えての対応などが行えるよう，医療的ケアについての知識や技術について理解しておく必要がある。また，一定の研修を受け，医療的ケア5行為が実施可能な特定行為従事者の資格を取得しておくことも重要と考える（研修には1号研修から3号研修があり，3号研修であれば9時間の基本研修と対象の児童生徒についての実地研修とそれほど大変な研修ではない。そのため，一部の養護教諭養成大学では3号研修の登録を受け学生に教育しているところもある）。

〈引用・参考文献〉
(1) 手島恵監修『看護者の基本的責務　2019年版』日本看護協会出版会，2019
(2) ライダー島崎玲子，小山敦代，田中幸子編著『護学概論　第4版　看護追求へのアプローチ』医歯薬出版，2018
(3) ヴァージニア・ヘンダーソン著，湯槇ます，小玉香津子訳『看護の基本となるもの』日本看護協会出版会，1995
(4) 秋葉公子，江崎フサ子，新城さつき，玉木ミヨ子，村中陽子『看護過程を使ったヘンダーソン看護論の実践　第2版』廣川書店，1999
(5) 宮脇美保子編『看護学概論　第4版』メヂカルフレンド社，2017，pp. 2-41
(6) 志自岐康子，松尾ミヨ子，習田明裕編『ナーシング・グラフィカ　基礎看護学(1)　看護学概論　第6版』メディカ出版，2017，pp. 4-49，313-319
(7) 桑野紀子「看護理論の概要」『看護科学研究』12巻2号，2014，pp. 70-71
(8) 文部科学省「学校における医療的ケアの実施に関する検討会議（中間まとめ）」2018年6月

（遠藤　伸子）

9　社会福祉の基礎知識

(1)　社会福祉の視点——環境への着目

「困った子は困っている子」。養護教諭がそう口にするのを聞くことがある。教員の立場から見ると問題行動の多い「困った子」も，見方を変えると様々な困難を抱えて助けを求めている「困っている子」。そのような見方だ。この見方は社会福祉に通じるものがある。子供の問題行動を個人的な要因から理解するのではなく，子供が置かれた家庭や生活環境等の背景から理解しようとする見方だからだ。子供の障がいと虐待を例にとろう。日本では平成17（2005）年に発達障害者支援法が施行され，平成19（2007）年からは特別支援教育が始まった。それまで，知的な遅れは見られないが，落ち着きがなく「困った子」と捉えられてきた子供たちが，「発達障害」と理解され，支援を受けるようになった。このことの意義は大きい。他方で，学習面や行動面で困難を示す子供たちが，すべて発達障害の枠組みで捉えられ，家庭などの環境面の問題が顧みられないことが増えた。例えば，虐待を受けた子供は授業に集中できない，すぐキレる，整理整頓ができないなど，発達障害の特徴を示すことがある。しかし，それが障がいのためなのか，虐待によるものなのか，見極めることは難しい。また，子供に発達障害があるために親は子育てで大きなストレスを抱え，虐待を繰り返すケースもある。さらに視点を広げれば，親を虐待者にさせてしまう環境要因にも目を向ける必要がある。このように社会福祉は「問題」の要因を個人と環境の相互作用から捉える視点を持つ。

(2)　社会福祉の原理と理念——生活リスクへの対応と基本的人権の尊重

環境に着目するとは，福祉の「問題」は個人にのみ責任があるのでなく社会によって生み出されるという発想があることを意味する。障がいや虐待を例にとれば，人が障がいを持って生まれることは誰の責任でもないし，虐待の背景には親の貧困や社会的孤立がある。つまり，「問題の所在」を個人にではなく社会に求めるのだ。社会が問題を生むのであれば，問題に対応するのも社会でなければならない。それが社会福祉の基本原理である。

人は生きる過程で必ず病気や障がい，加齢を経験する。これらは日常生活に支障をきたすだけでなく，労働を困難にさせる。労働の困難は失業を生む。失業は所得の減少を招く。所得の減少は人を貧困に陥らせる。貧困は個人の尊厳と生存を脅かす。このサイクルは社会が資本主義のシステムを前提にしている限り生じる。個人が病気や加齢などの生活困難を避けることができず，かつ社会が資本主義を前提にするのであれば，貧困は誰にでも起こりうる。誰にでも起こりうる事態を「リスク」と捉え，その予防・改善を

図るのが社会福祉である。

　社会福祉の「福祉」とは「誰もが享受すべき幸福」を意味する。そもそも幸福とは主観的なものだろう。にもかかわらず，人には守られるべき水準の幸福があると想定し，それを脅かすような貧困，許容できないほどの不平等は是正されなければならないと考える。こうした社会的合意のもとに「社会の問題」を「社会の課題」として改善に取り組む（福祉国家と呼ばれる）。それが社会福祉であり「社会」という二字に込められた意味である。

　人びとの合意を根拠づける「意味づけ」が「理念」である。社会福祉において最も重要な理念は「基本的人権の尊重」である。人権は人間が生まれながらに持つ固有の権利であり，社会福祉は基本的人権を保障する営みに他ならない。日本社会はこの理念を明文化した憲法を有する。社会福祉と深くかかわる条文には憲法第11条「基本的人権の享有」，第13条「幸福追求権の尊重」，第14条「法の下の平等」がある。中でも第25条は社会福祉の法的根拠となる条文であり，国民の「生存権」を保障する国家責任を明記している。また，憲法に基づいて国民の行為を規定するルールが法律である。社会福祉では福祉六法が重要である。児童福祉法（1947年），身体障害者福祉法（1949年），生活保護法（1950年），知的障害者福祉法（1960年），老人福祉法（1963年），母子及び父子並びに寡婦福祉法（1964年）は日本の福祉の根幹を支えてきた（括弧内は制定年）。他にも社会福祉法（1951年）は社会福祉の実施体制を定めており，介護保険法（1997年）は近年，高齢者分野で大きな役割を担っている。

(3) 子供をとりまく福祉課題

① 子供虐待と貧困——社会的不利の累積

　もう一度，環境要因から虐待を考えよう。日本の児童虐待の件数は2017年度には13万3,778件となり「児童虐待等の防止に関する法律」制定時（2000年）と比較すると約8倍にのぼる。では，虐待の背景に何があるのか。2009年の全国児童相談所長会の調査結果によると「虐待につながると思われる家庭・家族の状況」として，割合の高いものは「経済的な困難」が33.6％であり，次いで「虐待者の心身の状態」が31.1％，「ひとり親家庭」が26.5％であった。虐待の背景には親の経済的・社会的困難，つまり貧困が存在することがわかる。貧困は子育てに不可欠な時間や情報，ゆとりを奪い，子供虐待の直接的・間接的な要因になると考えられる。

　貧困は日本社会において社会問題であり続けている。厚生労働省の「2015年・国民生活基礎調査」によれば，貧困線以下の所得で暮らす人の割合を示す相対的貧困率は15.6％であり，経済協力開発機構（OECD）加盟国の中でも高い値を示している。貧困線未満の世帯に属する子供の割合を示す「子ども貧困率」は13.9％であり，「7人に1人」が貧困に置かれていることになる。また，ひとり親世帯の貧困率は50.8％にのぼり，その半数が貧困状態にある。貧困世帯の子供の中には，家計や教育費のためにアルバイトをしながら高校に通う例も少なくない。

　貧困は「弱い立場の人に対するしわ寄せ」という側面がある。女性は他者への依存を余儀なくされる場合が多く，子供は本来的に他者に依存する存在だ。他者に依存せざるをえない状況は暴力の被害を受けやすい。加えて，女性は社会的に子育て役割を担わされがちだ。虐待者の半数は実母とされるが，女性は子供虐待の加害者になるリスクを負わされているという見方もできる。貧困と虐待の背景にはこうした構造要因がある。

　貧困と虐待は個人の自尊心を傷つけ，社会参加を難しくさせ孤立を生む。子供にとって生まれ育った家庭の格差が教育格差に結びつき，教育格差は就職格差や雇用格差に結びつく。より困難な状況に置かれる子供ほど，人生の長い期間にわたって社会的不利が累積されてしまうのである。

② 学校とスクールソーシャルワーカーの役割——子供と保護者への理解・支援

　こうした貧困状況にある子供をいかに早期に発見し支援できるかが大切だ。義務教育期の学校はすべての子供を対象としていることから，貧困状態にある子供を発見できる公的機関として重要な位置にある。そうした中，スクールソーシャルワーカーは学校に配置・派遣される専門職であり，「子供の最善の利益」

のために関係・環境を調整し，子供の状況の改善，問題の解決を図る役割を担う。貧困や虐待のために保護者の監護が不適当と認められる「要保護」児童の対応では，学校・児童相談所等の連携・協働の要となる。また，貧困状況にある子育て世帯に対しては，子供への支援と同時に，保護者への理解と支援が重要であることも忘れてはならない。

(4) 社会福祉の援助原理

① バイステックのケースワークの原則

　相談援助などの社会福祉の実践過程は「社会福祉援助」や「ケースワーク」「ソーシャルワーク」と呼ばれる。援助実践において基本に置くべき原理として，ここではアメリカの社会福祉学者・実践家であったバイステックの援助原理を紹介しよう。①個別化：対象者を一人のかけがえのない個人として接すること。②意図的な感情の表出：対象者がプラスの感情のみならず，マイナスの感情も含め，自由に感情を表現できるようにすること。③統制された情緒的なかかわり：援助者が自分の感情を抑え，対象者の感情を大切にすること。④受容：対象者を1人の価値ある人間としてありのままに受けとめること。⑤非審判的態度：対象者に対して善悪等の判断をせずかかわること。⑥自己決定：対象者自身が，自分自身にかかわることに関して自ら決定すること。⑦秘密保持：対象者にかかわる情報に関して他者にもらさないこと。以上の7つは多くの対人援助職の基本姿勢といってよいだろう。

② エンパワメントとストレングス視点

　最後に近年のソーシャルワークで重視される概念を取り上げよう。第1はエンパワメントであり，それは抑圧的な環境のために無力な状態（powerlessness）に置かれた個人が，環境が改善されることで自尊心を回復し自ら力をつけていく（empower）過程をいう。援助者はその過程を側面的に支援する役割を担う。第2はストレングス視点であり，それは欠陥モデル，病理モデル等と呼ばれた既存の視点と異なり，個人の持つストレングス，すなわち「肯定的な態度や能力，才能や資源」を十分に認識し，尊重するものである。これらの援助原理では援助者は，対象者本人の力を信じ，本人が力を回復していく過程を支える「協力者（collaborator）」として位置づけられる。

〈参考文献〉
- Biestek, F.P. *The Casework Relationship*, Loyola University Press, 1957（F・P・バイステック著，尾崎新，福田俊子，原田和幸訳『ケースワークの原則——援助関係を形成する技法〔新訳版〕』誠信書房，1996）
- 松本伊智朗編著『子ども虐待と貧困——「忘れられた子ども」のいない社会をめざして』明石書店，2010

（深田　耕一郎）

10　子供の人権と健康相談

(1) 人権とは

　日本国憲法には，人権保障の基本原則として，第11条（基本的人権の享有），第12条（自由・権利の保持義務，濫用の禁止，利用の責任），第13条（個人の尊重，生命・自由・幸福追求の権利の尊重）を規定している。

　人権とは，憲法13条を根拠に「人々が生存と自由を確保し，それぞれの幸福を追求する権利」（人権擁護推進審議会答申（法務省，1999））と定義される。言い換えると，人々が生まれながらにして等しく持っている権利のことである。人権尊重の理念は，人権擁護推進審議会答申において，「自分の人権のみならず他人の人権についても正しく理解し，その権利の行使に伴う責任を自覚して，人権を相互に尊重し合うこと，すなわち，人権の共存の考えととらえるべきもの」とされている。わかりやすい言葉で表現するならば，<u>『自分の大切さとともに他の人の大切さを認めること』</u>である。養護教諭は健康相談をとおして子供とのかかわりの中でこのことが具現化され，それが子供の「生きる力」の基礎となっていくよう支援していくことが望まれる。

子供は成長・発達の途上にあり，あらゆる面で未熟で，順調な発育・発達には大人からの保護と世話が必要なことから，1947年に児童が持つべき権利や支援が定められた法律である「児童福祉法」が制定され，1951年には，日本国憲法の精神に基づき，児童に対する正しい観念を確立し，すべての児童の幸福を図るために児童の権利宣言である「児童憲章」が定められた。また，1989年には，子供の人権を保障するために国連総会で「子どもの権利条約」が制定され，保護の客体から権利行使の主体へと意識・制度の転換が図られた。

(2) 健康相談と子供の人権

平成29年6月9日に，法務省人権擁護局より，「平成28年度人権教育及び人権啓発施策」について報告書が国会に提出され，文部科学省と同時発表となった。その内容は，人権教育及び人権啓発に関する施策の状況として，人権一般に係る普遍的な視点からの取組のほか，人権一般にかかわる啓発活動等の施策，子供の人権に関する取組，障害のある人の人権に関する取組，同和問題（部落差別）に関する取組，外国人の人権に関する取組，インターネットによる人権侵害に関する取組，性的指向・性同一性障害者の人権に関する取組，東日本大震災に伴う人権問題に関する取組等，人権課題の現状や，人権教育・啓発の総合的かつ効果的な推進体制などとなっている。

そのため，学校として，教職員として，この報告書を深く読み解き，とりわけ，学校保健安全法第8条・第9条に依拠する健康相談関係者はそれを共有し，かつ，実践しなければならない。

本項では当報告書の内容や次に示す法律の条文・解説は紙幅の制限により割愛する。

① 健康相談と子供の人権に関係の深い法律―研修・啓発の必要性―

健康相談と子供の人権に深く関係する下記の法律がある。

・個人情報保護法	・発達障害者支援法
・精神保健法	・自殺対策基本法
・児童虐待の防止等に関する法律	・アレルギー疾患対策基本法
・いじめ防止対策推進法	・性同一性障害者の性別の取扱いの特例に関する法律(性同一性障害特例法)
・子どもの貧困対策の推進に関する法律	

学校保健活動の中核を担う養護教諭は，管理職と一体となって，多様な専門職がかかわる健康相談を行うにあたって，今までにも増して子供の人権を意識し，法令順守にとどまらず訴訟リスク低減観点から，職員研修を計画的・継続的に実施して自他評価し，それらを活用しつつ，啓発することが強く求められる。

② 健康相談における守秘義務，個人情報，プライバシー，インフォームドコンセント

守秘義務とは，一定の職業や職務に従事する者・従事した者に対して，法律の規定に基づいて特別に課せられた「職務上知った秘密を守る」べきことや，「個人情報を開示しない」といった，法律上の義務のことを指す。

「個人情報」とは，本人の氏名，生年月日，住所などの記述により特定の個人を識別できる情報のことである。「プライバシー」とは，「個人や家庭内の私事・私生活。個人の秘密。また，それが他人から干渉・侵害を受けない権利。」という意味があるほか，最近では，「自己の情報をコントロールできる権利」という意味も含めて用いられることがある。「自己情報コントロール権」については，個人情報保護法などによって明文化されており，自分の個人情報の取り扱いや開示・非開示・訂正・削除などについて自分で決定することができる権利のことである。インフォームドコンセントとは，「十分な情報を得た（伝えられた）上での合意」のことである。

公務員には地方公務員法あるいは国家公務員法で守秘義務が課せられており，「職員は，職務上知り得た秘密を漏らしてはならない。その職を退いた後も，また，同様とする」（地方公務員法第34条）と定められている。学校保健安全法により，健康相談は養護教諭を中心に多様な職種が多様な内容に対応するが，子供の主体性や保護者との信頼関係が保たれていることが何より大切である。そのため，虐待・いじめ・暴力・薬物乱用・非行・性に関する問題，また家族間の問題など福祉・医療・警察・司法等からの要

請があり子供・保護者の期待に沿えない事象が生じた場合には，情報の開示や伝達方法などについて，子供の人権擁護を最優先して考えていることが子供に伝わるよう配慮し，外傷体験となることを防ぐ必要がある[1]。

また，多職種連携が欠かせない健康相談においては，子供の人権の観点から，厳密な情報管理（記録も含め）が必要である。管理職・養護教諭は，実効性のある情報管理システムを作成し，教職員の意識を高める努力が必要となる。

教職員の注意を最優先させる必要がある子供に対する人権侵害の事象に関連して，児童虐待の防止等に関する法律第5条（児童虐待の早期発見等），第6条（児童虐待に係る通告）が規定されている。この「通告」は，守秘義務に妨げられない。健康診断のみならず，健康相談，保健指導においても，虐待の可能性を念頭に置き，栄養状態，身体発達の遅れ，衣服の清潔などネグレクトの兆候，不自然な打撲痕，新旧・大小混在する傷跡，内出血，骨折の既往，火傷の既往など身体的虐待の兆候に注意する[2]。

さらに，いじめ防止対策推進法第2条には，いじめの定義が規定され，同法第7条・第8条には学校及び教員にはその予防，早期発見，適切かつ迅速な対処が義務づけられている。

一方，「自殺総合対策大綱」（平成24年8月28日閣議決定）においては，「自殺念慮の割合等が高いことが指摘されている性的マイノリティについて，無理解や偏見等がその背景にある社会的要因の1つであると捉えて，教職員の理解を促進する」と警告した。性同一性障害に係る子供についての特有の支援として，児童生徒が性に違和感を持つことを打ち明けた場合でも，性同一性障害か判然としていない場合もあるなどを踏まえ，学校が支援を行う場合は，医療機関と連携しつつ進めることが重要であること。当事者である子供や保護者の同意が得られない場合，具体的な個人情報に関連しない範囲で一般的な助言を受けることは考えられること，などを明記している。

虐待やいじめ，性被害，ハラスメントについては子供が自分から話すことは少ない。むしろそれらに関係のない相談や不自然な言動，心身の不調の訴えの背後に問題が潜んでいる可能性に常時配慮しておかねばならない。

平成15年，個人情報保護法の施行以降，学校と関連機関との情報交換に弊害が生じており，個人情報の保護と学校保健経営，とりわけ，健康相談の実効性への配慮が必要である。そのためにも，個人情報を保護する意義を学校保健にかかわる全職員が充分に理解し，緊急時の対応などについて，科学的根拠に基づく継続的な校内研修をとおして周知徹底しておくことが極めて重要である。

③ 健康相談におけるパターナリズムと自己決定権

パターナリズムとは，「強い立場にある者が，弱い立場にある者の利益のためだとして，本人の意志は問わずに介入・干渉・支援すること」であり，自己決定権とは，「自分の生き方や生活について，他人に迷惑をかけないように他者からの介入を受けずに自由に決定する権利のこと」である。つまり，パターナリズムとは，健康相談担当者が子供のために良かれと思って行う指導や助言が，結果的に価値観の押しつけになっていたり，子供が自身のことを決定する主体性を損なってしまうことである。健康相談担当者がパターナリズムに陥らずに子供の自己決定権を保証するためには，子供の能力，知識，環境，事態の緊急性，重大性，などを充分考慮し，適切なサポートを行うことが重要である[3]。妊娠や性同一性障害などの指導や助言には特に配慮が必要であることを銘記しておかなければならない。

〈引用・参考文献〉
[1] 三木とみ子・徳山美智子『養護教諭が行う健康相談・健康相談活動の理論と実際』ぎょうせい，2013，pp.14-26
[2] 前掲書，(1)改変
[3] 前掲書，(1)
[4] 上田宏和『「自己決定権」の構造』成文堂，2018
[5] 沢登俊雄『現代社会とパターナリズム』ゆみる出版，2006

（徳山　美智子）

第5章 学校における健康相談・健康相談活動の実践

《本章の学びのポイント》
- 心と体はつながっていることを説明できる。
- 健康相談活動におけるヘルスアセスメントの知識・技術を活かして実践することができる。
- 健康相談活動に効果的な技法やスキルを説明できる。
- 健康相談活動をプロセスにそって具体的な事例を考え評価することができる。

1 心と体の知識を活かす実践

(1) 心身相関とは

心と身体のつながりのことを心身相関という。これには2つの道筋があるといわれる。1つめは心が身体に及ぼす影響, 2つめは身体が心に及ぼす影響である（図1）。

① 心が身体に及ぼす影響

心が身体に及ぼす影響とは, 発症前から家庭や学校に何らかの心理社会的ストレス状況が存在し, それによって心身症が発症したり憎悪したりするような, 発症にかかわる心理社会的因子の作用をいう。

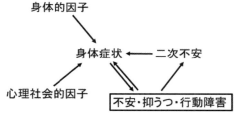

図1　心と身体のつながり[1]

② 身体が心に及ぼす影響

身体が心に及ぼす影響としては, 身体症状が繰り返し生じることによって不安が高まり, 症状を敏感にとらえるようになることで, より身体症状の頻度が高まってしまうこと, 身体症状が持続することで, 元気がなくなり抑うつ的になってしまったり学校に行けなくなってしまったりするという, 「身体症状」が存在することによって新たに生じる問題である。

心身症における心身相関は, 常にこの両者を念頭におき子供に対応することが必要である。また, 心理社会的因子は, 「背景」と「きっかけ」に分けて考えることもできる。原因を単一の問題に帰属させるのではなく, 様々な問題が絡み合っていることに留意すべきである。特に, 子供においては, 後者の作用が大きいことも知っておく必要がある[2]といわれる。

(2) 身体症状が存在することによって生じる問題

身体症状が繰り返し生じると心に大きな影響を及ぼす。毎日のように身体症状が出現すれば, 「また出るかも」と症状にとらわれるとともにより敏感に感じやすくなるため, 不安が高まる。「自分はどうなってしまうのだろう」「もうだめかもしれない」など不安や抑うつ感が高まり情緒的に不安定になる。症状も増幅し学校生活に支障をきたしたり思うようにいかなくなったりして学校に行くこと自体が怖くなるという「二次的不安」状態となり, 学校に行こうとすると症状が出現するなどする。

(3) 心身相関にかかわる心理社会的因子の構成

身体に影響する心理社会的因子は様々あるが, それらを「背景（準備因子）」と「きっかけ（誘発因子）」に分ける考え方がある（図2）。「きっかけ」とは「発症の引き金となった出来事」であり, 「背景」は子供自身が持つ素因, 家庭（生育）環境における問題, 学校環境における問題などである。これらが複雑に絡み合って起こることを認識し, 解決できるところはどんなところかアセスメントし, 優先順位を定め少しずつ支援を行う。

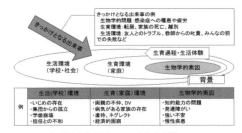

図2　心理社会的因子の構成[3][4]

(4) 日常的な対応の実際

ここでは, 保健室で日常的に遭遇することが想定される以下の子供の訴えや現象について, 具体的に「いつ」「何を」「どのように」「どうして」行うのかの対応例について, 心身相関の知識とそれをふまえた養護教諭の対応例を一覧表に示した。

〈引用・参考文献〉
[1] 小柳憲司「心身医療をすべての子どもたちに」『日本小児科学会雑誌』第118巻第3号, 2014, pp. 455-461
[2] 日本小児心身医学会『初学者のための小児心身医学テキスト』南江堂, 2018, pp. 19-21
[3] 小柳憲司「心身医療をすべての子どもたちに」『日本小児科学会雑誌』第118巻第3号, 2014, pp. 455-461
[4] 日本小児心身医学会『初学者のための小児心身医学テキスト』南江堂, 2018, p. 20

（大沼　久美子）

《心身相関の基礎理解を健康相談・健

メカニズム／症状	心因	発症メカニズム (交感神経or副交感神経)	症状 性状（状態）	症状 部位	症状 その他	個人の心身の特性 性格特性（傾向）	個人の心身の特性 身体的特性（傾向）	個人の心身の特性 養育関係（傾向）
心因性腹痛（反復腹痛）	孤立無援 悲哀感をもった不安感と葛藤	副交感神経→消化器運動昂進	キリキリ刺すような痛み（状態）は一定せず起きているときだけ痛い	臍部中央部 一定しない 時間により移動	下痢便秘を繰り返す→過敏性大腸症候群と呼ぶ	愛情欲求 保護欲求 子供っぽい 幼稚で決断力ない	乳幼児期過去体験 偏食, 小食など食生活習慣に問題を持つ	分離体験 愛情飢餓体験 一見過保護型 実は過支配型 父親の影薄い
心因性頭痛（反復頭痛）	怒り 敵意	交感神経→脳血管系の収縮 頭頸部の筋肉内虚血	キリキリ刺すような痛み, 鈍い痛みなど一定しない 発熱伴わない	一定しない 成人は偏頭痛が多いが子供は少ない	高校生以上は抑うつ性頭痛との鑑別必要	強い攻撃性, 自己主張強く, 妥協しない	鼻炎, 副鼻腔炎, 咽頭炎, 上気道炎によくかかったもの多い	過干渉 過支配型（面面, 拒否型） 厳しい躾 弟妹出生時に強い欲求不満体験
心因性筋痛（反復筋痛）	憤怒 敵意心 攻撃心	交感神経→筋肉緊張けいれん 血液循環障害	筋肉痛（裏付けがない）軽快と悪化を繰り返す	下腿部（左右対称）全身各所（四肢, 胴）痛む場所が移動		柔軟性に欠けた強迫的な性格傾向 疼痛に対する耐性弱い		分離体験 愛情飢餓 母親厳格 要求水準高い おばあちゃん子
心因性胸痛（反復胸痛）	複雑な家庭環境に対する慢性的に抑圧された敵意, 怒りの感情	交感神経系→心血管系の収縮持続	チクチク押さえ込まれる ベッドから転げ落ちる	前胸部 心臓部 胸痛の他頭痛を訴えることが多い	胸痛の不安から体力に自信失い, 欠席や体育欠課が多い	几帳面 真面目 内気 潔癖 神経質 完全主義 身体の感じに敏感		愛情の欲求不満 親との交流がうまくいってない 母子間に潜在的敵対関係
過呼吸症候群（過換気症候群）	自尊心（自存欲求）の危機に基づく不安葛藤	副交感神経系 気管支平滑筋の痙攣 呼吸困難	突然呼吸促進が起こる ①呼吸困難（第1段階）②心悸亢進感 ③四肢しびれ感（第1段階）	四肢及び顔面の筋肉に強直を起こし倒れる（第2段階）意識喪失（第3段階）	（特徴）両上肢のつっぱり こまかく震え手指を握るか反らす 中学高校年齢女子に多い	強い依存傾向, 自己中心的, 自己愛過剰 ヒステリー性格 情緒不安定		母親の傾向として 溺愛, 過保護, 高すぎる要求水準 父親は放任, 無関心
心因性咳嗽（神経性咳嗽）	不安感 葛藤	副交感神経系→気管支感染症→（先行症状として気管支腔の過分泌現象）→呼吸困難	突然大げさな痙攣性の咳 日中に現れる		（特徴）初発又は再発時に, 心因性のストレスの存在が指摘される	依存欲求 愛情飢餓状態 幼稚で子供っぽい		溺愛, 過保護のように表面的には見えるが心底では子供を拒否, 叱責する態度
心因性頻尿（過敏性膀胱）	不安感 恐怖感	副交感神経系→膀胱筋の過敏→尿意切迫, 頻尿	頻繁に小便に行く 尿意が遷延し, 苦痛が伴う 睡眠中は出現しない	尿検査では異常所見なし 膀胱部の痛みや残尿感を伴うこともある	尿失禁の経験がある	極端に母親依存的 母子不分離状態 幼稚で子供っぽい		母親より過保護に育てられ両者間に固着 愛情欲求強い
心因性遺尿（反復遺尿）	基底─母親に対する欲求不満 愛情, 関心を呼び戻したい潜在願望 学校─女性教師に対する欲求不満, 怒り	自律神経系の失調→膀胱括約筋（肛門括約筋の失調）→遺尿（遺糞）	昼間に学校で小便を漏らし繰り返される 排尿痛なし 尿量は少量		羞恥心なく深刻な態度でない	幼稚 情緒不安定 孤立傾向 友人と情緒交流不得手 強迫的 几帳面 融通性乏しい		分離体験, 愛情飢餓体験 祖母と母の養育方針不一致 師弟関係─母性的性格に乏しい中年女性教師
転換ヒステリー（反復卒倒）	不安, 不満, 不快等の情動刺激 敗北感, 屈辱感など 自存・自尊感情の危機	ヒステリー性格（自己顕示欲求）神経系大脳皮質の機能	突然力が抜け失神, 卒倒 わざとらしい印象 瞳孔散大なし 観衆が集まるとひどくなり, 人が去ると軽くなる	安全な方角に倒れ, 外傷を生じない 周囲の者がいかに心配しているか異常に関心持つ		ヒステリー性格 概して元気がよく深刻な態度示さず ものんきで葛藤に無関心		分離体験 愛情飢餓体験 母親に同様のヒステリー性格 母親に葛藤
チック	両親の過干渉 厳格なしつけ 親子間の葛藤から生じる敵意	神経系→無意識的筋収縮	一定の筋肉に, 突然急速な不随意運動が繰り返させる 形式	顔や頸, 喉を鳴らしたり奇声を発する	心の緊張, 疲労, 興奮 5歳～11歳男児多い	活動的で落ち着かない 夜尿, 爪かみ, 性器いじりを伴うことが多い		（脳の大脳基底核におけるカテコールアミンやセロトニンといった神経系の伝達物質の障がいが推測される）説もある
抜髪症（抜毛症）	母親に対する敵意 同性ライバルに敗北した屈辱感	交感神経系→有髪部頭皮の充血→頭髪への関心集中→緊張の運動的解決	自分で衝動的に頭髪を引き抜く 眉や睫毛を抜くことがある		思春期にある女児多い 髪が薄く異様に見えても本人は意に介さない	強い攻撃, 他に対する要求水準高い 自己中心型 感情的 自己合理型		愛情飢餓体験 分離体験 同胞と差別的養育, 弟妹出生時に欲求不満
神経性皮膚炎	愛情を渇望しての強い不満, 憤怒	交感神経系→皮膚の充血→皮膚のかゆみ→かきむしりたい感情	四肢とくに手, 顔面, 頸, 背などに皮膚炎（苔癬）周囲より降起し, 乾燥し湿潤していない	左右ほぼ同じ部位に対照的に出現	家族に同じような体質 喘息の人がいる	刺激に対し過度に反応, 興奮 衝動的行為多い 感情抑圧傾向	過敏な体質 頭痛, 腹痛, 喘息を伴うこと多い	母親が自己中心的, 支配的 愛情飢餓体験 母親に不満, 敵意
心因性発熱	侮辱 脅迫に対する怒り 敵意	交感神経系→脳血流状態の変化→体温調節機能の一時混乱	熱が37.5度から38.5度或いはそれ以上 頭痛を合併 熱の変動が顕著			攻撃性, 抑圧傾向強い 強迫的性格, 生まじめ, 小心で完全癖		分離体験 同胞と差別的な待遇, 欲求不満 親が過支配・過干渉又は無関心, 放任主義 親養育不一致
心因性嘔吐	自己の主張を無視され, 強制されることに対する不満怒り	交感神経系→消化器系の機能抑制→逆ぜん運動	大食とは限らない 食品に異常がないのに発症する 食事強制を受けた際起こる 食中毒症状伴うこともある			偏食が強く好き嫌いが激しい 攻撃性 自己主張強く, 妥協しない		過保護, 甘やかされて育ったものが多い 幼児期に自家中毒, 情緒不安定
心因性疲弊状態	困難な問題に当面した重圧感	副交感神経系→	全身倦怠感	胸部, 腹部, 頭部の場合は肉体疲労 代理症状（腹部, 頭部）	前日に過労, 不眠がないことを確かめる	消極的 気力乏しい 常に不安感 心に緊張		

〈参考文献〉・杉浦守邦著『ヘルス・カウンセリングの進め方3』東山書房, 1997（一部改変）
・末松弘行編著『新版 心身医学』朝倉書店, 1994（一部改変）
・清水凡生編『小児心身医学ガイドブック』北大路書房, 1999（一部改変）

《健康相談・健康相談活動と心身相関理解》：表作成の目的と活用
・健康相談・健康相談活動は養護教諭が児童生徒の身体的不調の背景に心の健康問題があるということに, いち早く気づき, 養護教諭の職務の特質や保健室の機
・心身症の背景要因は①本人の問題（発達の問題, 性格傾向の問題等）, ②社会的要因（いじめ, 友人, クラブ活動, 教師, 学業不振, 給食等）, ③家族的要因（親でしか起きないというときには, 心因性の疑いが濃く, しかも学校内にストレス因があると推測される。
・本表の活用方法としては, 左側は心身医学の知識理解に役立ち（演習の場合には子供役）, 右側は健康相談・健康相談活動を養護教諭の職務の特質, 保健室

第5章　学校における健康相談・健康相談活動の実践

康相談活動に活かす対応例一覧表》

健康相談・健康相談活動に活かすポイント					
養護教諭の特質				保健室の機能	
心身の観察ポイント	救急処置 苦痛の軽減	・〜しながらカウンセリング ・カウンセリングしながら(処置)	背景要因の分析・判断	施設・設備・備品など	連携
痛みの場所(一定かどうか) 痛みの程度(軽い重い) 表情 顔色	ベッドで休養 湯たんぽ 温タオル 痛い部分をさする 軽く押さえる	バイタルをとり〜 痛い箇所に触れ〜 ベッドに横になり〜 腹部のマッサージをし〜 衣服をゆるめ〜 便の調子を聴き〜 毛布をかけ〜 食事内容を聴き〜	腸管機能の脆弱性という体質・素因 受験など進路に関するストレス 予期不安から家庭外の生活不安 心気性，敏感性，神経質，強情さ	ベッド 毛布 ソファー 回転椅子 長椅子 処置台 体温計 湯たんぽ 蒸しタオル	学級担任 部活顧問 管理職 保護者
痛みの場所(一定かどうか) 痛みの程度(軽い重い) 表情 顔色	ベッドで休養 アイスノン 冷タオル 痛い部分を軽く押さえる	バイタルをとり〜 おでこに手をあて〜 痛い箇所に触れ〜 ベッドに寝かせ〜 頭を冷やし〜 身体症状をチェックし〜 当面の苦痛を緩和させ〜 優しく接し〜 悩みに共感し〜	性格的に未熟 判断力に欠ける所あり，思慮浅く，現実的でない 人の意見に動かされやすい 父親は無関心 母親が弟妹と差別 担任が強い不満を与えている	ベッド 毛布 ソファー 回転椅子 長椅子 処置台 体温計 アイスノン 冷タオル 血圧計	学級担任 教科担当 部活顧問 管理職 保護者
痛みの場所(一定かどうか) 痛みの程度(軽い重い) 原因になることがあったかどうか 腫れはないか	安静 冷やす 温める マッサージ	痛みの場所に触れ〜 湿布を貼り〜 アザの確認をし〜 名前を呼び〜 部位の確認をし〜 安心させ〜	攻撃的，自己中心的な性格 他と妥協しない 母親への反抗 祖母と母親の不仲 母親のきつさが子供を圧迫 担任からも級友からもいやがられている	ベッド 毛布 ソファー 回転椅子 長椅子 処置台 湿布 塗布薬 冷タオル 蒸しタオル	学級担任 教科担当 部活顧問 管理職 保護者
痛みの場所(一定かどうか) 痛みの程度(軽い重い) 表情 顔色	ベッドで休養 ソファーに座って休養	ベッドに寝かせ〜 痛みの場所に触れ〜 バイタルをとり〜 背中をさすり〜 本人に確かめ〜 目線を同じにし〜 落ち着いた声で話しかけ〜 苦しくない体勢をとり〜	複雑な家庭状況，父と母が憎みあっている，母と祖母が憎みあっている 母親が敵であると考え自分の生命の根元である心臓部に苦痛を感ずる	ベッド 毛布 ソファー 回転椅子 長椅子 処置台 体温計	学級担任 教科担当 部活顧問 管理職 保護者
四肢のしびれはあるか 筋肉の硬直はあるか まわりを気にしているか	呼吸法指導 隔離して落ち着かせる	集団と離し(カーテンを引き)〜 ゆっくり呼吸(腹式呼吸)をさせ〜 背中をさすり〜 苦痛を緩和させ〜 声をかけ〜 落ち着いた声で話しかけ〜 感応現象を予防し〜	親の愛情をめぐる弟妹との葛藤 激しい運動，入浴，発熱，注射(身体的因子) 不安，死の恐怖，性欲や怒りの抑圧(心理的因子)	ベッド 毛布 ソファー 回転椅子 長椅子 処置台	学級担任 教科担当 部活顧問 生徒指導主任 管理職 保護者
喘息の既往はあるか 風邪の症状はあるか 乾性咳嗽であるか 睡眠中消失しているか	座らせる 落ち着かせる 白湯かあたたかいお茶を飲ませる	バイタルをとり〜 背中をさすり〜 うがいをさせ〜 お湯を飲ませ〜 励まし〜 質問(closed)し〜	離婚などを理由に職業をもつ母親，出張がちの父親の代わりに世話をやき過ぎた母親，祖父母により干渉されすぎた家族的背景	ソファー ベッド 回転椅子 コップ うがい薬(食塩・イソジン)	学級担任 教科担当 部活顧問 管理職 保護者
夜間睡眠中はどうか尋ねる 膀胱炎の既往		目を見〜 スキンシップをとり〜	身体的特徴を指摘されることに反発を感じている，小心で恐怖感強い 母親との固着，依存心強い 教師から理解されていない 級友からの支持がない	ソファー 回転椅子	学級担任 保護者
夜尿はあるか尋ねる 態度(羞恥心があるか)	下着の始末(座席，床の始末)	着替えを手伝い〜	小2以上で遺尿がある場合は知能調査の必要あり 排便・尿のしつけができていない 遺尿に対して羞恥心がない 母親が放任(精神的緊張時，一時的頻尿は一過性)	カーテン パーテーション シャワー タオル 着替え(あれば)	学級担任 保護者
表情 倒れ方の状況 観衆を気にしているかどうか	集団から隔離 横にさせ落ち着かせる 疾病利得なし	一人にさせ〜 ベッドに寝かせ〜 声をかけ〜(しっかりさせる)	周囲の者にこの子にヒステリー性の性格(大げさで気分が変わりやすく，好き嫌いが激しく，見栄を張りたがり，自己中心的で嫉妬深い)がないか聴いてみる 幼児期に十分に愛されていなかった，母親に拒絶された体験あり	ベッド 毛布 ソファー 回転椅子 長椅子 処置台	学級担任 教科担当 部活顧問 生徒指導主任 管理職 保護者
表情 動き	非難することはしない		母親が情緒不安定，攻撃的，自己中心的 親が子供に対して身体的過剰接触，過保護，過干渉，過大な要求	ソファー 回転椅子	学級担任 部活顧問 保護者
どんな状況のときに抜毛しているか	毛はえ薬のすすめ 脱毛部を目立たせないようにする	目を見〜 スキンシップをとり〜 髪を抜く癖がないか聴き〜 「お母さんに相談したら」と声をかけ〜 身長を測り〜	同性で年下の者(妹)から負かされた敗北感があり，母親が加担したと思っている 母親に対する攻撃心が潜在している	身長計 ソファー 回転椅子 ブラシ(手) 鏡	学級担任 部活顧問 保護者
かゆみの程度 怒り，不安・混乱状態の様子 頭痛，腹痛など合併症はないか	鎮痒薬塗布 感情の鎮静	薬を渡し(塗り)〜 落ち着かせ〜	母親が自己中心的 幼児期に愛情飢餓体験 母親を攻撃したい気持ちと，自分を否定し処罰する気持ちの葛藤(アンビバレント)	ソファー 回転椅子 レスタミン軟膏 冷タオル 氷嚢 アイスノン	学級担任 部活顧問 保護者
休みの日はどうであるか 熱の変動はないか 全身状態はどうか	定期的に体温を計り，様子をみる	ベッドに寝かせ〜 おでこに手を当て〜 バイタルをとり〜	幼児期に分離体験 弟妹と差別的待遇を受け，欲求不満にさらされた経験を持つ 親が過支配・過干渉または無関心・放任主義 親の養育方針の不一致 内向的で神経質	ベッド 毛布 ソファー 回転椅子 長椅子 処置台 体温計 アイスノン	学級担任 教科担当 学年主任 部活顧問 保護者
下痢，腹痛，発熱などの食中毒症状を伴うか 意に反した食事強制を受けたか 吐物に血液や胆汁が混じっていないか	吐物の処理	様子を見〜 バイタルをとり〜 手を温め〜 楽な姿勢を探り〜 吐きたいかどうか聴き〜 毛布の上から手をさわる〜	過保護，甘やかされて育った背景 自家中毒の経験がある 母親が情緒不安定，ヒステリー性格 親の養育方針不一致	ベッド 毛布 ソファー 回転椅子 長椅子 処置台 洗面器 ビニール袋 タオル	学級担任 教科担当 学年主任 部活顧問 保護者
体のどの辺がだるいのか 前日の生活はどうであったか	痛みの部分に手を当てる ベッドで休養	バイタルをとり〜 マッサージをし〜 話を聴き〜		ベッド 毛布 ソファー 回転椅子 長椅子 体温計 アイスノン 温タオル	学級担任 部活顧問 保護者

久保田かおる　三木とみ子　2003〜2018

能，カウンセリングの機能及び連携を活かしつつかかわる心と体への対応といえる。したがって心身相関や心身症の知識理解が不可欠である。
子関係，両親不和，同胞，祖父母との関係，家族の病気，子への過度の期待等)があげられる。症状が発症した場合に，例えば家庭での発現状況を尋ねたら学校
の機能を活かす視点から対応できるよう(演習の場合には養護教諭役)作成してある。

2 養護診断の知識を活かす実践

(1) 養護診断と養護実践のプロセス

養護診断とは，養護教諭がその専門性を発揮して，児童生徒等やその集団について，様々な情報を収集しアセスメントを行った結果，発育発達の状況や心身の健康状態（緊急性の高い傷病の有無も含む）等について総合的に査定（判断し決定）することである[1]。また，養護実践とは，児童生徒等の心身の健康の保持増進によって発育・発達の支援を行うために，養護教諭が目的を持って意図的に行う教育活動と定義されている[2]。つまり，養護実践は，養護診断の結果行われる，当該児童生徒等に対する必要な対応（保健指導や処置等）や保護者への助言，関係職員等との連携共同である。さらにいえば，教育職員の一員である養護教諭の活動は学校教育活動の一環であり，児童生徒等の健康の保持増進に関する活動をとおして，発育・発達の支援を行うことにより人間形成に寄与するものである[2]。そのため，養護教諭は児童生徒の心身の健康問題に対して救急処置や保健指導をするだけではない[2]。その問題の背景要因を探る中で発達上の課題を発見し，その解決をとおして児童生徒自身が自立して成長できるよう意図的な支援を行う[2]。また，養護実践プロセスとは，図1に示す養護教諭の活動過程である。

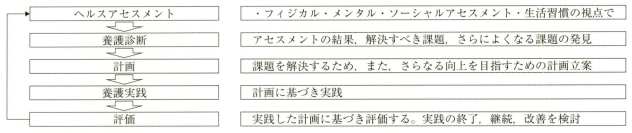

図1　養護教諭の活動過程

(2) 養護診断の意義（健康相談活動との関係）

健康相談活動と養護診断についての関係であるが，養護診断は健康相談活動及び養護教諭が行う健康相談に包含される関係にある。図1に示した養護教諭の活動過程は，養護教諭の専門性を活かしたアセスメントが行われるのであれば，健康相談活動及び養護教諭が行う健康相談のプロセスと一致する。つまり，養護診断は，養護教諭独自の機能と専門性であり，健康相談活動における根拠を提供する重要かつ欠かせないプロセスである。

3 ヘルスアセスメントの機能を活かす実践

(1) ヘルスアセスメントとは何か

ヘルスアセスメントは，問診・視診・触診・打診・聴診といった技術を用いて，全身の健康状態を査定することで，医学では医学上の問題を，看護では看護上の問題を決定する際に用いられてきた。

看護学大事典では，ヘルスアセスメントを「系統的に全身の状態を的確に把握し，身体的，心理的，社会的な側面から身体の健康レベルを査定すること。」と説明している。

一方，養護教諭が行うヘルスアセスメントは，医師や看護師とは異なり，児童生徒の健康上の課題を教育活動の一環として取り組む必要のあることから，医学・看護で用いられるような狭義のヘルスアセスメントではなく，教育の目的である人格の形成や発育発達等に関する児童生徒の状態の判断も含むと考えられる。また，平成29年に文部科学省が示した「現代的健康課題を抱える子供たちへの支援～養護教諭の役割を中心として～」[3]においても，養護教諭のアセスメントは心身の健康の保持増進だけではなく，健全な発育発達に関する課題が含まれている。

養護教諭については，従来，ヘルスアセスメントという用語をとりたてて意識してはこなかったもの

の，救急処置や健康相談活動，健康診断等で児童生徒の心身の健康状態や発育発達の判断を行ってきた。そのような中，平成9年の保健体育審議会答申や平成20年の中央教育審議会答申において，養護教諭は，児童生徒の心身の健康課題についての早期発見と対応が期待され，学校保健安全法（平成20年）では，健康相談を担うこととなった。そのため，さらなるヘルスアセスメント能力の向上が求められるようになり，近年では，養護教諭養成教育や現職研修においてもヘルスアセスメントの知識や技術が教授されるようになっている。

　また，養護教諭は，医師や看護師が行う身体（フィジカル）的・心理的・社会的なアセスメントの他，生活習慣に関する視点でもアセスメントを行い，心身の健康状態や発育発達の状況を判断している。そのため，養護教諭は，児童生徒から直接情報を収集するだけでなく，他教職員や家庭，地域の関係職員等から多角的に情報を収集し，それを基に総合的にアセスメントすることが重要である。なお，ヘルスアセスメントは，養護実践の根拠を示すものであり，対応方針や方法を決定するために養護診断に先行して，または養護教諭の判断や対応の結果を評価するものとして行われる。

　以上から，養護教諭の行うヘルスアセスメントについての定義は，「児童生徒等についての身体的・心理的・社会的な側面に加え，生活習慣などの情報を収集・分析した結果，心身の健康や発育発達の状態を総合的に査定することである」とされている[4]。

〈引用・参考文献〉
(1) 遠藤伸子，三木とみ子，大沼久美子ほか「養護診断開発の方途と養護診断開発システムに関する研究」『日本健康相談活動学会誌』4(1)，2009，pp.47-65
(2) 日本養護教諭教育学会『用語の解説集　第三版』(No.6 養護実践)，2018
(3) 文部科学省「現代的健康課題を抱える子供たちへの支援〜養護教諭の役割を中心として〜」2017年3月
(4) 日本養護教諭教育学会『用語の解説集　第三版』(No.6 養護実践)，2018

4　心身の観察の理論と方法①（フィジカルアセスメント）

(1) フィジカルアセスメントとは

　フィジカルアセスメントが身体疾患や外傷等の重症度や緊急度を判断する上で重要な知識・技術であることはいうまでもないが，健康相談活動においては，なぜ重要なのであろうか。第一の理由は，身体疾患による子供の訴えを心因性と見誤り，処置対応の遅れがあってはならないからである。そのため，鑑別診断（除外診断）的なアセスメントとして必要である。診断とは，医師が疾患名を決定する行為についてだけでなく，類似した他の現象と見分ける（鑑別する）という行為にも用いられる。第二に，心と体は切り離せず連動しており，心因性の問題を抱える子供であっても身体症状として表すことが少なくないからである。それゆえ，養護は，心因性の問題を抱える子供は，どのような身体症状を表すのか知っておくべきである。以下，フィジカルアセスメントを行う上での留意点と基本技術について述べる。

① フィジカルアセスメントの留意点

　室温（25℃前後）や照明（自然光が望ましいが，照度1,000Lx以上），騒音に留意し，子供がリラックスできる雰囲気とプライバシーに配慮する。排泄を済ませておくことができればなおよい。

　はじめに目に飛び込んできた，よくあると思われる情報に惑わされないよう注意するため，原則は頭からつま先まで系統的に行う。ただし，緊急度が高いと思われる場合にはこのかぎりではない。その場合は優先的に緊急度が高い病態や，傷病に関するアセスメントから行う。

② フィジカルアセスメントの基本技術

　養護教諭が行うフィジカルアセスメントは，子供に侵襲を与えるものでない。また，用いる基本的な技術は，問診・視診・触診・打診・聴診であり，道具として使うのは，養護教諭の目と手と耳だけである。

1）問診：問診者の外見，声，話し方，距離（対面より斜めの方がリラックスする）に注意。
受容的で緊張させない聞き方に注意，カウンセリング的な対応，主訴や既往歴，受傷機転の確認

2）視診：観察のポイント
第一印象・全体の様子・左右対称性・数量化
視診で判断できること：大きさ・色・形（発疹，浮腫，陥没，隆起，びらん等）・各部位の位置（身体の正中線の左右対称性）・可動性（動作，反射，歩行等）・分泌物

3）触診：視診によって得られた情報の掘り下げ。検査者の指尖，手掌，手背，指等を使う。
検査者は爪を短く切り，日頃から手荒れに注意する。触れるときは冷感をあたえないよう配慮。圧痛や異常所見のある部位のアセスメントは最後に行う（苦痛や不快感が正常部位に影響を及ぼす）。

4）打診：皮膚の表面を叩いて，その下にある臓器に振動を与え，そこから発せられる音を聞く。音や振動から，臓器の大きさ，位置，状況を推測。打診の音は，打診板にした指に接触した組織のおよそ3～5cm下に伝わる。
・直接打診法：直接，体表面を1指または2指で叩く。
・間接打診法：利き手でない方の手を過伸展し，中指の指関節部のみを皮膚に当てる。利き手の中指1本（または示指と中指の2本，打診槌）を屈曲し，手首にはスナップをきかせ，利き手でない方の中指の指関節部（打診板）を直角に素早く打ち当てる。
・叩打法：軽くこぶしを作り，その側面で皮膚に当てたもう一方の手背を叩く方法。組織を振動させ，臓器（腎臓・肝臓等）の圧痛，圧痛の状態や打診音の調子，強度，音質などを評価する。

5）聴診：対象者の身体から発生する音（胸腹部の内臓の音，血液の流れに伴う音）を自分の耳や聴診器を用い聴く。聴診器のイヤーピースは自分の外耳道に適したサイズのもの，導管は35cm前後。聴診の膜側は腸音・肺音・正常心音のような高調音（高周波数）を，ベル側では，血管音・異常心音のような低調音（低周波数）を聴取する。膜側は皮膚面に十分に密着させ，ベル側は軽く皮膚に当てる方が良く聴取できる。ヘッドは冷たくないよう温めておく。

⑵ フィジカルアセスメント〜頭痛を例に〜

アセスメントの視点や観察項目，除外診断として役立つポイントについて解説する。

【ケース】
中学1年男子。7月中旬の1時間目に保健室に来室。
体育の時間中であったが，頭が痛く気分も悪いので保健室に来たと話す。5月と6月に1回ずつ，頭痛やめまい，腹痛などを訴え来室したことがあった。

① はじめに

【アセスメント全般の留意点】
1．たとえ頻繁にはないことでも，緊急度・重症度の高いものから想起し，アセスメントする。
2．次に，疾患由来のもの，よくあるものを想起し，アセスメントしていく。
その過程で身体疾患の疑いが低い場合，同時に心理・社会的な問題についても視野に入れてアセスメントを続ける。

【頭痛のアセスメントの留意点】
1．頭痛は自覚症状であり，一次性頭痛の大部分は，問診のみで診断できるといっても過言ではない。
2．緊急治療が必要な二次性頭痛を見逃さないために，まずは危険因子の有無を確認する。
3．小児の一次性頭痛の代表的なものは片頭痛と緊張型頭痛であり，二次性頭痛では，感染症と頭部外傷である。

② アセスメントの実際
1）緊急度の有無のアセスメント…危険因子の有無（速やかに行い，初見に時間をかけない）

急な頭痛とともに以下の症状が観察される場合は，速やかに医療機関に搬送し，できるだけ早く頭部CT，MRI，脳波，髄液検査，血液検査などを施行する必要がある（救急車要請を検討）。

【意識障害・けいれん・髄膜刺激症状・脳圧亢進症状・神経脱落症状（以下，神経症状）】

【予測される状態】
可能性が高い：熱中症Ⅱ度，風邪等の感染症，片頭痛，起立性調節障害，ストレス等の心因性
可能性は低いがある：髄膜炎（無菌性含む）
可能性は否定できない：脳脊髄液減少症，脳腫瘍，硬膜外血腫をはじめとする頭部外傷，ADEM（acute disseminated encephalomyelitis；急性散在性脳脊髄炎）
　　＊ウイルス感染後やワクチン接種後に生じるアレルギー性の脳脊髄炎

バイタルサインをチェックしながら，危険因子の確認を急ぐ。意識レベルの低下，けいれん，嘔吐等，危険因子が確認できた時点で救急車を要請する。意識障害・けいれんの有無の確認。

【視診】初見の視診は来室の仕方や全体の様子　S：主観的情報　O：客観的情報　A：アセスメント
　O：独歩にて保健室に来室　A：意識障害の可能性低い
　O：歩き方，姿勢，顔貌　A：神経症状（歩行障害，運動麻痺など）の有無
　O：けいれんの有無　A：危険因子の有無（てんかん，脳血管障害，脳炎，髄膜炎，脳腫瘍，頭部外傷）

【問診とバイタルサイン測定】（同時進行で行う）
　中学1年生男子…けんかやいじめによる頭部外傷のケースもあるので訴えと症状の矛盾に注意する。

【バイタルサイン】
　O：体温測定　A：発熱の有無（急性の頭痛の場合，発熱があり神経学的所見の異常があれば髄膜炎や
　　　　　　　　　　脳炎などが疑われ，神経学的所見の異常がなければ，全身性感染症（上気道炎，肺
　　　　　　　　　　炎，敗血症等）や局所的感染症（副鼻腔炎，中耳炎等）に伴う頭痛が疑われる
　　　　　　　　　　環境によっては熱中症も視野にいれる
　O：脈拍測定　A：徐脈の場合は脳圧亢進状態の可能性も考える。浅く頻脈なら熱中症の可能性も
　O：血圧測定　A：血圧が低下した場合，ショック症状の可能性（熱中症でも）
　O：呼吸　　　A：呼吸は，脳の障がいの進行に伴って呼吸のパターンに変調をきたす

脳ヘルニア等の進行など，脳へのダメージが　①間脳→②中脳→③橋→④延髄へ進むと，
①ため息呼吸（あくびや深いため息が混じる）→②チェーンストークス呼吸（過呼吸と無呼吸の繰り返し）→③中枢性呼吸（深く大きな呼吸）→④失調性呼吸（リズムも深さもばらばら）→⑤下顎呼吸→呼吸停止

【問診】…答え方や反応，内容から意識レベルもチェックする
　i　来室理由（主訴の確認）　A：「…ので，保健室に来た」と話す。…意識障害はない様子
　ii　発症時期と起こり方（いつから？）
　　・突然の激しい痛み：くも膜下出血などの脳血管障害など緊急の場合がある（子供のくも膜下出血は，
　　　　　　　　　　　成人と異なり脳動静脈の奇形であることが多い）
　　・急性におこる痛み：髄膜炎，風邪など感染症による頭痛，片頭痛，熱中症，光化学スモッグや化学
　　　　　　　　　　　薬品の吸入（シンナー，一酸化炭素など）。
　　・慢性的に繰り返す痛み：片頭痛，群発性頭痛，緊張性頭痛，三叉神経痛，副鼻腔，脳腫瘍など。
　　　　　　　　　　　　　眼精疲労や視力調節の問題も考えられる。
　学校を休みがち遅刻しがちな者の中には起立性調節障害（OD）が多く，まれに脳脊髄液減少症等も。
　iii　随伴症状の有無　気分が悪くなった→嘔気・嘔吐は？
　iv　外傷の既往：意識消失後のインターバル（意識清明期）の危険…硬膜外血腫の30％に出現
　v　髄膜刺激症状…脳脊髄液に感染が起きたときや，出血などで髄膜が刺激されると本症を来たす。
　　　強い頭痛・発熱・嘔気・倦怠感が主症状　クモ膜下出血や髄膜炎等
　　　大人はヘルペスウイルスが一番多いが，子供に多いのはエンテロウイルス（夏から秋に多い）
　　　無菌性髄膜炎は夏にピークでムンプスウイルスやエンテロウイルスが多い。

【項部硬直】感度15-56，特異度56-100
＊感度が高い検査で陰性とは罹患している確率が低い
＊特異度が高い検査で検査陽性となれば，その疾患に罹患している確率が高い
仰臥位の患者の頭部を持ち上げると抵抗があり頸が胸につかない。

【ケルニッヒ徴候】感度9～13，特異度83～100 仰臥位に寝かせて，一方の膝と股関節を90°に屈曲した位置から，股関節はそのままで膝関節を伸展させていく。陽性のとき，抵抗や痛みのために135°以上伸展できない。

【ブルジンスキー徴候】 両下肢を伸ばした状態で仰向けに寝させ，頭部を持ち上げ項部を屈曲させたとき，股関節と膝関節に自動的な屈曲が起こり，膝が持ち上がったならば陽性と判断する。

【ジョルトサイン】素早く頭部を左右に振り，頭痛が増悪するようであれば陽性　感度97　特異度60

【Neck Flexion】感度81　特異度39　あごが胸につかない

ⅵ　脳圧亢進症状

以下のような原因で髄液灌流障害を起こすと脳圧が亢進する。

1．脳腫瘍・血腫等の頭蓋内占拠性病変　2．脳浮腫　3．髄液量の増加や髄液の吸収障害による水頭症

【慢性症状】1．頭痛　2．嘔気・嘔吐　3．うっ血乳頭（眼底検査：脳腫瘍，脳膿瘍，硬膜下血腫の疑い）

【急性期症状】1．意識障害　2．瞳孔不同，対光反射の減弱，消失　3．呼吸の変化
4．血圧の上昇，脈圧の増大　5．片麻痺の増強か出現，腱反射の異常　6．異常姿勢
7．体温の上昇

【頭蓋内圧を亢進させないための処置】
・脳循環改善のために頭部を20～30度挙上させる。
・脳の静脈還流を悪化させないために，頸部を曲げないように枕の高さを調節する。
・低酸素状態を予防するために，気道の閉塞に注意する。

ⅶ　神経症状

【視神経】瞳孔不同や対光反射の有無，眼球の位置や運動異常

【四肢】四肢の運動麻痺（バレー徴候など），
運動失調の有無（ロンベルグ試験，眼振，指鼻指試験，回内回外検査）
深部腱反射の左右差（膝蓋腱反射，アキレス腱反射，上腕二頭筋，上腕三頭筋）

2）原因を探る（原因をしぼりこむ）アセスメント

【問診】

いつから（発症時期・起こり方），どのような（性状）に続き，アセスメントする内容

ⅰ　出現時間…脳腫瘍は起床時から，仮面うつ病，高血圧，脳動脈硬化症，鼻疾患による頭痛も朝方に多い。片頭痛の一種である集中発作型は夜間に痛みが強い。
ODは午前中調子が悪く，午後になると症状が緩和する。

ⅱ　部位（どこが？）

外傷の場合は受傷機転とともに重要（側頭部の打撲は，側頭骨損傷による中硬膜動脈の損傷から硬膜外血腫を起こす可能性，硬膜外血腫の場合30％にインターバル（意識清明）があり，長いもので2週間）

・後頭部や頭全体の強い頭痛：クモ膜下出血が代表的。心因性のものも後頭部に多い。
・前頭部から側頭部の一側性…片頭痛が多い。
・前頭部…眼からのもの（眼精疲労）が多い。
・眼窩奥の拍動性頭痛…片頭痛の特徴
・前頭部から顔面にかけて…鼻からのもの（鼻炎・副鼻腔炎・上咽頭炎）が多い。

ⅲ　思い当たる原因の有無（どうして？）

・外傷の既往・感染症の有無・睡眠不足・環境の影響・既往歴・家族性・薬物の内服

iv　その他
- 眼，耳，鼻，副鼻腔，歯，口腔，歯髄炎が原因となっていないか
  例）眼：屈折異常や視力低下に伴う眼精疲労による頭痛
  　　鼻・副鼻腔：上気道炎（アレルギー性鼻炎・副鼻腔炎・咽頭炎・扁桃炎）に伴う頭痛
- 頭痛の前に前兆はないか…片頭痛の前兆には閃輝暗転や霧視（かすみ眼）などの視覚異常や空腹感，イライラ感，落ち着きがなくなるなどがある。
- 頭痛の改善因子・憎悪因子…咳嗽，くしゃみ，前屈姿勢，睡眠で憎悪（脳腫瘍）立位で増悪，仰臥で改善（脳脊髄液減少症）起立時の失神（OD）
- めまいの有無…小脳出血，小脳梗塞，脳腫瘍，OD
- けいれん発作の有無…てんかん，もやもや病
- 環境の影響・中毒性（一酸化炭素・シンナー等）・光化学スモッグ・熱中症
- 生理の周期と関係ないか…月経前症候群
- 生活習慣と関係ないか…睡眠不足・睡眠過多
- ストレスや肩こりの有無…ストレスなどの精神的なものが原因で首の後ろや肩の筋肉が緊張しておこる緊張性頭痛
- 悩んでいることはないか…心因性頭痛
- 出欠席，成績，友人関係など

【視診及び触診】問診の結果を参考に行う。
前述のバイタルサインのチェック，顔色・顔貌，嘔吐・嘔気の状況に加えて。
- 口腔内（咽頭・扁桃の腫脹や炎症など）
- 頭痛部位の視診・触診
  部位の確認，腫脹や出血，膨隆や陥没
  圧迫による痛み：痛みが強くなる…炎症性　痛みが弱くなる…心因性
- 副鼻腔の触診　前頭洞…眉の下，上　上顎洞…頬
- 眼の検査　瞳孔不同・対光反射の有無　偏視　複視　視野狭窄の有無
- リンパ節の触診　リンパ節の腫脹部位により鑑別に役立つ。

腫脹部位	
耳介前リンパ節	流行性角結膜炎，急性出血性結膜炎
耳介後リンパ節	風疹（発疹の出現に先行して腫れる）
後頭リンパ節	風疹，咽頭結膜熱
顎下リンパ節	咽頭炎，扁桃炎，猩紅熱，急性歯髄炎，麻疹
オトガイ下リンパ節	下顎切歯歯髄炎，下口唇炎
浅頸リンパ節	扁桃炎，咽頭結膜炎，猩紅熱

③　対応
1）救急車要請　危険因子の認められたもの　重症の熱中症，一酸化炭素中毒など
　救急車を要請した場合，救急車が到着するまでに行うこと　①経過観察，バイタルサイン測定と記録　②嘔吐が予測される場合～回復体位（昏睡体位）　③保温　④症状別の対応　熱中症：冷却や飲水（電解質成分含有）など
2）医療機関受診　痛みが強いもの，痛みがひどくなってくるもの，疾患由来と判断したもの
3）苦痛の緩和・安楽の援助　①衣服をゆるめる　②安楽な体位　③発熱のある場合には冷罨法　④咽頭部の発赤や腫脹～含嗽　⑤心因性の場合　怒りやストレスの蓄積があれば，感情表出の支援，受容，精神的不安の除去　⑥経過観察

（遠藤　伸子）

4 心身の観察の理論と方法②(生活習慣アセスメント,心理社会的アセスメント)

(1) 心理的・社会的アセスメントの意義

心理的・社会的アセスメントの意義は,以下の4点である。

①養護教諭のカウンセリング的なかかわりを活かしてアセスメントを行うことにより,子供が「聞いてもらえる」「受け止めてもらえる」という信頼感や安心感を提供できる。

②子供が養護教諭に対して信頼感や安心感を抱くことは,子供が抱える問題や要因の把握にとどまらず,子供の得意なこと,長所や強みなどを理解することにつながる。

③養護教諭と子供の相互理解が促進され,子供の長所や強みは支援の根拠となる。

④子供を取り巻く支援的な資源(人的・社会的)をアセスメントすることにより,「誰となら上手くやっていけるか」「誰が協力してくれるか」「他の機関や専門家に相談するまでの手順は誰にどのようにアプローチしたらよいか」等,具体的方策に向けての情報収集ができ,連携の糸口を探ることができる。

(2) 心理的・社会的アセスメントの考え方

心理的・社会的アセスメントは,教育的支援を行うために子供の問題やニーズ,子供の強みを把握し,効果的な支援を模索するものとして養護教諭の対応過程に位置づく。養護教諭が保健室で行う心理的・社会的アセスメントは,フィジカルアセスメントが終了するまでまったく行わないということではない。むしろ,フィジカルアセスメントを行い,救急処置などの苦痛の軽減を図りながら心理的・社会的アセスメントを行う。これを「○○しながら」アセスメントという。

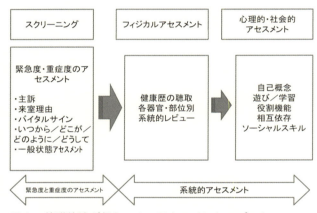

図1 養護教諭が行うヘルスアセスメントのプロセス

養護教諭が行う心理的・社会的アセスメントは,以下に示す5つの枠組みがあり,その理論的背景は以下のとおりである。

①生活習慣アセスメント ②身近な人とのかかわりアセスメント ③子供の可能性アセスメント
④身体症状アセスメント ⑤清潔アセスメント

① 生活習慣アセスメント

生活習慣アセスメントは,人の基本的欲求の根底を支える「生理的欲求」や「安全の欲求」が充足されているかを把握するためにも欠かすことのできないアセスメント項目である。心理的・社会的アセスメントにおける生活習慣アセスメントは,単に「朝食摂食の有無」や「排便の有無」だけでなく,「なぜ朝食を食べてこられないのか」「朝食の準備はされているのか」「誰と食事をとっているのか」「どのような食事をとっているのか」「排便をしないのはなぜか」など,生活習慣にかかわるより深い要因を探る内容である。生活習慣アセスメントの項目はP217を参照されたい。

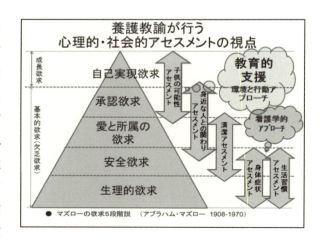

② 身近な人とのかかわりアセスメント

　人は社会で誰かとかかわりながら生活していく。特に子供を取り巻く人々は，学校，家庭，地域に限定的であり，身近な人とのかかわりは子供の人格の形成や愛着形成などに深く関与している。身近な人とのかかわりアセスメントは，基本的欲求の「安全の欲求」や「愛と所属の欲求」を充足させるためのアセスメントといえる。学校における子供の心身の安定や健全な発育発達に果たす役割が大きい。身近な人とのかかわりアセスメントの項目はP218を参照されたい。

③ 子供の可能性アセスメント

　子供の可能性アセスメントは，「自分にはこんな特徴や志向性がある」「自分はこんな良いところがある」「将来こんなふうに生きてみたい」「自分の得意なことは○○である」など，"自身への気づき"を促すアセスメントである。子供の可能性アセスメントは進路選択やキャリア教育的な側面もあり，子供に自己発見，自己理解を促すアセスメントである。ゆえに「承認欲求」や「自己実現欲求」を充足させるために機能するアセスメントといえる。健康相談・健康相談活動において支援計画を立案する際には，子供の良さや可能性を活かし，のばす意図的なかかわりを持つ必要があることから，支援の根拠を提供するアセスメントといえる。子供の可能性アセスメントの項目はP219を参照されたい。

④ 身体症状アセスメント

　身体症状アセスメントはフィジカルアセスメントとは異なる。心理的・社会的アセスメントにおける「身体症状アセスメント」は，心身相関的な側面から「どうしてこのような症状が起きているのか」「どのようにしたら身体症状を軽減することができるか」などを子供と共に考え，子供に自己決定を促すことを目的とした教育的意義のあるアセスメントである。身体症状等の苦痛が軽減されれば「生理的欲求」や「安全の欲求」が充足されると考える。身体症状アセスメントの項目はP220を参照されたい。

⑤ 清潔アセスメント

　清潔アセスメントは，児童虐待（ネグレクト）の早期発見や強迫神経症（頻繁な手洗い行動等）の早期発見に役立つ。これらは「安全の欲求」や「愛と所属の欲求」を充足させることにつながると考える。清潔アセスメントの項目はP220を参照されたい。

(3) **心理的・社会的アセスメントを行う上での資質・能力と方法**

　心理的・社会的アセスメントを適切に行うには，かなりの能力と技術が求められる。心理的・社会的アセスメントを行う上で求められる資質・能力を以下にあげる。

心理的・社会的アセスメントを行う上で求められる資質・能力
①子供との信頼関係の構築
②「いつもの子供の状態」を観察する力
③カウンセリング的能力（カウンセリングの応答の技法：受容，支持，共感，質問，明確化，傾聴など，開かれた質問，閉ざされた質問の活用等）
④「○○しながらアセスメント」「○○しながらカウンセリング」「救急処置をしながらアセスメント」する「ながら力」
⑤保健室の機能（保健室にある施設・設備・備品を含む）を十分にかつ効果的に活かす
⑥養護教諭が行うタッチングやコーチングの技法を活かす

　養護教諭は毎日保健室に勤務し，全校児童生徒の健康状態を把握し，授業時間にとらわれず子供たちに寄り沿うことができる独自性を有した教育職員である。その魅力を最大限に活かし，子供の課題を的確にとらえる心理的・社会的アセスメントを充実させることが，子供の心身の健康課題解決につながる。

表 「頭が痛い」と訴えてきた子供に対するヘルスアセスメントを活かした対応事例

養護教諭の対応プロセス	児童生徒の訴え，行動，反応	養護教諭の言動，対応（五感を使う）	ヘルスアセスメント（保健調査等の保健情報も活用）	ヘルスアセスメント結果・記録
身体症状等の訴え	「先生，頭が痛いです…」	保健室に入ってきた瞬間の状態を見る。（一般①②⑥）「頭が痛いのね。つらいね」と受け入れ，診察台に座らせ，	**一般状態のアセスメント** ①姿勢と動作 ②顔色，皮膚色 ③毛髪，爪 ④体臭や口臭 ⑤しぐさ ⑥体型 ⑦衣服と容姿	①伏し目がち ②普通 ③毛髪汚れあり，爪は良好 ④なし ⑤こちらに気を遣っている様子 ⑥軽度肥満 ⑦少し乱れている
緊急度／重症度アセスメント	「頭の前の方が痛いです」	「どの辺が痛いのかな」と言い，頭部の痛みの部位を指示させると同時にその部位に軽く触れながら（一般③④⑤⑦）を見る。		
		「体温はどうかな？」と言って，体温計を差し出し腋窩に挿入させる（バ③）。同時に呼吸数を測定する（バ①）。視診でわかりにくいようなら聴診器を背部にあて呼吸数を測定する。「脈を測ってみよう。熱があると脈拍が早くなっているんだよ」と言いながら手首の橈骨動脈で脈拍測定（バ②）。→正常と結果を伝える。	**バイタルサインの測定** ①呼吸 ②脈拍 ③体温 ④血圧 ⑤意識	①15回／分 規則的 深さ一定 咳・痰なし ②82回／分 脈拍リズム：整 ③36.8度 ④121／78 ⑤通常に会話ができるので異常なし
フィジカルアセスメント	「頭は打っていません。頭の前の方がズキズキ痛いんです」	「頭はどんなふうに痛いかな？頭を打ったりしていないかな？」「血圧と言って心臓から血液が正常に送り出されているか計ってみてもいいかな？」と言って器具（自動血圧計）を使うことに対する警戒感を軽減するために同意を得て，測定する（バ④）。→結果は正常と知らせる。会話の状況から意識が清明であることが確認できる（バ⑤）。	**フィジカルアセスメント** （リンパ節のアセスメント） ①耳介前 ②耳下腺 ③顎下 ④おとがい下 ⑤後頭 ⑥乳頭突起	①～⑥腫脹痛みなし
	「少し気持ちが悪くて，のども痛いです」	「頭痛の他にどこか痛いところや具合が悪いところがあるかな？」触診で（フィ：リ①～⑥）の順で触れリンパ節の腫れや痛み，発赤の有無を確認する。	（頭部顔面頚部アセスメント） ①頭蓋の圧痛 ②顔面の表情 ③副鼻腔の圧痛	①頭痛の部位を触られると痛みが緩和 ②不随意運動なく良好 ③圧痛なし
	「吐き気はありません」	「吐き気はあるかな？」と言いながら頭痛の部位に圧力を加え反応を見る（フィ：頭①）。		
	「頭押してもらうと気持ちいい…」	「かぜを引いていないかな？」と言いながら，副鼻腔の圧痛を触診する（フィ：頭②③）。		①ピンク色で良好 ②痛む未処置歯なし ③口内炎あり ④扁桃肥大あり 腫脹なし
	「小さい頃は良く扁桃腺が腫れて熱が出ました」	「のどを見せてくれるかな？」と言って口腔内を視診する（フィ：口①～④）。「扁桃腺が大きいね」「今日は腫れてはいないようです」	（口腔咽頭アセスメント） ①口腔及び口腔内 ②歯及び歯肉 ③舌及び口蓋 ④咽頭	
		「朝ご飯は食べられたかな？」（生①）「食べたくないんだ…朝食の用意はしてあ	**生活習慣アセスメント** ①朝食の摂食状況，食事	①朝食摂食なし，準備なし，食欲なし ②睡眠の質：不良

心理的・社会的アセスメント	「携帯でLINEを返事していたから寝るのが遅かった。それによく眠れなかった。だから朝起きるのも遅くて食欲もないし、用意もしてないから食べない」 「昨日の夜はコンビニでお母さんが買ってきたラーメン食べた…」 「頭が痛いことは最近よくある。病院には行ってないし親も知らない。痛いときは寝るか、好きなことしてぼーっとする」	る？」「夕べは食べたの？」(生③) 「夕べはよく眠れた？」「いつも夜は何時頃に寝ているの？」「昨日も寝るの遅かった？」(生④) 「お布団に入るとすぐ眠れる？」(生⑤) 「どうして眠れないのかなあ？」(身体①) 「夜とか、友達とLINEする？」 「いっぱいLINEするの？」(身体①⑦自④) 「友達と話はできる？」(身体②⑥可③④) 「朝すっきり目が覚める？」(生⑤) 「朝はいつも何時頃起きるの？」(生④) 「朝、うんち出た？いつもうんちしないんだ…」(生⑥) 「こういうことよくあるの？」(身体①身近②) 「どうして頭が痛くなるのか心当たりある？」(身体②) 「病院とか、行ってる？」(身体③) 「おうちの人はよく頭が痛くなること、知ってるのかなあ？」(身近①) 「いつも、家では何してるの？」(身近②) 「好きなことって何？」「音楽好きなんだ…どんな音楽聞くの？」(可①)「ギターもっているんだ！すごい！ギターコードって難しそうだよね」 「他にも好きなこととか得意なことか、ある？」(可①)「お風呂に入っているときが安心する」(清潔①)	の準備状況 ②給食の摂食状況、食事の準備状況 ③夕食・間食の摂食状況、食事の準備状況 ④就寝時刻・起床時刻 ⑤睡眠の質（休養）寝つき・目覚め ⑥排便 **身体症状アセスメント** ①症状や訴えの原因 ②症状や訴えの頻度 ③体のこと **身近な人とのかかわりアセスメント** ①保護者の症状認知 ②学校外や休日の過ごし方 **子供の可能性アセスメント** ①好きなこと・得意なこと **清潔アセスメント** ①清潔習慣	③深夜2：00 ④朝7：30 ⑤寝つき、目覚め悪い ⑥不規則 朝は出ない。朝ごはんを食べると学校に来てお腹が痛くなるから食べない ①②最近、よく頭が痛くなる ③病院には行っていない ④保護者は頭痛があることを知らない。あまり会話をしないから。 ④家では自分の部屋でゲームか音楽聞いてる。それが落ち着く。ギターを弾くらしい。 ③サッカー部朝練不参加 ⑥体育は参加 ④教師は普通 ②③④⑤親との関係に何かありそう
	「部活はサッカー部、朝練はあったけど面倒で、出なかった」 「別に運動嫌いじゃないけど」 「…（首をかしげる）」 「親は？」 「休みの日に部活行かないと、何してるんだって親がうるさい」 「ほっといてほしいのにいちいち親はうるさい」	「学校楽しい？」(身近①) 「部活、何だっけ？」(身近③) 「今日、朝練あった？」(身近③) 「朝練、いつも行かないんだ…」(身近③) 「あんまり運動好きじゃない？」 「体育は？」(可⑥) 「担任とか、顧問とか、厳しい？」(身近④) 「学校で何か悩みや不安があるかな？」 「部活出なくて、友達とか親とか大丈夫？」(身近②③④⑤) 「親はどうしてほしいのかな？」(身近⑤) 「勉強は？大変？」(可⑤) 「高校とかは？」(可⑩) 「君は将来どうしたい？」(可⑩) 「そのためにどうすればいいと思う？」(可⑩) 「今、できること何かな？」(可⑩) 「ちゃんと考えているんだね」 「親がわかってくれるといいけど、担任には伝えた？」(身近④)	**身近な人とのかかわりアセスメント** ①クラス ②友人・異性関係 ③部活動 ④教師との関係 ⑤家族の問題 ⑥安心できる人や場所 ⑦携帯電話やメール **子供の可能性アセスメント** ①学校生活充実感 ②委員会活動 ③対人意識 ④コミュニケーション ⑤勉強・学習 ⑥運動 ⑦遊び・趣味・ゲーム ⑨自己受容 ⑩進路や将来	

（大沼　久美子）

5 養護教諭の職務の特質を活かす実践―タッチングを中心に―

(1) 養護教諭の職務の特質を活かすとは何か

　平成9年保健体育審議会答申に示された健康相談活動の定義に，「養護教諭の職務の特質を活かす」ことは健康相談活動実践の1つの条件でもある。また，学校保健安全法第8条に規定された「健康相談」においては，児童生徒等の多様な心身の健康課題に組織的に対応する観点から，関係職員の積極的な参画が求められている。各関係職員の役割や職務の特質を活かしつつ，相互に連携を図りながら行ってこそ，真の効果をあげる。学校の中で唯一の健康に関する専門家である養護教諭が，健康相談においてその職務や役割の特質を活かして行うことは必須条件と言える。すなわち，健康相談・健康相談活動の推進は，養護教諭の持つ資質・能力，知識・技術はもとより，養護教諭自身の「職」の特質を活かしてこそ成果を生むことができるものである。併せて，具体的に提示されている養護教諭の「職務」や「役割」の特質を活かす健康相談・健康相談活動の在り方も考えるべきである。

(2) 「職務」や「役割」の特質を活かす

　平成20年の中央教育審議会答申において，「養護教諭の職務は，学校教育法で「児童の養護をつかさどる」と定められており，昭和47年及び平成9年の保健体育審議会答申において主要な役割が示されている。それらを踏まえて，現在，救急処置・健康診断・疾病予防などの保健管理，保健教育，健康相談活動，保健室経営，保健組織活動などを行っている」と示された。加えて「中核的役割」「コーディネーターの役割」も示された。養護教諭の職務やこれら具体的な役割のポイントをおさえ，健康相談・健康相談活動に活かす必要がある。

　職務や各役割内容は関連していることから，表1に示すように相互に活かしあって効果を上げることが重要である。

(3) 「職」の特質を活かす

　我が国の養護教諭は，世界に類を見ない独特の「職」として確立した制度である。養護教諭は，学校に常勤しているという勤務形態，医学的・看護学的知識や技能を有する教育職員であるという職の性格など，多くの特徴を有している。具体的な「養護教諭の職の特質」については，表1の上部に示した点があげられる。本稿では，様々ある養護教諭の職の特質のうち，「タッチングなど，体へのかかわりが可能」について取り上げる。

(4) 養護教諭が行うタッチングとは

　養護教諭の行う健康相談とは，「養護教諭の職務の特質や保健室の機能」を活かし展開する活動である。児童生徒の心身の健康状態を観察する行為は養護教諭の職務の特質や保健室の機能を活かして行う行為であり，対応の際には児童生徒の身体に触れる（タッチング）場面が多い。バイタルサインの確認や痛む部位の確認，呼吸を整えさせるために背中をさするなどのほか，元気づけるために肩をたたくなど，養護教諭は日常の職務の中でタッチングを行っている。

① タッチングに関連する文化的背景や周辺領域での研究動向

　日本には，「手当て」という言葉がある。身体的痛みのある者や泣いている者に対し，「触れ」「なで」「さする」など，まさに「手を当てる」ことにより，痛みや苦痛を癒してきた歴史がある。山口は「身体の痛みのある部分に手を当てることは，身体が示す自然な反応である。誰でも，腕を怪我したらそこを擦り，お腹が痛いとそこをなでるように，自然にその患部に手を当てているものだ。それが医療の原点[1]」と述べている。

　看護学においては，タッチングの研究が数多くなされている。カナダの看護師Estabrooks, et al. は，タッチング様式の獲得とタッチングプロセスの過程を明らかにした。看護師のタッチング様式は学習されるものであることや，タッチングプロセスは「介入」と「信頼関係を結ぶ」の二段階で構成され，「合図」

第5章　学校における健康相談・健康相談活動の実践

表1　養護教諭の「職」,「職務」の特質を健康相談・健康相談活動に活かす

養護教諭の「職」の特質	○学校全体の児童生徒を対象としている ○学校の時程に大きくとらわれない ○成績評価をしない ○学校医・学校歯科医・学校薬剤師・その他学校保健に関する専門家との連携 ○保護者との連携	○幼小中高の養護教諭との連携 ○保健室を経営している ○健康相談・健康相談活動を軸に，保健指導・教育相談との連携が可能 ○身体をとおして心を診る ○タッチングなど，身体へのかかわりが可能

養護教諭の「職務」
児童の養護をつかさどる　→　健康相談・健康相談活動に活かす視点

養護教諭の「役割」(平成20年中央教育審議会答申)			(昭和47年及び平成9年保健体育審議会答申において示された主要な役割を踏まえて)
保健管理	(対人管理)	救急処置	○救急処置時における心と身体の観察（いじめ・虐待等の早期発見） ○保健室来室者に対する，個に応じた健康相談・健康相談活動
		健康診断	○健康診断の結果の活用（要医療者・要観察者への対応，成長曲線，身体的障害，学校生活への配慮等）
		疾病予防	○感染症予防（差別・偏見との関連を含む） ○疾病予防や，基本的生活習慣に問題を有する児童生徒の管理・個別保健指導
		学校保健情報の把握	○保健調査（既往歴，慢性・アレルギー疾患，配慮事項，家族構成等） ○毎朝・毎授業ごとの健康観察　○健康生活の実践状況の実態 ○保健室来室状況　○体格・体力・疾病・栄養状態の実態 ○心の健康に関する実態（不安・悩み・いじめ調査等の活用，性に関する実態等）
		生活の管理	○健康に適した日課表，時間割の編成　○休憩時間中の遊びや運動管理 ○学校生活の情緒的雰囲気
	(対物管理)	学校環境衛生	○校内巡視による日常点検・課題発見　○地域の環境衛生に関する情報の把握 ○教職員による日常点検・事後措置実施への協力と助言 ○学校薬剤師による定期点検の準備，実施，事後措置への協力
保健教育		関連教科	○助言，資料提供，教材作成の協力（心の発達，精神の健康，性に関する指導等） ○専門的立場からのティームティーチング
		特別活動等での保健指導	○学級活動・ホームルーム活動における保健指導への助言，資料提供や教材作成の協力（心身の健康，基本的生活習慣，性に関する指導，薬物乱用防止等） ○専門的立場からのティームティーチング ○特別活動・学校行事等での保健指導　○保健だよりなどの作成と啓発
		個別保健指導	○健康診断結果を活用した保健指導（肥満・るい痩・CO/GO等） ○心身の健康に関して問題を有する児童生徒への保健指導（いじめ等対人関係に関する指導，性に関する指導，薬物乱用防止指導，特別な配慮を必要とする児童生徒等） ○健康生活の実践に関して問題を有する児童生徒への保健指導（睡眠・食事・衣服の清潔等の基本的生活習慣や，安全に関する指導） ○健康相談を希望する者への対応 ○日常的な健康観察の結果，保健指導を必要とする生徒　○保護者への助言
健康相談・健康相談活動			○養護教諭の職務の特質を活かす（タッチング・身体を通して心を診る等） ○保健室の機能を活かす（保健室の設備・備品の活用） ○心身の観察，問題の背景分析，解決のための支援，関係者と連携 ○学校保健安全法第8条の規定によって行われる健康相談の把握・計画・実施・事後措置（保健指導の前提として行う健康相談）
保健室経営			○保健室経営計画の立案，周知，共通理解，評価 ○学校保健活動のセンター的役割 ○保健室の施設，設備，備品の活用（ベッド，毛布，タオルケット，診察台，ソファ，関係専門図書の紹介等） ○健康相談・健康相談活動の場としての環境設定（入りやすい保健室づくり等）
保健組織活動			○学校保健計画　○学校保健年間計画（心身の健康に関する研修会の開催等） ○学校保健委員会開催への協力　○PTA組織との連携 ○拡大学校保健委員会開催への協力（地域の学校や保健関係機関との連携）
中核的役割			○学校保健推進の中核的役割（健康相談活動の重要性，特別支援教育での役割）
コーディネーターの役割			○健康課題解決のため，学校保健活動にかかわる関係職員のコーディネーターとしての役割（連携の重要性）

＊表1左側【養護教諭の「役割」】の網掛け部分は，平成20年中央教育審議会答申において示された養護教諭の具体的役割

が介在していることを示した。合図とは「他者との相互作用を通して，人が必要性や適応性を判断したり，反応を予想したり，タッチングの効果を見極める過程」と定義され，言語・非言語の合図があり，肯定か否定の意味を持つと解釈し，患者への同意と関係があることを示した。また，タッチングの定義は，肌と肌との触れ合いに加え，タッチ前後での声，態度，感情，意志に伴って生じる形態などいっそう多くの要因を含まなくてならないことを示唆している。日本の看護学におけるタッチング研究では，タッチングの分類や，「リラックス効果を示すα波の増加」「自律神経の緊張減少」などタッチングの精神・生理機能への影響が示唆されている。

　神経学の研究では，「さする」などの伸展をうながす物理的な力がかかった時に熱を感じる分子センサーが働き，神経が突起を伸ばすことを助けていることがつきとめられた。打撲などで傷ついた皮膚の神経の損傷部位を自然とさすってしまう行為は，神経の突起の伸びを促し，神経回路の再生も促す効果があることが期待されている。

　また生理学の分野では，快い触覚刺激と温かい情報を伝える神経を刺激すると，血圧とストレスホルモン値が低下し，「オキシトシン」や副交感神経系が支配する消化に関するホルモン値が上昇していることが見い出された。オキシトシンとは，下垂体後葉から分泌されるホルモンであり，血圧・心拍数・ストレスホルモンの血中濃度低下，体温上昇，筋肉の緊張の減少，排尿量の増加，炎症の軽減等の効果があるとされている。1分間に40回の割合での快いタッチは，血圧低下・痛みに対する耐性の増大・ストレスホルモン値の低下・成長促進・他者との相互的かかわりの増加・学習効率の向上などの効果を生み出したとし，全身にくまなく存在する皮膚の感覚受容器を刺激することにより，生理学的状態及び行動に様々な効果を与えうると期待されている。さらに，オキシトシンの血中濃度が増えるほど，愛着や絆に対して積極的になることが示唆されている。

　心理学の分野では，交流分析の中で「ストローク」というコミュニケーション理論が提唱された。ストロークとは，「撫でる・抱きしめる・ほめる」など，人との触れ合いや愛情によって得られる様々な刺激のことを指し，その人の存在や価値を認める・もしくは否定するための言動や働きかけのことである。ストロークにはプラスとマイナスのストロークがあり，メンタルストロークとフィジカル（身体的）ストロークがある。ストロークは，人が心身ともに健やかに生きて行く上で必要不可欠なものであり，臨床的にも実証されている。このフィジカルストロークはまさにタッチングのことを指している。

　以上のように，タッチングに関連する知見が，様々な分野から見い出されてきている。

② 養護教諭が行うタッチングの定義

　本稿における「養護教諭が行うタッチング」とは，「養護教諭の手によって，カウンセリング的言葉かけをしながら，心身の観察及び対応の過程でバイタルサインをとる，痛みやかゆみの観察，緩和するために触って診る，さすって診る，看るなどの身体へのかかわり」と定義する。

③ 養護教諭が行うタッチングの種類

　養護教諭が行うタッチングの種類は研究途上である。ここでは養護教諭が行うタッチングを3種類に分類して説明する。

1）「身体的かかわりタッチング」

　「身体的かかわりタッチング」は，身体的症状を観察するとき，痛みの部位の確認をするとき，処置をするとき，バイタルサインを測るときなどのタッチング場面であり，直接体にかかわることを意図したタッチングである。養護教諭は，子供の心身の健康状態を観察し把握するため，直接身体に触れる必要が多い。学校内で唯一医学的・看護学的知識を有し専門職として勤務している養護教諭は，児童生徒の心身の状態をアセスメントし，適切な処置を行うことが必要である。すなわち，「身体的かかわりタッチング」は養護教諭にとって職務上非常に重要なタッチングである。養護教諭にとって基本的な対応であるバイタルサインの把握は，児童生徒の心への支援につながるタッチングと成りうることが考えられる。養護教諭が行うタッチングを「身体をとおした心への支援」の1つの手段として捉え，アセスメントや処置対応を

する際に，意図的なタッチングを取り入れていくことが重要である。
　2）「心理的効果期待タッチング」
　「心理的効果期待タッチング」は，興奮を静めたいとき，安心感を与えたいとき，緊張を和らげたいときなどのタッチング場面であり，心への効果を意図したタッチングである。
　3）「日常的コミュニケーションタッチング」
　「日常的コミュニケーションタッチング」は，コミュニケーションを深める，励まし，あいさつの代わりなど一般社会でも行われているタッチング場面であり，学校においては，担任や他の教師でも実施可能なタッチングである。養護教諭も，児童生徒とのかかわりの基本的な行為として「日常的コミュニケーション」を意図したタッチングを実施している。
④　養護教諭が行うタッチングの方法と効果
　身体症状の確認や痛む部位の触診・肩をたたく・背中をさするなど，タッチングを行う際には，「痛かったね」「我慢してつらかったね」等の言葉かけをしながら，掌全体を使ってしっかりと子供の体に手を当てることが重要である。この際「カウンセリングの基本姿勢（受容・共感・質問・支持等）」を意図した言葉かけを行ったほうが，タッチングの効果やタッチング後のプラスの反応や変化を実感することができる。看護師の研究における「タッチングの効果を高める行動として，「言葉かけ」「視線を合わせる」「話を聞きながら（傾聴）」の3つを併用している[2]」ことと共通する。「カウンセリング的言葉かけ」は，養護教諭が行うタッチングと同時に行う行為として重要な要素である。
　また，バイタルサインを測る際，例えば，脈拍測定をするときにただ単に脈拍を測るのではなく，片方の手を握手するようにしっかり握り，もう片方の手で包み込むように脈拍を測る，体温を測定する時にただ体温計を渡すだけではなく，「おでこが熱いね」などと言葉かけをしながら子供の後頭部と額に手を当てることにより，子供は安心感や受容感を実感するという報告がある。
　これらの方法を用いて行った養護教諭のタッチングには，○心と身体の回復や信頼関係促進の効果，○認めてもらえた・受け入れてもらえた・自分は価値ある人間だと感じる効果，○保健室に来て良かった・養護教諭にまた話をしたいと感じる効果，などがあると報告されている。
⑤　養護教諭がタッチングを行う際に必要な配慮
　児童生徒等の中には，身体に触れられることを嫌がる者もいる。それは，育ってきた文化的な背景や家庭環境，性別，発達段階などの他，発達障害傾向や虐待を受けた経験などが考えられる。他者の肌に，身体に直接触れるという行為には，配慮が必要であることを忘れてはならない。子供が嫌がるからといって身体に触れずに職務を行うことはできない場合もある。「脈拍を測るよ」などと必要性を説明する，「手足が冷たくないか確かめさせて」など言葉かけを行う，状況をくみ取る，相手の尊厳を守るなどの配慮をしながらタッチングを行うことが重要である。養護教諭が行うタッチングは「職」として行うものであり，「職務の範囲」で行うという自覚を持って行うことも大切なことである。
⑥　タッチング研修の必要性
　職の特質として養護教諭が行うタッチングは，心身の健康に関する専門職である養護教諭にとって欠かせない行為である。このことを養護教諭自身が自覚し，意図を持ってタッチングを実践していかねばならない。
　しかしながら，養護教諭はタッチング研修を受ける機会が少ない現状にある。養護教諭の職務の基本となるフィジカルアセスメントの演習を確実に行うとともに，「カウンセリング的言葉かけをした場合としなかった場合」や，「視線を合わせた場合と合わせなかった場合」「掌全体を使った場合と指先だけを使った場合」のタッチングの違いなど，演習をとおして体験し学んでいくことが重要である。

〈引用・参考文献〉
(1)　山口創著『子どもの「脳」は肌にある』光文社新書，2004，p.182

(2) 林智美，宮崎徳子，月田佳寿美「看護師の臨床におけるタッチの実施状況」『日本看護学会論文集看護総合(35)』2004，pp. 82-84
・文部科学省「子どもの心身の健康を守り，安全・安心を確保するために学校全体としての取組を進めるための方策について（答申）」2008年1月
・三木とみ子編集代表『これだけは知っておきたい養護教諭の実践に活かす教育法規Q＆A』ぎょうせい，2009
・三木とみ子編集代表『新訂 養護概説』ぎょうせい，2018
・澤村文香，三木とみ子，大沼久美子ほか「養護教諭によるタッチングの実態と実感している効果の検討―質問紙調査の結果から―」『学校保健研究』第55巻第1号，2013，pp. 3-12
・森千鶴，村松仁，永澤悦伸，福澤等「タッチングによる精神・生理機能の変化」『山梨大学紀要』第17巻，2000，pp. 64-67
・Estabrooks, C.A., & Janice M Morse, Toward a theory of touch: the touching process and acquiring a touching style, Journal of Advanced Nursing, 1992, 17, 448-456
・Koji Shibasaki, Namie Murayama, Katsuhiko Ono, Yasuki Ishizaki, Makoto Tominaga: TRPV2 Enhances Axon Outgrowth through Its Activation by Membrane Stretch in Developing Sensory and Motor Neurons, The Journal of Neuroscience, 2010
・シャスティン・ウヴネース・モベリ著，瀬尾智子，谷垣暁美訳『オキシトシン―私たちのからだがつくる安らぎの物質』晶文社，2008
・イアン・スチュアート著，日本交流分析学会訳『フロイト，ユング，アドラーを超える心理学 エリック・バーンの交流分析』実業之日本社，2015
・林智美，宮崎徳子，月田佳寿美「看護師の臨床におけるタッチの実施状況」『日本看護学会論文集看護総合(35)』2004，pp. 82-84

（澤村　文香）

6　保健室の機能を活かす実践―毛布に包まれる体験を中心に―

(1)　保健室の機能を活かすとは

　学校保健安全法第7条には，「学校には，健康診断，健康相談，保健指導，救急処置その他の保健に関する措置を行うため，保健室を設けるものとする」とある。保健室は「健康診断」「健康相談」「保健指導」「救急処置」に加え，「発育測定」「保健情報センター」「保健組織活動センター」などの機能的な役割がある。これらの機能的な役割を最大限に発揮するためには，保健室の施設・設備，保健室に備えてある備品や物品等（ベッドや毛布，寝具，診察台や回転イス，薬品，ソファ，クッション，リラックススペースなど）を有効に活用することが求められる。このような保健室は児童生徒にとって学校の中でも「特別な空間」と認識されている。その保健室を経営しているのは養護教諭であり，養護教諭なくして保健室の機能は成り立たない。養護教諭が保健室で子供の心と体に寄り添い，よりよい対応を実現するためには，保健室の機能を活かした対応を実践することが重要である。

(2)　毛布（タオルケット）活用の例

　保健室で特徴的な物品の1つに「毛布（以下，タオルケットを含む)」がある。ここでは，どの学校の保健室にも備えてある毛布に焦点を当て「毛布を活用した対応例」について紹介する。

① 「毛布に包まれる体験」

毛布に包まれる体験の定義を以下に示す。

「毛布に包まれる体験」の定義

養護教諭の手で，カウンセリング的な言葉かけをしながら，子供が毛布を足元から首元や頭まですっぽり包まれたり，子供が自ら毛布をかぶったりすること。ここでいう「カウンセリング的な言葉かけ」とは，カウンセリングの基本的な応答の技法（受容・支持・繰り返し・明確化・質問・傾聴）を示す。

　毛布に包まれる体験は，心的な要因が背景にあると考えられる子供に対して行う。

　養護教諭は「痛かったね…」「つらかったね…」「少し休もうか…」とカウンセリング的な言葉かけをしながら，毛布やタオルケットで子供を包んであげると，子供はそれだけで苦痛が軽減したり，安心したりする。これらの理論的な背景には次のようなことが考えられる。

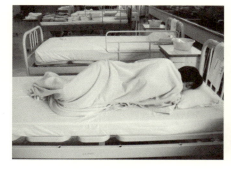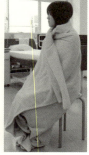

② 「毛布をかける？」「毛布で包む？」「毛布に包まれる？」

「毛布」は通常,「毛布をかける」という文脈で用いられる。しかし,ここではあえて「毛布で包む」「毛布に包まれる」と使用する。この「包」と言う字は象形文字であり,「勹」は人が前かがみになって物を抱く形を表しているといわれている。これが母体を表し,内側に胎児を意味する。お母さんが赤ちゃんのこ

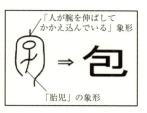

図1　毛布に包まれる体験

とを守っている。赤ちゃんのことをとっても愛おしく思う。そんな優しい思いが込められている文字である。「包む」行為は,「包む」本来の意味である「いたわり」「思いやり」「敬い」「優しさ」など,様々な想いやメッセージを伝えることができる。「包む」ことにより養護教諭の「あなたを大事にしている」という気持ちが子供に伝わるのである。したがって,毛布の大きさは,子供をすっぽり包める大きさが必要と考えている。

③　毛布独自の機能・特徴

毛布は災害救援物資として活用されている。毛布は生理的・物理的に温かい,素材が柔らかい,体すべてを覆うことができる大きさがあるなどの特徴がある。通常,毛布は「家庭」に存在する。保健室に「毛布」があることで子供は家庭的な雰囲気を感じる。常時保健室にいる養護教諭が子供への対応や支援において救急処置対応以外の場面,とりわけ,健康相談・健康相談活動の場面において,毛布で子供を包みながら対応することは生理的・物理的・精神的に温かさや安心感を提供できる。

④　体温の安定とストレス軽減効果

「毛布に包まれる体験」は子供に身体的効果を及ぼす。その1つが「体温の安定」である。また心理的効果として「痛みの軽減」や「ストレス反応（抑うつ・不安・不機嫌・怒り・無気力）の軽減」があげられる。

「毛布に包まれる体験」は,毛布で包んでくれる「人」と,毛布に包まれる「人」との相互関係で成り立つ。物理的,生理的に温かい機能を備えた「モノ」としての「毛布」が,人と人とのつなぎ役を果たしている。養護教諭の気持ちを「毛布」という「モノ」を介して子供に伝えている。

⑤　高校生は「毛布をかぶる」

高校生にとっての毛布活用は,「毛布を頭からすっぽりかぶること」にもある。それが「シェルター」としての役割を発揮する。保健室では「毛布をかぶる」ことで外界からの遮断が許される。安心して一人の世界を確保できる場として保健室が機能する。そこには見守る養護教諭の存在が機能する。いやなことがあったり一人になりたいとき,保健室で養護教諭に見守られながら毛布をかぶって一人で考える時間を確保し,気を取り直したり,考え直したりして自己の状態をリセットすることで,学校生活に復帰することが可能になることがある。保健室で過ごすことによって得られた安心感は,症状軽減や自己開示の準備へとつながる。

「毛布に包まれる体験」による毛布活用の有効性は,個人やプライバシーが守られる保健室という場,その保健室に備えてある毛布,そこに常時保健室を経営する養護教諭がいる安心感,という保健室の独自性を発揮した,保健室でなくては成り立たない支援であることが実践研究から明らかとなっている。毛布活用は前述した養護教諭の職の特質の1つであるタッチングと併用することでより効果的になるものと考える。これらは養護教諭独自の教育技術として積極的に活かしその効果を実証していくことが求められている。

（大沼　久美子）

7　カウンセリングの技法を活かす実践

カウンセリングの技法を健康相談・健康相談活動に活かすポイントは以下の図に示したとおりである。なおカウンセリングの基本的考え方などはP72に示した。

〈カウンセリングの技法を健康相談・健康相談活動に活かすポイント〉

カウンセリングの定義とカウンセリングの技法	健康相談・健康相談活動
1．カウンセリングとは 　言語的及び非言語的コミュニケーションを通して相手の行動の変容を援助する人間関係である。	○健康相談活動とは（定義）と拠り所となる理論
2．カウンセリングの技法とは 　言語的及び非言語的コミュニケーションを効果あらしめる技法，すなわちカウンセラーは自分の考え・感情の伝え方と来談者の考え・感情のつかまえ方を学ばなければならない。したがって，カウンセリングの技法とは自己の伝え方と相手のつかまえ方が主たる内容となる。	養護教諭の行う健康相談とは，養護教諭の職務の特質や保健室の機能を十分に活かし，児童生徒の様々な訴えに対して，常に心的な要因や背景を念頭において心身の観察，問題の背景の分析，解決のための支援，関係者との連携等，心や体の両面への対応を行う活動
3．カウンセリングの進め方	（キーワード）

○カウンセリング技法の理論的根拠
　―カウンセリングの哲学的基盤―
①人間をどのように捉えるか（人間観）
②性格はどのように形成されるか
③問題行動はなぜ，どのように発生するか
④治るとは何か（治療目標）
⑤その目標達成のためにカウンセラーは何をすべきか
⑥その方法の長短は何か

○カウンセリング理論
　―押さえておきたい―
①精神分析理論
②自己理論
③行動療法的理論
④特性因子理論
⑤実存主義的理論
⑥ゲシュタルト療法
⑦交流療法
⑧論理療法　⑨折衷主義

（キーワード）
①養護概説
　・養護教諭の職務・保健室の機能
　・関係職員との連携
②看護学　③心身医学
④カウンセリング論　⑤解剖学・生理学
⑥精神医学　⑦心理学
⑧発育発達論
⑨小児科学
⑩思春期学

○カウンセラーのパーソナリティ
・人好き・自分を好いている人間・自己受容（あるがままの自分を受け入れる）
・共感性・人の話が実感をもって伝わる・多様な感情体験，多種多様な読書，無構え・防御がない・タテマエから脱却しホンネ（天真爛漫，天衣無縫）

○健康相談を行う養護教諭のパーソナリティ
○左記の他に
　・人間観・健康観・教育観・学校観
　・養護教諭のアイデンティティ

4．カウンセリングの手順

①リレーションをつくる
②問題の核心をつかむ
　→　主な応答の技法
　　受容・支持・繰り返し・明確化・質問・沈黙・要約
　→　○傾聴演習
　　○ロールプレイ

③適切な対処を
　→　対処（リファー，ケースワーク，スーパービジョンコンサルテーション等）
　→　構成的グループエンカウンターによる体験

○リレーションの意義
・リレーションとは構えのない感情交流
　「この人は自分の身になって親身に聴いてくれる人である。」
・リレーションそのものが相手に生きる意欲を回復させる経験につながる。
　「人生で初めて人に心を包んでもらった。」自他の融合感
・リレーションにより構えや気兼ねがとれ，生地が出やすくなる。
　（生地とはその人の基本的な反応のパターン）
・クライエントを理解する素材を得る。

○体験できることは
①自己覚知　ホンネを知る
②自己開示　ホンネを表現する
③自己主張　ホンネを主張する
④他者受容　ホンネを受け入れる
⑤信頼感　他者の行動の一貫性を信じる
⑥役割遂行　他者とのかかわりを持つ

（右側：養護教諭の職の特質・保健室の機能を活かした演習）

クライエントがカウンセラーにリレーションを感じるためには技法を修得する必要がある。さらに，リレーションを持ちつつ問題をつかむための基本的な応答の技法としては次の技法（スキル）がある。

その基礎的技法は　①受容　②支持　③繰り返し　④明確化　⑤質問　⑥沈黙　⑦観察

（國分康孝著『カウンセリングの理論』誠信書房，1980，筆者一部改変，三木とみ子，2012）

〈カウンセリングの技法を健康相談・健康相談活動にどう活かす（実際のイメージ例）〉

カウンセリングの技法		健康相談・健康相談活動に活かす
応答の「基礎的技法」を体得する		「○○しながらカウンセリング」〈演習にベッド毛布等が欠かせない〉
〈受容〉 「うむうむ，なるほど」 ・あるがままを受け止める（許容的態度・非審判的態度） ・自分の価値観で判断しない ・「治そうとするな。わかろうとせよ」が基本姿勢 ・とがめることで相手は防御的または攻撃的になる ・幼児性（クライエントとカウンセラーが逆転） ・相手の今の気持ちを共感し受け入れる（共感的理解）	○自己理解 ○自己分析 ○自己受容 ○他者受容 ○共感的理解 ○自己一致	○「うーんと痛いよう」 ○「そう…痛いね，痛いね。ベッドで休んで様子をみようね」 ＊バイタルを取りながら ○「今まで，我慢していたの…つらかったでしょう」 当面の身体的苦痛や訴えをありのまま受け止める
〈支持〉 「それはそうだ」「それは大変でしたでしょうね」 ・同調したい気持ち・承認「you are OK」 ・「そうでしょうね…」 ・「何かいい方法はないかなあ一緒に考えてみましょう」		○「何か心配事があったとき誰でもそういうことが起こることがあるものよ…」 ＊手を握りながら（さすりながら） 語りかける養護教諭
〈繰り返し〉 「あなたの話をこういうふうに理解しましたが間違いないでしょうか」 ・相手の話したポイントをつかまえそれを相手に投げ返す ・自分の話したことが音声になって戻ってくる（自分から離れて眺めることができる…自問自答を促進） ・言葉の「オウム返し」ではない。要点を繰り返す ・「おっしゃりたいことをまとめるとどうなるでしょうか」 ・自己と問答する際のカウンセラーは「鏡の役割」となる ・言葉を繰り返すのではなく「心を繰り返す」 ・あたかも自分自身と出会ったかのごとく感ずる	○クライエントの自己理解を促進 ○洞察力 ○観察力 ○感受性 ○分析力 ○知力	○A子「先生胃が痛い，キリキリ痛いよ」 ○養護教諭「そう，胃のところがキリキリ刺すように痛いのね」 ○A男「頭が痛いよお！割れるよお！」 ○養護教諭「頭ががんがん割れるように痛いのね」 ＊体温を測りながら 「まず冷たいタオルで冷やしてみようか」 ○「何かむしゃくしゃすることがあったのかな」 （攻撃欲求の抑圧，交感神経の緊張）
〈明確化〉 「あと何回面接に来ればいいのでしょうか」 「面接に来るのがおっくうな感じなの…」 ・クライエントが薄々気づいてはいるけれども，まだはっきりとは意識化していないところを先取りしてこれをカウンセラーが言語化（意識化）することを明確化という ・意識の面積を拡大する作業	○自己分析 ○問題の焦点化	○B子「とにかくあっちもこっちも痛い，どこがいたいのかなんてわからない」 ○養護教諭「要するに全身みんな痛いわけね」 ○B男「先生，ガンって治るの」 ○養護教諭「何か病気のことで心配事あるの…」
〈質問〉 「いつからつらいのですか」 「今，どのような気持ちですか」 ・相手を支援するために必要な情報を収集するため開かれた質問の工夫 ・閉ざされた質問の工夫（返事は首を縦に振る，または横に振るだけでも意志確認可能） ・話したこととの関連性のことがらから質問する ・つまみ食いの質問はしない ・考えが発展するか今まで気づかなかったことの気づく様な聴き方 ・「何かきっかけでも…」 ・会話そのものが援助になるような聴き方，リレーションのつき方次第で質問の仕方もかわってくる ・「よくぞ聴いてくれた」	○リレーションの付具合で質問が違うことも配慮 ○この5つの技法は順序を示したものではない	○「何か悲しいことや寂しいことでもあったの」 （依存欲求の抑圧，副交感神経の緊張） ○「おなかのどの辺が痛いの」 ○「ここをさすったときと痛みはどうかな？」 ○「この間は違うところが痛かったね…この前の痛みと比べてどう？」 ○「ここを押さえていると気分はどう？」 〈質問と健康相談・健康相談活動〉 ○開かれた質問 （5W・1H） 沈黙の場合 ①答えるエネルギー無し ②拒否 ③質問の意味理解不明 ④答え表現わからない ⑤考え中 相互に繰り返す　閉ざされた質問（YES・NO） ↓ 観察が重要
〈参考・引用文献〉 ・國分康孝著『カウンセリングの技法』誠信書房，1979 ・國分康孝監修，片野智治編『エンカウンターで学級が変わる　中学校編』図書文化社，1996		

（三木とみ子，2012）

（三木　とみ子）

8　ヘルスアセスメントを活用した健康相談・健康相談活動支援計画

(1) 健康相談・健康相談活動支援計画作成の意義

心身の健康課題がある児童生徒に対し，個別に支援計画を作成することは以下の点で有効である。

> ①養護教諭が行う健康相談・健康相談活動のプロセスを明確化できる。
> ②当該児童生徒の健康課題や支援方針についてヘルスアセスメントを踏まえて示すことができる。
> ③連携する教職員や学校医や主治医，スクールカウンセラーやスクールソーシャルワーカー等の専門家との連携の際に，情報を共有し，共通認識，共通行動をとることができる。
> ④支援の経過を記録できるので，支援の途中でも振り返ったり，支援方針を修正したりすることができる。
> ⑤事例が終結した後に振り返り，省察することができる。

そのため，養護教諭は健康相談・健康相談活動の支援計画を作成する。
特別支援教育における個別の支援計画や指導計画とは異なるものであることを付け加える。

(2) 健康相談・健康相談活動支援計画作成の方法

健康相談・健康相談活動の支援計画作成にあたっては，支援の根拠となるヘルスアセスメントが適切に行われなければ計画立案はできない。
今回は，心理的・社会的アセスメントを活用して作成した「健康相談・健康相談活動支援計画」を示す。
シートを使用した支援計画についての手順は以下のとおりである。

> 手順①　日常の保健室でのかかわりを通じて，心身の健康課題がある児童生徒が考えている「なりたい自己像」や「願い」を聴取しておく
> 手順②　聴取した内容をもとに養護教諭が「心理的・社会的アセスメントシート」を記入し，結果を座標にプロットする
> 手順③　関係者・関係組織に養護教諭が声をかけるなどしてケース会議を開催する
> 手順④　支援を実施する
> 手順⑤　支援後・支援中のケース会議で支援の振り返り，評価，計画の再検討する

健康相談・健康相談活動の支援計画作成にあたっては，児童生徒が主体的に課題解決を図ることが重要であり，児童生徒本人の目標や目指す自己像を支援者側が理解する必要がある。

また，支援計画は1か月程度を1サイクルと考え，その期間で児童生徒の変容が見えるような目標を立てる。その際も，児童生徒の願いに照らし合わせ，スモールステップとなるように目標を設定する。また，目標達成に向けて大きな取組をする必要はなく，日常的に取り組める内容に一工夫入れるような継続可能な支援計画にする。

ケース会議を開催する際には，当該対象児童生徒の課題発見や情報共有，現状報告のみにしてはいけない。1か月後を目途とした目標を設定し，支援の具体的内容を検討し，役割分担を行うなど，具体的なケース会議になるよう配慮する。

特に，学級担任の指導方法や家庭の養育態度等についての原因追究にならないようにする。誰か一人が困難感を一人で抱え込まないよう配慮する。支援の具体的内容の検討に際しては，児童生徒の資質や取り巻く環境の中から「強み」や「よさ」「可能性」を見つけ出し，支援に活かす教育的視点が大切である。

また，かかわる教職員の中には，役割や指導観の相違から意見が食い違う場合があるのは仕方がないことであるという認識を持ち，相互に共通理解のもと，折り合いをつけ，それぞれの特質を活かした支援を計画することが効果的と考える。この支援計画作成におけるケース会議においては，ベテラン教員が経験の浅い教員に対し，指導のポイントを伝達するなどOJTの機会にもすることができる。

支援計画を作成することで，それぞれが組織の中での役割を理解し，情報を共有しながら，児童生徒も教職員も同じ目標に向かって役割を果たしていくことが，児童生徒の課題解決の大きな力となると考える。

（青木　真知子・大沼　久美子）

第5章 学校における健康相談・健康相談活動の実践

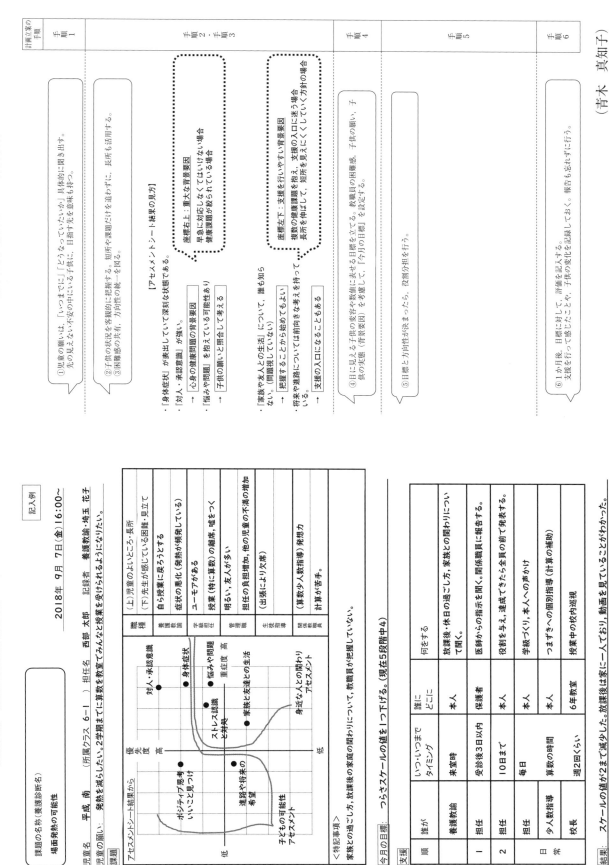

(青木 真知子)

9 健康相談・健康相談活動からつなぐ保健指導の進め方

　健康問題の発見，気づき，養護教諭の行う健康相談による対応からさらに個別の保健指導や保健教育などにつなぐことによって子供たちの抱えている問題が解決する。ここでは，これらの様々な事例をあげる。

事例1―A男の事例―健康観察から養護教諭が行う健康相談へ

　中学2年生男子。A男は，時々，自分の感情をコントロールできず，人や物に攻撃的な態度を示すことがあった。本事例の流れは以下のとおりである。

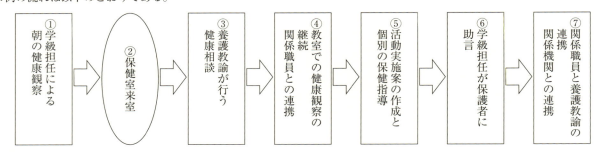

①学級担任による朝の健康観察
　朝の健康観察時，学級担任がA男のいつもと違う様子に気がつき，養護教諭に「A男がイライラしている様子。いつもとちがう。保健室に行くかもしれない。」と伝えた。

②保健室来室
　A男が保健室に来室した。保健室のドアを勢いよく開け，大股で保健室内を歩き回った。

③養護教諭が行う健康相談
　保健室来室時，養護教諭はA男を受容し，ゆっくりと話しかけた。A男は次第に落ち着き，近くのソファーに腰をおろした。顔は紅潮しているが，身体的な症状や訴えはほかになかった。検温して脈拍を測った後，しばらくするとA男は昨夜の家庭での出来事について話し始めた。些細なことが原因で父に叱られたようでA男は納得できず，イライラした気持ちのまま登校していたことがわかった。

④教室での健康観察の継続，関係職員との連携
　表情が落ち着いてくると，A男は自分から「教室へ戻る」と言い，来室してから20分ほどで教室へ復帰した。養護教諭はA男のイライラしている原因について学級担任に報告した。学級担任を中心に関係職員と連携を図った。各教科担当による授業時の健康観察を実施した。

⑤活動実施案の作成と個別の保健指導
　養護教諭はA男に個別の保健指導を実施する必要があると考え，学級担任にA男に対する個別の保健指導の活動実施案を提案した。学級担任の協力を得て，放課後，保健指導を実施した。嫌なことがあったときイライラする気持ちになることは誰でもあることを伝えた。その上で，我慢したりほかのことに取り組んだりして気持ちを切り替えるなど，気持ちをコントロールすることが必要であることを指導した。保健指導後は関係職員の連携のもと，健康観察を継続し，A男の心身の変化を見守った。A男が気持ちを切り替えることができたときは，そのことを認め，意欲を高めることを確認した。

⑥学級担任が保護者に助言
　学級担任は家庭連絡を行い，A男の様子と保健室で行った保健指導の内容を伝えた。

⑦関係職員と養護教諭の連携，関係機関との連携
　養護教諭は校内の教育相談部会で関係機関との連携について提案した。管理職が窓口になり，関係機関との連携による支援体制を構築した。A男の支援について課題解決のための方策を検討することとなった。

A男の事例からの学び
〈学級担任が行う健康観察と養護教諭の職務の特質や保健室の機能を活かした連携〉
　学級担任は，朝の健康観察の結果からA男の状態を考慮し，健康相談を実施するための十分な時間と個別に対応できる教室を確保する必要があった。養護教諭の職務の特質や保健室の機能を活かした連携を遅滞なく行ったことが本事例の早期解決につながった。活動実施案をもとに養護教諭と学級担任，教育相談部会等が連携し，健康観察や養護教諭が行う健康相談，保健指導という流れのある対応をしたことで課題も明確になり，学校内だけでなく，関係機関との連携体制の構築へとつながった。

事例2―B子の事例―養護教諭が行う健康相談から健康観察による学級担任との連携

中学1年生女子。B子は、明るく活発な印象のある女子だった。友人とのトラブルをきっかけに腹痛で来室するようになった。本事例の流れは以下のとおりである。

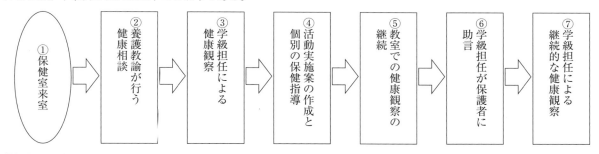

①保健室来室
　B子が保健室に来室した。主訴は腹痛。いつもと違い暗い表情で、うつむいた姿勢だった。

②養護教諭が行う健康相談
　バイタルサインを確認した後、ベッドに寝かせ、腹部触診を行ったが、痛みの部位が特定しない。B子は元気がなく、いつもと違う様子だったため、1時間の休養を促した。
　問診では、夜眠れていないことがわかり、食欲もない様子だった。しばらく休養をした後、養護教諭がそばに寄り添った。B子の腹部をさすっていると「友だちに避けられている」と話し始めた。

③学級担任による健康観察
　B子は1時間の休養の後、教室復帰。養護教諭は学級担任と連携を図るため、保健室で得た情報について報告した。学級担任も何かあるのではないかとB子を気にかけていた。養護教諭は学級担任にB子の教室復帰後の健康観察を依頼した。

④活動実施案の作成と個別の保健指導
　養護教諭はB子に保健指導を実施する必要があると考え、学級担任に個別の保健指導の活動実施案を作成して提案した。翌日、再びB子が腹痛で来室した。休養の後、活動実施案をもとに、当面の課題解決の方策として、腹痛が起きたときの対処について保健指導を実施した。また、生活リズムの乱れが腹痛を起こす原因の1つであるため、睡眠・食事・排便について保健指導を実施した。

⑤教室での健康観察の継続
　学級担任は朝の健康観察を始め、授業やその他の活動場面でも、B子の様子を観察し、積極的に話しかける機会を作った。養護教諭と学級担任が話し合い、同じ方針で対応できるよう情報の共有を行った。数日後、B子が自ら学級担任に「友だちに避けられている」と相談した。

⑥学級担任が保護者に助言
　学級担任が保護者に電話連絡を行った。教室での様子、学級担任のB子への対応や保健室で養護教諭が行った保健指導の内容を伝えた。家庭と協力して見守る体制を築きたいことを提案し、了承を得た。

⑦学級担任による継続的な健康観察
　1週間に3～4回あったB子の来室は、翌週はほとんどなくなり、腹痛を訴えることもなくなった。学級担任による継続的な健康観察と家庭での見守りを継続した。

B子の事例からの学び
〈養護教諭が行う健康相談で得た情報をもとに健康観察を行い、B子と信頼関係を築いた学級担任〉
　保健室来室時における健康相談によって、B子の腹痛の背景要因に友人とのトラブルがあることがわかった。養護教諭が学級担任に情報提供して学級での健康観察を依頼した。学級担任は養護教諭から得た情報をもとに、教室での健康観察をより注意深く行うことができた。また、養護教諭は学級担任の健康観察の情報から、B子の様子を把握することができた。養護教諭と学級担任はB子が自分で解決できる力を持っていることを信じ、活動実施案をもとに対応した。養護教諭が行う健康相談、個別の保健指導と学級担任が行う健康観察は、連携することでより効果的に生徒を支援できることがわかった。

事例3―C男の事例―保健室での対応により，養護教諭が行う健康相談から保健指導へ

小学6年生男子。5月。「頭が痛い」「だるい」と訴え来室。同主訴での来室が続いた。C男は学級委員としての不安感があり，生活習慣にも課題があることがわかった。本事例の流れは以下のとおりである。

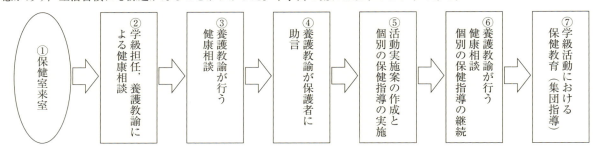

①保健室来室→②学級担任，養護教諭による健康相談→③養護教諭が行う健康相談→④養護教諭が保護者に助言→⑤活動実施案の作成と個別の保健指導の実施→⑥養護教諭が行う健康相談，個別の保健指導の継続→⑦学級活動における保健教育（集団指導）

①保健室来室
　「頭が痛い」「だるい」と訴え来室。同主訴での来室が続いた。特に午前中に来室することが多かった。検温では35度台と低く，手足も冷たい。養護教諭は，健康相談が必要と判断し，保健部をとおして，健康相談の計画を立てた。

②学級担任，養護教諭による健康相談
　C男と学級担任，養護教諭の三者で健康相談を実施した。学級委員としてクラスをまとめることに不安を感じているようであった。放課後はバスケットボールのチームでキャプテンを務めており，休むことなく活動をしていた。バスケットボールは楽しいと話していた。食欲はあるが，就寝時刻は22時頃を過ぎることがわかった。学級委員としての責任感がたいへん強い印象だった。

③養護教諭が行う健康相談
　その後もC男は保健室に来室するが，養護教諭は毎回バイタルサインを確認しながら観察した。カウンセリングの技法を用いて対応し，安心できる環境づくりに努めた。1時間程度ベッドで休養すると体温が上昇し体が楽になるようだった。その後は教室復帰し，放課後のバスケットボールの活動も続けた。

④養護教諭が保護者に助言
　学級懇談会後，担任とともに母親が来室した。C男は家庭でも学級委員としての不安感について話していた。また，年の離れた兄と姉がおり，一緒に夜遅くまで起きていることが多いことがわかった。24時頃まで起きていることもあり，体調不良を訴える日と就寝時間に関連があることが母親の話から推測できた。
　学級委員については学級担任とともに支援していくことを伝え，体調不良が続き学校生活にも支障が出ていることを説明して適切な就寝時間について家庭の協力を依頼した。

⑤活動実施案の作成と個別の保健指導の実施
　養護教諭が活動実施案を作成して学年会議に提案した。学級担任と連携して進めていけるようC男が達成可能なねらいの設定を確認した。放課後，養護教諭はC男の背景要因を理解した上で，充実した学校生活を送るため個別の保健指導を実施した。学級担任には学級委員としての不安感についてフォローしてもらい，養護教諭は睡眠の重要性について話し，1時間早く就寝することを提案した。養護教諭と学級担任，保護者が協力してC男の生活の様子を確認し，早く就寝できたときは賞賛した。

⑥養護教諭が行う健康相談，個別の保健指導の継続
　C男が保健室を来室した時は養護教諭が健康相談を行い，必要に応じて個別の保健指導を行った。

⑦学級活動における保健教育（集団指導）
　学級担任と連携し，学級活動で「心の健康」を題材に生活習慣と健康との関連について授業を行った。

C男の事例からの学び

〈健康相談・保健指導のつながりの中で，背景要因を把握〉
　養護教諭が行う健康相談を実施する中で，C男の苦痛の軽減を図り，信頼関係の構築に努めた。健康相談・保健指導のつながりの中で学級委員としての不安感や睡眠の課題を把握することができた。学級担任や保護者の理解や協力を得て，共通理解を図り支援することができた。

事例4―D子の事例―小学校申し送りをきっかけにした養護教諭が行う健康相談から保健指導へ

小学校からの申し送りで，食物アレルギーを持つD子に関する情報を得た。母親の要望もあり中学校入学前に健康相談を実施した。中学入学後はテニス部で活動し，元気に学校生活を送っていたが3年生になり，修学旅行を控えた5月頃から保健室へ来室するようになった。本事例の流れは以下のとおりである。

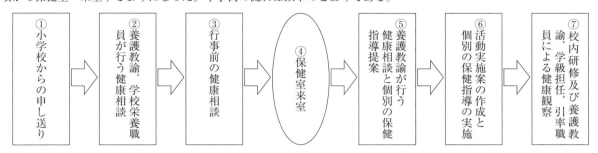

①小学校からの申し送り
　D子は重度の食物アレルギーがある。小学校の修学旅行でアナフィラキシーショックを起こしたことがあった。給食は，除去食及び代替食で対応していた。
②養護教諭，学校栄養職員が行う健康相談
　D子は入学前であったが，管理職の承諾を得て，中学校養護教諭が健康相談を計画した。中学校の学校栄養職員に協力を依頼した。健康相談は中学校保健室で実施し，D子の母親，管理職，養護教諭，学校栄養職員で行った。学校給食やその他の学校生活について話し合った。健康相談は学年末に1回と必要に応じて継続的に実施することを確認した。
③行事前の健康相談
　3年生に進級した。修学旅行の準備のため，学校として健康相談を計画し，管理職，学級担任，養護教諭，母親で実施した。母親の話から，小学校での修学旅行の体験が，D子が修学旅行に対する不安が強く「行きたくない」ともらしていることがわかった。クラスでの様子などから，D子が心身の発達の過程の中で，親から自立したいという気持ちとまだ自立への不安があるという葛藤の中にいることを説明し，修学旅行への参加は，D子の自己解決能力を育むための過程となることで共通理解をした。
④保健室来室
　3年生になり修学旅行が近づくと，D子が時々保健室に来室するようになった。主訴は風邪気味，足首の捻挫など様々であった。
⑤養護教諭が行う健康相談と個別の保健指導提案
　D子の主訴をもとに，痛い部位をさすりながらゆっくりと話しかけた。D子の不安は，修学旅行が無事に過ごせるかということであった。修学旅行前に食物アレルギーについて学び，注意事項を確認するなど，個別の保健指導の機会をD子に提案した。
⑥活動実施案の作成と個別の保健指導の実施
　職員会議で活動実施案を提案し学級担任の協力を得て個別の保健指導を実施した。食物アレルギーやアナフィラキシーショックについて学び，学級担任と三者で修学旅行の注意事項を確認した。
⑦校内研修及び養護教諭，学級担任，引率職員による健康観察
　食物アレルギー，アナフィラキシーショックについて校内研修を実施した。これまでの健康相談や保健指導の経過を関係職員に伝え，修学旅行中のD子の健康観察を依頼した。

D子の事例からの学び
〈症状の理解や生徒の発達課題等，専門性を活かした健康相談・保健指導の実施〉
　小学校の申し送りを健康相談につないだ。養護教諭をはじめ，それぞれの専門性を活かした連携となった。D子の発達課題を意識した対応により，修学旅行の成功につながりD子の自立の第一歩となった。母親と健康相談を継続的に実施したことで，家庭と学校が共通理解のもと，D子の成長を見守ることができた。

（芦川　恵美）

10 ストレスマネジメント教育を活かす実践

(1) 健康相談・健康相談活動に活かすストレスマネジメント教育

　ストレスマネジメントとは，狭義ではストレス反応に対する直接的な働きかけを意味するが，ストレスが起こりにくいように環境を整備したり，出来事に対する捉え方を変えることでストレスを感じにくくしたり，不安な気持ちをやわらげる方法や人間関係をうまく調整する方法などの対処法を学ぶこともストレスマネジメントに含まれると考えられている。

　ストレスマネジメントの教育は，健康に関する予防教育の一環として授業をとおして実施されることが多い。しかし，保健室においても健康相談・健康相談活動の中で，児童生徒たちが抱えるストレスに気づいたときは，校種によって目的とするところの違いはあるものの，場面に応じたストレスマネジメント教育を実践する必要がある。

① ストレス反応

　何らかの刺激に対して，元の状態に戻ろうとして起こす反応がストレス反応であり，児童生徒は，初期段階ではイライラする・ソワソワする・なにもやる気がしない・気持ちが悪い・疲れるといった表現で身体症状を訴える場合がある。そのまま放置しておくと胃痛・下痢・めまい・頭痛といった反応を引き起こし，さらには，過呼吸症候群・過敏性腸症候群といった症状にまで至るケースもある。

　養護教諭が最初にストレス反応に気づくのは，保健室来室者の記録用紙がきっかけとなることがある。養護教諭は，児童生徒が記入する症状の種類・生活状態・検温といった記入欄の内容を一緒に確認していく過程で，ストレス反応を意識する必要がある。

【事例】
　保健室来室者：高等学校1年生女子生徒　来室日時：9月〇日1校時終了後
　身体症状：1週間前から下腹部が痛い，痛みが変動する，頻繁に痛い，痛みスケール（弱1・2・3・④・5強），
　　　　　　下痢，吐き気あり
　生活状態：睡眠時間0：30～6：00（5時間半），よく眠れなかった　排便（下痢ぎみ）
　　　　　　食事（昨日の夕食〇・今日の朝食〇），食欲なし　服薬（今朝，家で胃腸薬を飲んで登校）
　　　　　　疲労（部活動で疲れている）　悩み（部活動・勉強・教師）
　治療中の病気：なし　アレルギー体質：なし　体温：36.6度　部活動：ソフトテニス部
　記入内容を確認しながら生徒の話を聴いていく過程で，悩みが部活動・勉強・教師といった学校生活に集中していて，疲労感も感じているため，身体症状がストレス反応ではないかと疑う。

② ストレッサーの特定

　ストレス反応の原因となる刺激をストレッサーと言う。ストレッサーを特定することは，ストレス反応を軽減させるための具体的な対処方法を考える上で最も重要である。

　事例では，生徒の身体症状や生活状態を確認する中で，主に「ハードな部活動」「宿題や課題が滞っているため先生に叱られる」「成績や進級への不安」といった要因がストレッサーになっていると予測する。

③ ストレッサーに対する対処方法

　対処方法を考えるとき，ストレッサーを消し去ることだけを意識するのではなく，ストレッサーがストレスにならないような思考・判断・行動に導くことが大切である。方法としては，「相談する」「コミュニケーションの方法を身につける」「リラクゼーションの方法を身につける」「趣味を持つ」「見方や考え方を変える」などがある。

　事例では，先ず「見方や考え方を変える」方法を試みる。部活動がハードに感じてしまっていることに対しては，部活動顧問に県外遠征も含めた活動予定を確認し，生徒のスケジュールに数か月先の予定を組み込むことで時間的展望をもたせる。生徒は，ハードな部活動が永久に続くような錯覚に陥りがちだが，時間的な展望を持たせることによって苦痛と感じていることにも意味づけが生じ，ストレスへの耐性も育むことができる。

宿題や課題が滞って先生に叱られることに対しては，すべて完璧に仕上げてから提出しようとするあまり，完璧にできない自分を否定的に捉えがちになっている。過密スケジュールの中，ここまで仕上げることができたと自分を肯定的に評価し，今回はここまでしかできていないが精一杯取り組んだ結果だとプラス思考に捉える。先生にも事情を話し，今回の宿題や課題は，できているところまで提出することを伝える。

　成績や進級への不安に対しては，成績が落ちたことは事実かもしれないが，そのことが進級できないことに直結するわけではないことを知らせる。生徒は，最悪の事態を予想してしまいがちだが，養護教諭が一緒になって出来事を客観的に見ていく過程の中で，生徒のストレッサーに対する捉え方が少しずつ変わっていく。それによって不安な気持ちが軽減され，身体症状も改善されやすくなる。

(2) 健康相談・健康相談活動に活かすソーシャルスキルトレーニング（SST）

　ソーシャルは「人間関係に関すること」を意味し，スキルは「知識や経験に裏打ちされた技術」を意味する。心理学では，ソーシャルスキルを「他者との良好な関係を形成し，それを維持していくための知識や技術の総称」とし，環境や学習によって変化するものと捉えられている。一般的なSSTは，「教示（なぜ必要なのか伝える）」「モデリング（手本を示す）」「リハーサル（予行演習）」「フィードバック（誉めたり修正したり）」「実際の活動（リハーサル以外の場所で実行）」といった流れで進められる。児童生徒の特性，具体的内容や場面によって，それぞれの段階を補いながら進めることも大切である。

　健康相談・健康相談活動においては，児童生徒と養護教諭との1対1の個別SSTが想定される。例えば，友達とのかかわり方がわからなくて，それがストレッサーになっている場合は，「挨拶するとき」「話しかけるとき」「誘うとき」「頼むとき」といった困りそうな場面を想定し，児童生徒と養護教諭の二人で役割を決めてリハーサルをする。リハーサルによって徐々にストレッサーをストレスと感じなくなり，ストレス反応と思われる身体症状も軽減されていく。

(3) 健康相談・健康相談活動に活かすアサーショントレーニング

　アサーションとは「断言・主張」と訳されるが，単に自分の意見を主張するのではなく，自分を大切にすると同時に，相手も大切にしようとする相互尊重の精神に基づいた自己表現である。アサーションを理解し，体験学習をとおして実践的なコミュニケーションスキルを身につけさせようとする働きかけをアサーショントレーニングという。

　自己表現には，攻撃的（相手の言い分を無視・軽視して自分を押しつける表現法でトラブルが起こりやすい），非主張的（自分の気持ち・考え・意見を表現しなかったり，し損なったりする表現法でストレスをためやすい），アサーティブ（相手の気持ちも考えながら，自分の気持ちや考えを正直に，場にふさわしい方法で表現する方法）の3つがあげられる。

　健康相談・健康相談活動においては，児童生徒が抱える事例を基に，養護教諭が3つの自己表現のパターンを提示する。

【事例】
　保健室来室者：高等学校2年生男子生徒
　相談内容：定期テストが近づき，友人からノートを貸して欲しいと頼まれている。しかし，その友人には以前にもノートを貸したことがあり，そのときはなかなか返してもらえなかった。
　攻　撃　的：「前に貸したとき，なかなか返してくれなかっただろ。だから，もう貸すのは嫌だ。」
　非主張的：「えー，どうしようかな。うーん，まあいいけど。」
　アサーティブ：「貸してもいいけど，自分もノートで勉強したいから，お互いのスケジュールが重ならないように計画を立てないか。」

　3つの表現方法を比較させ，相手を責めずに自分の気持ちを伝えるアサーティブな自己表現が心地よいことに気づかせる。アサーショントレーニングをすることによってコミュニケーションスキルが徐々に身につくため，友人との会話も負担に感じなくなる。

（柳谷　貴子）

11 病気の子供への対応

(1) 病気の管理

子供が行う日常の病気の自己管理には，薬や食事，活動などがある。

病気によっては，学校で薬や注射が必要になったり，発作を起こしたりする場合もある。そのため養護教諭は，学校生活管理指導表をもとに，子供や保護者から，日常の病気の自己管理の方法や発作時，緊急時の対応，学校生活において配慮が必要な事項等について十分に話し合い，学校での対応方法を決めておく必要がある。さらに養護教諭は教職員に対しても，日常の健康観察の観点や，病気の自己管理と緊急時の対応について周知徹底しておく必要もある。

(2) 心理社会的な課題と支援

養護教諭をはじめとした教員は，病気を理解することはもとより，子供が病気とともに生きていくという視点にたった支援が必要となる。

① 病気に伴うつらさや喪失感を理解する

病気の子供は通常の成長発達に伴う課題に加え，病気に伴う身体的苦痛や制限ならびに心理社会的課題がある。例えば，治療や薬の副作用によって顔が丸くなったり（ムーンフェイス），皮膚がただれたりする，身体的変化に向き合えない，病気になった自分を受け入れられない，仲間外れ感を味わう，などである[1]。さらに病気の子供は，今までできていた運動や活動，日常生活ができなくなることと，友達と同じことができないことという，つらさや喪失感を味わっている[2]。

養護教諭は子供に，病気をどのように捉えているのか，学校生活や友人関係で困ったり不安だったりすることは何かなどを聞き，子供の気持ちや困り感をよく受け止める必要がある。その上で担任等に子供の病気に伴う不安や悩みごとを伝え，学校生活や友人関係の調整を行うべきである。

② 前向きに生きる姿を支援する

病気の子供はつらく厳しい治療や入院生活に耐えている。さらに彼らは，病気とともに生きる意味を模索しながら自らの人生を前向きに生きている[2]。

そこで養護教諭は，病気の否定的な影響のみに着目し問題視するのではなく，優しさや共感性等，子供が病気によって得た肯定的な影響を捉え，彼らの長所や強みを伸ばし強化するかかわりが重要となる。さらに養護教諭は，担任をはじめとした教職員が子供の入院治療中の頑張りや前向きな姿を認めたり褒めたりするよう働きかける必要がある。こうした教職員の支援は，子供の自己肯定感を高め，自信や意欲の向上につながる。

③ 自立を支援する

子供が学校生活の中で，自分の病気や体調，できることとできないことを理解し人に説明できることは，その後の社会生活の準備として必要である。

そこで養護教諭と担任は協力して，子供が自分の病気や状況を人に説明できるための指導をする必要がある。例えば，子供が友達に「何故，遠足に行かないの」「どうして薬，飲んでいるの」「どうして顔が赤いの」等と聞かれたときに，どのように答えるのかを練習しておくとよい。また，「できない」「ここまではできる」「今は止めておく」「疲れたから休む」「ちょっと手伝って」など，自分の体調に合わせた活動量を自分で判断し，人に伝える練習も必要である。つまり，子供が自分の状態をわかり，人に伝えられるようになることは，学校や社会において病気とともに生きるために必要であり，養護教諭はそのための支援を考えなくてはならない。

病気を踏まえた進路指導も重要である。子供の中には，病気になったことにより，将来人のために役に立ちたいと思っている者も多い[2]。一方で，遺伝，妊娠・出産，運転免許等の資格取得の問題など，誤った理解をし，将来を悲観的に考えている子供もいる。養護教諭は，子供の進路相談に乗るとともに，担任

等に対し，子供が病気とともに生きる視点を持ちながら進路指導をするよう，助言する必要もある。

(3) 学校生活における課題と支援

病気による長期欠席後，子供は学業の遅れや体力の低下がある。そのため養護教諭は担任と連携しながら，学習や活動，友人関係の調整などについてきめ細かく対応する必要がある。

① 学習面や運動・活動面，友人関係の支援

養護教諭は担任と連携して支援会議を持ち，学校生活管理指導表に基づいた活動や運動の確認，学業の遅れ，友人との関係等について，教育支援計画を立て対応にあたる必要がある。この支援は，入院中等の欠席中にも行う必要があり，子供が学校から離れてしまうことがないように留意するべきである。

学習については担任が中心となり個別の指導計画を立てる必要もある。また，通常の体育ができない子供の場合，個別の指導計画に基づいた運動が行われるべきである。子供が，体育の時間に見学や休養のみであったり，得点づけなどの授業補助をしていたりする状況は，子供の学ぶ権利を奪うことになる。

養護教諭は，病気の子供の友人関係や学業での困りごとをよく聞き，学ぶ権利を保障する観点から，担任等に助言する必要もある。

② 学校環境を整える

病気の子供の安全を守るため，養護教諭が主となり適切な校内体制を整備する必要がある。

学校で薬や注射を必要とする子供の中には，教員の理解が得られずトイレや部室で人目を忍んで注射をしている現状もあり，衛生面と教育面との両方を考えながら環境調整をする必要がある。緊急時の体制づくりとしては，発作時の校内救急体制づくりやAED等の研修，発作時，緊急時にどの病院に行くか，担任，保護者，養護教諭との緊急連絡の方法などを決めておく必要もある。

養護教諭は，インクルーシブ教育システム構築における合理的配慮の考えに基づいて，病気の子供の学校環境を整備する中心的存在となる必要がある。

養護教諭は，子供が病気とともに生きる視点にたった支援と学校組織への働きかけが期待される。

〈引用・参考文献〉
(1) 西牧謙吾監修，松浦俊弥編著『チームで育む病気の子ども―新しい病弱教育の理論と実践』北樹出版，2017，pp. 125-139
(2) 竹鼻ゆかり，朝倉隆司「病気と共に生きる子供の成長発達のプロセス―当事者の語りの分析から―」『学校保健研究』第60巻第2号，2018，pp. 76-90

（竹鼻　ゆかり）

12　健康の危機管理対応

子供のライフスタイルや健康は，それを取り巻く環境と，家庭，地域，学校，職場，国などの在り方に強く影響されており，これらの自然的，社会的，心理的環境の改善と良好な状態の維持は，子供の健全な発育・発達にとって不可欠である。現在，我が国は健康，教育を巡って激動期であり，実際に子供の健康，生活，安全面において多くの危機的状況が存在し，21世紀の子供の健康にとっては重要な転換点にある[1]。健康上の問題は，成長発達途上にある子供の命や心身の安全に直接的にかかわる問題であるので，ひとたび，危機が発生すると，学校は社会の厳しい非難の矢面に立たされることになる。そして，今日では，教育情報の開示・公開請求や教育に関する訴訟の増加[2]が見られるようになったことを銘記し，健康相談においても危機管理の可視化が必要な場合は稀ではなく，法令順守・生命，身体及び健康の安全を保護・人権の保護，正確な記録等訴訟リスクの低減を特に学校内で共有し実践できる体制整備が必要かつ重要である。

(1) 危機・危機管理とは

危機という言葉の『危』は，「あぶない，不安定，険しい」，『機』は，「時機，機会，転換期」の意味がある。したがって，図1に示したように，危機とは，危険な状態，重篤な状態，経過の分かれ目であり，

すべてが悪い状態ではなく，良い方向に向かう出発点にもなる。危機の状態は2方向の分岐点である。つまり，危機的状態は，的確な危機判断と適切な支援時期や支援方法による危機介入によって，防ぐことができる，緩和できる，その状態より悪くならないように維持できるということである。このことから，危機的状況に際しては，危機介入が非常に重要であることがわかる。

危機管理とは，リスク・マネージメントまたは，クライシス・マネージメントの訳語である。危機に適切に対応するために，科学的な機能をどのように発揮するかという課題を指す。それは，図1及び表1において詳細に示すように，(I)危機の予知・予測から，(II)未然防止，(III)危機発生時の対応，(IV)再発防止までを含めた一連の活動サイクルであり，これは，危機管理の基本である。

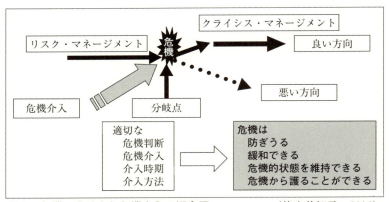

図1　危機の分岐点と危機介入の概念図　　　（徳山美智子，2006）

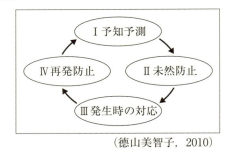

（徳山美智子，2010）
図2　危機管理サイクルの基本

(2)　「健康危機管理」とは

「健康危機管理」とは，厚生労働省健康危機管理基本指針[3]において，「この指針において，医薬品，食中毒，感染症，飲料水その他何らかの原因により生じる国民の生命，健康の安全を脅かす事態に対して行われる健康被害の発生予防，拡大防止，治療等に関する業務であって，厚生労働省の所管に属するものをいう。」と定義を掲げている。一方，旧法である学校保健法下では，東京都教育委員会が平成18年3月に「都立学校における学校健康危機管理マニュアル」を発行し，「学校健康危機管理」の定義として「学校健康危機管理とは，感染症，食中毒，飲料水，空気環境など，何らかの原因により生じる幼児・児童・生徒や教職員の生命，健康の安全を脅かす事態に対し行われる，健康被害の発生予防，拡大防止等に関する業務であり，学校保健や学校給食の所管に属するもの[4]」と記している。

また，中央教育審議会答申「子どもの心身の健康を守り，安全・安心を確保するために学校全体としての取組を進めるための方策について」（平成20年1月17日）では，校長・教頭等の項に「（略）学校保健を重視した学校経営を行うことが求められる。特に，インフルエンザ，麻しんのような伝染病の校内まん延防止など，健康に関する危機管理は重要な課題である」との記載がある。

したがって，この項においては，健康危機管理を，「学校保健安全法に依拠した健康相談における危機管理」と捉えて進めていく。

(3)　健康危機状況にある子供の理解（第5章1〜7参照）

子供にとっての危機には，大人と同様に心理的危機，身体的危機，社会的危機がある。

また，子供にとっての健康危機状況とは，その子供にとって健康状態が危うい状況を指し，医学的診断の有無にかかわらず，健康状態がよくなるか悪くなるかの分岐点であり，その子供の発達段階における健康維持のための自己（含む，他者）管理が困難な状況である。健康危機状況にある子供には，苦痛や身体の機能に障がいが現れたり障がいが悪化することへのおそれ，食事・更衣・移動・排泄・入浴など子供が生活を営む上で不可欠な基本的行動すなわち生活行動変更への対応困難，心理・精神的混乱，その子供の家族の不安などがあることを理解しておかなければならない。したがって，養護教諭は，危機的状態にある子供の健康相談を行うにあたって，苦痛の緩和，身体機能悪化の予防・早期発見，生活行動への支援，心理・精神的混乱への支援，家族等の不安や負担への支援を理解しておくことが極めて重要である。

表1　健康相談の危機管理対応の実際

レベル		活動内容
Ⅰ 危機の予知・予測	Ⅰ	学校で発生する健康相談の危機的問題を防止できるような予知や予測を備えていく 危機管理に必要な情報システムをつくり出していく
	a	健康相談に関する教職員の危機意識の高揚・持続に対する啓発
	b	開かれた信頼のおける保健室経営
	c	情報の量より早い情報の入手
	d	情報の的確な解釈
	e	多面的（身体的・精神的・心理社会的・生活習慣）な健康観察の日常化と結果の共有
	f	教職員が健康相談に必要な知識・技術を一定のレベルで維持し実践
	g	要支援児童生徒の個別対応に関する最新情報の発信と役割の確認（個人情報，プライバシー保護の徹底）
	h	学校内や家庭，地域社会，専門機関，団体との情報のネットワーク作り
	i	関係法令に精通し趣旨にそった対応の具現化
	j	自・他校の過去の危機事例を分析・考察して危機の発生を予知・予測
Ⅱ 危機の未然防止	Ⅱ	危機を防止し回避することができる事前の準備を日頃から考え用意していく
	a	抱え込みから連携へ，情報連携から行動連携への意図を共通理解（メサイヤコンプレックスの有無を確認）
	b	安全管理体制の充実と危機管理システムの確立への参画，役割分担の確認―健康相談に焦点化
	c	機能する（その学校に合った）健康相談危機管理マニュアルの作成と定期・不定期的な見直し
	d	学校医・学校歯科医・学校薬剤師，家庭，地域社会，専門機関，団体との密接な連携
	e	広報の活用による健康相談の関連情報の発信と収集（人権・個人情報・プライバシー保護の確認）
	f	教職員研修（健康観察・健康相談の方法，心のケア，関係法令，職員間の情報伝達訓練）の企画と役割分担の確認
	g	要支援児童生徒のリストアップと教職員への周知徹底，対応シミュレーションの実施
Ⅲ 危機発生への対応	Ⅲ	危機が発生した場合，それに対してどのように対処して，被害を最小限にとどめるかを考える
	a	健康相談の危機発生時の情報収集，把握，整理，共有化
	b	的確かつ迅速な危機判断
	c	児童生徒の状態の掌握
	d	危機発生場所における負傷者の有無等の確認と心のケアに配慮した適切な救急処置，搬送準備
	e	危機に直面した児童生徒氏名の確認とリスト作成
	g	危機に直面した児童生徒の保護者への対応
	h	救急車同乗と搬送先からの連絡
	i	他の児童生徒（集団・グループ）や保護者への対応
	j	報連相の徹底と管理職を中心にした外部との窓口の一本化
	k	有用な記録（事実を，具体的・正確明瞭に，時系列に）の作成と共有化
	l	収束宣言の準備活動への参画
	m	収束の確認
Ⅳ 危機の再発防止	Ⅳ	危機の再発防止
	a	関係法令の理解と順守の確認
	b	校内関係者が健康相談の一定レベルの知識・技法を共有できる環境整備
	c	健康相談事例検討・研究会の開催と結果を一次予防に活用（プライバシー保護）
	d	平常時の学校・家庭・地域における個と集団の実態把握
	e	家庭・地域への継続的啓発活動の実施と効果の測定
	f	直面した危機に関する全過程の情報収集（問題の分析と考察・結果の活用）と共有化
	g	負傷・被災児童生徒とその保護者，教職員への継続的な対応
	h	教職員の校内巡視体制への参画と役割分担の確認
	i	開かれた学校づくりへの参画と開かれた保健室づくり
	j	関係機関との継続的な連携
	k	記録の作成・整理・保存
	l	記録様式の開発と記録の書き方の研修実施
	m	自他評価の実施と結果の分析・具体的活用方法の策定
	Ⅰ	危機の予知・予測に活かす

（徳山美智子-2008を修正，2018）

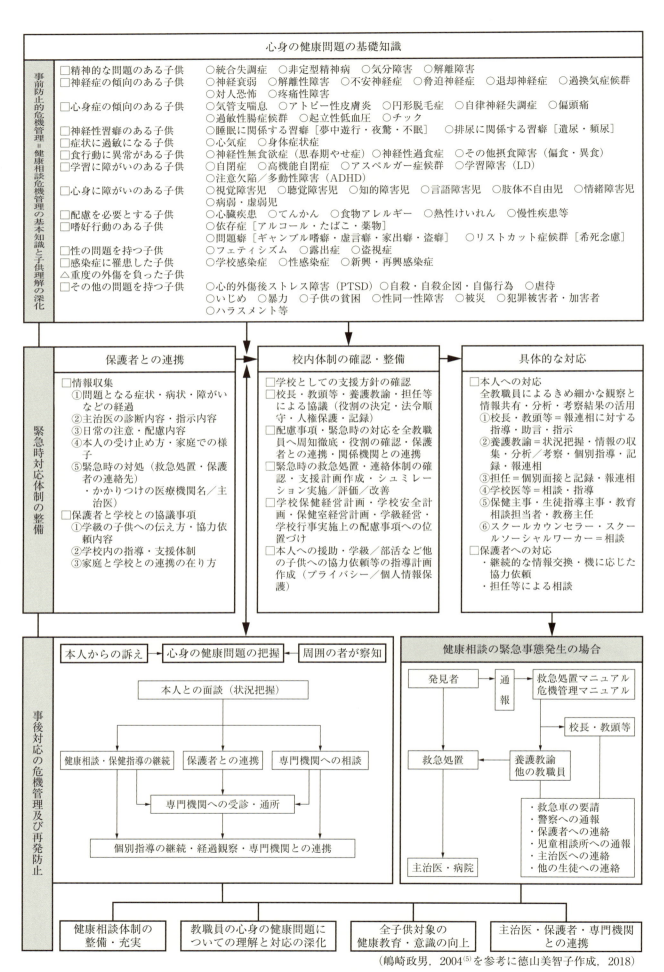

図3 健康相談における危機管理対応の基本―心身の健康問題を例に―(5)

(4) 危機管理を必要とする主な健康相談の危機管理対応の基本

健康相談における危機管理対応を概観しその基本について，子供の心身の悩み・問題を例にまとめ，図3（健康相談における危機管理対応の基本—心身の健康問題を例に—[5]），のように具体化した。学校種や地域社会の状況を踏まえて，所属校の実態に即したものをつくり，いざ，というときに備えることが大切である。図3は，危機管理対応の基本としたが，救急処置マニュアル・危機管理マニュアルも含めて，つくることが目的ではない。教職員間で共有し研修等に活用して修正する過程で組織も充実発展していく。

(5) 健康相談の危機管理対応の実際

健康相談の危機管理対応は，危機管理サイクルの基本（図2）に則って進められる。具体的には，表1に示すように，危機の予知・予測においては，学校で発生する健康相談の危機的問題を防止できるような危機管理情報システムをつくり出していくこと。多面的（身体的・精神的・心理社会的・生活習慣）な健康観察の日常化と結果の共有を図り，情報の量より早い情報の入手，情報の的確な解釈が不可欠である。危機の未然防止では，危機を防止し回避することができる事前の準備を日頃から考え用意していく。抱え込みから連携へ，情報連携から行動連携への意図を共通理解することが大切である。危機が発生した場合，それに対してどのように対処して，被害を最小限にとどめるかを考える。具体的には，情報収集と把握，整理，共有と，的確かつ迅速な危機判断，心のケアに配慮した適切な救急処置の実施，有用な記録（事実を，具体的・正確明瞭に，時系列に）の作成と共有化，報連相，窓口の一本化である。危機の再発防止では，直面した危機に関する全過程の情報収集・問題の分析と考察・結果の活用と共有化，それらを危機の予知・予測並びに健康教育（一次予）に活かすことが重要である。

〈引用・参考文献〉
(1) 日本学術会議　健康・生活科学委員会　子どもの健康分科会「日本の子どものヘルスプロモーション（報告）」2010年7月
(2) 嶋崎政男著『緊急時の対処の仕方が身につく　生徒指導の危機管理』学事出版，1998，p.7
(3) 厚生労働省「厚生労働省健康危機管理基本指針」
　 https://www.mhlw.go.jp/general/seido/kousei/kenkou/sisin/（アクセス日：2018年10月19日）
(4) 東京都医師会学校医委員会「学校医委員会答申　学校安全における学校医の役割について」2015年2月
　 https://www.tokyo.med.or.jp/wp-content/uploads/application/pdf/a456b6884d0346c6f9e59c1c264f5873.pdf（最終アクセス：2018年10月19日）
(5) 嶋崎政男著『緊急時の対処の仕方が身につく　生徒指導の危機管理』学事出版，1998，pp.114-115
・永岡順編著『教育経営基本問題解決　学校の危機管理—予防計画と事後処理』東洋館出版社，1991
・和田攻ほか総編集『看護大事典　第2版』医学書院，2010
・徳山美智子「学校事故と養護教諭」：三木とみ子編集代表『3訂　養護概説』ぎょうせい，2005
・高野清純，國分康孝，西君子編『学校教育相談カウンセリング事典』教育出版，1993
・伊藤正男，井村裕夫，高久史麿総編集『医学書院　医学大辞典』医学書院，2003
・安酸史子，鈴木純恵，吉田澄恵編『成人看護学概論』メディカ出版，2005

13　健康相談の評価

(1) 学校評価と健康相談の評価

学校評価は健康相談評価と無縁のものでない。学校教育法第42条では，「小学校は，文部科学大臣の定めるところにより当該小学校の教育活動その他の学校運営の状況について評価を行い，その結果に基づき学校運営の改善を図るため必要な措置を講ずることにより，その教育水準の向上に努めなければならない。」（幼稚園，中学校，義務教育学校，高等学校，中等教育学校，特別支援学校等にもそれぞれ準用）と規定されている。

学校評価の目的[1]は，3項目に整理され，①各学校が，自らの教育活動その他の学校運営について，目指すべき目標を設定し，その達成状況や達成に向けた取組の適切さ等について評価することにより，学校として組織的・継続的な改善を図ること，②各学校が，自己評価及び保護者など学校関係者等による評価の実施とその結果の公表説明により，適切に説明責任を果たすとともに，保護者，地域住民等から理解と

参画を得て，学校・家庭・地域の連携協力による学校づくりを進めること，③各学校の設置者等が，学校評価の結果に応じて，学校に対する支援や条件整備等の改善措置を講じることにより，一定水準の教育の質を保証し，その向上を図ること，とされている。

健康相談評価の目的は，前記を参考にして次のようにまとめることができる。

健康相談の評価の目的

> ① 養護教諭その他の教職員が，自らの健康相談について，目指すべき目標を設定し，その達成状況や達成に向けた取組の適切さ等について評価することにより，健康相談の組織的・継続的な改善を図ること。
> ② 養護教諭その他の教職員が，健康相談の自己評価及び保護者など学校関係者等による評価の実施とその結果の公表説明により，適切に説明責任を果たすとともに，学校・家庭・地域の連携協力による健康相談の組織づくりを進めること。
> ③ 養護教諭その他の教職員が，健康相談評価の結果に応じて，健康相談に対する支援や条件整備等の改善措置を講じることにより，健康相談の質を保証し，一定水準の教育の質の保証と向上を図ること。

(徳山美智子，2018)

(2) 健康相談評価における評価の意義

上記の目的から健康相談評価における評価の意義は次のようにまとめることができる。

健康相談の評価は，あくまでも健康相談運営の改善による相談水準の向上を図るための手段であり，それ自体が目的ではない。健康相談評価の実施そのものが自己目的化してしまわないよう，学校の実情も踏まえた実効性のある健康相談評価を実施していくことが大切である。

最も重要なことは，関係者が，評価を義務的に行うのではなく健康相談の大切な要素として捉えるという学校の文化を醸成することである。

健康相談の評価の意義

> ① 子供に対して質の高い健康相談を提供する。
> ② ①をとおして，集団の健康状態の改善につなげる。
> 　健康相談担当者の相談や指導の質を確認し，よりよい健康相談の在り方を追求する。
> ③ 健康相談計画（支援計画）が効果を発揮できる対象者の分析をすることにより，支援計画作成など，活動の見直しが可能となる。
> ④ 健康相談の計画の実効性を確保し評価の実効性を高める。
> ⑤ 健康相談の効果が可視化され，重要性の認識につながる。
> ⑥ 健康相談を教育科学として学校保健経営や学校経営に活かす視点の明確化につながる。

(徳山美智子，2018)

(3) 健康相談における評価の種類

健康相談評価の種類は，次のような多様な評価がある。

自己評価・他者評価・相互評価・個別評価・集団評価	・事前評価・形成的評価（経過評価）・総括的評価・診断的評価 ・単発的評価・継続的評価

自己評価は，健康相談の評価の最も基本となるものであり，養護教諭（健康相談にかかわる全教職員等）が設定した目標や具体的計画等に照らして，その達成状況や達成に向けた取組の適切さ等について評価を行うものである。他者評価（学校関係者評価）は，学校医等，スクールカウンセラー・スクールソーシャルワーカー，児童生徒，保護者，学校保健委員会構成員などが，その学校の健康相談の観察や意見交換等を通じて，自己評価の結果について評価することを基本として行うものである。養護教諭による自己評価と学校関係者等による他者評価は，健康相談の改善を図る上で不可欠のものとして，有機的・一体的に位置づけることが大切である。児童生徒・保護者対象のアンケートは，自己評価を行う上で重要であり，児童生徒や保護者を対象とするアンケートによる評価や，保護者等との懇談を通じて，保護者・児童生徒がどのような意見や要望を持っているかを把握することなどがある。児童生徒・保護者等による評価の実施にあたっては，アンケート等については，健康相談の自己評価を行う上で，目標等の設定・達成状況や取組の適切さなどについて評価するためのものととらえることが適当であり，他者評価（学校関係者評価）とは異なることに留意する必要がある。

(4) 健康相談評価とマネジメントサイクル・スパイラルアップ

　現代では，学校における健康相談は，児童生徒の健康の保持増進はもとより，命の安全，学校という組織の存亡に直結しており，学校経営の基盤を担う重要な役割を担っている[2]。そして，学校保健安全法第8・9条に規定され，すべての教育職員と学校医・学校歯科医・学校薬剤師，スクールカウンセラー・スクールソーシャルワーカー等の専門スッタフが参画する。したがって，健康相談評価を保健室経営並びに学校保健経営さらに学校経営のマネジメントサイクル（PDCA）の中に明確に位置づけられ，経営の諸条件（4M）が整備されることによって，スパイラルアップされる。また，学校保健活動の中核的な役割を担い医学と看護の素養を有する教育職員として養護教諭がその責務を明確にし，校内関係職員を組織し，連携・協働を図り計画的・継続的な自他評価とその可視化を図り，PDCAサイクルを確実に回し，スパイラルアップしていくことで，健康相談のより大きな成果が生まれ，子供の自己実現と学校教育目標の達成に寄与できる。

(5) 健康相談の評価の様式（例）

　評価表様式の例として，「組織的な継続支援として養護教諭が行う健康相談における評価（例）」を表1に示す。健康相談の記録や個別支援計画の様式と一体化させて，活用しやすいように改良していくことによって実効性があり生きて働く評価の様式が出来上がり，その様式を活用することで健康相談の活性化につなげることができる。

　評価指標は，児童生徒／保護者の人権，個人情報・危機管理の視点を含め，健康相談や健康相談活動の定義や目的・意義を外さないよう組み込み，科学的に根拠づけ，その学校やチーム支援の実情に合った様式を作成して，それを組織内で共有しておくことが大切である。

表1　養護教諭が行う健康相談の評価（例）

〈経過評価・事後評価，自己評価・他者評価〉

評価日：　　　年　　　月　　　日　　　　　評価者：＿＿＿＿＿＿＿＿＿＿

評価点：［3：おおむねできた　2：まあまあできた　1：できなかった］

※事例の種類や経過時期によって評価が困難な場合がある。また，他者評価が困難な内容がある。

経過		内容	評価	
			自己評価	他者評価
計画	1	ヘルスアセスメントを活かしたか	3　2　1	3　2　1
	2	多様な情報の収集とその活用に努めたか	3　2　1	3　2　1
	3	養護教諭の専門性・独自性を自覚し，職務の特質を活かしたか	3　2　1	3　2　1
	4	保健室の機能を明らかにし，活用したか	3　2　1	3　2　1
	5	子供の訴えに対して背景や心的な要因を念頭において分析しながら進めたか	3　2　1	3　2　1
	6	支援計画や支援方針を立て，自・他評価し，修正しながら進めたか	3　2　1	3　2　1
	7	支援検討会において専門的観点からの疑問点や意見の発信ができたか	3　2　1	3　2　1
実施	8	常に心身両面の観察を行い，心と体の両面の対応を心がけたか	3　2　1	3　2　1
	9	子供の訴えを受け入れ，ニーズに沿った救急処置が行えたか	3　2　1	3　2　1
	10	子供の発達課題を見極めながら支援し，その変容を観察したか	3　2　1	3　2　1
	11	連携に際して，対象・タイミング・内容・方法は適切であったか	3　2　1	3　2　1
	12	行動連携を実現させたか，またその過程で関係者への報告・連絡・相談のタイミングは適切であったか	3　2　1	3　2　1
	13	常に危機管理を念頭におき，危機判断，危機介入のタイミング，危機管理の方法が適切であったか	3　2　1	3　2　1
	14	個人情報保護並びにプライバシー保護は適切であったか	3　2　1	3　2　1
	15	連携において各役割を理解したコーディネーターとしての役割を果たせたか	3　2　1	3　2　1
	16	記録をとることができたか	3　2　1	3　2　1
評価	17	学校内教職員，子供，保護者等による他者評価を行ったか	3　2　1	3　2　1
	18	事例に関連する関係法令を熟知し活動したか	3　2　1	3　2　1
	19	学校教育目標，学校経営・運営，学校保健目標，保健室経営，家庭・地域の実態を視野に入れた教育活動であったか	3　2　1	3　2　1
	20	子供の個別の問題を集約し，健康教育や学校経営に活用したか	3　2　1	3　2　1
	21	研究的な姿勢をもって取り組んだか	3　2　1	3　2　1
	22	最新の科学的知識・技術・情報の収集と蓄積に努め，活用したか	3　2　1	3　2　1
改善	23	評価の結果をもとに，支援の方針・支援の方法について省察し，見直すことができたか	3　2　1	3　2　1
	24	児童生徒の課題把握が正確であったか，その他の原因は考えられなかったか，新たな要因が生じていないかなど情報を収集し分析して，再検討に活かすことができたか	3　2　1	3　2　1
	25	再検討に向けて，専門性を活かした助言をすることができたか	3　2　1	3　2　1
	26	健康教育（一次予防）に活かす視点をもち，次の計画に活かすことができたか	3　2　1	3　2　1
	27	記録を活かした支援の方針・支援の方法を検討することができたか	3　2　1	3　2　1

（德山美智子・菊池美奈子，2018）

〈引用・参考文献〉

(1) 文部科学省『学校評価ガイドライン〔平成28年改訂〕』2016年3月，p.2
(2) 德山美智子「『学校保健安全法』と『健康相談活動，養護教諭の行う健康相談』を考える七つの視点―いま，なぜ，健康相談活動の実証的な研究が必要か―」『日本健康相談活動学会誌』5(1)，2010，p.24

（德山　美智子）

第6章 チーム学校で進める健康相談・健康相談活動	《本章の学びのポイント》 ●チームとして機能する連携の対象を理解する。 ●現代的健康課題解決のために養護教諭が果たす役割を理解する。 ●具体的な連携方法や連携の方法を知る。

　学校における健康相談及び保健指導を進めるにあたっては，学校保健安全法第10条において，「…当該学校の所在する地域の医療機関その他の関係機関との連携を図るよう努めるものとする」と示されている。また，2015年の中央教育審議会答申では，「チーム学校」という文言が，いじめや不登校，特別支援教育，貧困など子供や家庭の多様な課題や，教員の多忙化への対応のために，これまで教員が中心となって担ってきた仕事を，専門スタッフや事務職員らと連携・分担して対応する体制として示された[1]。これまでも健康相談及び保健指導を進めるにあたっては地域の関係機関と連携を図りながら進めてきているが，チームとして学校の総合力，教育力を最大化できるような体制を構築する観点に加えて，近年，特に，貧困状態にある家庭で育つ子供の状況が，いじめや給食費未納など学校で起こる問題，高校中退や上級学校への進学，それに続く就職へも影響しているとの見方もあることから，「貧困対策のプラットフォーム」としての学校の役割にも期待されている。義務教育である小・中学校はすべての子供を把握することができ，福祉部局などにつなげられる可能性があり，高校では学力をつけさせたり奨学金などの支援策を紹介して進学につなげたりするなどの対策を講じることができるためである[2][3][4][5]。

1　連携の目的と基盤づくり

(1) 連携の捉え方
　連携とは，「連絡を密に取り合って，1つの目的のために一緒に物事をすること。連絡を取り合って一緒に物事を行うこと」である。児童生徒の課題解決を目的として，種々の役割や立場，専門性を持つ人や関係機関が連絡を取り合って支援することである。

(2) 連携における意義・目的
　健康相談・健康相談活動における連携の意義・目的は，児童生徒の心身の健康問題の予防・早期発見・解決策の検討・専門家による治療への協力，さらに児童生徒一人ひとりに応じた成長発達の支援を学校全体の問題・課題として捉え，啓発していくことだといえる[6]。

(3) 連携の基盤づくり
　健康相談を円滑かつ効果的に進めるために必要な学校内外の関係者及び諸機関等との連携において，養護教諭は，学校内各組織及び各担当との連絡・調整・情報交換，学校医等との連絡・調整などの役割を担う。また，校内関係委員会や会議等において支援の方針・方法の検討及び実施・評価を行う場合や，医療機関・相談機関などにつなぐ場合には，専門性を活かして関係資料を整理し，必要な資料を作成したり，提供したりすることに携わることが多い。

　課題に応じて解決のために有効な連携を図るには，まず，各役割や立場を理解し，専門領域，業務内容，連携の方法を知ることが基本となる。そうした情報を備えておくことは，課題に直面したときに，協力すべき相手を迅速かつ的確に想起することにつながり，支援計画立案・実施に際して重要である。そのために，広くは，教育，医療，保健，福祉，司法，矯正，人権，進路等に関係する勉強会に参加するなど，顔の見える関係づくりを意識することが大切である。他機関の専門職との連携方法や，支援の対象となる児童生徒の個別の状況に応じた支援方法の工夫などについて，他職種と一緒に検討を積み重ねていくことが，相互の役割の理解と，より良好な関係を築くこととなり児童生徒にとって最適な指導・支援方法の選択につながる。

(4) 現代的健康課題を抱える子供たちへの支援における養護教諭の役割

① 基本的な考え方

現代的課題を抱える子供たちへの支援について，養護教諭は，児童生徒が生涯にわたって健康な生活を送るために必要な力を育成するために，教職員や家庭・地域と連携しつつ，日常的に，「心身の健康に関する知識・技能」「自己有用感・自己肯定感（自尊感情）」「自ら意思決定・行動選択する力」「他者とかかわる力」を育成する取組を実施する[7]。健康相談・健康相談活動における連携は基本的に，①きっかけ（対象者の抽出：直接的・間接的な気づき，情報収集及び分析，対応の判断），②養護教諭の単独支援（ヘルスアセスメント→養護診断→状況に応じて危機介入，支援計画，連携の判断），③学校内の連携・担任等とのチーム支援（問題の共通理解，役割分担），④家庭との連携（問題の共通理解・役割分担），⑤専門機関との連携の段階が考えられる。しかし，どの段階においても危機が予測される場合は，段階を超えて進めたり，状況に応じて段階が戻ったりする。また，養護教諭が単独で支援する場合は限られている。

② 学校における児童生徒の課題解決の基本的な進め方

様々な健康課題を抱える児童生徒に対して，課題解決に向けた支援を確実に行うために，文部科学省は図1に示すステップを基本に，養護教諭，管理職，学級担任等，教職員以外の専門スタッフが果たす役割についてまとめている[8]。その中で示されている養護教諭の対応ステップを図1に示す。

ステップ1 対象者の把握	1　体制整備 　養護教諭は，関係機関との連携のための窓口として，コーディネーター的な役割を果たしていくことが重要である。 2　気づく・報告・対応 　養護教諭は，日ごろの状況などを把握し，児童生徒等の変化に気づいたら，管理職や学級担任等と情報を共有するとともに，ほかの教職員や児童生徒，保護者，学校医等からの情報も収集する。児童生徒の健康課題が明確なものについては速やかに対応する。
ステップ2 課題の背景の把握	1　情報収集・分析 　養護教諭は，収集・整理した情報を基に専門性を活かしながら，課題の背景について分析を行い，校内委員会に報告する。 2　校内委員会におけるアセスメント 　養護教諭は，校内委員会のまとめ役を担当する教職員を補佐するとともに，児童生徒の課題の背景について組織で把握する際，専門性を活かして，意見を述べる。
ステップ3 支援方針・支援方法の検討と実施	1　支援方針・支援方針の検討と実施 　養護教諭は，健康面の支援については，専門性を活かし，具体的な手法や長期目標，短期目標等について助言する。 2　支援方針・支援方法の検討 　養護教諭は，課題のある児童生徒の心身の状態を把握し，必要に応じ，健康相談や保健指導を行う。
ステップ4 児童生徒の状況確認及び支援方針・支援方法等の再検討と実施	児童生徒の状況確認及び支援方針・支援方法等の再検討と実施 　養護教諭は，これまでの支援に基づく実施状況等について，児童生徒の課題が正確であったか，その他の原因は考えられないか，新たな要因が生じていないかなど，情報収集及び分析を行い，支援方針・支援方法を再検討するにあたり，児童生徒にとって有効なものになるか，専門性を活かし助言する。

図1　『現代的健康課題を抱える子供たちへの支援〜養護教諭の役割を中心として〜』[8]（一部改変）で示された養護教諭の役割

2　連携の対象と方法

(1) 連携する主な専門職（専門機関）とその職務内容

養護教諭が健康相談・健康相談活動を進めていく場合の連携の対象は，図2に示すように，学校内では学級担任をはじめとする教職員や学校医・学校歯科医・学校薬剤師，学校外では医療機関や相談機関，専門家，スクールカウンセラー，スクールソーシャルワーカー，保護者などが例としてあげられる。

表1に学校内で連携の対象としてあげられる職や職務を規定する法律及び職務内容を，表2にスクールカウンセラーとスクールソーシャルワーカーの対応を比較して示す。

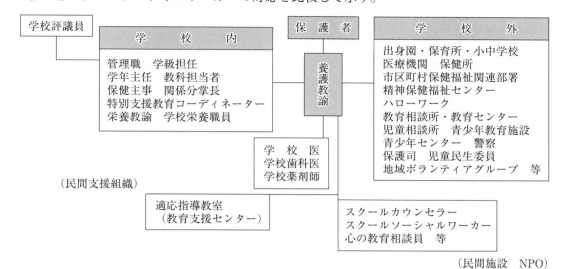

図2　学校内外の連携の対象（例）[9]

表1　学校内で連携の対象としてあげられる職や職務を規定する法律及び職務内容

職	身分や職務を規定する法律	職務内容（概要）
学校医	学校保健安全法第23条 学校保健安全法施行規則第22条	・学校保健計画及び学校安全計画の立案に参与すること。 ・学校の環境衛生の維持及び改善に関し，学校薬剤師と協力して，必要な指導及び助言を行うこと。 ・健康相談，保健指導，健康診断に従事すること。 ・疾病の予防処置や感染症の予防に関し必要な指導及び助言，校長の求めにより，救急処置に従事。 ・市町村の教育委員会または学校の設置者の求めにより健康診断に従事。 ・必要に応じ，学校における保健管理に関する専門的事項に関する指導に従事すること。
学校歯科医	学校保健安全法第23条 学校保健安全法施行規則第23条	・学校保健計画及び学校安全計画の立案に参与すること。 ・健康相談，保健指導，健康診断のうち歯の検査に従事。 ・疾病の予防処置のうち齲歯その他の歯疾の予防処置に従事。 ・市町村の教育委員会の求めにより法第11条の健康診断のうち歯の検査に従事。 ・必要に応じ，学校における保健管理に関する専門的事項に関する指導に従事。
学校薬剤師	学校保健安全法施行規則第24条	・学校保健計画及び学校安全計画の立案に参与すること。 ・環境衛生検査に従事。 ・学校の環境衛生の維持及び改善に関し，必要な指導及び助言。 ・健康相談，保健指導に従事。 ・学校において使用する医薬品，毒物，劇物並びに保健管理に必要な用具及び材料の管理に関し必要な指導及び助言を行い，及びこれらのものについて必要に応じ試験，検査または鑑定。 ・必要に応じ，学校における保健管理に関する専門的事項に関する技術及び指導に従事。
主治医	医師法	医師：医療及び保健指導をつかさどることによって公衆衛生の向上及び増進に寄与し，もって国民の健康な生活を確保する。 主治医：患者の疾患の医療方法全般に対して主たる責任を有する医師。外来診療や入院診療における「担当医」と同義であることが多いが，ある患者の身体・健康，その他の状態について最もよく理解している者であることが期待される。（Wikipedia. 2018/9/23）
スクールカウンセラー（SC）	学校教育法施行規則第65条の2 地方公務員法第3条	スクールカウンセラーは，小学校における児童の心理に関する支援に従事する（中学校，義務教育学校，高等学校，中等教育学校，特別支援学校に準用する）。 ＊地方公務員法に規定する非常勤の特別職で，週8〜12時間（特に必要な場合は30時間までの勤務も可） ・児童生徒への相談・助言

		・教職員へのコンサルテーション（助言・協議・相談） ・教育相談や児童生徒理解に関する研修 ・相談者への心理的見立て（アセスメント）と対応 ・保護者や関係機関との連携，コミュニティワーク ・ストレスマネジメント等の予防的対応 ・学校危機対応における心のケア
スクール ソーシャル ワーカー （SSW）	学校教育法施行規則第65条の3 地方公務員法第3条	スクールソーシャルワーカーは，小学校における児童の福祉に関する支援に従事する（中学校，義務教育学校，高等学校，中等教育学校，特別支援学校に準用する）。 ＊教育と福祉の両面に関して，専門的な知識・技術を有するとともに，過去に教育や福祉の分野において，活動経験の実績等がある。 ・問題を抱える児童生徒が置かれた環境への働きかけ ・関係機関等とのネットワークの構築，連携・調整 ・学校内におけるチーム体制の構築，支援 ・保護者，教職員等に対する支援・相談・情報提供 ・教職員等への研修活動　等

表2　スクールカウンセラーとスクールソーシャルワーカーの対応の比較[10]

	スクールカウンセラー（SC） 【臨床心理士・精神科医・大学教員】	スクールソーシャルワーカー（SSW） 【社会福祉士・精神保健福祉士ほか】
児童生徒本人への主な対応	家庭環境のヒアリング 臨床心理学／精神医学的分析・考察（心理面，発達面等） 心理カウンセリング（虐待（疑い），二次的問題等）	家庭環境のヒアリング 社会福祉的判断（生活面，経済面等） ※心理カウンセリングなどは専門外
保護者への主な対応	養育状況のヒアリング 心理カウンセリング（育児ストレス，家庭問題等） 心理コンサルテーション（養育への臨床心理学／精神医学的助言）	養育状況のヒアリング 福祉生活相談（経済状況，就労状況等） 自立支援相談（社会保障，生活保護等）
教職員への主な対応	心理コンサルテーション（養育への臨床心理学／精神医学的助言）	ケース会議の導入 外部機関からの情報シェアリング
外部機関に関連した主な対応	教育委員会との連携，児童相談所との連携，専門医療機関の受診促進	教育委員会との連携，児童相談所との連携，専門社会資源（医療を含む）との連携・仲介

(2) 期待する連携の内容と方法

　これまでの教育現場では解決しきれなかった心理・福祉・貧困・特別支援など，複雑多様化する多くの課題に対して，専門家の導入や地域との協働により，教職員とともにその課題解決に当たることが期待されている。特に，現代的健康課題を抱える子供たちへの支援において，スクールカウンセラー（SC）とスクールソーシャルワーカー（SSW）との協力が期待されていると言えよう。SCは，①児童生徒へのアセスメント活動，②児童生徒や保護者へのカウンセリング活動，③学校内におけるチーム体制の支援，④保護者，教育職員に対する支援・相談・情報提供，⑤関係機関等の紹介，⑥教職員などへの研修活動を行う。SSWは，①問題を抱える児童生徒が置かれた環境への働きかけ，②関係機関とのネットワークの構築・連携・調整，③学校内におけるチーム体制の構築・支援，④保護者，教職員に対する支援・相談・情報提供，⑤教職員への研修活動などを行うとされている（表2）。SCやSSWは非常勤であり，1週間に1～2日の勤務であることが多い。勤務日には教育相談部会や生徒指導部会に出席したり，養護教諭と情報交換したり，打ち合わせを行うことから，養護教諭は，保健室で対応しているケースの情報提供はもとより，SCやSSWが出勤していないときの校内の種々の情報等を集約し，情報提供するなどの役割を果たしている（表2）。

3　学校内の連携

(1) 学級担任，教科担当，校内関係者及び校務分掌組織の役割と連携に果たす養護教諭の役割

① 学級担任との連携

　子供は学校生活の多くの時間を学級で過ごす。特に学級担任は，朝及び授業中の健康観察，学習の状

況，学年・学級内の人間関係の状況，保護者のことなど学校内外における子供の情報を広く得ることができる立場にある。各学級集団には多様な子供が在籍し，日常の健康観察は，身体的な不調だけではなく，人間関係の問題や不登校，児童虐待などの早期発見につながる。多くの場合，養護教諭が学校内で連携をとる相手は学級担任である。養護教諭の気づきや保健室で把握した児童生徒の情報は，養護教諭の児童生徒への直接的な対応に活かすほか，必要に応じて学級担任に提供する。養護教諭から担任等に提供された情報は学級での学習指導や学習援助に活用され，座席の配慮やクラスにおける役割分担など人的・物的環境調整の参考事項として活かされる。また，学級経営や学習指導及び学習援助のために担任が立案した個々の支援計画は，保健室での養護教諭の児童生徒への対応方針に反映していく。

　学級担任だからこそ気づくことができる児童生徒の変化がある。変化や課題に気づいた学級担任は，抱え込むことなく養護教諭をはじめ，課題に応じて関係者と情報を交換したり共有したりし，さらに養護教諭，生徒指導主任及び教育相談主任，特別支援教育コーディネーター等と連携し，組織的に対応することが大切である。課題によっては，学校医及び学校歯科医，学校薬剤師，医療機関や相談機関と連携する。この各立場や各機関とつないだり，つなぐために必要な資料を作成したりするときに養護教諭が協力することが多い。学校内の円滑な連携のためには，教師間に信頼関係が成り立っていること，そして各教師が対等な関係にあることが基本であり，各者が児童生徒の健康課題を共通理解し，協議の上で一致した支援方針を決定し，支援計画に基づいて役割を担うことである。

　一方，養護教諭と学級担任は専門領域や役割の違い，相談に対する経験の相違のほか，経験年数や年齢などによっても児童生徒の観察の視点，健康課題の捉え方，支援に対する考え方が異なる場合があることも理解しておく必要がある。養護教諭から児童生徒の情報を提供するときには，責任感の強い学級担任が，自分の知らない情報を養護教諭が知っているということで気にする場合もあることに留意し，伝え方にも配慮を要する。また，学級担任が責任を強く感じるあまり，児童生徒の様々な問題を自分だけで抱え込むことにならないように，相談の内容が深刻で専門的な援助や助言などを求めることが必要な場合には，専門機関につなげる必要があることを助言する。そのためにも養護教諭は最新の情報を収集し整備しておく必要がある。

② 管理職との連携

　管理職は学校組織の管理・運営上の責任者であり組織活動のリーダーである。学校としての対応や判断において，校長，副校長，教頭等の管理職がリーダーシップを発揮できるように情報提供したり働きかけたりすることが重要である。そのために，平素から，綿密な報告・連絡・相談を欠かさないことが必要である。

③ 担任以外の関係教師との連携

　ⅰ 学年主任

　各学年は多くの場合，複数の学級で構成されており，その学年会の企画立案を行うのが学年主任である。したがって，児童生徒の情報は学級担任等から速やかに伝達されている場合が多いが，養護教諭としてのかかわりの状況や見極め，問題の分析や情報・見解などを直接伝えておくことが賢明である。

　ⅱ 教科担当者

　教科担当者は授業を通して日常的に児童生徒と接している。養護教諭は児童生徒の個別の事情を必要に応じて伝達し，その教科の教育環境の調整及び教育的配慮等を依頼する。

　ⅲ 当該児童生徒と親密な関係にある教師等

　前担任や部活動顧問等，児童生徒が信頼を寄せて心を開いている教師からは，教室や保健室では得られない情報を把握できる場合があり，児童生徒理解につながる場合が多い。

(2) **学校医・学校歯科医・学校薬剤師との連携**

　学校保健安全法施行規則（第22～24条）によって，健康相談及び保健指導は学校医・学校歯科医・学校薬剤師の職務として規定されている。学校医等との連携は，受診の必要性の有無の判断，疾病予防，治療

等の相談や学校と地域のつなぎ役など，主に医療的な観点から行う。したがって，専門的な立場から学校や子供への支援が，個別の保健指導や特別活動における保健指導においては，専門的立場から教育の効果をあげることが期待できる。専門の病院へつなぐ場合などは，養護教諭や校長の紹介状では受け入れてもらえない場合でも，学校医等に相談して紹介状を作成していただいてつなぐという方法も考えられる。

養護教諭は，日頃から健康診断や救急処置，学校保健委員会などをとおして学校医・学校歯科医・学校薬剤師と良好な関係を築いておくことが肝要である。

4 保護者との連携

児童生徒にとって家族は最も親密かつ影響される人たちである。また，保護者は児童生徒のすべてに責任を持つ立場にある。したがって，健康相談・健康相談活動を進めていく上で保護者との連携は欠かせない。

保護者が児童生徒に心身の健康に問題や心配を感じたときに，相談相手として養護教諭を想起できるよう，日頃から養護教諭が児童生徒の心身の健康を担当する学校内の専門家であることを，入学時説明会やPTAの会合あるいは会誌，学級及び学年懇談会，保健だより・学校だよりほか各種のたよりや学校保健委員会などで知らせていくことが大切である。あわせて，学校行事で保護者が来校するときなどに保護者に積極的にあいさつをしたり子供の様子（特に，子供が努力していることなどを肯定的に）を話したりすることも良好な関係づくりにつながる。保護者と養護教諭の二者で相談を行う場合もあるが，その場合は担任等に報告が必要であるし，原則的には担任を飛び越えて養護教諭が単独で相談を進めていかないように留意すべき部分もある。相談の内容や状況によって異なるが，保護者との相談は，「保護者＋養護教諭」「保護者＋養護教諭＋担任」「保護者＋養護教諭＋児童生徒」「保護者＋養護教諭＋児童生徒＋担任」「保護者＋養護教諭＋管理職等」などの組み合わせが考えられる。

5 学校外関係機関との連携

児童生徒を取り巻く環境は，学校，家庭，地域であり，地域の関係機関との連携は必須である。児童生徒の課題解決のために，学校では行うことのできない検査や診断を受けたり，専門的な相談や治療を受けたりするために連携して学校教育に活かすとともに，学校は相談や治療への協力をする。

健康相談・健康相談活動において養護教諭はまず，子供の心身の状態と抱えている問題や現象・行動などが健康の範囲であるのか，疾病・障がいが疑われる状態であるのか，専門家（医療機関・相談機関）につなぐ必要があるかどうかなどを，ヘルスアセスメントの結果を基に養護診断を行う。初期対応において，身体症状が表出している場合には除外診断するためにも，医療機関の診察を受けることを勧める場合が多い。かかりつけの主治医に受診を勧めることも多いが，表出されている身体症状によっては専門医のいる医療機関につなげる場合もある。種々の身体症状が表出されている場合に連携する医療機関の例を表3に示す。

ヘルスアセスメントを実施する過程で，

表3　身体症状が表出されている場合に連携する医療機関の例

例	連携（受診）先
頭が痛い	小児科，内科，脳外科，歯科
ドキドキする（動悸）	かかりつけの専門医，病院（小児科）
息が苦しい	病院
熱がある	かかりつけの医師，病院（小児科）
だるい	医療機関（種々の検査ができる医療機関）
けいれんが起こった	病院（脳外科など），主治医
おもらしをする	病院（小児科，泌尿器科），専門医
便通の問題	病院（胃腸科，心療内科，小児科）
背が低い	病院（小児科）
目がよく見えない	病院（眼科）
声に異常がある	病院（耳鼻科）

発達の問題が推測される状態や心因性の身体的不調が推測される状態，統合失調症が推測されたり，校内のケース会議などで専門機関（専門家）につないだほうがよいと判断したりした場合に比較的連携する頻度の高い機関と相談内容等を表4に示す[11]。また，学校外の専門機関との連携のポイントを表5に示す。

表4　学校外の専門機関と相談内容等

相談機関	相談内容	どのような人が相談にのってくれるか
児童相談所	・養育相談 ・保護者の病気，死亡，家出，出産，虐待等 ・しつけや性格，行動面の相談 ・心や体の発育相談 ・非行相談 ・里親相談	児童福祉法で定められた児童福祉司・児童心理士・医師・保育士・児童指導員など児童分野の専門スタッフ
家庭児童相談室	・性格，生活習慣の相談 ・知能，言語の相談 ・保育所，幼稚園，学校生活の相談 ・非行の相談 ・家族関係の相談 ・環境福祉の相談 ・心身障害の相談	家庭相談員
福祉事務所	・困窮のため，最低限度の生活を維持することができない ・子供，妊産婦の福祉に関する相談 ・ひとり親家庭，寡婦家庭の相談 ・老人の福祉に関する相談や調査 ・身体障害者に対する相談や調査 ・知的障害者に関する相談や調査	社会福祉主事・身体障害者福祉司・知的障害者福祉主事・老人福祉指導主事・家庭児童福祉主事・母子自立支援員
保健センター（市町村保健センター）	・子供の発達，育児，思春期の問題に関する悩みごと	主に保健師。必要に応じて，臨床心理士・栄養士・歯科衛生士・理学療法士などが専門的な助言を行う。問題によっては保健所や児童相談所，医療機関へ紹介。
精神保健福祉センター	精神保健福祉全般。精神保健と精神障害者の福祉に関すること	精神科医・精神保健福祉士・臨床心理技術者・保健師・看護師・作業療法士
児童家庭支援センター	子育ての不安，発達の遅れの心配，問題行動等	児童福祉士の資格を持つ職員・子供や保護者に対して心理学的側面から援助のできる心理療法等を担当する職員
都道府県の教育相談所（室）	教育に関すること（保護者，子供，教職員からほとんどの相談を受け付ける） 例： ・性格・行動に関する相談 ・精神・体に関する相談 ・知能・学業に関する相談 ・進路・適正に関する相談 ・その他	臨床心理の専門家・学校経験者の相談員・指導主事
区市町村の教育相談所（室）	教育に関すること（保護者，子供，教職員からのほとんどの相談を受け付ける） 例： ・子供自身の悩み相談 ・教育に関する相談 ・非行に関する相談 ・性格，行動に関する相談 ・ことばに関する相談 ・障がいに関する相談 ・保健，医療に関する相談 ・その他	臨床心理の専門家・学校経験者の相談員・言語聴覚の専門家
少年サポートセンター，警察署，交番など	・非行や不良行為等の問題行動 ・犯罪等の被害に関する相談 ・その他，少年の非行防止や健全育成に関する相談	少年非行問題を取り扱った豊富な少年補導職員や警察官，カウンセリング等の専門の知識を有する少年相談専門員など

少年補導センター	問題行為の原因理解，指導困難な子供への対処方法，保護者との連携のとり方など	精神科医や大学で心理学やその関連学科を卒業した臨床心理士，相談専門員・カウンセリングの研修を受けた教職経験者などの非常勤の相談員
発達障害者支援センター	・子供から大人までの発達障害者とその家族などを対象に，日々の生活にかかわる様々な相談，福祉制度や関係機関の紹介に関する情報提供 ・子供の発達支援，生活上の困難さを軽減するための支援 ・就労支援	発達障害を専門とするケースワーカーや臨床心理士・福祉指導員・保育士
アレルギー相談センター	・薬や症状，自己管理・日常生活の注意点など，アレルギー性疾患全般（喘息，アレルギー性鼻炎・花粉症，アトピー性皮膚炎，食物アレルギー等） ・リウマチ性疾患に関連する事柄について	アレルギーの専門医・相談員

表5 学校外関係機関との連携のポイント

【健康相談における学校外機関との連携方法】
①コンサルテーション
　養護教諭（学校関係者）が問題点を整理し，連携によってどのようなことを期待するかを明らかにする。
②児童生徒や保護者に専門機関を紹介
　・養護教諭ならびに校内ケース会議などで，専門家に相談する必要があると判断した場合
　・保護者が専門機関の紹介を望んだ場合（※複数箇所の提示）
【学校外専門機関と連携する場合の留意点】
①プライバシーを保護する
　連携の手順を踏むこと。専門家（専門機関の医師や担当者等）と周知の関係があっても，養護教諭はじめ教職員が直接に主治医や担当に連絡を取ったり情報を入手しようとしたりしないこと。具体的には以下のような手順とする。
　・養護教諭（担任等の教職員）→保護者（児童生徒）の了解を得る→専門家
　・養護教諭（担任等の教職員）→保護者（児童生徒）に同伴→専門家
　　（＊教員が同伴してよいか否か保護者を通して専門家に了解を得てから）
　・学校から提示する参考資料は，カルテと同様開示請求に応じる書類とみなされることを承知し，準備する。
②専門家（専門機関）の特色（業務内容，受付方法など）を熟知しておく
　・受診（相談）してみたら，相性が合わない場合や即改善しない場合もある。しかし，1回で判断しないで数回受診（相談）してから判断するといった助言も状況によっては必要となる。
③紹介後，専門家（専門機関）に任せきりにしない
　・児童生徒が多くの時間を過ごすのは学校であり，学校生活によりよく適応するために健康相談は実施される。専門機関における治療や相談に対して協力しつつ，学校生活でどのように対応していくかといった助言を受けながら，児童生徒を支援していく。
　・お互いに守秘義務と説明責任について注意する。

〈引用・参考文献〉
(1)　「朝日新聞」2018年5月15日付
(2)　石川悦子「中央教育審議会チーム学校作業部会（第4回）配布資料」『スクールカウンセラーの役割と活動の在り方』2015年3月9日
　　http://www.mext.go.jp/b_menu/shingi/chukyo/chukyo3/052/siryo/__icsFiles/afieldfile/2015/05/07/1357412_02_1.pdf
(3)　文部科学省ホール：スクールソーシャルワーカー活用事業
　　http://www.mext.go.jp/b_menu/shingi/chousa/shotou/046/shiryo/attach/1376332.htm
(4)　文部科学省「第5回児童虐待防止対策に関する関係府省庁連絡会議幹事会資料（資料3-3）」『文部科学省における平成30年度児童虐待防止対策関連予算要求について』2017年9月28日
　　https://www.mhlw.go.jp/file/06-Seisakujouhou-11900000-Koyoukintoujidoukateikyoku/0000180504.pdf
(5)　「社会保障審議会生活困窮者自立支援及び生活保護部会（第1回）（資料2）」『生活困窮と関連する様々な社会状況』2017年5月11日
(6)　中央教育審議会「初等中等教育分科会（第102回）配付資料」2017年11月16日
(7)　三木とみ子，徳山美智子編集代表『養護教諭が行う健康相談・健康相談活動の理論と実際』ぎょうせい，2013，pp. 74，126-132
(8)　文部科学省「現代的健康課題を抱える子供たちへの支援　～養護教諭の役割を中心として～」2017年3月
(9)　三木とみ子，徳山美智子編集代表『養護教諭が行う健康相談・健康相談活動の理論と実際』ぎょうせい，2013，p. 129（徳山美智子，2000，2003修正を一部改変）
(10)　ウィキペディア引用・一部改変（アクセス日：2018年9月23日）
(11)　小林正幸，嶋﨑政男編『三訂版　もうひとりで悩まないで！教師・親のための子ども相談機関利用ガイド』ぎょうせい，2012

（平川　俊功）

第7章 児童生徒の具体的健康問題と「養護教諭の行う健康相談」対応例

《本章の学びのポイント》
- 日常的な対応例を踏まえ，心身の観察，支援と連携，振り返りのプロセスに則り，実践することができる。
- 危機管理的な対応例や身体的疾患について，養護教諭の職務の特質を活かした対応・支援，保健室の機能を活かした対応・支援，チーム学校としての連携とタイミング，教育活動との関連，養護教諭の判断のポイントの視点で説明できる。

1 日常的な対応の実際

ここでは，保健室で日常的に遭遇することが想定される以下の子供の訴えや現象について，具体的に「いつ」「何を」「どのように」「どうして」行うのか，適切に対応できるよう，「心身の観察」「支援と連携を活かす対応」「振り返り」のプロセスにそって一覧表に示した。

① 心因性腹痛（過敏性腸症候群，反復性腹痛含む）
② 心因性頭痛（反復頭痛）
③ 心因性嘔吐
④ 過換気症候群
⑤ 心因性咳嗽
⑥ 心因性発熱
⑦ 神経性皮膚炎
⑧ 睡眠障害
⑨ 転換ヒステリー（転換性障害）
⑩ 発達障害（ADHD）
⑪ 発達障害（ASD・PDD）
⑫ 場面緘黙
⑬ LGBT（性別違和・性同一性障害）

なお，対応例記述にあたり各例共通に次の観点を設定した。

① 心身の観察
　日常的に子供の心身の健康課題の対応にあたるためには，第一に課題に気づくことである。その際は，身体的側面のみならず心の状態も観察することを重視する。

② 支援と連携を活かす対応
　対応にあたっては養護教諭の職務の特質，保健室の機能などを十分に活かし，さらに専門家や専門機関との連携の視点を重視する。

③ 振り返り
　対応の成果と課題を明らかに，次の対応に活用する。特にここでは記録の視点と対応の評価について記述している。

＜心因性腹痛（過敏性腸症候群，反復性腹痛含む）の対応例＞

心身の観察	内容	ここがポイント！
	1　来室時の日時・授業科目・活動等を記録する 2　来室状況，本人の訴え，本人の様子を確認する ・一人での来室か，付き添いや友人との来室か　・ショック症状の有無 ・どんな言葉で訴えているか　　　　　・どんな姿勢で来室したか ・どんな表現をしたか　　　　　　　　・どんな表情をしているか 3　問診 【時期】「いつから痛い？」「突然に痛くなった？」 　　　　「今は何をしていたの？何の教科（活動）をしていたの？」 【性状】「どのように痛いの？」「ずっと痛いの？」「キリキリ痛む激痛？」 　　　　「しくしく痛む？」「ぎゅーっと，さし込むような痛み？」 【部位】「お腹のどの辺りが痛いの？」「痛む部位を指で差して」（腹部9区分で確認） 【原因】「どうして痛くなったか思い当たることはある？」 　　　　「何か食べてから痛くなった？」 【合併症状の確認】「食事は食べた？」 　　　　「便秘はしている？」「下痢していない？」（便の性状や便通） 　　　　「気持ち悪い，吐き気はない？」「以前にも同様症状があった？」 　　　　「おしっこをする時，痛くなる？」「何度も排尿したくなる？」 　　　　「生理との関係はある？」（女子児童生徒の場合） 4　観察 ・症状を繰り返し，何度も保健室に来室しているか ・腹痛の他に随伴症状があるか　・訴えが大げさ，曖昧だったりするか ・腹痛の持続時間はどのくらいか　・痛みの程度はどの程度か 【その他の情報を活用】 　　・保健調査票　・健康観察簿　・保健室来室状況等 【体温】℃【脈拍】分【脈の強さ】強い・弱い【呼吸】分【血圧】mmHg 【気になる言動・行動等】 ・痛む部位を押えるとかえって気持ち良い・腹筋の緊張はない・腹部の膨満がある ・ガスが溜まると言う・お腹が痛いと訴える部位と押さえて痛い部位が違う ・下痢や便秘を繰り返している・お腹が痛い以外の一般状態は良好・臍疝痛がある 【来室の状況や生活の状況等】 ・来室時の姿勢や態度はどうか ・本人や家族の生活の変化はなかったか ・教科や活動は何か　・学級や学年の出来事や状況はどうか ・特定の状況や強い心理社会因子がなかったか 5　心的要因の把握 【情報】 　＜本人から＞ ・腸管機能の脆弱性という体質，素因　・悲しいことがあるか ・予期不安から家庭外生活への不安はないか ・一人ぼっちでいるような感じがするか ・恐怖を感じるようなことがあるか ・誰からも応援されていない，見放されているように感じるか ・受験など進路に関するストレスはないか 　＜保護者から＞ ・偏食や食生活での問題点はないか　・離乳時に問題点がなかったか ・過度の期待や過保護なことはないか 　＜学級担任から＞ ・教師間との関係性　・友人との分離，疎外，拒否などはないか ・不得意科目の増加，学習への取り組みで変化はないか ・友人関係に気がかりなことはないか　・学業成績の低下はないか 　＜学校・友人・家庭要因＞ ・何か嫌なことがないか　・脅迫的，暴力的な友人からの圧迫はないか ・誰かに見放されているような感じがある　・友人がいないと思う ・友人関係や家族関係についてさみしいと感じる 【個人の心身の特性】 　＜性格＞ ・強い愛情欲求，保護欲求　・人格は未熟　・消極的，情緒不安定 ・子供っぽく幼稚，決断力はない　・耐性の弱いものが多い ・自己抑制傾向が強い　・神経質，小心，心配性 ・過度の恐怖心を持ちやすい　・過度に良心的のものが多い ・過自責の念が強く自己批判が過ぎ自罰傾向 ・孤立的友人との情緒交流が苦手　・劣等感を持ちやすく，容易に絶望的となる 　＜身体的特性＞・偏食，少食等，食生活習慣に問題を持つ	○以前にも同様の主訴で来室があったか ○腹痛の成因は明確にし得ないものが多く，心因性とする根拠は乏しいことから欧米文献では心因性腹痛の記載を避け，反復性腹痛とするものが多い ○反復性腹痛（Recurrent abdominal pain; RAP）反復して起こる腹痛が3回以上ある場合をいう（by Apley） ○心因性腹痛の主な症状 ・痛みの性状は一致しない ・痛みは起きている時だけである ・持続時間は一般に20〜30分，ときには数時間に及ぶ場合もある ・発熱はほとんどない ・咽頭の異常感，嚥下反射，嘔気の頻発を随伴することがある ○心因性腹痛の特徴 ・部位がどこか一定しない ・痛む部位を自分で指差しさせると迷う ・腹部全体やへその周りその上部の辺りが多い ・時間の経過で痛む位置が移動する ○除外診断を忘れない 　→虫垂炎，胆嚢炎，膵炎，腹膜炎 ○下痢や便秘などを繰り返す便通の異常を伴う 　→過敏性大腸症候群を疑う ○過敏性腸症候群の症状 　（BMW診断基準（三輪基準）） ・下記の1，2の症状が1か月以上繰り返す＋器質的疾患なし 　1）腹痛，腹部不快感あるいは腹部膨満感 　2）便通異常（下痢，便秘あるいは交代制），排便回数の変化，便性状の変化（硬便〜兎便・軟便〜水様便） ※さらに医療機関においては次のような検査の実施 　・尿，糞便，血液一般検査 　・注腸造影または大腸内視鏡検査 ○過敏性腸症候群の痛み ・疼痛の種類は鈍痛，疝痛，刺痛など種々である。空腹膨満，食事前後，排便などと関連せず，全身状態は良好である ○心理的なストレス要因が見受けられない場合における確認 ・極端な依存的性格

第7章 児童生徒の具体的健康問題と「養護教諭の行う健康相談」対応例

支援と連携を活かす対応	・乳幼児期に離乳失敗 ・下痢・便秘などの消化器症状を頻回に起こしたものが多い ・腹痛が繰り返され下痢症状などがあっても栄養状態は悪くない ＜養育態度＞ ・乳幼児期に分離体験　・愛情飢餓体験（または拒否，無視された体験） ・一見過保護型だが，実は過支配型　・父親の影薄く，母親の上位傾向 ・母子間に強い固着（排他的依存関係），また反発するアンビバレントの傾向 ・親の期待が大・期待に応えられず，罪障感，不全感，挫折感等を味わされている 【心理学的検査とその結果】・心理テストを適宜活用する ＜バウムテスト＞・家族内で依存，求めている人を自分の近くに描く等 ＜エゴグラム＞・N型でAが低い　・FCがACより低い ＜SCT＞・家族や学級で孤立無援状態にあることを表現した内容 **心身両面へのかかわり** ＜本児童生徒への支援方針＞ ①症状，苦痛の軽減 　・痛みを訴える場所に手を当て，さするなどにより，休養・安楽をはかる ②個人の心身の特性の改善 　・毛布で包み，タッチングをしながら，本人の話を傾聴し，安心感を与える 　・症状についての理解を図り，セルフコントロールを身につけさせる ③情緒の安定を図る 　・受け入れの姿勢を示し，子供の話を傾聴する ＜誰とどう支援するか＞ (1)学級担任，教科担当，部活顧問 　・学級や部活動における役割を与え，本人に自信を持たせる 　・腹痛を訴えた場合には速やかに対応する保証を本人に与える 　・トイレに行く場合などの配慮をし，教室環境において配慮する (2)保護者 　・医療機関の受診を勧める 　・あるがままの本児童生徒を受容してもらうよう促す 　・強い腹痛を感じる場合は無理をせず休養を第一とすること 　・丁寧に訴えを聞き，痛む部位をさするようにすること ＜実際の対応・フォロー＞ (1)心的要因解決のための取組 　　①クラスの友達づくりの取組　②保健室での取組 (2)環境の調整 　　①学級内での安定した居場所　②家庭内で母親への依存を十分に (3)個人の心身の特性の回復 　　①母子関係回復　②自信回復の取組 (4)継続的な対応 　　・症状が消失しても，連携，支援の継続	・特に欲求不満や抑圧傾向が強い性格 ・独立心と依存心との葛藤が強くおこったなどの出来事の有無 ○発症には，本人の生来の性格傾向が大きく影響する ○症状に対する不安が2次的ストレスとなり，さらに症状憎悪の悪循環を発生させ慢性化し，反復腹痛を呈する ○アンビバレント ・一人の人物について，好意と嫌悪を同時に持つなどの相反する感情をもつこと ○バウムテスト ・A4の画用紙に4Bの鉛筆と消しゴムを与え，「1本の実のなる大きな木を描いてください」と丁寧に書くように求める ○SCT：文章完成法 ・文章中に使用された言葉などから心理状態を把握する ○保健室の機能を活かす 　ソファー，長椅子，回転椅子，ベッド，処置台，湯たんぽ等を活用 ○セルフコントロール 　自分自身で自分の状態を知り，また本症状の発症機序を理解し，日常における睡眠，食事，運動，決まった排泄時間等，規則的な生活習慣に整えることで，本症状を呈しにくいようにしていくこと ○叱咤激励は逆効果 ・とにかく受容し，傾聴し，訴えを重視し，受容し，精神的安定を得させることが重要 ○腸にやさしい食生活にすることや，生活習慣を整えることも有効である ○環境調整 　学校生活において，うまく症状に付き合えるような配慮 　例）学級内で席を出入り口付近に配置する，トイレにはいつでも行くことができるように配慮する ○日常の健康観察は継続する ○本児童生徒にとって，心の居場所となる保健室経営をしたか
振り返り	【記録と評価】 (1)記録 　①腹痛症状経過の確認　②主治医の医療診断 　③養護教諭の身体症状の判断 　④対応の経過と本児童の反応・結果　⑤連携と結果 (2)評価の視点 　①腹痛の観察，判断及び症状緩和の救急処置が的確だったか 　②関係各者との連携はタイミングよくできたか 　③養護教諭の職務の特質と保健室の機能を活かしたか 　④保健室経営に反映したか	

＜引用・参考文献＞
・APLEY J. HALE B.『CHILDREN WITH RECURRENT ABDOMINAL PAIN HOW DO THEY GROW UP？』BRIT. MED. J.: 3-9, 1973
・清水凡生編『小児心身医学ガイドブック』北大路書房，1999
・冨田和巳責任編集・監修『小児心身医学の臨床』診断と治療社，2003
・星加明徳，宮本信也編『よくわかる子どもの心身症　診療のすすめ方』永井書店，2003
・小林陽之助編『子どもの心身症ガイドブック』中央法規出版，2004
・杉浦守邦著『ヘルス・カウンセリングの進め方1』東山書房，1988
・杉浦守邦著『ヘルス・カウンセリングの進め方2』東山書房，1989
・杉浦守邦著『改訂　養護教諭のための診断学　内科編』東山書房，2012

（力丸　真智子）

＜心因性頭痛（反復頭痛）の対応例＞

⇨ ここがポイント

心身の観察	内容	ポイント
	1　来室日や時刻，科目等を記録する	○以前にも同様の来室があったか，想起する（反復性頭痛のおよそ5割が心因性とも言われている。しかし，頻回来室により，来室当時から心因性を疑っても，まずは器質性の除外を行うことが大原則である）
	2　来室状況の確認をする ・姿勢　・顔色　・表情	○顔色は紅潮していることが多い（喧嘩や興奮した後が多いため） ○落ち着かない様子やソワソワした様子が見られることもある
	3　問診する ・（発症時期）「いつから痛い？」「朝学校に来てから？」「何の時間から？」 ・（部位）「頭のどこが痛む？（痛む部位を指で差させる）」「頭の前の方？後ろの方？」 ・（性状）「どんな風に痛い？ガンガンする？キリキリする？それとも頭が重たい感じかな？」「ずっと痛い？痛い時と痛くないときがある？」 ・（原因）「どうして痛くなったと思う？」	○心因性の場合，主に登校後に起こることが多い ○心因性の場合，後頭部の痛みを訴える ○小学校低学年などは，痛み方を例示することで，言語化しやすくなる ○心因性の場合，キリキリ刺すような痛みや鈍い痛みなど，一定しない 除外すべき小中学生に多い頭痛 ・頭蓋内疾患・中毒性頭痛 ・熱中症による頭痛 ・上気道炎・副鼻腔炎・咽頭炎に伴う頭痛 ・眼疾患に伴う頭痛 ・寝不足 （高校生以上は抑うつ性頭痛との鑑別が必要）
	4　観察する 【客観的指針（バイタルサイン）】 ・体温　・脈拍　・血圧　・呼吸数　・意識（瞳孔） 【痛みの部位やその他の部位の確認・触診】 ①触診・視診 ・頭痛の位置（頭痛の部位に圧力をかける） ・副鼻腔　・口腔及び咽頭　・肩や頸部のこり ・顎下リンパ節など ②確認 ・嘔吐や悪心，めまいの有無 ・風邪をひいていないか ・頭部打撲の既往がないか ・痛みの部位は一定か ・痛みの程度 【来室の状況や生活の状況】 ・訴えと行動や態度の違い ・来室は一人か集団化 ・睡眠の問題があるか ・生活習慣はどうか（携帯やスマホの使用状況なども）	○心因性の場合，発熱はない。またはあっても短時間後に下がることが多い ○触診的対応は，養護教諭の職の特質 ○他の部位に問題がなく，後頭部に痛みがあり，押して楽になる場合は，心因性を疑う ○インフルエンザ流行期などは，除外診断のため，家族の罹患も確認する ○頭部打撲については，除外診断のため，確認をする ○心因性の場合，広範囲に漠然とした痛みを訴える
	5　心的要因の把握（問題の背景の分析） 【個人的な心身の特性】 ＜性格＞・強い攻撃性　・妥協しない性格 ・自己主張が強い　・協調性に欠ける部分がある ・性格的に未熟で幼い　・融通が利かない ＜身体的特性＞・鼻炎　・副鼻腔炎　・咽頭炎 ・上気道炎 ＜療育関係＞・過干渉や過支配型　・厳しいしつけ ・弟妹出生時に強い欲求不満体験 【情報】（例） ＜本人から＞・クラスのみんながうるさい ・友達とうまくいかない　・勉強が楽しくない ・学校（家）がつまらない　・兄弟がうるさい ＜保護者から＞・家でも頭痛を訴えることがある ・家庭環境に変化があった	○心因性の場合，大げさにうつることがある。ここで「大げさね」という態度をとると，本人とのラポール（信頼関係）の形成に影響があるため，健康相談活動の基本に則り，丁寧に対応していく ○過干渉や過支配されてきた子は，人にも過干渉・過支配な態度をとり，人をコントロールできないことに怒りを感じるため ○場合によっては，心理テストを活用する。PFスタディなどで，外罰傾向や集団適応が低い傾向がみられる

第7章　児童生徒の具体的健康問題と「養護教諭の行う健康相談」対応例

	<学級担任から>・友人との関係がよくない（喧嘩や言い争いをする場面がよくある）・学級内の規律の確立がなされていない・クラスで楽しそうにしていない 6　総括判断 　集団への適応が低く、友人とトラブルを起こしやすい性格である。また、自分の気持ちを言葉で伝えるのが苦手である。担任の情報から、友達と喧嘩や言い争いをした後に、頭痛を訴えて保健室に来室するケースが多いため、本人の怒りの感情が発散されず、頭痛の要因になっていると考える	○学級内の規律が乱れると、喧嘩やトラブルの原因となるため ○中学生以上の場合、部活が要因になっている場合もあるため、部活動の顧問とも連携する ○一般的に循環器系に症状（頭痛や胸痛など）を引き起こすのは、交感神経の緊張であって、怒りの感情と密接な関係がある 　これをもとに、身体的・心因的情報を総括して、判断を下す
支援と連携を活かす対応	1　本人への支援 ①痛みの軽減 ・痛みに共感し、痛む部位に、優しく手の平全体を当てる ・頭部を冷やす（アイスノンなど） ・楽な姿勢を取らせる（毛布でくるむ、ベットに横にならせるなど） ・首筋や頭部をマッサージする ・肩や首のストレッチをする ②情緒の安定・個人的な心身の特性の改善 　**心因性頭痛の生理学発生機序に基づいた声掛け** ・「腹が立つことがあると頭が痛くなるんだよ。何か怒るようなことがあった？」など、自己洞察を促す声掛けを行う ・「それは嫌だったね」「それで腹が立っているんだね」と本人の気持ちを受容する声掛けを行う ・「どうしたい？」「どうしてほしい？」と解決の手立てを自身で見つけていけるような声掛けを行う 2　学校内や保護者との連携 <学校内> ①友達づくりの環境調整（友人との喧嘩を減らす） ②学習規律の徹底（学級内の落ち着かない雰囲気が喧嘩などを誘発するため） ③担任と本児童の関係の強化 ④クラス内で居場所づくり <保護者> ①医療機関受診（器質性疾患の除外） ②学校での現状と対応の共通理解 ③家庭での本人が安心できる環境づくり <その他> ①SCなどと連携	○**①②は並行して対応する** ○保健室の機能を最大限活用する ○頭部を冷やすのを嫌がる子供もいる。小学生などの場合は、まず養護教諭の手をおでこに当て、「冷たいと気持ちいいかな？」と頭部を冷やしたいか確認する ○毛布を頭からすっぽりかぶり、自分だけの空間を作ることで落ち着く子供もいる ○マッサージ中など対面しない方が話しやすい子供もいる。その子供の性格や反応に合わせて、対応していく ○抑圧されている怒りの感情を発散させることによって、痛みが沈静化することが多い（この際にラポール（信頼関係）が作られていることが重要） ○受容・支持・繰り返し・明確化などカウンセリングの技法を取り入れながら、本人が怒りの気持ちを話せたら、受容的態度で本人の気持ちを引き出す ○話すのが苦手な子供には絵を描かるなど、気持ちを発散する手立てを提示する ○誰が・誰と・何を・時期・取り組む内容を明確にし、共通理解をして組織で取り組んでいく ○喧嘩や友人関係の悪化が多発する場合、背景に発達障害が隠れている可能性もある。該当の子供の様子をよく観察し、必要があればSCや特別支援コーディネーター、教育相談主任と連携し、WISCなど心理検査を実施する
振り返り	1　記録 ①頭痛症状の現状 ②主治医の医療判断 ③養護教諭の身体症状の判断 ④対応の経過と本児童生徒の反応・結果 ⑤連携と結果 2　評価 ①頭痛の観察・判断及び症状の緩和の救急処置が的確だったか ②関係各者との連携はタイミングよくできたか ③養護教諭の職務の特質と保健室の機能を活かしたか ④保健室経営に反映したか	○記録を取り、振り返りを行うことで、本人への対応のフィードバックにも役立ち、また今後の取組の参考にもなる

<引用・参考文献>
・杉浦守邦著『改訂　養護教諭のための診断学　内科編』東山書房，2012

（塩澤　美保子）

＜心因性嘔吐の対応例＞

⇨ **ここがポイント**

<table>
<tr><td rowspan="2">心身の観察</td><td>

1　来室状況把握
　来室日や時刻，教科を記録する

2　本人の訴えを聞く
　どのような言葉と表情で訴えているか

3　観察する
【来室時の状況】
　・姿勢，声の調子，表情
　・来室人数（いつも一人か，いつも複数か）
　・訴えと態度の違いはあるか
【バイタルサインの計測】
　・体温，脈拍，呼吸，血圧

4　問診する
【時期】「いつから気持ちが悪い（悪かった）？」
　　　　「何をしているときだったか？」
【部位】「どこがむかむかするの？」
【原因】「どうして気持ち悪くなったのかな？」
【性状】（吐いた後）「吐いたらすっきりした？」
【他の症状】
　腹痛，下痢，便秘，頭痛，めまい，過食，発熱，食中毒症状
【気になる言動・行動等】
　・話の矛盾や違和感がないか
　・生活環境の変化はあるか
　　（睡眠，食事，習い事，親の就労など）

5　心的要因の把握
【情報】
＜本人から＞
　・指導に対する怒りや不安
＜保護者から＞
　・家族関係，しつけ，食習慣，放課後の過ごし方
＜学級担任から＞
　・友人関係は良好か，学習に対する不安はあるか
＜各種記録から＞
　・健康観察（自覚症状はあるか）
　・来室記録（いつから続いているか）
　・発育測定記録表（体重減少の有無，発症時期）
【個人の心身の特性】
＜性格＞
　・忍耐力が弱い，外罰的，こだわりがある
　・言葉で表現することが苦手
　・幼稚性がある
　・幼児期によく自家中毒にかかった
　・孤立的で他人との情報交流が下手
＜養育環境＞
　・過保護で甘やかされて育った
＜師弟関係＞
　・非受容的，支配的，自己主張の無視
　・保護・依存の対象を求めながら，その対象への反発や復讐の気持ちもあり，愛憎相反する感情（アンビバレント）が存在する場合にもよく起こる
【心身医学的検査】（必要に応じて）
＜無人島問答＞誰に対して一番親愛感を抱いているか
＜エゴグラム＞心的外傷体験，抑圧感情の有無
＜SCT＞家族関係，友人関係，師弟関係

</td><td>

○以前にも，同様の来室があったか想起する

○本人の言動，態度から聴き取ったり，表情から読み取ったりして，丁寧に観察する
○心因性の場合は，特定の場所や時間に症状が出現することが多い

○発熱はあまり見られない
○心因性という認識がないことが多い

○何か嫌な臭いを嗅いだり，嫌なものを見たりしたか
○心理的ストレスから遠ざかると症状が消失することが多い
　例）登校前に嘔吐→欠席が決まり回復
○「気持ちが悪い」という訴えの中にも種類がある
　・呼吸器系…口腔・咽頭の違和感
　　「のどが詰まる感じ」
　・消化器系…腹部の違和感
　　「お腹がぐるぐるする感じ」
○心因性では，話に矛盾が存在することが多い
○つぶやきやわずかな表情の変化にも注意する

○何をすることが嫌か，どういう状況が苦手か，明確にするとよい
　例）「サッカーで走ることが嫌」
　・『走る』こと自体が嫌なわけではないかもしれない
　・走ることを『強制』されるような状況が嫌なこともある

○メカニズム
　攻撃欲求の抑圧によって交感神経系の緊張が解放されないまま残り，そのため胃腸の機能が抑制されて逆蠕動の形で表現されてきたものと考える

</td></tr>
</table>

支援と連携を活かす対応	6　支援方針 【本児童（生徒）への支援方針】 ①症状の軽減 　・ゆっくり背中をさする 　・楽な姿勢をとらせる（ソファに座らせる，ベッドに横にならせるなど） 　・毛布で包む 　・周囲の視線から守る（カーテンを閉める） 　・これらを行いながらカウンセリング ②情緒の安定を図る 　・受容的に話を聴く 　・安心感を与えるような声かけ，笑いかけ ③個別保健指導 　・自己洞察を促す声掛け 　「どうしたらよかったと思う？」 　「どうしてもらいたい？」 　・ストレスを感じた時の対処法を助言 【学校内】 ①学級への働きかけ 　・クラスの受容的な雰囲気づくり 　・受容，承認する声掛け ②組織的支援体制づくり 　・ケース会議等により，支援計画（目標，役割）を明確にする 　・学校内での安心できる場所（居場所）づくりと教職員の共通理解をはかる 【学校外】 　・医療機関受診 【家庭】 　・連絡を密にとり，保護者の情緒の安定を促す 　・子供へのかかわり方を助言する 　・学校での手当て，対応の共通理解をはかる	○養護教諭の職務の特質を活かす ○保健室の機能を活かす ○症状が激しい場合や不登校などの二次的な問題が発生している場合は，薬物療法や心理療法など，専門医との連携が必要になってくる ○一般的に予後は良好と言われている。成長に伴い改善するという見通しを持つことが大切 ○症状が落ち着いても，時々様子を聞くなど，継続的な支援を行う
振り返り	7　記録と評価 【記録】 　・症状，言動の観察と判断 　・主治医の診断と治療内容 　・対応と児童生徒の反応 　・受診結果 【評価】 ＜本人＞ ①症状の改善が見られたか ②背景要因を的確に捉え，除去もしくは解決することができたか ③本人の願いを理解し，自己実現につながったか ＜支援者側＞ ①救急処置は的確だったか ②計画的な支援を行えたか ③効果的な連携が取れていたか ④養護教諭の職務の特質や保健室の機能を活かした支援ができていたか ⑤保健室経営は円滑に進められたか	

＜引用・参考文献＞
・杉浦守邦著『改訂　養護教諭のための診断学　内科編』東山書房，2012，pp. 38-54，245-258
・岡田あゆみ「(7)　心因性嘔吐症」日本小児心身医学会ホームページ
　http://www.jisinsin.jp/detail/07-okada.htm

（青木　真知子）

＜過換気症候群の対応例＞

➡ **ここがポイント**

<table>
<tr><td rowspan="2">心身の観察</td><td>

1　来室日や時刻，科目（活動等），発症（前）時の心理状態を記録する

2　来室状況・本人の訴えを聞く
　・どんな状態で来室したか，独歩で来室したか？友人に支えられて来室したか？
　・教室・廊下等で倒れていたか？
　・どんなことばで，どんな姿勢で，どんな表現で訴えているか

3　問診する
　【発症時】「何をしているときになったの？」「どんな気持ちになったときだった？」
　【部　位】「胸のあたり？」「手や足に力は入る？」「しびれない？」
　【性　状】「息ができない（息が吸えない）感じ？」「胸が苦しい？」
　【原　因】「過呼吸がどうして起きたか思い当たることはある？」

4　観察する
　【体温】℃【脈拍】／分【呼吸】／分【酸素飽和濃度】％
　【血圧】／mmHg
　【その他の症状】
　　・手足のしびれやけいれん・足の脱力感（歩けない）・ショック症状・顔色（正常，時に軽いチアノーゼ）・表情・姿勢・瞳孔（正常，対光反射あり）・唇の色や動き・皮膚の色・両上肢のつっぱり・手指の強い握りやつっぱり・顔面特に口の周囲の引きつり，強度の不安，興奮状態，その他は？
　【気になる言動・行動等】
　　・周囲の人がいたり，観衆が騒いだりする症状が悪化することはないか？
　　・特定の授業や行事に発作が起きてはいないか？
　　・倒れた場合の倒れ方はゆっくりと崩れるように倒れたか？
　【生活の状況等】
　　・最近の地域や学校，学年，クラス，部活動の状況や出来事は？
　　・本人や家族の生活の変化は？　など

5　心的要因の把握（過換気症候群に共通して見られる傾向）
　＜本人から＞
　・不安なことはある？　・寂しい？　・悲しい？　・怖い？
　・過呼吸の発症（最初の出現）した時期
　・発症時直前の心理状態の確認
　・反復する過呼吸発作を起こすときの共通する事情や状況・環境への注目
　・自尊感情の危機等の環境の存在の有無
　＜保護者から＞
　・甘え強い？　・親の期待大きい？
　・困難に立ち向かう態度を習得していない？
　＜学級担任から＞
　・過度に失敗を恐れる？　・自己中心的？
　・自己顕示欲強い？
　・友人関係の不安定さはある？
　【個人の心身の特性】
　＜性格＞
　・強い依存傾向あり　・自己顕示欲強いもの多し
　・一般に人格未成熟で，自己中心的，自己愛過剰の傾向
　・ヒステリー性格のものが多く，一般的に情緒不安定の傾向あり
　・勝ち気で負けず嫌い，反対に劣等感強く過度に失敗を恐れる
　・要求水準が高く，過大な自己像を抱いている
　・欲求不満を無理に抑圧する傾向　・好き嫌いが極端
　・真面目，几帳面，潔癖，苦労性，神経質傾向
　＜養育関係＞
　・溺愛，過保護（特に母親）傾向，高すぎる要求水準を押しつけるタイプ
　・父親は，一般的に放任，無関心，おとなしくて無口，子供との接触なく，家長としての役割を果たしていない場合多し
　・母親は，社交的，外向的，支配的，自己中心的，自己愛過剰の人多し
　・幼小児期に愛情飢餓体験，分離体験あり
　・挫折感，絶望感，無力感　・甘え強し

</td></tr>
<tr><td>

【総括的判断…その一例】
　父母が養育の責任をおわず，祖母に任せているらしい。社会性未熟なまま幼稚な甘えあり。自己中心的で泣きわめいたり，大げさな情緒反応で家族を支配したりする方法をとってきた。
　学校では，親しい友人がおらず自己顕示欲が強く，自己中心的で忍耐心乏しい。部活は，実力以上に見せようとしてそれが負担になっている。学習成績も実力以上の点を取っているが，重荷になっている。自尊心の危機から逃れるために過呼吸発作を起こしている。

</td></tr>
</table>

○中学・高校生に多く，小学生は比較的少ない。男子よりも女子に多い

○以前にも，ストレスが加わっている環境・状況にあるときに同様の来室があったかを確認する

○体の異常が原因でないことを確認するために，バイタルサインのチェックと問診を丁寧に行う

○発作時は，「ゆっくり呼吸をして！」「息を吐くことに意識を集中して！」と5秒以上かけて吐くよう呼吸誘導（可能であれば腹式呼吸）をする
○膝をかかえて体育座わりをするのもよい

○並行して様々な質問（問診）をする
　⇒話すときは呼吸をしないため，二酸化炭素濃度が上がりやすくなる

○初めて過呼吸発作を起こした場合は，「過呼吸はヒステリーの一種であり，ストレスが大きく関与している」ことを説明して，自己理解へつなげる

○心因：自尊心（自存欲求）の危機に基づく不安，葛藤による

○疾病利得が疑われる（病気に逃げ込んで同情を得よう，非難を免れようなど）

○どこまで経過観察をするか
　⇒1時間経過してもよくならない場合は病院受診が望ましい

○受診の必要性
・強い痛みがある場合は要注意
　①突然の痛み，②今までに味わったことがない痛み，③持続して徐々に強くなる痛み，がある場合は緊急搬送を考慮する

○他の疾患との鑑別
　心臓病，喘息，気胸，精神疾患，肺疾患，糖尿病
・けいれん発作（てんかん）
　→意識障害あり，瞳孔散大，対光反射なし，目の位置，動き，白目（眼球上転），バッターンと倒れる
・喘息
　→呼気で喘鳴・笛声あり
　　起座呼吸，チアノーゼ

「個人の心身の特性」とは…
　ストレスを受けたときの独特の心理反応と身体的反応をおこす身体的素因と精神的素因。ストレスを受けたときの独特の心理反応と身体的反応を起こす身体的素因と精神的素因

支援と連携を活かした対応	＊養護教諭の職務・保健室の機能・カウンセリング機能を十分活かす 【本児童生徒への支援方針】 (1)応急的な処置 ・過呼吸の手当「ゆっくり大きく呼吸して」「吐くことに意識を集中して」等誘導しながら一緒に呼吸をする ・同情的態度の禁止 ・観衆から遠ざける。保健室内ではカーテンを引いて周囲の目から離す ・四肢冷汗，けいれん，筋肉の硬直がある場合は，一緒に呼吸を整えながら四肢のマッサージを試みる (2)個人の心身の特性改善 ・依存心の修復 ・自信を持たせる（例えばやればできることの自信） ・自己実現の達成（充実感の満足…最も有効な方法で目的を達成するように誘導） ・疾病逃避の無意味であること自覚を促す ・得意な面での自己啓発を勧め自信を持たせる ・無意味な背伸びが無意味なことを自覚させる ・過呼吸発作を少しずつ我慢できていった場合，我慢できたことをほめる。やれたときの自分の心理状態を理解し，継続させる (3)情緒の安定を図る ・不安原因の消去 ・「大丈夫だよ」と話し，丸ごと受容する（「大丈夫？」の質問は逆効果） ・過呼吸を起こしそうになったときに，保健室に来てよいことを伝えて居場所を作る ・支持的療法…依存・受容（治療的依存関係の形成），危険ではないことの保証，洞察への誘導（心因性であることの理解） ・行動療法の応用…自律訓練＋脱感作 (4)心療内科等の専門医の治療の勧め ・薬物療法が有効である 【学校内】 (1)速やかに取り組めるように校内の関係者，管理職，学年，関係組織，家族等と共通理解を図る (2)学級内での安定した居場所を作る (3)クラスの中で自信を持たせる取組（例えば得意科目での活躍） (4)友人関係を作りやすい環境の整備をする (5)本人の能力にあった役割を与えるよう心がける (6)過度の同調をしないよう注意する (7)学習・運動等実力養成に努力させる (8)得意な面での自己啓発をすすめ，自信を持たせる 【家庭に対して】 (1)頻繁に起こしている過呼吸は器質的に異常がないか否か主治医の診察を受ける (2)症状が現れた場合，学校で行っている手当を説明し，家で行う場合の手当との共通理解を図る (3)父親の関心を喚起して，子供との接触を多くする。親子の話し合いを増やす（親子関係の回復） (4)家庭内で母親への依存を十分にさせる (5)親へのカウンセリング（拒否・差別の反省等） (6)社会性を養う	○紙袋の使用は厳禁…血中の酸素や二酸化炭素のバランスを崩して酸欠になり，最悪窒息する可能性あり ○治療意欲の確認 強い場合本人への働きかけをする 弱い場合環境中心に ○過呼吸発作が治まって，万事解決したとは言えない。なぜこのような過呼吸がおこったか，誘発させた精神的興奮は何だったのか，その原因の究明をしなくてはならない また，心的要因が解決するまでは時間がかかるので，日常の健康観察及び担任，保護者との連携を継続する ○過呼吸発作は自尊心を傷つけられたとき，またそのおそれがあるときに起きやすい。この発作によって自己の欲求不満を解消し（第1疾病利得），同情を得ようと（第2疾病利得）している ○受診の勧め 1回でも起こしたら，受診を勧める。原因が何かを検査するため，心臓や甲状腺に異常がないかを調べることが大事である
振り返り	【記録と評価】 (1)記録 ①過呼吸発現の現状，誘因と程度 ②身体症状と行動・態度・表情等の観察と判断 ③主治医の診断と対応，治療内容 ④対応と経過，本児童生徒の反応・結果 ⑤連携の対象と内容と方法，その結果	(2)評価の視点 ①過呼吸の観察，判断及び救急処置が的確だったか，②背景要因と問題の見極めは的確だったか，③関係各者との連携，タイミングと内容は的確だったか，④養護教諭の職務の特質と保健室の機能を活かしたか，⑤カウンセリングの機能を活かしたか，⑥教育的視点から支援できたか，⑦保健室経営に反映させることができたか

(振り返り欄右): ○例えば，本児童生徒にとって心の居場所となる保健室経営をしたかどうかなど

<引用・参考文献>
・杉浦守邦著『ヘルス・カウンセリングの進め方1』東山書房，1988
・杉浦守邦著『ヘルス・カウンセリングの進め方3』東山書房，1991
・杉浦守邦著『改訂 養護教諭のための診断学 内科編』東山書房，2012
・杉浦守邦著『救急処置のピットフォール講座 内科編養護診断の落し穴を探る』東山書房，1995
・文部科学省教職課程における教育内容・方法の開発研究事業：健康相談活動の理論及び方法—カリキュラム及び指導方法の開発—

(道上　恵美子)

＜心因性咳嗽の対応例＞

⇨ ここがポイント

心身の観察

1　来室時の日時・授業科目・活動等を記録する
2　来室状況，本人の訴え，本人の様子を確認する
・一人での来室か，付き添いや友人との来室か
・どんな言葉で訴えているか　・どんな咳発作をしているか
・どんな姿勢で来室したか　・咳の性状　・どんな表情をしているか

○以前にも同様の症状で来室があったか

3　問診
【時期】「いつから咳をしているの？」
　　　　「今は何をしていたの？何の教科（活動）をしていたの？」
【性状】「ずっと咳をしているの？」
　　　　「1日中，咳は出る？どれくらい続いている？」（持続性・痙攣性）
　　　　「学校にいるときと家にいるときと，どっちが咳が出る？」
　　　　「寝るときは咳が出る？」「どういう咳がでる？」（犬吠様，かりの鳴き声様など）
【原因】「風邪っぽい？」「喉が痛いことはある？」「唾を飲み込むと喉が痛い？」「喘息はない？」

○心因性咳嗽の症状の特徴
・長期間続く乾性咳嗽
・咳嗽は日中に激しく，夜間は消失する
・大げさな痙攣性の咳であることが多い
・咳の持続時間は長く10分から30分，ときに数時間にも及ぶこともある

4　観察
・喘息の既往があるか　・突然の大げさな痙攣性の咳か
・乾いた咳嗽であるか　・欲求不満のときに発作が起こりやすいか
・発作が起きると自分で対応できるか　・睡眠中も咳が出るか
・発作の時優しく接すると良くなるか　・運動性喘息と関連があるか
・咳嗽の出現に心理社会的因子が関連するか　・風邪の症状があるか
・疾病利得の傾向があるか　・呼吸時，胸の痛みはあるか
【その他の情報を活用】
・保健調査票　・健康観察簿　・保健室来室状況等
【体温】℃【脈拍】／分【脈の強さ】強い・弱い【呼吸】／分
【血圧】／mmHg
【視診】・咽頭発赤はないか　・扁桃の発赤，腫脹はないか
　　　　・鼻汁は出ていないか　・顔色や表情の様子
【聴診】・喘鳴の有無の確認
【気になる言動・行動等】
・学校へ来ると咳が出る，授業になると咳が出るなど，特徴的なことはないか
【来室の状況や生活の状況等】
・来室時の姿勢や態度　・教科や活動は何か　・学級や学年の出来事や状況　・特定の状況や強い心理社会因子はなかったか

○心因性咳嗽の原因
・初発または再発時に心因性のストレスの存在が指摘される
・乾性咳嗽が心因で憎悪する
・緊張が取れたときや熱中しているとき，睡眠中には消失する
・激しいものでは窒息感があり，時に失神する
○咳発作が続く時は必ず風邪をひいていないか，喘息はないか，確認する

○聴診器を活用し，喘鳴の有無を確認する

○教室に何か緊張の原因がある，または，学習や運動などに不安の原因がないか

5　心的要因の把握
【情報】
＜本人から＞
・咳が出現した時期の確認　・何か不安に感じることはないか
・咳が発症した直前における人間関係はどうであったか
・思いや考えていることで葛藤していることはないか
・心配ごとを一人で抱えてはいないか
＜保護者から＞
・溺愛の様子はないか　・表面上は過保護な態度はないか
・子供を拒否，叱責する様子はないか　・指しゃぶりなどの習癖，チックの既往の有無
＜学級担任から＞
・友人関係に気がかりなことはないか
・学習への取組で変化はないか
・学業成績の低下はないか
＜学校・友人・家庭要因＞
・何か嫌なことがある
・誰かに支えてほしい，すがりたくなるようなことがある
・自分はどうしようもないなどと思うことがある
・もうだめだ，と思うことがある
・離婚などを理由に職業を持つ母親
・出張がちの父親の代わりに世話を焼きすぎた母親
・祖父母により干渉されすぎた家族背景
【個人の心身の特性】
＜性格＞
・依存欲求が強い　・愛情飢餓状態・社会性の発達が遅く，幼稚で子供っぽい
・情緒不安定で，ストレスに遭遇すると容易に欲求不満に陥る
・些細なことで劣等感，敗北感，屈辱感を感じやすい
＜身体的特性＞

○心因性咳嗽の6つの発生病理的分類
1）急性の呼吸器疾患の罹患をきっかけに咳嗽や自分の体に注意が向き，心因的疾患が加味され起こったもの
2）器質的疾患が経過した後も咳嗽が条件付けられており，無意識のうちに咳嗽が感情の抑圧によって生じる内的葛藤を和らげるはけ口となっているもの
3）精神的葛藤・衝動などの精神的刺激に対する気道の過敏性が高いもので，先行疾患を認めることは少ない
4）どちらかと言えばチック症の病態に属するもの
5）習慣性の咳払いが増強したもの
6）上記の5つのタイプの混合型

	・喘息の有無　・咳はしつこく長引くか　・チックの既往の有無	
支援と連携を活かす対応	<養育態度> ・溺愛，過保護のように表面的には見える ・心底では子供を拒否・叱責する態度 ・子供を賞賛し意欲を高めさせるという能力に欠ける 【心理学的検査とその結果】心理テストを適宜活用する <SCT>・家族に対する不満，孤独感，保護欲求の抑圧状態にあることを示す 　　　　「自分にかまってくれない」「父親は母任せ」などの言葉あり <P―Fスタディ>・欲求不満場面において，他責的反応または自責的反応，無責任反応が強いかをみることができる 【心身両面へのかかわり】 <本児童生徒への支援方針> ①症状，苦痛の軽減 ・ソファーや椅子等に座らせる　・背中を手でさすりながら，不安の解消 ・手厚い対応により，受容する　・白湯か温かいお茶を飲ませる ・毛布に包みながらゆっくり話や感情の表出を受けとめる ②個人の心身の特性の改善 ・症状が心理的な要因で引き起こされていることへの理解 ・抱えている不安や葛藤の解消　・自信の回復　・依存心の修復 ③情緒の安定を図る ・共感的面接，受容的態度により，感情表出させる ・十分傾聴し，自己理解をすることで自己洞察を促す <誰とどう支援するか> (1)学級担任，教科担当，部活顧問と 　・学級や部活動における役割を与える，また活躍できる場の設置で本人に自信を持たせる 　・人間関係の調整を図る (2)保護者 　・医療機関の受診を勧める 　・あるがままの本児童生徒を受容し，容認してもらうよう促す 　・わざと咳をしているわけではないという理解を促す <実際の対応・フォロー> (1)心的要因解決のための取組 　　①クラスの友達づくりの取組　②保健室での取組 (2)環境の調整 　　①学級内での安定した居場所　②家庭内で母親への依存を十分に (3)個人の心身の特性の回復 　　①母子関係回復　②自信回復の取組 (4)継続的な対応 　　・症状が消失しても，連携，支援の継続	○P―Fスタディ ・P―Fスタディ用紙（三京房発行，児童用，青年―高校・大学向け―と成人用の3種）を使用。略画が24枚掲げてあり，自分の思った通りに，応答セリフを書き込ませる。 ・集団一致度，超自我因子，反応転移，プロフィールの4面から，児童生徒の欲求不満に対する反応，社会に対する適応性等を判断する ○保健室の機能を活かす 　ソファー，ベッド，回転椅子，コップ，毛布などを活用する ○質問はclosed質問を心がける ○児童生徒との相互理解をもつ 1）咳嗽を発症している成り立ちの理解 　→わざと咳をしているのではないということへの理解 2）背景に考えられる心的要因を明らかにして，対処する 　→環境調整，自律訓練法 3）症状を除去するためのアプローチ 　→医療機関の受診 （アプローチの例） 　1）精神的に安定させることに努め，咳がおさまった段階で，「何か心配事でもある？」「こういう咳は心配事があったりするとよく出るのよ」「何かあったら話して，一緒に考えるわ」と依存させながら不安原因を思いつかせ，話すことで緊張をほぐし，安定感を得させる 　2）Bed-sheet technique 　　胸部に約10cm幅に折りたたんだシーツを巻き，胸骨の前で固く結び「これで，軟弱な侠客が強くなって咳がとまる」という暗示を与える
振り返り	【記録と評価】 (1)記録 　①咳症状経過の確認　②主治医の医療診断　③養護教諭の身体症状の判断　④対応の経過と本児童の反応・結果　⑤連携と結果 (2)評価の視点 　①咳発作の観察，判断及び症状緩和の救急処置が的確だったか 　②関係各者との連携はタイミングよくできたか 　③養護教諭の職務の特質と保健室の機能を活かしたか 　④保健室経営に反映したか	○咳症状が消失しても継続的に健康観察をする ○本児童生徒にとって心の居場所となるような保健室経営ができたか

<引用・参考文献>
・FRENCHELL, O.『THE CLINICAL EVALUATION OF A CHRONIC COUGH』PSYCHOSOM, MED, 5, 181-184, 1943
・清水凡生編『小児心身医学ガイドブック』北大路書房，1999
・冨田和巳責任編集・監修『小児心身医学の臨床』診断と治療社，2003
・星加明徳，宮本信也編『よくわかる子どもの心身症　診療のすすめ方』永井書店，2003
・小林陽之助編『子どもの心身症ガイドブック』中央法規出版，2004
・杉浦守邦著『ヘルス・カウンセリングの進め方1』東山書房，1988
・杉浦守邦著『ヘルス・カウンセリングの進め方2』東山書房，1989
・杉浦守邦著『改訂　養護教諭のための診断学　内科編』東山書房，2012
・COHLAN SQ, STONE SM.『THE COUGH AND THE BEDSHEET』PEDIATRICS. JUL; 74(1): 11-5, 1984

（力丸　真智子）

＜心因性発熱の対応例＞

<table>
<tr><td rowspan="2">心身の観察</td><td>

1　来室時の日時・授業科目・活動等を記録する
2　来室状況，本人の訴え，本人の様子を確認する
・一人での来室か，付き添いや友人との来室か
・どんな言葉で訴えているか
・どんな顔色で訴えているか（赤いか，青いか，発汗はあるかなど）
・どんな表情で来室したか（苦悶状，哀願様，無欲状）
3　問診
【時期】「熱を感じた時期はいつ？」「寒気を感じた時期はいつ？」
「いつから具合が悪い？」「今は何をしていたの？」「何の教科（活動）をしていたの？」
【症状】「熱っぽい感じがする？」「寒気がするか？」「ゾクゾク震える？」
【原因】「風邪をひいている？」「喘息はない？」「喉が痛くない？」
「何か発熱の原因として気づいたことがある？」「頭痛はない？」
「どうして具合が悪いと思う？」「体のどこかつらいところがない？」
4　観察
・熱が37.5℃から38.5℃あるいはそれ以上　・頭痛はないか　・全身状態はどうか　・熱の変動が顕著か　・休みの日はどうであるか
【その他の情報を活用】
・保健調査票　・健康観察簿　・保健室来室状況等
【体温】℃【脈拍】／分【脈の強さ】強い・弱い【呼吸】／分
【血圧】／mmHg
【視診】・咽頭発赤はないか　・扁桃の発赤，腫脹はないか
　　　　・鼻汁は出ていないか　・顔色や表情の様子はどうか
【気になる言動・行動等】
・何度も熱を測る　・親が過度に発熱に対して心配していると言う
【来室の状況や生活の状況等】
・来室時の姿勢や態度　・教科や活動は何か
・学級や学年の出来事や状況
・特定の状況や強い心理社会因子がなかったか
5　心的要因の把握
【情報】
＜本人から＞
・幼児期に分離体験　・内向的で神経質
・屈辱・脅迫に対する怒り　・敵意
・弟妹と差別的待遇を受け欲求不満に晒された経験を持つ
＜保護者から＞
・親が過支配　・過干渉または無関心，放任主義
・親の養育方針の不一致
＜学級担任から＞
・友人関係に気がかりなことはないか
・学習への取組で変化はないか
・学業成績の低下はないか
＜学校・友人・家庭要因＞
・嫌なことや我慢していることはないか（学校発熱との関連も念頭におく）
・学級や友人との関係は良好か
・教師との関係性はどうか
・家庭内での人間関係はどうか
【個人の心身の特性】
＜性格＞
・攻撃性や外罰傾向・抑圧傾向　・不安に陥りやすい傾向
・強迫的性格が強く生真面目，几帳面，小心で完全癖
・情緒不安定　・孤立的で情緒的交流に乏しい傾向
・陰鬱で冷淡な性格
＜養育態度＞
・幼児期に分離体験　・同胞と差別的待遇
・欲求不満　・親が過支配，過干渉または無関心
・親子間での感情や意思疎通がない　・放任主義
・保護者間における養育不一致
【心理学的検査とその結果】
＜SCT＞家庭内で情緒不安定であったり，親に対して恐怖心や敵意，不信感を抱いている内容等　　例）「親は私の話を聞いてくれない」等
＜エゴグラム＞＜バウムテスト＞等　適宜活用する

</td></tr>
</table>

⇨ ここがポイント！

○心因性発熱の理解
1）温熱中枢と情動の中枢が近接しているために恐怖や不安といった情動反応が発熱を誘発する
2）慢性的ストレスが免疫機能を低下させ，頻繁にウイルス感染を引き起こしていると考えられる

○除外診断は必須
・医師の診察をすすめ，器質性疾患を除外する
・熱型を把握する→反復するが長く続かない
○熱がある場合には繰り返し検温をし，経過を観察する（過度に測りすぎない）

○心因性発熱の主な症状
1）熱は37.5℃から38.5℃あるいはそれ以上にも達する
2）大抵が同時に頭痛を合併
3）全身状態は良好
4）熱は30分から1時間ぐらい続くがまもなく下降

○心因性発熱の主な原因分類
1）明らかに心因（屈辱・脅迫に対する怒り・敵意等）により発熱するもの（明らかなストレスが一過性で発熱をおこさせるもの）
2）感染症による発熱がきっかけとなり，そのまま心因性に移行するものや本人や家族の関心が発熱だけに向いているもの
3）詐熱（虚偽性発熱）：体温を測るときに体温計を操作して，発熱があるように見せるもの，自分で熱を測りたがる様子があったり，監視検温をすると平熱であるもの

○学校発熱
・学校場面で不快・不満・不安などのときに生ずる発熱のこと
・以下について明らかにする
1）発熱の発症した時期に特徴的なことはなかったか
2）発症期直前の事情について（人間関係はどうか）
3）発熱状況の経過はどうか（発熱の出現時間や消失時間，持続時間など）

○SCT：文章完成法テスト：精検式SCT用紙（小学生用・中学生用・高校生以上一般用の3種あり）を使用。文章の内容から，性格や信条，人間関係等を推測する。文章中にみられる葛藤やコンプレックス，願望などの具体的表明に注目する

支援と連携を活かす対応	心身両面へのかかわり 【本児童生徒への支援方針】 ①症状，苦痛の軽減 　・定期的に体温を測り様子をみる　・ベッドに寝かせ，休養させる 　・ソファーや椅子等に座らせる　・頭部や額などを冷やす 　・ソファーやベッドを活用し，休養させる ②個人の心身の特性の改善 　・発熱の生理学的機序に基づいた理解させる 　・我慢していることや嫌なことなどを言語表出させる 　・自己を振り返らせ，自己洞察を促す 　・好きなことに夢中になることを通じて，感情の発散を促す 　・特別な感情をもつ相手の明確化 ③情緒の安定を図る 　・共感的面接，受容的態度により，感情表出させる 　・十分傾聴し，自己理解をすることで自己洞察を促す ＜誰とどう支援するか＞ (1) 学級担任，教科担当，部活顧問と連携した支援 　・学級や部活動における役割を与えたりするなど，本人に自信を持たせる 　・対人関係の調整 (2) 保護者 　・医療機関の受診を勧める　・親愛関係の回復を促す　・あるがままの本児童生徒を受容，容認してもらうよう促す ＜実際の対応・フォロー＞ (1) 心的要因解決のための取組 　①クラスの友達づくりの取組　②保健室での取組 (2) 環境の調整 　①学級内での安定した居場所　②家庭内で母親への依存を十分に (3) 個人の心身の特性の回復 　①母子関係回復　②自信回復の取組 (4) 継続的な対応 　・症状が消失しても，連携，支援の継続	○保健室の機能を活かす 　冷湿布，アイスノン，氷嚢，ベッド，毛布等を活用 ○心因性発熱による身体的消耗は少ない。情緒の安定をはかるために，受容し，本人の話をよく傾聴する ○詐熱である場合 　・虚偽行為を指摘したり，道徳的指導はしたりせず，そのままを受容し，そのような行為をせずにはいられなかった心情を理解する ○発熱の症状が治まっても，すべてが解決したわけではない。心的要因が解決するまでは継続的に健康観察をし，担任，保護者と連携をする ○本児童生徒にとって，保健室が心の居場所となり，養護教諭がよき理解者，支援者となったか
振り返り	【記録と評価】 (1) 記録 　①発熱症状経過の確認　②主治医の医療診断　③養護教諭の身体症状の判断　④対応の経過と本児童生徒の反応・結果　⑤連携と結果 (2) 評価の視点 　①発熱状態の観察，判断及び症状緩和の救急処置が的確だったか 　②関係者との連携はタイミングよくできたか 　③養護教諭の職務の特質と保健室の機能を活かしたか 　④保健室経営に反映したか	

＜引用・参考文献＞
- 冨田和巳「心因性発熱と詐熱」『小児看護(10)』へるす出版，1987，pp. 1194-1198
- 清水凡生編『小児心身医学ガイドブック』北大路書房，1999
- 冨田和巳責任編集・監修『小児心身医学の臨床』診断と治療社，2003
- 星加明徳，宮本信也編『よくわかる子どもの心身症　診療のすすめ方』永井書店，2003
- 小林陽之助編『子どもの心身症ガイドブック』中央法規出版，2004
- 杉浦守邦著『ヘルス・カウンセリングの進め方1』東山書房，1988
- 杉浦守邦著『ヘルス・カウンセリングの進め方2』東山書房，1989
- 杉浦守邦著『改訂　養護教諭のための診断学　内科編』東山書房，2012

（力丸　真智子）

＜神経性皮膚炎の対応例＞

⇨ ここがポイント！

<table>
<tr><td rowspan="2">心身の観察</td><td>

1　来室時の日時・授業科目・活動等を記録する
2　来室状況，本人の訴え，本人の様子を確認する
　・一人での来室か，付き添いや友人との来室か
　・怒っている様子はないか
　・どんな言葉で訴えているか　・どんな姿勢で来室したか
　・どんな表情をしているか
　・皮膚をかゆがったり，掻いたりしているか
3　問診
【時期】「いつからかゆみがある？」「かゆみはどのような程度？」
　　　　「がまんはできる？」「皮膚炎はどこに出ている？」
　　　　「今は何の教科，活動をしていたの？」「風邪をひいていない？」
　　　　「食事は食べたか，なにを摂食したの？」「頭痛や腹痛はない？」
【性状】・四肢，特に手，顔面，頸部，肩などに皮膚炎（苔癬）
　　　　・周囲より隆起し，乾燥し，湿潤していない
　　　　・肥厚していてやや硬い（繰り返し掻くことで皮膚が厚く硬くなる）
　　　　・悪化時はひどいかゆみがある
【部位】・左右ほぼ同じ部位に対照的に出現する
【原因】・家族に同じ症状のものはいないか
　　　　・何か特別なものを食べてから出現したか

</td><td>

○以前にも同様の症状で来室があったか
○皮膚→感情を表出する器官，情動ストレスの影響を受ける

○全身状態の確認も併せて行う

○本人の訴えの表現に，「掻きだすと止まらない」「痒くてたまらない」などという発言も見逃さない

○苔癬：小さな丘疹が多数発生し，群集あるいは散在する皮膚病変のこと

</td></tr>
<tr><td>

4　観察
・かゆみの程度　・怒り・不安・混乱状態の様子
・皮膚炎の状態　・湿疹や発疹，皮膚の状態の観察
【その他の情報を活用】
　　・保健調査票　・健康観察簿　・保健室来室状況等
【体温】℃【脈拍】／分【脈の強さ】強い・弱い【呼吸】／分【血圧】／mmHg
【来室の状況や生活の状況等】
・来室時の姿勢や態度　・教科や活動は何か
・学級や学年の出来事や状況・特定の状況や強い心理社会因子がなかったか
5　心的要因の把握
【情報】
＜本人から＞
・皮膚炎が最初に出現した時期を確認　・発症時期直前の事情
・人間関係に特別な出来事がなかったか　・幼児期に愛情飢餓体験
・症状の変動があればそれと関係する事情
・母親が攻撃したい気持ちと自分を否定し処罰する気持ちの葛藤
＜保護者から＞
・母親が自己中心的
＜学級担任から＞
・友人関係に気がかりなことはないか　・学業成績の低下はないか
・学習への取組で変化はないか
＜学校・友人・家庭要因＞
・何か嫌なことはないか　・学級内で孤立していないか
・母親との関係性は良好か
・特定の人物に対する特別な思いはないか
【個人の心身の特性】
＜性格＞
・刺激に対し過度に反応する傾向　・興奮，衝動的行為多い
・感情抑圧する傾向　・自己中心的，無責任
・認められることや成功することに強い欲求がある
・野心的で自己顕示欲が強く精力的
・過度に感傷的で容易に絶望感に陥る　・過度に良心的で完全主義
・被虐的・自暴自棄　・他人の落ち度を非難し許さない傾向
・感情抑圧傾向　・孤立し，学級内で不適応する場合が多い
＜身体的特性＞
・過敏な体質
・頭痛，腹痛，喘息を伴うことが多い
・知能は一般に平均以上　・人格的に未熟
＜養育態度＞

</td><td>

○背景にある心的要因から→皮膚を掻く→皮膚炎になる→痒み→掻く→炎症が悪化→ストレス→掻く…という悪循環や習慣化がみられる

○次の1）～5）のような嗜癖的掻破行動はないか？
1）イライラしたり焦ったりすると掻く（情動誘発）
2）気がつくと掻いている（自動的）
3）帰宅後や就寝前などに必ず掻く（定期的）
4）掻きだすと止まらない（精神的依存）
5）いつも同じ様に両手でこするように掻く（様式的）

○皮膚炎が出現した直前の事情について確認（人間関係はどうか）
○痒みの発症した時期に特徴的なことはなかったか

○神経性皮膚炎の主な心因
・愛情を渇望しての強い不満，憤怒

</td></tr>
</table>

第7章　児童生徒の具体的健康問題と「養護教諭の行う健康相談」対応例

	・母親自己中心的，支配的 ・幼児期に愛情飢餓体験・母親に強い不満，敵意 ・母親を攻撃したい気持ちとそう思う自分を否定したりする気持ちの葛藤（アンビバレント）	○アンビバレント 　一人の人物について，好意と嫌悪を同時に持つなどの相反する感情をもつこと
支援と連携を活かす対応	【心理学的検査とその結果】 心理テスト等適宜活用する ＜Y-G性格検査＞＜P-Fスタディ＞など **心身両面へのかかわり** 【本児童生徒への支援方針】 ①症状，苦痛の軽減 　・鎮痒薬の塗布などをして，かゆみを緩和する 　・かゆみの感じる場所を冷やす，ガーゼなどで保護しながら，落ち着かせる 　・感情の鎮静化を図る 　・合併症への対応，処置 ②個人の心身の特性の改善 　・受容的に受け入れる 　・本人の怒りや不満混乱状態の鎮静を図る 　・安定感を得させる 　・自分の心理と身体症状との間に関連のあることに気づかせる ③情緒の安定を図る 　・自分の気持ちを表現させ，緊張をほぐす 　・自分の思いや気持ちを伝え，表現してよいという自己信頼感の獲得をさせる 　・常日頃から悩みを聞き取り，感情の発散に導く ＜誰とどう支援するか＞ (1)学級担任，教科担当，部活顧問と連携した支援 　・学級や部活動における役割を与え，また活躍できる場の設置により，本人に自信を持たせる（例　得意科目での活躍など） 　・学習や行事において自己表現の機会を与える (2)保護者 　・医療機関の受診 　・清潔習慣や衣服の調整を促す 　・あるがままの本児童生徒を受容し，容認してもらうよう促す 【実際の対応・フォロー】 (1)心的要因解決のための取組 　　①クラスの友達づくりの取組　②保健室での取組 (2)環境の調整 　　①学級内での安定した居場所　②家庭内で母親との関係性の修復 (3)個人の心身の特性の回復 　　①母子関係回復　②自信回復の取組 (4)継続的な対応 　・症状が消失しても，連携，支援の継続	○Y-G性格検査：Y-G性格検査用紙（竹井機器工業，小学生用，中学生用，高校生用，成人用の3種）質問に対して，児童生徒に自己評価させ，「はい・いいえ」で答える 12の性格特性についての質問があり，本人の特徴を把握するのに活用できる ○ガーゼなどで炎症部分を保護したり，軟膏を塗りながら，受容し，本人の話をよく聴く ○保健室の機能を活かす ソファー・回転椅子・レスタミン軟膏・冷タオル・氷嚢などを活用 ○傾聴姿勢，需要的態度で本人の話や気持ちをよく聴いてあげることが大切である ○心的要因の解決は長期にわたるので，日常の健康観察，担任や保護者との連携を活かす ○本児童生徒にとって，保健室が心の居場所となり，養護教諭がよき理解者，支援者となったか
振り返り	【記録と評価】 (1)記録 　　①皮膚炎の症状経過の確認　②主治医の医療診断 　　③養護教諭の身体症状の判断　④対応の経過と本児童生徒の反応・結果 　　⑤連携と結果 (2)評価の視点 　　①皮膚炎の観察，判断及び症状緩和の救急処置が的確だったか 　　②関係各者との連携はタイミングよくできたか 　　③養護教諭の職務の特質と保健室の機能を活かしたか 　　④保健室経営に反映したか	

＜引用・参考文献＞
・清水宏著『あたらしい皮膚科学　第3版』中山書店，2018
・小林陽之助編『子どもの心身症ガイドブック』中央法規出版，2004
・杉浦守邦著『ヘルス・カウンセリングの進め方1』東山書房，1988
・杉浦守邦著『ヘルス・カウンセリングの進め方2』東山書房，1989
・杉浦守邦著『改訂　養護教諭のための診断学　内科編』東山書房，2012

（力丸　真智子）

＜睡眠障害の対応例＞

→ **ここがポイント**

<table>
<tr><td rowspan="2">心身の観察</td><td>

1　来室時の状況の確認
・日時，時刻，科目（活動など）を記録

2　来室状況・本人の訴えを聞く
・どんな言葉で，どんな姿勢で，どんな表現（表情）で

3　問診する
【時期】いつから，どんなときに，
【部位】どこの具合が悪いか
【性状】どんなふうに，最近このようなことはあったか，
【原因】寝不足，疲れ，過度の運動，いやなことを我慢している
【生活の状況】食事の回数や時間，学校から帰宅後の生活
【睡眠に関すること】就寝時間，布団に入ってすぐに寝つけるか，ぐっすり眠れたか，不安や焦り，緊張しているか
【その他の情報を活用】保健調査，既往歴，家庭環境調査，保健室来室記録

4　観察する
【客観的指標（バイタルサイン）】
・体温・呼吸数・血圧・脈拍数・意識・身体の痛み
【生活の状況】
・最近の家族や学校（クラス・部活動）の状況や出来事
・不安や焦りが生じるような出来事
・家庭，家族との関係
・寝る前にカフェインを含む飲料を飲んでいるか

</td><td>

○以前にも同様の来室があったか，想起する

○児童生徒は睡眠障害を訴える前に，様々な症状で来室してくる。
　例　頭痛，吐き気，倦怠感

○問診とバイタルサインから，内科的疾患か精神疾患か判断していく

○睡眠障害には葛藤的な家族状況が背景にある場合もある

</td></tr>
<tr><td>

5　心的要因の把握（睡眠障害に共通してみられる傾向）
【情報】
＜本人から＞
・夜なかなか寝つけない　・夜中に何度も目が覚める　・朝早くに目が覚めてしまう　・十分に眠っているのに，実感がない　・日中の強い眠気
・悪夢を見る　・症状が1か月以上続く　・強い感情がおきると体が脱力する　・金縛りにあう　・強いストレスを抱えている　・最近の家族や学校（クラス・部活動）の状況や出来事
＜学級担任から＞
・教室での様子（授業中何度も居眠りしてしまう）
・友達との関係，部活動の様子
・症状に対する周囲の反応（いじめ等）
・不安や焦りが生じるような出来事があったか
＜身体面＞
・保健調査，既往歴に特筆するものがあるか
＜保護者から＞
・自宅での様子（帰宅後から就寝まで）
・睡眠時の児童生徒の様子（大声で叫ぶ，起きだして動く）
・家族構成
【個人の心身の特性】
・不安，または心配しやすいパーソナリティ，感情を抑制する傾向
【心身医学検査とその結果】
＜終夜睡眠ポリグラフ検査（PSG）＞
　脳波・眼球運動・心電図・筋電図・呼吸曲線・いびき・動脈血酸素飽和度などの生体活動を，一晩にわたって測定する検査
＜反復睡眠潜時検査（MSLT）＞
　通常，終夜睡眠ポリグラフ検査の翌日（日中）に，2時間程度の間隔で複数回繰り返して検査を行う
・ナルコレプシーと診断された場合は日中の睡眠発作を防ぐ薬が処方される
・不眠症も抑うつや不安障害があるときは睡眠薬が処方されることもある

</td><td>

○睡眠障害の種類
・不眠症
　入眠・睡眠持続の障害，熟眠感がない，身体の痛み，抑うつ，不安障害，カフェイン・アルコールの過剰摂取でおきるが，原因が見つからないものもある。レストレスレッグ症候群（ムズムズ脚症候群）も不眠症の1つ
・過眠症
　昼間の過剰な睡眠，睡眠発作，覚醒時間の遅延が継続する
・ナルコレプシー
　昼間の過剰な眠気を中心に，情動脱力発作，睡眠麻痺（金縛り），入眠時幻覚などを伴う
・睡眠覚醒スケジュール障害（概日リズム障害）
　社会的に望ましい睡眠・覚醒リズムとは一致しないパターンの睡眠
・睡眠時随伴症
　睡眠時遊行症（夢中遊行症）・睡眠時驚愕症（夜驚症）
　悪夢・レム睡眠行動異常
・睡眠時無呼吸症候群（SAS）（成人に多い）

○終夜睡眠ポリグラフ検査は，睡眠時無呼吸症候群，周期性四肢運動障害，睡眠時随伴症などの睡眠障害の診断が可能。また，睡眠の状態も測定できる

</td></tr>
</table>

		○反復睡眠潜時検査は，入眠潜時の長短，睡眠開始時レム睡眠期（Sleep-onset REM period, SOREMP）の出現有無，夢見の有無（被験者申告）を測定する
支援と連携を活かす対応	支援方針 【本児童生徒に対して】 <症状の軽減> ・つらくなったときはベッドで休養させるが，徐々に日中は起きていられるように支援する ・睡眠日誌をつけ，日常生活での改善点を一緒に考える <情緒の安定> ・話を聞く，不安な気持ちを受容する ・ストレスの原因を一緒に探る ・不安や緊張をときほぐす方法の模索（入眠前儀式） 【学校内】 ・診断名がついた場合は，関係職員と保護者で面談を実施 ・睡眠障害に対する教職員の共通理解，研修 ・クラスや学年での本児童生徒に対する共通理解（症状への理解と睡眠発作や脱力発作時の対応） ・話を聞く機会を増やし，ストレスや緊張の軽減をサポートする ・SCとの連携 【家庭に対して】 ・担任，養護教諭と保護者の三者面談の実施 ・医療機関の受診を勧める ・SCとの面談を進める ・家庭での経過観察（睡眠日誌の取組） ・よく眠れる環境づくり（睡眠衛生） ・家庭での生活，親子関係の見直し	○よく眠れる環境づくり ・寝る前はカフェインの入ったコーヒー・紅茶，コーラを避ける ・部屋の明かりを暗くする，温度と湿度を調整する ・就寝前にリラックスできる一定の習慣をつくる （本を読む，歯を磨く，音楽を聴くなど） ・入眠前は激しい運動や頭を使う仕事，ゲームやスマホを避ける ・入眠前に食事はとらない ○ナルコレプシーと診断された場合，本人の意思とは無関係に日中の過度な眠気に襲われているため，「さぼり」「やる気がない」という判断をしないように注意する。また，周囲の友達にからかわれていないか実態把握し，ナルコレプシーに対する理解を深めるよう指導する ○保護者は児童生徒の学校での居眠りや体調不良を知らないことが多いので，来室記録等を参考に状況を伝え，必要に応じて医療機関の受診を進める（睡眠外来，小児神経科）
振り返り	【記録と評価】 <記録> ・来室時の対応，処置内容 ・主治医の診断と対応，治療内容 ・対応と経過，本児童生徒の反応と結果 ・連携の対象と内容と方法，その結果 ・保護者面談時の記録 <評価> ・睡眠障害の観察，判断及び処置は的確だったか ・本人の日常生活における不安や苦痛は軽減されたか ・関係各者との連携のタイミングと内容は的確だったか ・養護教諭の職務の特質や保健室の機能を活かしたか	○器質的な障害がない場合は，ほとんどは最初のきっかけとなった出来事がなくなると通常の睡眠様式を取り戻すが，健康観察や声掛けは続ける ○どのような対応が睡眠障害に効果があったのか明らかにしておく ○本児童生徒にとって心の居場所となる保健室経営ができたか

<引用・参考文献>
・武井麻子ほか著『精神看護学1　精神看護の基礎』医学書院，2017
・武井麻子ほか著『精神看護学2　精神看護の展開』医学書院，2013
・奈良間美保ほか著『小児看護学2　小児臨床看護各論』医学書院，2015
・日本精神神経学会日本語版用語監修，高橋三郎，大野裕監訳『DSM-5　精神疾患の診断・統計マニュアル』医学書院，2014

（中村　美智恵）

＜転換ヒステリー（転換性障害）の対応例＞

⇨ ここがポイント

心身の観察

1 来室時の状況の確認
・日時，時刻，科目（活動など）を記録

2 来室状況・本人の訴えを聞く
【発症時の状況】
・周囲に大勢の人がいたか・安全な場所で倒れているか
・特定の授業や時間，行事のときに倒れているか
・倒れた場合，ゆっくりと崩れるように倒れたか
【本人の様子】
・意識はあるか・けいれんはあるか
・打撲等の二次的外傷はないか

3 観察する
【客観的指標（バイタルサイン）】
・まずは瞳孔を確認する，対光反射の検査，瞼の開閉
・呼吸数・血圧・脈拍数・血中酸素飽和度・体温
・意識の確認（痛覚検査・上肢を持ち上げて急に離してみる・肘関節を曲げた時の抵抗）
【応急処置】
・衣服をゆるめ，下肢挙上と保温を行う
・吐き気があれば誤嚥防止のための側臥位をとらせる
【生活の状況】
・最近の家族や学校（クラス・部活動）の状況や出来事

4 問診する（意識が回復したら）
・いつから，どんなときに，卒倒する直前の様子（暗転，冷や汗）
・手足のしびれ，脱力感
・最近このようなことはあったか，学校以外で発作があったか
・倒れた際にぶつけた部位はないか

5 心的要因の把握（転換ヒステリーに共通してみられる傾向）
【情報】
＜本人から＞
・強いストレスを抱えている
・最近の家族や学校（クラス・部活動）の状況や出来事
＜保護者から＞
・自宅での様子
・最近このようなことはあったか，学校以外で発作があったか
・家族構成，兄弟関係と最近の様子
＜学級担任から＞
・教室での様子
・ヒステリー性発作のおきる時間帯や場所など
・周囲の反応が大騒ぎになっているか
＜身体面＞
・保健調査，既往歴に特筆するものがあるか
＜養育関係＞
・小児期の虐待，ネグレクト，ストレスの強い（トラウマ的）人生上の出来事があったか
【心身医学検査とその結果】
・心理テスト等の活用（例）
＜P－Fスタディ＞
日常的によく経験する欲求不満場面を絵で示し，それに対する被検者の言語的反応を通して人格特徴を評価する
＜SCT＞
あらかじめ「私の父は_____」「私はよく_____」など，未完な文章の続きを書き，完成された文章の構成や書き方などから，知能や性格，意欲や

○養護教諭は児童生徒がヒステリー性発作を起こしてから呼ばれて現場へかけつけることが多いため，周囲の児童生徒・教職員から発作時の状況を聞き取り，記録する。
○以前にも同様の来室があったか，想起する。
○初回の卒倒の場合は，様々な要因が考えられる。
（脳腫瘍・脳硬膜外血腫等の頭蓋内病変，低血糖，酸素供給障害，代謝障害，熱中症等の体温調節障害）
○意識がなく，瞳孔が散大している場合は救急車要請を念頭に入れる。
○男子より女子に多い
○周囲が大騒ぎするほど悪化する
○ヒステリー等では，瞳孔は正常であり，眼瞼を開こうとするとピクピクさせたり抵抗がある。
○完全意識喪失者は上肢がバターンと顔や胸に落ちるが，ヒステリー等ではやや とどまる。肘関節も曲げるたびに抵抗が違う。

○脳貧血とヒステリー発作（失神）との鑑別

鑑別点	脳貧血	ヒステリー発作
顔色	青白い	普通
発汗	冷や汗を出している	別になし
手足の温度	触ると冷たい	普通
脈	頻数・微弱	普通
失神時間	短い	やや長い
覚醒時の態度	キョロキョロ見回す	もの憂げでボンヤリ
覚醒後の態度	失神中のことを気にする	倒れたことに無関心
卒倒前 感覚	眼前暗黒感あり	しびれ感あり
卒倒前 脱力感	強い	感じない
卒倒前 悪心	あり	なし

○分析は内罰，外罰，無罰の攻撃方向と障害優位，自我防衛，欲求固執の反応型による
○本人の価値観・コンプレックスや心的葛藤・不安，攻撃性・育ってきた家族の雰囲気，家庭内での人間関係，今の

	興味・関心，生活史や人生観，心の安定性を含めたトータルな人間像を総合的に把握していく <バウムテスト> 自由に書いてもらった「一本の木」から，全体的印象・樹木の形態・鉛筆の動き・樹木の位置の4つの側面から，60項目あまりを判断し，ものの考え方，思考のくせ，言葉で表現しにくい内面の気持ち，深層心理などを知る	家族との関係，対人関係，友人や社会での環境などを分析する ○判断のポイント（全体的所見，風景及び付属物，地平，根元，根，幹，枝，冠，果実・花・葉など）また紙の上に描く木の位置や空間スペース，地面との関係などから，家族関係や環境や世界とのつながりなどを判断することができる
支援と連携を活かす対応	支援方針 【本児童生徒に対して】 <症状の軽減> ・衣服をゆるめ，下肢挙上と足元は毛布等で保温を行う ・吐き気があれば誤嚥防止の為の側臥位をとらせる ・30分から1時間はベッドに休ませる ・顔色や脈・血圧の回復状態を時々調べる <情緒の安定> ・話を聞く，不安な気持ちを受容する ・ストレスの原因を一緒に探る 【学校内】 ・ヒステリー発作時の校内体制の確立と共通理解 ・教室，廊下や階段の安全点検 ・クラスや学年での本児童生徒に対する共通理解（症状への理解と卒倒時の対応） ・話を聞く機会を増やし，ストレスの軽減をサポートする ・学級，学年，学校全体で自信を持たせる取組（委員，役員等） ・SCとの連携 【家庭に対して】 ・担任，養護教諭と保護者の三者面談の実施 ・医療機関の受診を勧める ・SCとの面談を進める ・家庭での経過観察 ・家庭での親子関係の見直し，親子の会話を増やす	○診断は，その症状が神経疾患によって説明されないことを必要とするが，単に精査の結果が正常，あるいは症状が奇異だという理由では診断されるべきではない ○ヒステリー性発作が治まっても，日常の経過観察と児童生徒への声かけも続ける ○医療機関で，脳の器質的障害によるものではないとはっきりさせることで，保護者も子供の今おきている症状に寄り添うことができる
振り返り	【記録と評価】 <記録> ・ヒステリー性発作時の対応，処置内容 ・主治医の診断と対応，治療内容 ・対応と経過，本児童生徒の反応と結果 ・連携の対象と内容と方法，その結果 ・保護者面談時の記録 <評価> ・転換ヒステリーの観察，判断及び救急処置は的確だったか ・本人の日常生活における不安や苦痛は軽減されたか ・関係各者との連携のタイミングと内容は的確だったか ・養護教諭の職務の特質や保健室の機能を活かしたか	○本児童生徒にとって心の居場所となる保健室経営ができたか ○どのような対応が転換ヒステリーに効果があったのか明らかにしておく

<引用・参考文献>
・杉浦守邦著『改訂　養護教諭のための診断学　内科編』東山書房，2012
・融道男ほか監訳『ICD-10　精神および行動の障害―臨床記述と診断ガイドライン　新訂版』医学書院，2005
・岡田加奈子，遠藤伸子，池添志乃編著『養護教諭，看護師，保健師のための学校看護―学校環境と身体的支援を中心に』東山書房，2012
・日本精神神経学会日本語版用語監修，高橋三郎，大野裕監訳『DSM-5　精神疾患の診断・統計マニュアル』医学書院，2014

（中村　美智恵）

＜発達障害（ADHD）の対応例＞

⇨ ここがポイント

心身の観察

1　来室日や時刻，科目（活動等）を記録する
2　来室状況・本人の訴えを聞く
・どんな状況で来室したか？
・どんな言葉で，どんな姿勢で，どんな表現で訴えているか？
・訴えの背景に何があるか？
3　問診する
【発症時】「いつから具合が悪いの？」
【部位】「どの辺がおかしいの？」
【性状】「どんな感じがするの？」
【原因】「何か（原因として）思い当たることはある？」
4　観察する
・本症状は，繰り返されているか？じきにおさまるか？大げさか？曖昧か？
【体温】℃【脈拍】／分【血圧】／mmHg
【合併症状】
・睡眠障害（入眠障害・中途覚醒・不眠傾向）・食欲不振・吐き気・便秘・下痢
・疼痛・食事の状況・顔色・表情・姿勢・皮膚の色
・四肢の状態
【気になる言動・行動等】
・訴えと行動や態度，声の調子や言動に食い違いはないか？
・周囲に誰がいるのかを気にしたり，部屋の中を見渡したり，様子を見ている行動はないか？
【来室の状況・生活の状況等】
・来室時の姿勢や態度は？
・一緒に来室した者の状況は？
　（誰と一緒か？ひとりか？）
・次の授業の教科担当に，来室を伝えているか？
　（衝動的に来室したのではないか？）
・最近の地域や学校，学年，学級の状況や出来事は？
・本人の家族の変化は？
・服薬の状況は？
5　心的要因の把握
【情報】
〈本人から〉
・授業中の集中力の程度（どのような場面なら集中していられるか）
・皮膚感覚がどうか（極端に暑がる，寒がる）
・日常生活の様々なことを忘れてしまう（試験の日を忘れてしまう，電車の乗り方を忘れてしまう）
〈保護者から〉
・医療機関の受診状況，服薬の状況
・家庭での様子
・保護者の本人に対する見方，養育態度
〈学級担任から〉
・授業での提出物の状況，学業成績，出席の状況
・交友関係（友人との約束を忘れていないか）
・学級，学校内でのトラブル，本人を取り巻く対人関係
【個人の心身の特性】
〈性格〉欲求不満に対する耐性の低さ，気分の不安定，不安・不穏状態
【心的医学的検査とその結果】
・医療機関での診断（精神障害者保健福祉手帳用）
・WISC-Ⅲでの知能検査
【総括的判断】（診断書より）
〔現在の病状，状態像等〕
◎不安・不穏状態（解離・転換症状）
◎知能・記憶・学習・注意の障がい
　（遂行機能障害，注意障害）
◎広汎性発達障害関連症状
　（相互的な社会関係の質的障害，コミュニケーションのパターンにおける質的障害）
〔具体的態度，症状，検査所見等〕
・解離性の健忘があり，友達との約束やSCとの面談予約を忘れてしまったり，検定試験の日を忘れてしまったりと生活に支障が出ている。相手の気持ちや状況の理解が苦手で，コミュニケーションがスムーズでない。AQ-J（自閉症スペクトラム指数）は29点とカットオフ値の25点を上回っていた。人の話を聞いていないなどの不注意なところがあり，ADHD-RS（ADHDレイティングスケール）も39点と高い値だった。腕に歯形や覚えていない切り傷などを認め，知らない間に自傷をしているようである。

○以前にも，ストレスが加わっている環境や状況にあるときに同様の来室があったか想起する
○本人の身だしなみが整っているか（心の乱れはないか）
○本人の言葉，態度から聴き取り，観察する
○発熱はほとんどない
○言葉で表現している以外の真の訴えは何か

※ADHDの特徴は，「不注意・集中力の欠如，多動（過活動）・衝動性」である。落ち着きがなく，気が散りやすく，じっとしていられず，時に乱暴だったり，大きな声を出したり，怒りやすかったり，物忘れが多い，という特徴が並外れてパワフルで持続的であり，自分の日常生活や社会適応に支障をきたす場合をいう。

○「痛い」という部位を自分で示させる。例えば，「胃が痛い」と言っても，痛い部位が「胃」であるとは限らない。言葉だけでは判断しない
○小児の3％前後にみられ，性差では男児に多いのが特徴で，男女比は4対1～7対1といわれる

○ADHDには3つのタイプがある。
☆混合型…不注意と多動・衝動性の両方がみられる。過活動，じっと座っていられない，過度なおしゃべり，急に大声を出す，騒々しい，せっかち，人の話を聞かない，片付けができない，待つことができない，始めたことを最後まで続けられない，イライラしやすい，決まり事を守れない，自分の興味のないことは無関心，他人の立場を理解できない，仲良くできない

☆注意欠如優位型…不注意・集中力の欠如だけがみられる。空想にふけりやすい，細かいことに注意を払えない，大変に気が散りやすい，することが乱雑でだらしなく見える，課題に集中できない，1つのことをし続けられない，忘れっぽい，物をなくしやすい，引っ込み思案になりやすい，物静か，仲間に入れない，人の話を聞いていないように見える，生活の日課などを忘れる。

☆多動・衝動性優位型…多動衝動性だけがみられる。乱暴，キレやすい，じっとしていられない，他の人と同じ行動がとれない。

○「家族性」があり，一卵性双生児のADHD一致率が高いことや，両親のどちらかにADHDがあるとその子供に最高50％の確率でADHDが現れること，また，きょうだいにADHDがいると，そうでない子供に比べて5～7倍の確率でADHDが現れることなどから，遺伝的要因が関与していると考えられている。そのため，環境条件によってはADHDの症状の現れ方が違ったり，周囲の受け止め方によって

	〔生活能力の状態〕 ◎日常生活能力の判定 ・適切な食事摂取→自発的にできるが援助が必要 ・身辺の清潔保持→自発的にできるが援助が必要 ・金銭管理と買い物→おおむねできるが援助が必要 ・通院と服薬→必要。援助があればできる ・他人との意思伝達，対人関係→援助があればできる ・身辺の安全保持，危機対応→援助があればできる ・社会的手続，公共施設の利用→おおむねできるが援助が必要 ・趣味・娯楽への関心，文化的社会的活動への参加→おおむねできるが援助が必要 ◎日常生活能力の程度 ・精神障害を認め，日常生活に著しい制限を受けており，時に応じて援助を必要とする 〔上記の具体的程度，状態等〕 ・日常生活の様々なことを忘れてしまうと言う。試験の日程を忘れてしまったり，電車の乗り方を忘れてしまったりするなど，社会生活が障害されている 〔「重度かつ継続」に関する主治医の意見〕 ・情動及び行動の障がいまたは不安及び不穏状態にあり，計画的かつ集中的な通院医療を継続して行う必要性あり	ADHDの行動を問題視されにくかったりする場合がある。育て方や生活環境，食生活など後天的な要因によってADHDになるということはない。 ○定期的に受診し，医師の管理下にあるか（受診の予定を忘れていないか？） ○服薬の量や間隔は適切か（飲み過ぎ，飲み忘れなど） ○社会生活が障がいされているため，長期的視野で組織的に取り組む ○注意の持続の困難さや，作業の不正確さはないか。または，そのことによる本人の疲労の具合はどうか ○ケア的対応とカウンセリング対応は並行して行う ○発症のメカニズムやパターンを知る ○保健室で養護教諭のかかわりを通して得られた情報や児童生徒の変容を記録し，関係機関や関係組織に発信する ○暴力をふるう，ものを盗む，詐欺行為，レイプなどの反社会的行動を繰り返していて，大人の指示やルールに従わない傾向が強い場合に，「素行障害」という診断が下される。医療というよりも，司法関係の施設で対応することが多い。ADHDの傾向を持つものの中には，素行障害を合併する例があることもある ○本人の訴えを否定せず受け止める ○自傷の可能性があるため，完全に一人にしない ○いつからいつまで（期間，時期など）どのような支援を行うか，目標を定める（卒業後の進路など） ○学校組織として役割を明確にする
支援と連携を活かす対応	【本児童（生徒）への支援方針】 (1)症状の軽減 ・皮膚感覚（暑がる場合には冷やす，寒がる場合には温めるなど） ・楽な姿勢（ベッドに横臥位させるなど） (2)情緒の安定を図る ・一人になれる空間の提供 ・自己洞察を促す声掛け 「どうしたい？」「どうしてほしい？」 【誰とどう支援するか】 (1)保護者 ・医療機関受診 ・養育態度 ・本人に対する保護者の見方 (2)担任 ・環境調整・学習支援・活動支援 ・個別対応・人間関係づくり (3)関係機関（SC，SSW） ・病院同行・服薬管理の保護者への啓発	○本児童（生徒）にとって心の居場所となる保健室経営をしたか ○効果的な活用資源を明確にしておく
振り返り	【記録と評価】 (1)記録 ・養護教諭の行う健康相談の視点に立った記録が残せたか (2)評価の視点 ・本人のニーズがわかり，支援への展開ができたか ・課題解決に向けた効果的な改善が見られたか ・保護者との共通理解が図れたか ・支援員やSCといった第三者の協力は得られたか ・学校で組織的に対応できたか	

＜引用・参考文献＞
・日本精神神経学会日本語版用語監修，髙橋三郎，大野裕監訳『DSM-5　精神疾患の診断・統計マニュアル』医学書院，2014
・奈良間美保ほか著『小児看護学2　小児臨床看護各論』医学書院，2015
・榊原洋一著『大丈夫！ADHDのすべてがわかる本～注意欠陥／多動性障害児とどう向き合う～』小学館，2008

（佐藤　明子）

＜発達障害（ASD・PDD）の対応例＞

> ここがポイント

心身の観察

1　来室日や時刻，科目（活動等）を記録する
2　来室状況・本人の訴えを聞く
・一緒に来室した者の状況（いつもの友人，ひとり）
・どんな表情で，どんな姿勢で，どんな表現で訴えているか
・訴えの背景に何があるか？
3　問診する
【時期】「いつから具合が悪いの？」
【部位】「どこがおかしいの？」
【性状】「どんな感じがするの？」
【原因】「（来室直前に）どんなことがあったの？」
4　観察する
【体温】℃【脈拍】／分【呼吸】／分【血圧】／mmHg　【合併症状】【問診】
【気になる言動・行動等】
・訴えと行動や態度，声の調子や言動に食い違いはないか？
【来室の状況・生活の状況等】
・来室時の姿勢や態度は？
・一緒に来室した者の状況は？
　（誰と一緒か？ひとりか？）
・次の授業の教科担当に，来室を伝えているか？
　（衝動的に来室したのではないか？）
・最近の地域や学校，学年，学級の状況や出来事は？
・本人の家族の変化は？　・服薬の状況は？
5　心的要因の把握
【情報】
〈本人から〉
・「授業中，周りの生徒がうるさい」「周りの生徒が不真面目でイライラする」と怒る。「授業内容がわからない」と固まってしまう
〈保護者から〉
・医療機関の受診状況，服薬の状況
・家庭での様子（学校ではイライラを抑えているため，家には疲れ果てて帰ってくる）
・保護者の本人に対する見方，養育態度
〈学級担任から〉
・授業での提出物の状況，学業成績，出席の状況
・交友関係・学級，学校内でのトラブル，本人を取り巻く対人関係
【個人の心身の特性】
〈性格〉・真面目　・融通が利かない　・妥協しない　・怒りっぽい
・こだわりが強い　・正義感が強い　・考え方に偏りがある
〈認知面〉
・すでに決まっていることや固定していることは理解しやすいが，予測の立ちにくい状況は混乱しやすい。また，一度考え方が固定してしまうと修正しにくく，柔軟に対応するまでに時間がかかる
〈心身機能面〉
・上肢機能…鉛筆・箸など基本的な道具の操作は可能
・運動協調性…球技やバドミントンの苦手意識あり。動くものに体を合わせていくことが苦手
・その他…日常のことは自分でできるが，取りかかるまでに時間がかかる
〈対人関係の持ち方〉
・対人的な距離は遠めで，人に対する緊張は高めである。家族や親しい友人との会話は積極的だが，慣れない人とは聞かれたことを答える程度。相手の意図を推測することや，自分の状況や立場を推し量ることは苦手である。自分の考えや気持ちを表現することは苦手である
〈養育関係〉
・母子分離が十分でない
・母は「過去のPTSDが原因ではないか」「スマホの使い過ぎで自律神経を崩し，幻聴や幻覚が起こっているのではないか」「他人に心配してほしいだけではないか」と，本人の障害特性に対して，やや現実逃避の傾向がある
【心的医学的検査とその結果】
・医療機関での診断・WISC-Ⅲでの知能検査

○以前にも同様の来室があったか想起する
○本人の身だしなみが整っているか（寝ぐせがついたまま，シャツの裾が出ている，ネクタイが曲がったままなど）
　→本人の心が乱れていないか
○本人の表現，態度から聴き取り推察する
○本人にとって耐え難い変化がなかったか
　例　教科書をなくした，ペットが死んだ，親と喧嘩した，本人不在の席替えなど

※自閉スペクトラム症／自閉症スペクトラム障害（ASD）は，視線を合わせたり，微笑みをかえしたりすることなく，親密な身体接触や変化を嫌がるなど，①社会的相互交渉の質の異常，②言語的・非言語的コミュニケーションの質の異常，③反復的・常同的な行動パターンと関心の広がりの著しい欠乏，の3つがおもな特徴である。他の人々が考えていることを正しく判断できず，そのため他人の考えや感情を予測するいわゆる「心の理論」の欠如が問題とされる。

○自閉スペクトラム症は普通1歳半頃，遅くとも2歳までには明らかになってくる
○女児に比べ男児に3倍ないし4倍多く出現する

※広汎性発達障害（PDD）は，相互的な社会関係とコミュニケーションのパターンにおける質的障害，及び限局した常同的で反復的な関心と活動の幅によって特徴づけられる一群の障害である。程度の差はあるが，これらの質的異常は，あらゆる状況においてその患者個人の機能に広汎にみられる特徴である。

○小児自閉症においては，恐れや恐怖症，睡眠と摂食の障がい，かんしゃく発作や攻撃性など一連の非特異的な問題を呈することがしばしばある。また，手首を噛むなどの自傷はかなり一般的であり，特に重度の精神遅滞が合併している場合にあらわれる
○本人の話した内容が断片的であっても，総合的に判断する
○本人の訴えを，否定せず受け止める
○親が障害特性を理解できず，現実として受け入れることに困難があると，親子の交流が難しくなる。親の理解を助け，親の不安や苦しみを受け止めて，連携・協働できる体制づくりをするこ

	【総括的判断】(診断書より) ①適応障害 ②自閉症スペクトラム 　社会性・コミュニケーション・想像力の各領域において，②に伴う種々の特性あり。学習・生活指導等は，明確かつ予定調和的に行われることが望ましい。また，障害特性として感覚過敏も目立っており，就学環境については種々の配慮がなされるのが望ましい 【AQ-J】(自閉症スペクトラム指数) 計31点 「社会的スキル」7点,「注意の切り替え」6点,「細部への注意」5点,「コミュニケーション」8点,「想像力」5点	とが大切である ○本人が勉強に対して興味を伸ばせる指導を，組織的に行う ○本人に，『授業の形は1つではない』ことを理解させることも必要である ○放課後の補習を個別に行うことで，授業内容の理解が図れ，達成感を得たことで状態が安定する
支援と連携を活かす対応	【本児童(生徒)への支援方針】 (1)症状の軽減 ・感覚過敏に対応(集音過敏)ヘッドホン着用の提案，授業中の周囲の生徒のおしゃべりへの指導，個別の補習授業を行う (2)情緒の安定を図る ・一人になれる空間の提供 ・自己洞察を促す声掛け 「どうしたい？」「どうしてほしい？」 ・「注目が集まるのは嫌だ」という本人の訴えにできる限り応える 〈誰とどう支援するか〉 (1)保護者 ・医療機関受診　・養育態度 (2)担任 ・環境調整　・学習支援　・活動支援 ・個別対応　・人間関係づくり (3)関係機関(SC，SSW，主治医) ・学校生活を送る上での専門的アドバイス 【実際の対応・フォロー】 (1)心的要因解決のための取組 ・『困っていますカード』の活用 　授業がわからなくなってきたり，周囲の音が気になりだしたり，集中力がなくなってきたりした場合に，赤・黄色のカードを出して，授業担当者に「困っています」と伝える方法をとる (2)周囲への理解 ・「○○君は体調を崩しやすい」とクラスメイトに周知させる (3)目標を定める ・自分の気持ちを適切に表現できる，伝えられるようにする ・困ったことを大人に相談できるようにする ・嫌なことがあった際，そこから気持ちを立て直したり，別の視点で考えたりできるように支援する	○授業担当者の余談が，本人にとっては集中力の妨げになる場合もある。本人は，一度集中力を切らしてしまうと戻すのに時間がかかるため，「はい，ここから余談です」「はい，では授業を再開します」などの声掛けがあれば，切り替えができることもある ○カードを，直接授業担当に渡す方法と，周囲に気づかれないような配慮として机上に置く方法を，本人に選択させる ○保護者面談等で保護者に周知する。カードの使い方を授業担当に伝え，保護者面談後から使えるようにする ○周囲の生徒が，本人を特別な目で見ることのないよう伝え方に注意する ○学校組織として役割を明確にする ○本児童(生徒)にとって心の居場所となる保健室経営をしたか ○効果的な活用資源を明確にしておく
振り返り	【記録と評価】 (1)記録 ・養護教諭が行う健康相談の視点に立った記録が残せたか (2)評価の視点 ・本人のニーズがわかり，支援への展開ができたか ・課題解決に向けた効果的な改善が見られたか ・保護者との共通理解が図れたか ・支援員やSCといった第三者の協力は得られたか ・学校で組織的に対応できたか	

＜引用・参考文献＞
・日本精神神経学会日本語版用語監修，髙橋三郎，大野裕監訳『DSM-5 精神疾患の診断・統計マニュアル』医学書院，2014
・融道男ほか監訳『ICD-10 精神および行動の障害―臨床記述と診断ガイドライン 新訂版』医学書院，2005
・奈良間美保ほか著『小児看護学2 小児臨床看護各論』医学書院，2015
・小林重雄，園山繁樹，野口幸弘編著『自閉性障害の理解と援助』コレール社，2003
・村田豊久著『小児のメディカル・ケア・シリーズ14 自閉症』医歯薬出版株式会社，1980

(佐藤　明子)

＜場面緘黙の対応例＞

○場面緘黙とは？
　家庭ではごく自然に話すことができるが，園や学校など特定の社会的場面で話せないことが続く症状。不安症の1つとされている。早期発見と対応が必要。
○出現率は？　0.1～0.5％くらいで，やや女子に多い。
○どうして場面緘黙になるのか？
　不安になりやすい行動抑制的気質を持つ子供が，入園入学などの環境要因によって症状が現れることが多い。ことばの苦手さなど，発達面の偏りが関連しているケースもある。家庭の問題があって発症するわけではない。
○場面緘黙の子供の特徴
・「発話」だけでなく「感情表現」や「動作」ができにくい子供もいる。
・家族以外と話せない　・表情がとぼしい　・自分の気持ちを出しにくい　・音読など決まった台詞なら話せる
・特定の友達と小さな声で話す　・人の目が気になる　・動きがぎこちない　・声を聞かれること注目されることが怖い

出典：場面緘黙児支援団体　かんもくネット　リーフレットより抜粋

		ここがポイント
心身の観察	1　来室日や時刻，科目（活動等）を記録する 2　来室状況 本人の表情やうなずき，ジェスチャー，筆談等で訴えを把握する。表情カードや心の天気のイラスト等の非言語コミュニケーションツールを使用して気持ちのリラックスを図る 3　問診する 【発症時】「あたまが痛いのね？」（うなずき） 　　　　　「いつから痛いの？」（筆談：休み時間の後から） 　　　　　「どこかにぶつけたりしたの？」（首を横に振る） 【部　位】「あたまのどのあたりが痛いの？」（手で額を押さえる） 　　　　　「お熱があるのかな？」（額を触ってみる。熱はなさそう…） 　　　　　「いまのつらさはどのくらいかな？」（表情カードをみせると真ん中のイラストを選んだ） 【性　状】「どんなふうに痛いの？」（筆談：「いたくなったり，いたくなくなったりする」と書いた） 4　観察する 【体温】℃／【脈拍】／【呼吸】／分／【血圧】／mmHg ・顔色，表情，姿勢，眼瞼，唇，皮膚など外見から観察する 5　心的要因の把握 ○不安になるような事象がなかったか？ ・教室内でのトラブル　・席替え　・転入生　・いやなことを言われた（された）　・予定なしの避難訓練　・運動会や音楽会，学芸会など声を出す場面の多い教育活動　・新たな教育活動　・大きな音　・教師からの叱責　・声を出すことの強要　・声を出したときのまわりの反応　・その他不安を増長させるような出来事　・家庭での出来事（母が留守をする，弟妹ができた）等	○以前にも同様の来室があったか想起し，今の状態と比較する 　・頻繁に来室する時期（運動会前・校外学習前等） ○保健室を利用する際の対応を担任や専科の先生と確認をしておく 　・けがや症状等の説明メモを持たせて来室させる 　・友達と一緒に来室して，説明をしてもらう　など ○内科的なものか心因的かの判断をする ○内科的疾患が否定される場合は，「不安要因」を把握する ○つきそいの友達にクラスの状況や，休み時間の様子などを聞く 　・何をしていたか？ 　・友達とのトラブルはなかったか？ 　・大きな声に驚いたりしていなかったか？ 　・周りの（他学年）の児童で同じような出来事はなかったか？　など ○「コミュニケーションがとれない」「緊張が強い」など児童の状態によっては早退も考慮する。保護者へ連絡する際は学校での様子の報告に加え家庭での最近の様子を聞く。また，下校後の様子，学校生活について継続して見ていく ○場面緘黙児への対応はじっくり時間をかけて行う。発話を強制したり，焦ったりすることは禁物である
支援と連携を活かす対応	＊養護教諭の職務・保健室の機能・カウンセリング機能を十分活かす 【児童への支援方針】 〈身体症状への対応〉 ・痛みの軽減…痛い部分に養護教諭の手を当て，さすりながらやさしく話をする ・保健室の機能を活かす（長椅子・筆談セット・ぬいぐるみ・保温用ペットボトル・毛布・相談コーナー等） ・非言語コミュニケーションツールを使用して，言語的コミュニケーションがなくても対応できるようにする（表情カードや心の天気のイラスト，文字カード，写真カード，人形，色鉛筆，スケッチブック，画用紙等） 〈場面緘黙への対応〉 (1)教室において：担任 ・家庭と学校が協力して，安心できる環境づくりをしていくことを保護者に伝える ・校内の組織に事例を挙げ学校全体で取り組む ・場面緘黙に関する知識理解を深める ・健康観察の方法について本人と確認…紙に書いて友達と読む，手を挙げるだけ ・ほかの子供たちへ理解やかかわり方についての説明 （話すことの強制はしない，もし話しても驚いたり声をあげたりせず自然に過ごす） ・スクールカウンセラーへの相談を勧める ・保護者や養護教諭との情報の共有・連携 ・安心度チェック表の活用	○けがや体調不良のみならず不安が増長したときや助けを求めたいとき，保健室SOSを出せるよう日頃からの養護教諭との信頼関係を構築する ○非言語的コミュニケーションで児童の安心感を引き出す。保健室が居場所の1つになることを意識した対応をする。 ～クラスで場面緘黙の子供への対応を話し合う場合～ 　クラス全体で緘黙の子供の話をする時は，クラスの子供たちにどう話すか，教師と保護者で打ち合わせをしましょう。保護者は家庭で，「先生がみんなにお話したいって言われているのだけど，どうかな？」「こんなふうにクラスで話してもらうのは，いい？」などと子供に了承をとります。その子が話し合いの場にいる時の方がいいのか，いない時の方がいいのかも，聞いてみましょう。 ①先生から，子供の状態を伝えます。例えば， 「○ちゃんは　わざと　はなさないんじゃないんだよ」

162

状況	とても不安	不安	普通	安心	とても安心
学校で	■				
朝，家を出るまで	■				
登校（登園）時	■				
（授業中）全員での発声（本読み・歌）	■				
みんなの前で言葉を使わない活動	■				
みんなの前で言葉を使う活動	■				
小グループでの活動	■				
（休み時間）教室で	■				
（休み時間）運動場で	■				

安心度チェック表　出典：場面緘黙児童支援団体　かんもくネット

(2)保健室において：養護教諭
・児童との信頼関係づくり…教室の様子を見に行ったり，声をかけたり，非言語コミュニケーションをとる
・保健室や教室が「安心できる場所」になるように雰囲気づくりをする
・他の児童が保健室にいることで不安，緊張が強くなる場合のために，相談コーナー等の充実を図る（仕切り，ソファ，本，ぬいぐるみ等）
・保健室における認知行動療法について研修を深める
・スクールカウンセラーと連携し，アセスメントを行う
・乳幼児期からの発達の様子（乳児健診等の様子　・敏感さ　・保護者の不安感　・就学前の様子（保育園・幼稚園）　・他事とのコミュニケーション）
・うつ病や精神疾患，いじめ，不登校等の二次的な問題につながらないよう，担任のみならず教職員全体で注意すべき対応を周知する
・担任や保護者との情報交換
(3)スクールカウンセラーへの相談
・状況に応じて教育相談や通級学級，受診を勧めるなどの助言をする
・教室の様子を観察し，対応の手立てを，担任や保護者へ助言する
(4)家庭において
・学校との情報交換を密にする
・場面緘黙児童支援に関する情報提供
・ケース会議への出席
(5)学校全体で：特別支援校内委員会
・特別支援コーディネーターとしてアセスメントや支援方法について校内委員会で検討（※1場面緘黙質問票（SMQ-R））

「○ちゃんは　ほんとうは　じょうずに　はなせます」
「がっこうでは　まだ　こえが　でないだけだよ」
「はなそうとすると　のどが　ぎゅっとなります」
②クラスの子供たちが，その子供の立場に立って考えるためのヒントが欲しいです。
「みんな　だれでも　にがてなことが　あるよね」
「キンチョーするとあなたのからだはどうなりますか」
「○ちゃんは　じぶんでも　なぜ　こえがでないか　わからないのです」
「○ちゃんは　はなしかけられると　とても　うれしいとおもっています」
③先生から「して欲しくないこと」を伝えます。
「『なぜ　はなさないの』といわれるとこまってしまいます」
「『あっ　○ちゃんが　しゃべった』といわれるとよけいに　のどが　キンチョーしてしまいます」
④そして，「して欲しいこと」を伝えたいです。
「○ちゃんも　みんなと　なかよくしたいなと　おもっています」「あそびにさそってね」

出典：場面緘黙児支援団体　かんもくネット　HPより抜粋

○場面緘黙児童は特別支援教育の対象である。配慮を要する児童として，教職員全体に周知する
・生活指導全体会において報告
・特別支援教育研修会において，「場面緘黙」についての理解と対応を深める
○特別支援教育委員会で情報を共有する。養護教諭がコーディネーターを兼ねる場合は，ケース会議を定期的に設定し対応について協議する
・個別指導計画の作成
・アセスメント
・就学相談（通級学級）
・保護者との連携，信頼関係づくり
・スクールカウンセラー，学校医，家庭支援センター，教育相談，医療機関等との連携
○就学前の保護者から入学に際して報告があった場合入学前の対応が必要である
・就学時健康診断や入学説明会の際に，保護者から相談を受ける場合がある。できるだけスムーズな入学を迎えるため対応をする
・春休みに登校し，学校や教室の見学をし，少しでも学校に慣れておくようにする
・保護者から1年生の保護者へ理解をお願いするお話をしていただく（保護者の希望）
・保護者の承諾を得て，1年生の児童へ，指導を行う（恥ずかしがりやである。わざとだまっているわけではない。話しかけてもらうと嬉しい。話したときにびっくりしたり大きな声を出したりしない。一緒に遊んで欲しい等）

振り返り

【記録と評価】
(1)記録
①発話の現状
②医療または療育機関の診断等
③養護教諭の身体症状の判断
④対応の経過と本児童の反応・結果
⑤連携と結果

(2)評価の視点
①発話の観察，スモールステップの設定が的確だったか
②関係機関との連携はタイミングよくできたか
③養護教諭の職務の特質と保健室の機能を活かしたか
④保健室形成に反映したか

(東　真理子)

＜LGBT（性別違和・性同一性障害）の対応例＞

心身の観察

1. **来室時の状況の確認**
   - 日時，時刻，科目（活動など）を記録
2. **来室状況・本人の訴えを聞く**
   【本人の様子】
   - 身体的不調が見られるか，すでに性別違和の表出に関する相談なのか

   【主訴】
   - 身体的不調を主として来室している場合は頭痛，吐き気，だるさ，不眠など
   - 性別違和に関する相談であれば，相談に来室した気持ちを聞く

3. **問診する**
   【発症時】
   - いつから，どのようなときに違和を感じるか，

   【性状】
   - 自分の性別に対してどう感じているか
   - 身体的苦痛はあるか
   - 性分化疾患はあるか
   - 自分の性器の構造を強く嫌悪しているか
   - 自殺願望やリストカットの気持ちはあるか

   【生活状況】
   - 反対のジェンダーの友達や遊びを好んでいるか
   - 反対のジェンダーの服装を好んで着ているか

   【本人の要望】
   - 学校で何を対応してほしいか（トイレ，着替え，制服など）
   - 宿泊を伴う行事などで配慮してほしいこと
   - 誰と情報を共有してよいか

   【その他の情報】
   - 家庭環境調査・保健調査・保護者からの情報

4. **観察する**
   【客観的指標】
   - 体温，血圧，呼吸数，脈拍数（身体的不調がある場合）

   【気になる言動・行動等】
   - 日頃反対のジェンダーの友達や遊びを好んでいるか
     それによる不満やいじめなどがあるか
   - 制服に対する不満はあるか
   - 自殺願望やリストカットなど行動化している状況はあるか

5. **心的要因の把握（共通して見られる傾向）**
   【情報】
   ＜本人から＞（子供の診断基準より）
   - 少なくとも6か月以上ジェンダーの不一致がある
   - 反対のジェンダーになりたいという強い欲求
   - 指定されたジェンダーの服装に対する強い抵抗
   - 反対のジェンダーの遊び友達や玩具を好む
   - 自分の性器の構造を強く嫌悪する
   - 自分の体験するジェンダーに合う第一次及び第二次性徴を強く好む

   ＜保護者から＞
   - 性別違和について気づいているか
   - 生育歴，今までの性別違和への具体的な欲求や行動
   - 幼児小児期の「ごっこ遊び」では反対のジェンダーの役割を好んでいるか
   - 性別違和を周囲にどこまで公表したい（隠したい）か
   - 学校への要求，配慮を希望する内容

   ＜学級担任から＞
   - 児童生徒の学級や部活動での様子から性別違和の苦痛や欲求を感じられるか
   - 学級や部活動など集団の中で，本人の性別違和に対する周囲からの疑問や意見が出ているか
   - 性別に関する相談を保護者や本人からされているか

   【心身医学検査とその結果】
   - 最終的に医療機関を受診するかどうかは児童生徒自身や保護者の判断である
   - 性同一性障害に係る専門的な助言を行える医療機関を選択する
   - 都道府県等の精神保健福祉センターでは，性同一性障害の相談を受けている
   - 関係学会のガイドラインでは特に15歳未満については診断に慎重な判断を必要とされ，性別違和（性同一性障害）の可能性が高い場合でもあえて診断が行われない場合もある
   - 性別違和のある未成年が医療的ケアを望む場合，精神的サポートとして二次性徴抑制療法，身体的治療としてホルモン療法がある

ここがポイント

- ○性別違和の問題がすでに表出しているか否かによって対応は変わる
- ○児童生徒自らが性別違和を相談することは少なく，精神的・身体的苦痛の訴えから相談につながることもある
- ○性別違和は保護者からの相談によりわかることが多い（小中学校）
- ○性別違和とは，指定されたジェンダーに対するその人の感情的認知的不満足を表す一般的な記述用語であるが，診断カテゴリーとして使用される場合により特異的に定義される。「性同一性障害」という用語よりもより記述的であり，同一性自体ではなく，臨床問題としての不快に焦点を当てている
- ○「性自認」と「性的指向」を区別すること
  - 「性自認」→自分の自覚しているジェンダー
  - 「性的指向」→自分が魅力を感じる性別
- ○LGBTとは
  「LGBT」自体は病名ではない
  - L→レズビアン（女性同性愛者）
  - G→ゲイ（男性同性愛者）
  - B→バイセクシャル（両性愛者）
  - T→トランスジェンダー（出生時に診断された性と自認する性の不一致）

  の頭文字をとり，セクシュアル・マイノリティー(性的少数者)の一部の人々を指した総称
  ※セクシャル・マイノリティー≠LGBT
- ○トランスジェンダーとは，出生時のジェンダーとは異なるジェンダーに一過性または永続的に同一性を持つ広い範囲の人を意味する
- ○トランスセクシャルとは，男性から女性へ，女性から男性への社会的移行を模索しているまたは経験しているを意味し，その多くは性転換ホルモン治療や生殖手術をうけている
- ○LGBT以外のカテゴリーとして
  アセクシュアル，Xジェンダーなどもあるが，性別違和には様々なパターンがあり，型に当てはめ，とらわれて考えてはいけない

- ○相談における注意
  - 知ったかぶりや決めつけは控え，わからないことは一緒に調べる
  - 「ふつう」など一般化しないで「私はこう思う」などの一人称で語り，向き合う
- ○いじめやリストカットなどが明らかになった場合は，至急関係者に連絡する
- ○性別違和を感じている児童生徒は，不安症・秩序破壊的・衝動抑制の障害・抑うつ障害など，感情及び行動の問題面も大きくなっている
- ○青年及び成人の診断基準は子供とは別にある

- ○医療機関に紹介された子供では，性別転換行動の始まりは通常2～4歳の間であり，小学校入学頃に「もう1つの性別になりたい」という欲求を表出するので，保護者が小学校入学前に気がついている場合があるため，保護者からの情報を十分に収集する
- ○いじめや差別の状況が明らかになった場合は，各教科や道徳・学級活動等で

第7章　児童生徒の具体的健康問題と「養護教諭の行う健康相談」対応例

		指導や人権教育を行う ○診断的特徴 　小児期と青年・成人期では違った形で性別違和が現れるため，別々の診断基準がある ○性別違和の発症様式は早発性性別違和と晩発性性別違和の2つに分けられる。性別違和の継続は様々である ・早発性性別違和は，小児期に始まり青年期や成人期まで持続する ・晩発性性別違和は，思春期あたりか，もっと遅くに始まる ○二次性徴抑制療法は，二次性徴が起こっている人に使用し，二次性徴を一時的に止める 　可逆性／法定代理人の許可が必要
支援と連携を活かす対応	支援方針 【本児童生徒に対して】 ・苦痛や違和感を受け止め，悩みや不安を聞く相談体制の充実 ・いじめなど集団の中でおきている問題への対処 ・本人が情報を共有してよいと認めた関係者でサポートチームをつくり，支援委員会を開く ・校内，校外（校外学習や宿泊行事）における配慮 ・学校生活の各場面での支援を行う 【学校内】 ・本人や保護者が共通理解を許した関係者によるサポートチームの発足と支援委員会の実施 ・本人や保護者が要求する生活への配慮を徹底する ・性別違和に関する研修会を実施（教職員向け），情報発信する ・各教科や道徳・学級活動などで，人権教育や児童生徒に性別違和の理解に対する指導や取組を行う ・保護者及び本人が医療機関受診を希望しない場合は，その判断を尊重しつつ，個人情報に関連しない範囲での一般的な助言を専門の医療機関に求めることが考えられる ・SCとの連携，いじめやリストカットなど感情及び行動上の問題への対応 【家庭に対して】 ・専門医療機関の紹介 ・教職員の間で情報共有する意図を十分に説明・相談し理解を得つつ，対応を進める ・学校と家庭で本人への具体的な支援について相互に理解する	○ホルモン療法は，原則として18歳以上（一定条件でそれ以下），不可逆性／未成年は法定代理人の許可が必要 ○保健室にLGBTやセクシュアリティに関する書籍を置き，廊下などにポスター，リーフレットなどを用意し，本人と周囲の理解を得る ○健康診断時の配慮 　学校医と相談しつつ，本人の意向を踏まえた上で個別に実施することが考えられる ○学校生活の各場面での支援 | 項目 | 学校における支援の実例 | |---|---| | 服装 | 自認する性別の服装・衣服や，体操着の着用を認める | | 髪型 | 標準より長い髪型を一定の範囲内で認める（戸籍上男性） | | 更衣室 | 保健室・多目的トイレ等の利用を認める | | トイレ | 職員トイレ・多目的トイレの使用を認める | | 呼称の工夫 | 校内文書（通知表を含む）を児童生徒が希望する呼称で記す | | 授業 | 体育又は保健体育において別メニューを設定する | | 水泳 | 上半身が隠れる水着の着用を認める（戸籍上男性） | | 部活 | 自認する性別に係る活動への参加を認める | | 修学旅行等 | 1人部屋の使用を認める，入浴時間をずらす | ※「性同一性障害に係る児童生徒に対するきめ細かな対応の実施等について」（平成27年4月30日文部科学省児童生徒課長通知）の別紙より抜粋
振り返り	【記録と評価】 ＜記録＞ ・相談内容 ・主治医の診断と対応，治療内容 ・サポートチームの支援内容，対応と経過，本児童生徒の反応と結果 ・連携の対象と内容と方法，その結果 ・保護者面談時の記録 ＜評価＞ ・本人の日常生活における性的違和に対する不安や苦痛は軽減されたか ・関係各者との連携のタイミングと内容は的確だったか ・養護教諭の職務の特質や保健室の機能を活かしたか	○教職員の日常で無意識に使う差別的な言葉に注意し，教職員の人権感覚を磨く ○専門医や専門的な医療機関については，関係学会等の提供する情報を参考にする ○GID学会のホームページにおいて，「性同一性障害診療に関するメンタルヘルス専門職の所属施設」（平成27年2月24日付）が公開されている ○本児童生徒にとって心の居場所となる保健室経営をしたかなど

＜引用・参考文献＞
・日本精神神経学会日本語版用語監修，高橋三郎，大野裕監訳『DSM-5　精神疾患の診断・統計マニュアル』医学書院，2014
・文部科学省「性同一性障害や性的指向・性自認に係る，児童生徒に対するきめ細かな対応等の実施について（教職員向け）」2016年4月

（中村　美智恵）

2　危機管理的な対応の実際

　危機管理とは，リスクマネジメントとクライシスマネジメントで成り立つ。危機管理的な対応が必要となる事象は，児童生徒の生命に重大な危機が及んでいる状態が想定される。これらの対応を行う際には，子供の命を最優先に考えるとともに，最悪を想定してタイミングを逃さず対応することが求められる。管理職や保護者との連携は欠かせない。「まさかそんなことはないだろう」が命取りになることがあることを念頭に，先手先手で対応を行う必要がある。養護教諭は，子供に寄り添い，子供の気持ちを受け止め，共感し，「つらい気持ちを打ち明けてくれてありがとう」という気持ちを伝えることが大切である。

　ここで取り上げる事例は以下のとおりである。
① 　自殺念慮（希死念慮）
② 　いじめ
③ 　児童虐待（ネグレクト）
④ 　離婚による影響（性感染症・性的虐待・心の成長の遅滞）
⑤ 　デートDV
⑥ 　心のケア（自然災害）
⑦ 　心のケア（事件・事故遭遇）
⑧ 　抜毛症
⑨ 　摂食障害
⑩ 　自傷行為
⑪ 　統合失調症
⑫ 　望まない妊娠
⑬ 　薬物乱用（違法薬物・脱法ハーブ）
⑭ 　医薬品乱用（オーバードーズ）

　各事例記述の視点は以下のとおりである。
① 　課題の概要（要旨）
② 　養護教諭の対応のポイント
③ 　事例の概要
④ 　経過
⑤ 　養護教諭の職務の特質を活かした対応・支援
⑥ 　保健室の機能を活かした対応・支援
⑦ 　チーム学校としての連携とタイミング
⑧ 　教育活動との関連
⑨ 　養護教諭の判断のポイント

第7章　児童生徒の具体的健康問題と「養護教諭の行う健康相談」対応例

〈自殺念慮（希死念慮）〉

自殺念慮をこい願い自殺したいと考えること。自殺について思い巡らすこと。実際に行為に及ぶことを自殺企図という。自殺は，精神疾患・いじめ・孤立や孤独・絶望感・生活困難などの要因が複雑に絡み合っている。

自殺対策には①事前対応（プリベンション），②危機介入（インターベーション），③事後対応（ホストベンション）の各段階で効果的に実施されなければならない。ここでは②危機介入について述べる。

自殺のリスクを疑ったら，順次質問をしてリスクの高さを評価する。
①生きていても仕方ないと思っているか？②死にたいと思っているか？③自殺の方法まで考えたことがあるか？④準備をしかけたことがあるか？⑤やりかけたことがあるか？

＊平成18年「自殺対策基本法」制定

○養護教諭の対応のポイント

自殺念慮・自殺企図は，命の保護を最優先に考える危機介入である。本人が「死にたい」ほどつらい思いをしていることや，養護教諭に話した本人の気持ち，その背景を丁寧に理解し，誠意を持って支援する姿勢が不可欠となる。「TALKの原則」で対応する。

統合失調症・うつ病等の精神疾患の可能性も念頭に置く必要があるため，本人との信頼関係を築き，関係教職員との連携のもと，保護者への連絡，本人の保護，継続した学校側の対応が必要となる。スクールカウンセラーやスクールソーシャルワーカー等の専門家と協力して支援・対応をする。

さらに，日頃からの健康観察により子供のSOSサインを見のがさないようにして，遅滞なく健康相談へつなげる。

事例の概要

高2，16歳，男子。母と母方の両親と同居している。自分が思いを寄せる異性から，ラインをブロックされたり話ができなくなったことから傷心状態となり，自殺念慮が強くなり「死にたい」と訴えた。翌日，クラスラインで「死んでもいいかな」と送ったことでクラスメイトに衝撃が走る。緊急性が高いと判断し，心療内科を受診していただき治療を開始となった。本人の訴えから病院受診までの経過を述べる。

経過	養護教諭の職務の特質を活かした対応・支援	保健室の機能を活かした対応・支援	チーム学校としての連携とタイミング	教育活動との関連	養護教諭の判断のポイント
・1日目：放課後の委員会活動終了後，本人が養護教諭に「精神的にやばい。相当やばい」と話しかけてきた。保健室で話を聞いたところ，好意を寄せている同じクラスの女子に「ラインをブロックされて，話もしてくれないので死にたい」と訴えた。 ・眠れない，食欲がない（体重2か月で4kg減少），今まで好きだったことに興味がわかない，周りの人が「お前が悪い」と言っていると感じる，等の訴えあり。 ・翌日，もう一度話をする約束をして帰宅をさせる。　【状況把握】 ・2日目：夜，クラスラインに「皆には迷惑をかけるけど，死んでもいいかな？」から始まる長文の謝罪文が投稿された。驚いたクラスメイトが，担任に連絡をする。 ・3日目：本人の健康状態・意思と保護者の意向を確認して，学校関係者の了解のもと授業に出る。2時間後，血相を変えて「友人が誰も自分に声をかけてくれないからやっぱり死にます！」と訴えてきたため，保健室の隣の相談室で待機させる。 　夜に母親・祖母に学校に来ていただき，これまでの経過説明と病院受診を強く勧める。主治医には「登校の可否」の確認をしていただくよう依頼する。　【保護者の支援】	・いつもとは違う表情や行動に心理的な要因を感じ，場所を移動して，本人の訴えを問診をしながら聞く。実態把握のためのカウンセリング的対応（受容・繰り返し明確化・質問・支持等）をしながら本人を責めないように寄り添う。 ・「養護教諭に話をしてくれてありがとう」と相談することの意義を話す。 ・自殺のリスクを疑ったため，順次質問をしてリスクの高さを評価する。①生きていても仕方ないと思っているか？②死にたいと思っているか？③自殺の方法まで考えたことがあるか？④準備をしかけたことがあるか？⑤やりかけたことがあるか？について確認する。　【状態把握】 ・確認の結果，「死にたいほど苦しいんだね」と「死にたい」気持ちを否定せずに，スクールカウンセラーへの相談や心療内科の受診を勧める。 ・母親への愛情を話す本人に，命の大切さを訴え，［死なない約束］と「継続した面接」「明日もう一度ゆっくり話をしたい。」と明日の面接の約束をする。	・高揚した気分を落ち着かせるために保健室でスポーツドリンクを飲みながら話を聞く。リラックスをはかる。 ・保健調査票で健康状態の把握。アトピー性皮膚炎，喘息 身長：162cm 体重：52kg その他（入学時64kg　自分の体形が嫌でダイエットをした（祖母談）） 【危機判断】 ・興奮している本人を，保健室の隣の相談室に移動させて，ゆっくりと話を聞く。本人の思いをすべて話し終わったところで，お茶を飲んで落ち着く時間を作る。	・関係者（担任・学年主任・教育相談係・生徒指導主任・教頭・校長）で善後策を立てる。　【組織体制】 ・本人の了解のもと保護者に連絡を取る。（本人への理解と責めないことを依頼した上で）保護者に迎えに来てもらう。 ・学校と家庭と足並みを揃える（症状が悪化するときはできるだけ早く医療機関を受診するよう勧める） ・夜中に管理職と学年主任・担任が学校に出勤して善後策を検討する。その結果，①「担任が家庭訪問をすること」，②「翌日は，家庭で本人の体調と精神状態をよく観察して保護者同伴で登校するかどうか決める」ことと判断する。　【対応判断】 ・上記の打ち合わせ後，（日付が変わる頃に）保護者に電話連絡をした上で家庭訪問をして，母親に本人の状態を伝えて安否確認をして経過を見ていただく。 ・3日目の朝：保護者同伴で登校することがわかった時点で，担任・学年主任・管理職・養護教諭で1日の流れと不測の事態に備えて打ち合わせをする。 ・同日夜に，保護者に再度学校に来ていただき学校側が把握した本人の状態1日目からの様子を書面で報告する。自殺の	・普段から真面目に一生懸命委員会活動をする本人をほめていた。 ・3日目の朝：本人の健康状態を確認し，本人の意思を確認し学校関係者の了解のもと授業に出る。 ・本人が興奮して保健室に来たため，保健室の隣の相談室で話をした後，担任や学年主任が交代で見守り，本人の願う現況をさせた。授業に戻さずに待機させて，保護者に迎えを依頼する。　【対応判断】	・自殺のリスク評価では，①生きていても仕方ないと思っているか？②死にたいと思っているか？③自殺の方法まで考えたことがあるか？④準備をしかけたことがあるか？⑤やりかけたことがあるか？の問いに対して ↓ ①「生きている価値を感じない」 ②「死にたい」と思っている ③自殺方法を3種類考えている ④一度自殺企図のまねごとをしているがあった。このことから，自殺のリスクは高いと判断する。 また，身体症状と精神症状があることからも心療内科・精神科の受診を要すると判断する。　【危機判断】 ・1年次から，本人との人間関係ができていたため，養護教諭の「明日また話をしたい」の提案に「わかりました」と話す。と同時に，危険性が高いため保護者への連絡の必要性が高いため，保護者に連絡をすることを提案し，しぶしぶだが承知をした。

・4日目：心療内科を受診する（母親・祖母同伴）。「自閉症スペクトラム」と診断され投薬治療を開始する。約5か月間，学校・クラスメイトと距離を置くこと，スマートフォンの使用禁止の指示が出る。 ・5日目〜8日目：担任からの情報で，本人は穏やかに過ごしており，寝ていることが多いものの，祖父と野球観戦・祖母と買い物に行ったりしている。食欲もあり体調も良い様子を確認する。 ・9日目：スクールカウンセラーに情報提供をしてコンサルテーションを受ける。 ・10日目：夜に母親・祖母・伯父の3人で来校していただき，主治医からの説明を再度確認するとともに学校側の意向（学校・保護者・主治医との協力）を伝える。今後，学校関係者が主治医と面談をする了解を得る。 ・18日目：本人の診察時に，担任と養護教諭が同席をする。 （母親・祖母立会い）	★対応の原則—TALKの原則— Tell：言葉に出して心配していることを伝える Ask：「死にたい」という気持ちについて，率直に尋ねる Listen：絶望的な気持ちを傾聴する Keep safe：安全を確保する ★終始心がけた対応・支援 ①本人の命を保護するのが最優先である。 ②保護者の理解を得るために，迅速かつ丁寧に説明をして進める。 ③管理職・担任・学年主任等の学校関係者で，遅滞なくその時その時の状況の変化に対応できるよう，すぐに情報共有の打ち合わせを行う。 ④主治医・家庭・学校：三者で本人の状態の把握と対応の共通理解をする。 ⑤家庭：母親の精神的なケアを務める祖母のケア，伯父の継続した協力を依頼する。 ★自殺念慮のある場合の対応の心得 ①「死にたい」気持ちを否定しないこと ②具体的な自殺の計画があるか確認する。もし具体的な計画があるなら，本人をできるだけ安全な状況に誘導するように冷静に動くこと ③相談することは良いということ ④相談を受けたら，具体的な解決策を提示すること ⑤すべて一人で解決しようとせず，適切な専門機関へ支援を求めること	リスクが高いため，本人の観察に加えてできるだけ早く病院受診して主治医に「登校の可否」の判断を仰ぐよう依頼する。 ・4日目：主治医より「自閉症スペクトラム」の診断で現在興奮状態が高く自殺念慮のリスクも高いため，学校と生徒との距離を取るように指示される。内服治療をしながら，本人がすべてを話すまで1週間に1回のカウンセリングと受診を続けて経過をみる。スマホも使用禁止，の指示をされる。 ・8日目：担任が，自宅に電話連絡をして，保護者に欠席をしている間の本人の様子を確認するとともに本人と話をする。関係教職員で，翌日のスクールカウンセラーにコンサルテーションを受けるための情報共有をする。 ・9日目：スクールカウンセラーのコンサルテーションより 〈学校と本人〉 関係は切らないように，担任が週初めに家族がいることを確認して本人と短時間話をすることを続ける。 〈女子生徒〉 観察や支援が必要 〈保護者の確認事項〉 薬の使用前後の変化。服薬の確認。 〈主治医の確認事項〉 学校復帰等の見通しと復帰した際に学校側が気をつけること。学校と主治医と学校のシステムの考え方のすり合わせ。 ・18日目：本人の診察時に担任・養護教諭が同席をし，主治医に学校側の支援体制を伝える。本人の病状は，前述のとおり。	・女子生徒を含む同クラス友人：本人の状態の理解を求め，本人に関する動きや情報があった場合に担任に報告させ，本人や友人への遅滞ない対応をする。 ・学校との関係は切らないように，担任が週初めに家族がいることを確認して本人と短時間話をすることを続ける。 ・勉強のことを気にする本人のために，担任が課題を1週間分まとめた上で，家庭訪問をして届けながら，保護者と本人と面会をして様子を確認する。　〔組織体制〕 〔関係者との連携　組織体制〕 ★3か月の自宅休養後の学校復帰に関する対応 ①主治医に学校復帰のタイミングを確認する。 ②スクールカウンセラーと学校復帰のスケジュールと本人との約束事を検討する。 ③②について本人・保護者に来校してもらい，学校から提示する。 ④主治医に②を確認していただく。 ⑤徐々に授業に出席する時間を増やし，2週間をかけて6時間の授業を受けるようにした。帰宅時に養護教諭と担任がその日の様子を確認する。 ⑤約束事は，・好意を寄せている女子生徒への接触禁止，・スマホ使用禁止，・つらくなったときには担任または養護教諭に相談する。 ⑥状況を把握しているスクールカウンセラーのカウンセリングを1か月に1回行う。本人から，カウンセラーからの指示等について，主治医に報告する。	〈本事例の背景要因〉 ①保護者が，本人を「幼い頃から変わっている性格」と感じつつ適切なサポートを求めなかった。 ②小・中学校での支援不足が考えられる。 ③好意を寄せている女子生徒にラインをブロックされ，直接話ができないつらさに耐えられなくなった。 ④母は，涙もろく，感情のコントロールが難しい性格のため，本人の学校での様子を受け入れがたい。どんなときも母親に祖母が付き添って来校する。祖母が本人回復のキーパーソンである。　〔対応判断〕

〈引用・参考文献〉
・文部科学省「教師が知っておきたい子どもの自殺予防」2009年3月
・厚生労働省「平成30年度　自殺対策白書」日経印刷，2018
・佐々木司，竹下君枝著『精神科医と養護教諭がホンネで語る　思春期の精神疾患』少年写真新聞社，2014

（道上　恵美子）

第7章 児童生徒の具体的健康問題と「養護教諭の行う健康相談」対応例

〈いじめ〉

平成25年9月28日，いじめの問題に対する施策として，いじめ防止対策推進法が施行された。「いじめ」とは，「児童生徒に対して，当該児童生徒が在籍する学校に在籍している等当該児童生徒と一定の人的関係にある他の児童生徒が行う心理的又は物理的な影響をあたえる行為（インターネットを通じて行われるものを含む。）であって当該行為の対象となった児童生徒が心身の苦痛を感じているもの」と定義されている。また，「いじめは，いじめを受けた児童生徒の教育を受ける権利を著しく侵害し，その心身の健全な成長及び人格の形成に重大な影響をあたえるのみならず，その生命又は身体に重大な危険を生じさせるおそれがある」としている。

○養護教諭の対応のポイント

①保健室来室児童生徒への健康相談活動においては，児童生徒の頭痛・腹痛・けが等の身体的症状からいじめに気づく。
②健康教育においては，保健室来室者への個別指導または集団への指導として，学級担任と連携し保健指導や保健学習を実施する。
③校内いじめ対策委員会や学校保健委員会等においては，学校保健活動の中核的役割や関係職員のコーディネーター的役割を担う。

事例の概要

小4，10歳，A子。B子からのいじめ。それまでにも，頻繁に友達関係の悩みやクラスことについて相談にきていたが，ある日，保健室に息苦しさを訴えて来室したことからいじめの事実を把握した。いじめ防止対策校内委員会を開催し，対応を協議，役割を分担して行った。早期対応が功を奏し，現在，A子とB子の関係は良好。A子の表情にも笑顔が戻った。

経過	養護教諭の職務の特質を活かした対応・支援	保健室の機能を活かした対応・支援	チーム学校としての連携とタイミング	教育活動との関連	養護教諭の判断のポイント
10月：A子が保健室に頻回来室するようになった。頭痛，腹痛，足手の痛みなど最初は身体的な訴えが主だった。相談の中で，友達とケンカをする，学級の雰囲気が暗い等の不安も吐露していた。 11月：息苦しさを訴えて来室した。相談の中で，B子やその友達から嫌な言葉を言われる，仲間外れにされる，たたかれる等のいじめが半月ほど継続していることがわかった。 ただちにいじめ防止校内委員会を開催。関係児童に聞き取りを行いいじめがあったことを把握した。それを受けて役割分担をし対応した。 ①A子は初め，B子と2人でケンカをすることが多かった。お互いに暴言やたたく等があった。しかしその後，B子に加え他の友達からも嫌なことをされるようになった。 ②B子は初めA子と2人でケンカをしていたが，A子からの悪口が激しくなり悔しさから他の友達と一緒にいじわるをした。一緒にいじめた児童は，以前A子にいじわるをされた経験があり，一緒にいじめてしまったとのことだった。 ③A子の保護者は，A子の様子が変だと感じていたとのこと。自分の子供の良くないところも認めつつ，いじめの早期解決をお願いしたいとのことだった。 ④B子といじめに加担した児童の保護者は，理由はどうあれ，「いじめはダメ，申し訳なかった」とA子と保護者に謝罪を申し出た。 校長室で，関係した児童と保護者が集まり情報を共有し，謝罪と今後の過ごし方について話し合った。 その後,いじめはなくなり，A子とB子の関係は良好である。A子の過換気症候群も出ていない。	頭痛や腹痛を訴えて来室する回数が多くなってきたので，担任に教室での様子を聞く。 【来室回数が増えたり，教室に戻るのを嫌がったりする場合は教室での問題やいじめを疑う】 「苦しい，息を吸っても吸っても，苦しくなる…」との訴えから過換気症候群を疑い対応した。 相談コーナーに移動させて，毛布で体全体を包みながら呼吸を整えるよう誘導した。 呼吸が落ち着いてきたタイミングを見計らい話を聴いた。 【いじめを受けた子に「必ず守る」というメッセージを伝える】 養護教諭は管理職，学級担任，学年主任，生活指導主任，スクールカウンセラーそれぞれと日ごろから，児童の情報共有を通してコミュニケーションを密にしていることから，役割分担や連携の取り方等コーディネート役を担う。 心身の健康づくりの観点から，養護教諭の専門性を活かして，いじめ防止に関する保健指導を行う。 ①「いじめって何だろう」 ②「いじめをなくすにはどうしたらよいだろう」 ③「もし，自分がいじめられたらどうしたらよいだろう」 【いじめの被害者は，心や体が傷つくだけでなく将来，精神疾患を発症する可能性が高くなる】 【「いじめは心と体を傷つける」ということを，教職員や児童のみならず，保健だよりや学校保健委員会等の機会を利用して広く発信していく必要がある。】	バイタルを取ったり，保健調査票を確認したりして既往症の有無等把握した。 他の来室者から遮断できる空間として，カーテンを引くだけで，すぐに相談コーナーができるよう配置を工夫している。 保護者との面談を保健室を利用した。児童の来室状況をすぐ提示でき，温かい雰囲気が緊張感をほぐすなど保健室の機能を活かした。 場合によっては，いじめ被害者が，保健室や別室に一時的に避難する方法も考える。 【いじめが発覚した後も，学級の雰囲気が何となく重かったり，関係児童の関係がさらに悪化しそうな場合等は，これ以上，被害者の心身が傷つくことを避ける】 いじめをしている子，一緒にいじめた子の話をきくことが大事。メンタルヘルスの観点から，加害児童の気持ちに寄り添う必要もある。 【いじめの加害児童が，メンタルヘルスに課題を抱えていることも少なくない。愛着に問題がある。虐待を受けている。以前にいじめを受けた経験がある等】	日常の児童の様子を把握するため，朝の健康観察を実施する。 【朝や夕方の職員打ち合わせの時，保健室からの情報として，気になる児童を伝えておく】 いじめ防止対策校内委員会を開催し，対応の内容と役割分担を次のようにした。 ①被害者A子の心身のケア→養護教諭，スクールカウンセラー，学級担任 ②加害者B子及び加担した児童へのケア及び指導→学級担任，学年主任，生活指導主任 ③被害者A子の保護者対応→管理職，学級担任，学年主任 ④加害者B子及び加担した児童の保護者対応→管理職，学級担任，学年主任 ⑤学級全体へのいじめ防止の指導→学級担任，養護教諭 関わる保護者を交えての会議開催企画→養護教諭と学年主任 保護者同士，直接話をしたことにより，いじめの全容が明らかになるとともに，謝罪や，今後の対応について，保護者と学校が一緒に話し合えることができた。 会議で決定した内容を，管理職より教職員全体に周知。その後の見守りについても共通理解をした。 【いじめの被害者は，心や体が傷つくだけでなく将来，精神疾患を発症する可能性が高くなる】	日常的に，道徳や特別活動の時間を使って，思いやりの気持ちや，いじめ防止に関する指導を行う。 担任からA子とB子及び一緒にいじめた児童についての情報を聴く。 事実を管理職に伝え，いじめ防止対策校内委員会の緊急開催を申し出る。 【初期対応が重要。時間が経過するといじめが深刻化・複雑化し，解決に時間がかかることがある】 スクールカウンセラーと解決策支援方針についてあらかじめ協議。 学年主任と相談し，学級全体へのいじめ防止に関する指導を行う。 ①相手がいやな気持ちになったらそれは「いじめ」である。 ②いじめを許さない気持ちを持つ ③いじめを見たらみんなで「助ける子」になる。 ④いじめを見たら，先生や大人に話す。 【「見ているだけ」は，いじめに加担していると同じこと。みんなで「いじめを許さない」気持ちをもって行動することが大事】	保健室に身体的症状を訴えての来室だったため，保護者へ連絡し，最近の家での様子を聞いた。 【身体的不調の訴えからの来室だったことから，養護教諭からの保護者へのアプローチがしやすい】 息苦しさを訴えた場合，喘息発作やアレルギーによる呼吸器疾患の可能性を否定するための対応をした。 心因性からくる過換気症候群と判断した場合は，リラックスさせながら，その原因をさぐる。いじめを把握した際，時間を置かず，早急な対応が必要である。 A子だけでなく，B子やいじめに加担した児童についても，なぜいじめてしまったのか？話をよく聞き，心のケアを行う。 【以前，いじめられたから，今度はいじめる側になったというケースは多い。解決がうまくいかないと，次のいじめを生むことになる】 いじめ問題の場合，保護者が歩み寄りの気持ちを持っているようであれば，顔を交えた話し合いは効果的である。 いじめが解決した後もA子やB子の保健室来室時には，さりげなく様子を聞いたり，休み時間や給食指導の時間に教室へ行ったりして子供たちの様子を観察している。 学校全体でも情報共有を継続して見守っている。 【いじめ防止対策は，教職員，保護者，学校と地域が協力して，「いじめを許さない」土壌を作ることが有効である】 いじめは早期発見・早期解決が重要である旨を，養護教諭の立場として，教職員へ発信していくことが重要。

〈引用・参考文献〉

・日本学校精神保健研究会「養護教諭のためのいじめ対策プログラム」2015

（東　真理子）

〈児童虐待（ネグレクト）〉

虐待とは、家庭内の大人から子供への不適切な「力の行使」である。しつけと虐待の違いは、何をしたら誉められ、何をしたら罰せられるのか、子供にも理解し予測できるのが「しつけ」であり、大人の気分や理解しがたい理由で罰せられるのが「虐待」である。虐待は①身体的、②性的、③ネグレクト、④心理的の4種がある。ネグレクトは、保護者としての監護を著しく怠り児童の心身の正常な発達を妨げるような著しい減食または長時間の放置をいう。保護者以外の同居人による虐待行為の放置など子供の年齢や能力や家族の生活形態などによって判断は分かれる。また、学校現場には疑いをもちやすい虐待である。

○養護教諭の対応のポイント

ネグレクトの場合、○汚れた服をいつまでも着ていたり、身体がいつまでも汚れていたりしている。○服装において、他のきょうだいと極端な差異が見られる。○体格が明らかに劣っている。○体重の極端な増減等、これまでになかったような身体の変化が見られる。などが発見のポイントである。

虐待が疑われた場合は、直ちに管理職に報告、関係職員が集まりさらに情報収集を行う。養護教諭は発育測定結果の推移や家族構成、保健室来室状況等の情報を提示する。児童相談所等へ通告した後も、引き続き見守りを続ける。

事例の概要

小2、7歳、男子 母子家庭 一人っ子。夏休み明けの発育測定で、急激な体重減少に養護教諭が気づいたことから、母からの虐待（ネグレクト）が発覚した。離婚をきっかけに母の精神疾患が悪化し、食事や洗濯、掃除等ができなくなったことが原因だった。校内組織はもとより児童相談所やSSW、民生委員、保健センターと連携を取りながら対応した。母は入院加療、児童は一時的に学区域内の親戚の家で生活をすることとなった。母の病状や児童の体調管理やメンタルヘルス等について、関係機関と連絡を取りながら情報を共有している。

経過	養護教諭の職務の特質を活かした対応・支援	保健室の機能を活かした対応・支援	チーム学校としての連携とタイミング	教育活動との関連	養護教諭の判断のポイント
夏休み明けの発育測定で、2kg近く体重が減っていた。顔色もよくなかった。着用する体育着が汚れていて洗濯した様子がなかった。ただちに担任と情報を共有し個別の健康相談を実施した。	低身長や体重減少、衣服の汚れ、季節にそぐわない服装等はネグレクトを疑うポイントである。特に長期休業明けの発育測定での体重減少は大きなサインである。	カーテンや衝立等で仕切り、相談コーナーで落ち着いた環境をつくる。緊張をほぐすために、本を読んだり、ぬいぐるみで遊んだりした。また、湯たんぽをお腹に当てて、リラックスできるようにした。児童の意思を確認しながら不自然な傷やあざ、自傷行為等の確認をする。	担任と、夏休み明けの児童の様子や家庭の状況等の変化がなかったか、情報交換を行う。学年主任、管理職、生活指導主任に報告、状況によっては、緊急会議を開催する旨を共有する。〈養護教諭から管理職に報告、緊急を要するケースであることを伝えた〉	4月の定期健康診断以外に、年2回から5回の発育測定の時間を設け、児童の発育成長について、確認する。肥満、やせ、ホルモン分泌異常、思春期早発症、虐待等が疑われる場合は、早期に対応する。	虐待かどうか判断がつかない場合も、虐待を疑って問題提起をする。虐待ではなかったら…と躊躇することで、対応が遅れ、児童の生命の危険も大きくなる。〈誤報でもよい〉
3か月前に両親が離婚、その頃から、母は体調を崩し寝込むことが多くなり、仕事も休みがちになっていたとのこと。夏休みになり、家で過ごす時間が増えたが、食事の用意がしていないことが増え、コンビニ弁当を買って食べることが多くなった。母は常にイライラしていて、よく怒鳴られるようになった。夜中に起こされて買い物に行かされることもあり、夜眠れないこともあった。夏季水泳指導もほとんど参加していなかった。	本当のことを言わないケースも多いため、じっくり時間をかけて聴く。無理強いは禁忌。虐待を受けている子供は親をかばい、虐待の事実を隠す場合がよくある。「大丈夫」と自然を装ったり、最初「階段から落ちた」と言っていたのに話を聴いていく中で「自転車で転んだ」と話が変わったりした場合などは要注意である	無力な子供の場合「自分がわるいから」「虐待を受けても仕方がない」と思ってしまう。自己肯定感が低くなる	学校長は児童の様子、養護教諭、学級担任等の話を総合し、虐待の可能性がある場合は、直ちに児童相談所へ通報する。〈疑いの（誤報）であっても罪に問われることはない〉	聞き取りが授業中に行われることがあるため、他の児童に不安を与えないための配慮をする。児童相談所と連絡をとり、授業終了後の来校をお願いすることもできる。〈その際、相談所の来校時刻と下校時刻が重ならないように配慮する〉	保健室における対応で虐待を疑った場合は、直ちに、管理職へ報告する。管理職が不在の場合でも、管理職と連絡を取り合う、つながらない場合でも、教務主任、生活指導主任等と話し合った上で一刻でも早く通報する。※管理職不在の場合の緊急時の対応について共通理解しておく
担任の話では、夏休み明けの様子として、給食をがつがつ食べる、同じ服着ていたり、体育着も汚れていたりして洗濯していないなど気になる点があった。	長期休業後に、全児童の休み中の事故、けがや病気の有無の把握をするが、特に配慮を要する児童は長期休業明け中、後の心身の健康状態の把握が必要である。	児童相談所からの到着を待つ間、緊張をほぐすために、保健室で過ごす。一時保護となった際には帰宅せずそのまま、保護となるためできるだけリラックスできる環境をつくる			緊急会議の際は、児童から聞き取った虐待の経緯を伝える。時系列で記録を残していきたい。その後の関係機関との情報共有の際も利用できる。ただし、個人情報のため取り扱いには十分気を付ける
児童の状況から緊急対応と判断し、ケース会議を開き対応を検討する。校長より虐待の可能性があるとして児童相談所へ通報。その日の午後に、相談員が来校。当該児童と話をした後、本人の意思確認をし、一時保護となった。保護者にもその旨を相談員より報告。	通報時、保健調査票や入学してからの、身長体重の推移等の資料提出が必要となることが多い。また、一時保護になる場合は、食物アレルギーや服薬の有無等の情報も必要となる。		スクールカウンセラーに相談し連携の必要な関係機関を選定する。〈スクールカウンセラーの他にも、市区町村のセンターや学校医へ助言をあおぐこともできる〉	一時保護の後は、当分、当該児童が登校しない旨を他の児童に伝える。動揺を避けるため、学年主任を中心に相談し学級（学年）指導を徹底する。〈戻ってくることを前提に学級での配慮を継続する〉	全教職員で情報共有する際、当該児童の虐待の経緯や虐待の知識に関する資料を提示できると、その緊急性と重大性が伝わる。
SSW、民生委員、保健センターが連携し、母の支援を行った。初めは抵抗を示したものの、「心身の体調が思わしくなくつらい毎日を送っていて、子供の世話ができない」と訴えた。精神疾患が疑われたため精神科を受診し入院加療が決定した。	保護者の情報についても、できる範囲で関係機関へ伝える。関係機関からも、体調や治療経過、今後の対応を共有し、その上で児童の生活や養育についての方案を相談し助言をいただく。〈その後の情報について関係機関との情報交換を継続〉	一時保護の後に、他の児童が不安になることがあるため、学級担任、スクールカウンセラーと連携し、心のケアを意識した対応をする。再登校が始まった後も、メンタルヘルスケアを重点に対応する。〈保健室や相談室にいつでもきてよいことを学級担任より伝えてもらう〉	臨時の職員会議を開催し全教職員で情報共有する。〈一時保護の決定が保護者に伝わると、保護者が動揺し来校したり抗議があったりする。それらを想定し対応についてあらかじめ全教職員に伝える〉再登校した後も、関係機関との連携を当面継続し虐待が繰り返されないよう見守りが必要。	再登校日が決定した際、他の児童に伝え、当該児童がスムーズに元の学校生活に戻れるよう学級指導及び学年での指導を行う。学級担任は、個人面談の際には、保護者に家庭や学校での様子について情報交換をし、困ったときには相談してほしい旨を伝えていく。	一時保護決定の際、噂や間違った情報が流れることがあるので、他の児童や保護者から聞かれたときの返答は統一する。〈答えられない質問の窓口は、管理職とし、まちがった情報が広がることのないよう注意をする〉
一時保護された児童は、十分な休養を摂り、生活習慣も改善でき、睡眠サイクルも正常に戻った。母が退院するまで学区域内の親せき宅で一時的に生活することとなった。	再登校の日程については、関係機関と相談。決定次第、全教職員でスムーズな再登校ができるよう環境を整える。				解決に向かっても、虐待防止の意識が薄れることがないよう、継続して各機関との連携を図り、随時、学校全体で情報の共有をする。

(東　真理子)

第7章　児童生徒の具体的健康問題と「養護教諭の行う健康相談」対応例

〈離婚による影響（性感染症・性的虐待・心の成長の遅滞）〉

親の離婚に巻き込まれた子供が抱えるストレスは計り知れない。離婚の出来事が子供の発達を阻害する条件として，愛着対象であった別居親とによる拒絶や接触のなさ，同居親の混乱，サポートの薄さがある。

心の成長は，乳幼児期からの様々な経験の積み重ねのため，積み残しが多いと崩れる。乳幼児期からの親子関係やその他の対人関係で育まれるもの。親子関係から愛着関係を形成し，他者に対する基本的な安心感をえて愛情表現を覚えていったり，問題解決の在り方を学んで行ったりする。

子供が精神的に不安定になったり寂しさから問題行動を起こしたりする場合もある。親の離婚時の子供の年齢，父親母親のどちらと同居するか，同居する保護者とそのサポート環境によっては，子供の疎外感を感じたり，子供の発達を大きく阻害する。

○養護教諭の対応のポイント

乳幼児期からの親子関係やその他の対人関係で育まれる基本的な安感えて愛情表現を覚えていったり，問題解決の在り方を学んで行ったりする。

保健室に来室したときには心の安定が図るために，ストレス対処方法や気持ちのコントロール方法について一緒に話し合う。

最初に子供の回復のキーパーソンである母親と養護教諭の関係を築く。子供を引き離されてからの母親のつらさと子供と一緒に暮らすための準備と努力を理解する。その上で学校は子供の成長を見守り支援する場であることを強調し，困ったときには一緒に情報共有をしていくことを確認する。

事例の概要

高2，16歳，女子。性の逸脱行動，離婚が原因で，母娘が引き裂かれたことによる心の成長に停滞がみられ，人への関心・愛情の価値観も育っていない（愛着障害）。同居していた父親からの性的虐待の疑いもあり，援助交際による性感染症の不安を訴えて保健室に来室し支援が始まる。母親の必死の娘の奪還から生活が一変し，母娘の失われた時間を取り戻す。

経過	養護教諭の職務の特質を活かした対応・支援	保健室の機能を活かした対応・支援	チーム学校としての連携とタイミング	教育活動との関連	養護教諭の判断のポイント
・「熱っぽい」と訴えて来室し，バイタルサインのチェックをして問診中に「私性病かも…」と話す。 ・放課後に相談室で話を聞く。 ・小学校1年生のときに両親が離婚する。父に引き取られ，兄と父方の両親と中学3年時まで暮らす。中学3年まで父親と同室で就寝していた。時々，父と兄に暴力を振るわれていたが，祖父母は見て見ぬふりをして助けてくれなかった。 ・高1～母親と暮らすようになるが，母親とどう接していいかわからない。 ・中学時から他の友人と共に，SNSで知り合った不特定多数の男性と援助交際をしている。知らない男性との関係は何となく落ち着く。人を好きになる感情は理解できない。 ・1か月前からエイズと疑う症状があり，不安が募る。【状況把握】	バイタルサインのチェックをして，2週間ほど微熱が続いていることから何らかの感染症も考えられると伝える。T 37.1℃，P 100/1分【状態把握】 ・放課後に，性病を疑う理由について，幼い頃からの様子を含めて話を聞く。「勇気をもって話してくれてありがとう」小さい頃もつらく寂しい思いをしたことを受けとめる。 ・援助交際を続けることの自分の体への影響を一緒に考える。その結果，現在の状態を検査する方向をとる，そのためには母親の協力が欠かせないことを，時間をかけて話をする。【危機判断】 ・どう対処したら母親の協力が得られるか，一緒に考えながら，常に養護教諭がサポートすることを伝え続ける。【継続した支援を約束する】	・保健室の隣の相談室で，温かいココアを一緒に飲みながら，話を聞く。 ・保健調査票で，出身中学校（地域の確認），家族構成，既往歴や現在治療中の状態の確認をする。（アトピー性皮膚炎・喘息で治療中） ・小・中学校からの健康診断票，高校の健康診断票を確認する。身長・体重ともに50%タイル前後で推移している。 ・母親に面と向かって話せずに苦しくなり，涙が止まらなくなった時には保健室でクールダウンをする。【対応判断】	・本人から話を聞いた後，担任と学年主任・管理職に報告をして，善後策を検討する。【組織体制】 ・翌日，本人に担任にも協力をしてもらうことの了解を得る。本人・担任・養護教諭で話をする。今後，①母親に少しでも早く事情を伝えること，②保健所に相談すること，を勧める。【対応判断】 ・母親との協力が不可欠のため，母親に来校してもらい話をすることとなったが，養護教諭と担任が立ち会うことを望んだ。 ＊事前に母親に連絡をして，子供のつらい思いを理解していただく。 ・母親は，長年子供と暮らすことができなかったため，「どんなことにも耐えられます。この子と一緒に暮らせるのなら何でも耐えます。」と，本人の不安を受け入れた。 ・担任・学年・管理職との打ち合わせをして情報共有と善後策の検討をする。	・一般状態は問題がなかったため，授業は受けるように，改めて放課後に時間を取ってゆっくり話を聞きたいと伝える。【場所と時間を確保】 ・学校にはほぼ休まずに登校しているため，本人との面談は放課後にする。 ・養育困難に陥らざるを得ない保護者の事情を理解し，完璧な養育方法や親としての理想像を押し付けず，一緒に支援する学校関係者としてのスタンスが重要である。【保護者の支援】	・深刻な問題にもかかわらず，他人事のように淡々と話す本人に違和感を覚える。 ・相談できる大人が身近にいないため，体の不安を養護教諭にぶつけてきた。本人の精一杯のSOSのサインと受け止めて，本人との関係を作ることに時間を費やす。 ・心の成長は，乳幼児期からの様々な経験の積み重ね。積み残しが多いと崩れる。また，思春期の性と心の問題は切っても切り離せない。 ・家族の崩壊，家庭内離婚，母子家庭・父子家庭，再婚，経済的困窮，リストラ，保護者の病気，インターネットの現実世界と架空世界の境目のなさ，携帯電話の普及等々が，子供たちの心の成長に大きく影響している。【養護教諭の専門性】 ・性をめぐる問題での自己破壊的行動の広がり。自分の性を大切に扱うことができない若者たちが増加している。加えて，援助希求能力がきわめて乏しい。他者への依存がうまくできない子供も増加している。
・母親へ本人・担任・養護教諭で，本人の行動から抱く不安について説明をする。本人は，面談時硬い表情をしている。 ・翌日，保健室に来室し「先生，お母さんと話すきっかけを作ってくれてありがとうございます。」と照れながらも明るい顔で話をしていく。 ・母親と保健所に行き，エイズの検査を行い，後日「陰性」だったと明るい表情で報告に来る。その後は，女友達との時間を大事にして受験勉強に励んでいく。	・経過観察をする。行事がある度に，ない時は1か月に1回程度健康観察の名目で本人を呼び出して，その後の経過を確認する。		・カウンセラーやスクールソーシャルワーカーにつなぐことも視野に入れて専門的なアドバイスを受ける。 ・本人を見守るために，学年には体調不良のために精神的に不安定になることがある生徒として，他教員の経過観察を依頼する。		・自己を危険にさらす行為をしている 　養護教諭や担任は，子供と保護者の双方への支援が求められる。安全な生活環境を子供に提供し，養育者が高い感受性と安定性を備えた安全基地としてかかわれることが大事である。

（道上　恵美子）

〈デートDV〉

夫婦間，恋人間など親密な関係で発生する暴力をDVというが，結婚していない若い恋人間などで起こる恋人間のことをデートDVという。デートDVにあっている高校生・大学生は5人中1人ともいわれている。

暴力の種類は，①身体的暴力，②性的暴力，③経済的暴力，④精神的暴力，⑤デジタル暴力がある。

デートDVが思春期の発達に与える影響は，①自分の行動や人生そのものを決定する権利も力も奪う。②被害者の身体的イメージがゆがむ。③被害者が加害者に同一化し，自主性が奪われ自分の価値観が持てない。④被害者の自己認識が加害者と混同する。⑤恐怖感と虐待をしのぐことに労力をさくため社会性の発達が妨げられる。

デートDVの問題点は，①DV防止法が適用されない。②軽視されがち。③発達段階における脳や身体に与える影響が大きい。④進路の選択に影響する。⑤セイン関する正確な情報に触れる機会がないなどである。

○養護教諭の対応のポイント

周囲の大人がデートDVに対応する力を養う。①校内でのデートDVに気づく，②専門機関，外部機関とつなげる。

校内でのデートDVについては，①被害者対応は，「あなたは悪くない」と伝える。専門機関を紹介する。②加害者対応では，暴力を認めないことを伝える。③健全なコミュニケーションの指導，④子供たちと教員間での解決ではなく，保護者にも理解をいただき協力を依頼する。

DVの危険サインは，①首を絞められる等の行為，②自傷行為，③身体的暴力・性暴力・ストーカー行為の組み合わせなど。

学校内での予防啓発活動を広める。①学校内で実施する意味あり，②中学校からでも早くない，③中・高での予防啓発活動はDV化家庭の子供たちへの直接支援の意味あり。

事例の概要

高2，16歳，女子。「気持ち悪い」の主訴で同じクラスの彼が付き添って保健室に来室することが多く，明確ではない訴えと暗い表情が気になる生徒であった。ある時，1人で保健室に来室した時にデートDV（身体的暴力・精神的暴力・デジタル暴力）があることがわかり，担任が生徒の保護者に連絡をして面談をした後，双方の両親がかかわって別れることができた。

経過	養護教諭の職務の特質を活かした対応・支援	保健室の機能を活かした対応・支援	チーム学校としての連携とタイミング	教育活動との関連	養護教諭の判断のポイント
・「気持ちが悪い」と顔色が悪く，元気のない表情をして来室することが複数回あった。来室の度に彼が付き添っていたことと，彼以外の女友達といるときの表情が違い過ぎるのが気になっていた。	・バイタルサインとチェックをする。T37.3℃，P120/1分，3か月以上繰り返す微熱や食欲のなさや眠れない症状が続くことから，心配なことはないかと確認をしたところ，交際相手の彼からDVを受けていることを話しだす。 【状況把握】	・保健室で休養させ，気持ちが落ち着くまでクールダウンをさせる。 【プライバシーの保護・居場所確保】	・担任・学年主任と情報交換をして本人と一緒に状況の確認をする。 ・担任が母親に事情を伝え，学校側ではデートDVとみなし，彼と別れる方向で指導することを伝える。本人への自宅での様子を観察し情報交換をする。	〈DVの予防啓発で伝えること〉①DVのみならず，いじめ，虐待，パワーハラスメントなどに共通していることとして考える ②暴力を使わないコミュニケーション ③お互いを尊重することの大切さ ④心の傷付きのケアの重要性 ⑤DV家庭の子供たちへのケア	〈初期対応のポイント〉①被害者生徒の安全の確保 ②被害者を受け止め寄り添いつつも，加害者生徒には暴力行為が許されないことを内省させる ③「女だから〜」「男だから〜」社会的・文化的に作り上げられた性別による弊害を知り，性別にとらわれずに自分らしく振るまえることの重要性を伝える ④保護者とも連携した支援が望ましい
・彼の家庭内の問題があり，本人につらく当たってしまう。本人は「女は仕方がない，自分が受け止めなければ」と思っていた。 ・友人と出かけると「男はいないのか」を確認する。女友達と話をしていても，「どうして俺と話さないのか。俺と話したくないのか」「俺といるより楽しそうだね」と言われる。 ・バイトの休みを合わせてきて，一緒の時間を作るよう強要する。一人の時間を作りたいが，許されない。 ・ツイッターのアドレスを本人の持ち物から突き止め，ツイッターに入り込んできた。 ・別れ話を切りだすと，怒鳴り散らしたり，突き飛ばされたりしたことが数回ある。 ・喧嘩をして本人が泣いた時，頬を平手で叩かれる。 ・普段の彼は温和で優しい。が，怒ったときはまったくの別人のように怖い形相になり，手を出した後，普段以上に優しくなり悪かったと謝ってくる。 【状況把握 情報収集】	・今自分に起きていることを冊子を使って「デートDV」であることを理解をさせる。 ・当面の苦痛の緩和に努める。 ・本人と話をする中で背景を探る。 【対応判断】 ・本人と一緒に考える。困ったときやつらいときは1人で抱え込まずに，教員や養護教諭に話してよいことを伝え続ける。親の力を借りるのも重要であることに気がつくよう導く。 【見極め】 ・気持ちが不安定になったら保健室へ避難するよう伝える。 ・本人の母親が二人の間に入り，別れ話を切り出した。その後，本人・彼ともに不安定になったときには，保健室で話を聞きつつ休養する。 〈校内でのデートDV〉①被害者対応 ・あなたは悪くないと伝える ・外部組織の紹介 ・安全プランを考える ・加害者の悪口，「別れなさい」だけの提示は避ける ②加害者対応 ・暴力を認めない，健全なコミュニケーションの指導	・保健調査票で，既往歴等を把握する。 ・ベッドに横になり，落ち着くまでゆっくり休養するよう伝える。	・学年会で報告をして，授業に出ている教員が二人の様子をみる。 ・担任と保護者がすぐに連絡を取り合える関係を作る。 ・全教職員でこのケースの事情を共有して，多くの目で経過観察をする。気になることはすぐに担任に連絡をするように依頼する。 ・学年会で，デートDVについての話をする。 ・学校側と双方の両親がかかわったことで，彼が自分の行ってきたことを反省し，周囲が自分を見ていることを認識させる。 【危機管理 事故防止】	〈今できること〉①学校内での予防啓発活動を広める ・学校内で実施する意味 ・中学校からでも早くない ・中学・高校での予防啓発活動はDV家庭の子供たちへの直接支援の意味を含む ②周囲の大人がデートDVに対応する力をつける ・校内でデートDVに気づく ・外部の組織，サービスにつなげる，つながる	〈デートDVの問題点〉①発見の難しさ…「暴力を受けるのは嫌，でも好き。」「相手に迷惑をかけたくない。」「親に交際をやめろと言われたくない。」という思いから一人で抱え込んだ結果，発見が遅れる ⇒デートDVの仕組みの理解とアンテナの感度を上げる ②温度差のある教員の意識…傍観したり楽観的に考えたりして介入が難しいと考える教員がいる ⇒デートDVの発達に与える影響を認識し，「デートDVは人権侵害である」意識を持つ ③当事者の生徒へのかかわりの難しさ…相手からの力の支配から自分自身では抜けられない。周囲が考えるほど簡単ではない。という認識を持つこと 【教員のDV予防の知識・心得】

〈引用・参考文献〉
・町沢静夫著『こころの健康事典』朝日出版社，1999
・文部省『学校における性教育の考え方，進め方』ぎょうせい，1999
・日本学校保健会「教師のための心の健康問題の理解と対応」2000
・佐々木司，竹下君枝著『精神科医と養護教諭がホンネで語る　思春期の精神疾患』少年写真新聞社，2014
・厚生労働省「平成30年度　自殺対策白書」日経印刷，2018
・平岩幹男著『いまどきの思春期問題—子どものこころと行動を理解する』大修館書店，2008
・北垣毅著『すぐに使えてよくわかる　養護教諭のフィジカルアセスメント』少年写真新聞社，2015

（道上　恵美子）

第7章　児童生徒の具体的健康問題と「養護教諭の行う健康相談」対応例

〈心のケア（自然災害）〉

震災のみならず、洪水、台風、津波など自然災害の種類やその大小、発生した日時等で、児童生徒の状況は大きく変わる。それに伴い、様々な事態に遭遇した児童生徒一人ひとりを見極め対応することが求められる。遭遇した事象が心のキズとなり、そのときの出来事を繰り返し思い出し、イライラする、怒りっぽくなる、極端な警戒心をもつなどの「情緒不安定」、よく眠れないなどの「睡眠障害」、体験を連想させるものからの回避症状、人や物事への関心が薄らぎ周囲と疎遠になるなどの症状がみられる。甘えがひどくなる、遺尿（赤ちゃん返り）などをするようになる。

これらの症状は、半年以上も経過してから出現する場合があることを常に念頭において、災害を経験した児童生徒には、対応することが重要である。

○養護教諭の対応のポイント

日頃より保健室は、明るい雰囲気づくりをこころがけ、安心して来室できる状況をつくる。日常の健康観察またアセスメントでは一人ひとりをよく把握し、負担をかけるような問いかけをしないように気をつける。特に不安が強くなると、身体症状や精神症状が認められるということを念頭に置き対応する。児童生徒の被災した状況（自宅・家族等）を把握し、一人ひとりに沿った心のケアを心がける。また、心身の健康問題においては、早期発見、早期対応が重要で、その役割を果たすためスクールカウンセラー（SC）等の専門家との連携、コーディネーターの役割も重要である。

事例の概要

女子（1年生）は、地震が起きたとき、土曜日の就寝前で、ちょうど自宅のトイレに入っていたときだった。停電し、暗くなったトイレに一人閉じ込められた状況になった。自宅は一部損壊になったので、家族全員で車中泊になった。次に大きな余震が来たときも、車中泊の時だった。地震が落ち着いてきても、自宅で寝ることを恐がり、仮設テントで寝る日が続いていた。前震、本震と大きな地震が起きたときが夜だったためぐっすり眠れない日が続き、学校に来ても不安を訴えてきた。

経過	養護教諭の職務の特質を活かした対応・支援	保健室の機能を活かした対応・支援	チーム学校としての連携とタイミング	教育活動との関連	養護教諭の判断のポイント
母親と離れるのがいやで教室前で泣いている。	不安を取り除くような言葉かけをしながら、楽しい会話をする。	保健室の状況確認をし、環境整備を行い子供が安心して来室できる環境をつくる。	学校全体で、被災後の子供の心の健康問題に適切に対応するため、校内組織を確認し、校長のリーダーシップの下適切に対応する。	安否確認・被災状況把握等を充分に行い、子供の情報を収集する。	地震後の保健室の環境をチェックする。 子供の個人情報関係書類の確認をする。 今までの子供の健康情報の確認をする。
なかなか教室には入れず、母親の姿が見えなくなると保健室に来室する状況が続いた。保健室では、養護教諭のそばについて、不安げにしている。来室する他の子供の様子を、じっと見ている。	母親に子供の家庭での状況、様子等について細かく聴くことに心がける。 特に表情、感情の起伏が日頃の状況と変化がないかどうかについて注意深く診る。睡眠、食欲は丁寧に状況把握する。	保健室でゆっくり安心できるソファや子供が落ち着く場所に座らせる。 子供が好きそうな絵本やぬいぐるみなどを使いながら話しかける。 日頃から明るくゆっくりできる保健室の環境を作っておく。子供が自分の気持ちを話せるようにする。	子供一人ひとりの状況については、頻回に丁寧に情報交換をする。 特に養護教諭は、日頃から心身の健康問題にある子供を支援し、担任、保護者からの相談にも対応しているので中心的役割を果たすことが求められる。保健室で把握した情報、特に個々の事例については、客観的に捉えたデータや事例提供を行う。	学級担任と連携した組織的な健康観察、健康相談、保健指導を行う。 健康観察は、平常時に行っている一般的な身体症状の観察事項の他に、イライラの有無、落ち着きのなさ等を追加して観察する。	地震後、日頃の健康観察に加えて、詳細に把握する。 いつもと違う様子や姿に、気付きかかわる。 眠れないという本人の言葉に、対して「なぜ眠れないの？」などの質問はせず、受け入れる対応をする
余震が続くのでそのたびに保健室に来室し、不安がしている。大きな音を恐がり、一人ぼっちになることを嫌がる様子が見られた。	子供の不安の原因が、被災したときの恐怖感が残り、なかなか眠れないという状況を受け入れ、保護者と充分相談し対応を確認する。 子供が登校するころ迎えに行き情報交換し、その日の様子で、子供の気持ちを優先し、保健室にいるか、教室に一緒に行くか担任と確認し合って対応する。	保健室来室時は子供に声掛けはしないで執務を行う。簡単な作業を手伝わせる。（観葉植物の水やりなど）	心のケアの質問紙調査する場合は、子供の状況を充分把握する。 内容項目の表現や、調査回数について、SC等と相談するとともに、自校の子供に適した内容で実施することを提案する。	災害時の心のケアの重要性を医学的な情報も含めて、教職員等に提供する。 地震後の心のケアについて校内研修会を開き、全職員で情報交換を行い対応について統一する。 リラクゼーションの方法等についての集団指導や保健指導の場を設定する。	心のケアについては、子供の状態を的確に把握することが重要である。対応のポイント[*2] ①災害に遭遇したとき、様々なストレス反応があることを踏まえ対応する ②一見元気に見える子供でも、重い心的ストレスを抱えている場合も多数あることを踏まえ対応する ③災害時等の異常事態に当然起こり得る反応があることを踏まえ対応する ④時間の経過とともに、変化することを踏まえ対応する ⑤児童の状態を把握する1つの手段としての「心の振り返りシート」を実施する。 ⑥次の3つの言葉で安心感を与えるように対応する 「もう危険な目に遭うことはないよ」 「あなたのそばには、いつも私がいますよ」 「誰にでも起こる正常な反応ですよ」
2か月過ぎた頃より、同じクラスの児童と話せるようになり、その時間が少しずつだが増えた。好きな図工の時間には、「教室に行こうかな」とつぶやいた。 保健室に来たケガをした他の児童の声掛けられ、輪に入り話す姿が見られるようになった。	保健室から教室へ行く場合は、担任に直接引き継ぐ。	子供の訴えを受け止め、心の安定が図れるよう常に配慮する。 場合によっては、ゆっくりした時間が過ごせるように執務の手を休め、一緒に遊ぶよう努める。	児童の支援計画の作成に参画する。 児童の支援や校内での心のケアに対する指導助言を得るため、SC、SSW、地域の関係機関等と連携する。	自宅の災害状況で、家庭学習が出来ない子供の対応を全職員で検討する。 夜、家で宿題や勉強することを怖がっているので、放課後、学校でしばらく勉強する。空いている教師が交代で、対応する。	

173

児童の様子	養護教諭の対応	保健室での対応	校内連携・外部連携	校内体制・保護者への対応	備考・留意事項
自宅に住めなくなり仮設住宅に入居していた。隣の声が聞こえたり大きな音が響いたり，生活音の大きさも気になり眠れない日が続いていた。	その子の状況を受け止め，教室で安心できる友人関係などについて把握する。	ソファに座り，話しを聴いたり，好きな絵を描くよう促す。		全校の児童の様子を踏まえ，学校での様子や子供への対応の仕方等について，保健便りなどで家庭での心のケアについても毎月載せる。	
2か月過ぎてもなかなか児童の様子が変わらないので，母親と保健室で健康相談の時間を設定する。	母親の不安を受け止め信頼関係を深める対応をする。相談内容については，担任に報告することを確認する。子供と一緒に，母親もSCに相談してはどうかとコーディネートする。	放課後，保健室での相談時間を設定する。母親が話しやすい雰囲気づくりを行う。母親の不安やきつさを受け止める会話をする。子供が落ち着いても，身体症状の訴え，食欲や睡眠や感情の起伏について，一緒に継続して見守っていきましょうと伝える。保健室のテーブルで，宿題を広げ母親が来るまで養護教諭と学習課題を進める。	保健室での母親との相談結果については，担任に報告するとともに，児童の情報交換会等でも報告をする。学校に派遣のSCへつなぐことを提案する。校内関係者や関係機関との連絡調整をする。児童に兄弟がいる場合は，それぞれの担任，学年等とも連携を図る。	心のケアについて，SC等の専門家からのアドバイスなども取り入れて内容を検討する。また，子供も保護者も気軽に相談に来て欲しいことを常に伝えるようにする。	毎日の母親の様子やつぶやき，児童の不安感が変わらないと判断し，SCにつなぐことを提案。家庭の状況（自宅の損壊状況，父親の仕事等）把握災害後の児童の不安の表現には，様々な行動の変化があることを認識する。
母親のお迎えがないと一人で帰ることができない。また，暗くなると不安感が募り，家でなかなか勉強ができないことを話した。	下校時は，母親が迎えに来るまで保健室で過ごしている。今日一日頑張ったことを褒める。				
母親が父親と相談し，児童の不安と母親の心労改善を考え，3か月過ぎた頃，校区内の，見なし住宅に転居することとなった。	元気な様子が見られるようになったとは言え，半年後，1年後と長いスパンで，恐怖体験をしたことを忘れずかかわる。	同様の状況の子供も誘って，一緒にかかわる。同じクラスの児童が来室したときは，学級の話題を中心に会話をする。また，同じ登校班の児童が来室したときも，地域での楽しいことや登下校の話題にし，一緒に登校できる雰囲気をつくる。心のケアにつながるような掲示物を作成する。	災害時の子供の対応の原則*1 ①保護者に安心感を与える ②子供が表現しやすい状況を整える ③子供の身体症状を認める ④子供の退行分離不安を受け入れる ⑤子供に安全感を与える ⑥家族（コミュニティ）全体を支援する		会話が増え，人とかかわろうとする姿や，笑顔が見られるようになったことをそのまま受け止めつつ，子供のスピードに合わせて対応する。
転居後，母親から朝の登校時，「ぐっすり眠れたよ」と児童が笑顔で話してくれたことの報告があった。母親も笑顔で話し，家族が少し落ち着かれたことを感じた。	毎日の対応について詳細に記録をする。睡眠，食事，気になる言葉，家での様子，気持ちの変化など整理して記録する。				当該児童だけでなく全体の子供の心のケアについて配慮する。研鑽を重ね，対応についての知識を深めておく。
不安な表情を見せるときもあったが1年過ぎたころ，一人で教室に入っていく日数が増え，学級の友達と一緒に過ごす時間も増えた。	記録は，中断することなく，引き継いでいくようにする。	絵本や物語などを精選して準備し，いつでも誰でも見ることができるよう配置しておく。			養護教諭として保健室来室状況等，データを集積し客観的に分析し，必要に応じて情報発信していく。個々の事例については，整理しておく。被災後のトラウマがいつ起こるかわからないので，自らの被災体験とどのように向かい合っているかに配慮した健康観察をする。

〈参考文献〉
＊1　日本小児心身医学会災害対策委員会作成「災害時の子供のメンタルヘルス対応のために」2011. 4
＊2　熊本県教育委員会「防災教育と心ケアハンドブック」『心の振り返りシート』2017. 12. p.125

（瀬口　久美代）

第7章　児童生徒の具体的健康問題と「養護教諭の行う健康相談」対応例

〈心のケア（事件・事故遭遇）〉

「心のケア」は，学校内外を問わず，事件・事故が起こってしまった際の，子供，保護者，教職員への心理的支援の総称である。「心のケア」が必要な例は，子供の死（自殺・部活動中の事故・遊んでいたときの事故），教師による不適切な指導，体罰，いじめ，性暴力被害，交通事故，家族の死等，様々である。心のケアでは，急性ストレス反応に対応したり，外傷後のストレス障害の発症を予防することが重要である。

そして，危機的事態に遭遇した人々の様々なストレス反応や精神的な混乱からの回復，喪失体験の克服や生活再建への心理的援助等も含む。

○養護教諭の対応のポイント

子供たちの心の不調が，身体の症状に現れやすいため，心身の両面から子供をみる養護教諭の存在は重要である。事件・事故の当事者は勿論のこと，関係の生徒や保護者，また自責の念を抱くなどから教職員が大きなストレスをうけることもある。それがその場のみならず，時間の経過とともに傷つきを確認していく状況もある。そういったことからも対象範囲が広く，チームとしての支援が必須である。その際に，専門性を発揮し，中核として校長を助け円滑な対応に努める。子供たちが相談しやすい保健室の環境づくりに努め，情報を得て対応に活かすこと。また校内外の関係者，関係機関等との連携調整に努めるなどが大切である。

事例の概要

高2，16歳，女子Aさん。1年時，同じクラスの友人Bさんが精神的に不安定になり欠席が目立ち始めた。Aさんはいつも Bさんの相談にのっていた。心療内科にかかり安定剤を服用していることもBさんから聞いていた。安定剤の服用量が増しフラフラの状態になり，Bさんは登校中に交通事故に遭い，その後死亡。Bさんの死を知り，Aさんは強い喪失感から不安定になる。「頭が痛い，眠れない」と保健室に来室するようになる。亡くなったBさん周辺の生徒たちへの「心のケア」を主たる目的とした「緊急支援チーム」を作り，Aさんを含め支援を行っていった。

経過	養護教諭の職務の特質を活かした対応・支援	保健室の機能を活かした対応・支援	チーム学校としての連携とタイミング	教育活動との関連	養護教諭の判断のポイント
高校2年生の生徒（Bさん）が交通事故に遭ったと警察から連絡が入る。	「保健調査票」を担任に渡す。医療機関の治療時の判断材料の1つとするために，担任にその写しを持参してもらう。（※保健調査票は血液型・既往歴・現病歴・アレルギー等の健康情報記載）	Bさんの「保健調査票」と1年次からの保健室来室記録を確認する。保健室にあるBさんの健康情報（健診結果，来室記録）や交友関係についても知り得ることをまとめておく。急な生徒の来室にも対応できるよう，落ち着いた空間を保っておく。	警察からの連絡の後，すぐに校長は関係職員（教頭・生活指導部長・学年主任・担任・養護教諭）を召集。警察からの情報を伝え，役割を決める。教頭・担任が搬送先病院に駆けつける。養護教諭は事故に遭った生徒の健康情報を収集する。校長は，事故についての第一報を教育委員会に入れる。	学年主任は当該生徒の授業担当者に欠席の連絡を入れ，混乱を招かぬよう配慮。また，病院へ行く担任の授業の代行の手当をする。事故を目撃するなど動揺している生徒はいないか，学年を越えて，生徒の観察を丁寧に行う。	来室歴から，心療内科受診，授業を受けていたことを確認。ぼんやりする，倦怠感などの訴えもあり，集中力欠如を疑う。いつもより慌てている担任の様子から，担任自身も精神的ダメージを受けていると判断。担任をサポートする。
病院で死亡が確認された。保護者が病院へ到着。教頭，担任は保護者に挨拶。医師からの説明を受ける。その後警察の聴取を受ける。Bさんが歩行中フラフラとして車道に倒れ込み車にひかれたとのことだ。教頭・担任は学校に戻る。関係職員に報告。	担任が「落ち着くよう」声掛けをする。〔冷静な対応〕病院での緊迫した状況下で対応した教頭・担任の動揺を察知し，担任に声掛けしながら今後も対応する。「緊急支援チーム」の中で，養護教諭は生徒たちの心と身体の変調にいち早く気づくことができるポジションとして，生徒の観察に努める。	司令塔：校長 外部対応，マスコミ対応：教頭 学年の生徒対応：学年主任・担任 ケア対応：養護教諭・教育相談・SC Bさんの保護者：教頭・学年主任 〔チームの役割を再度確認〕	校長が再度関係職員を召集する。教頭・担任からの報告を聴く。教育委員会との連携のもと，「心のケアにおける緊急支援チーム」を作る。〔チームで対応 学校内外の連携強化〕カウンセラーに協力依頼。〔専門職活用〕全教職員を召集し，事態の報告をする。万一，マスコミ等に聞かれた場合は，すべて教頭に伝える。〔外部窓口の一本化〕		フラフラとして車道に倒れたという情報から，服薬していた薬にも注目する。Bさんの死が，登校中であり日常の場面であったこと，Bさんの相談を受けていた生徒がいるなど，周りの生徒の動揺は大きいと判断。緊急支援チームの必要性を提言。
事故に遭った生徒から色々相談を受けていたAさんが，担任にBさんのことを聞いてきた。「交通事故に遭ったと他のクラスの子が言っていた」と。担任は「詳細がわからない。情報が入ったら伝えるから」と話し，その日は帰宅させた。					
夕方学校にマスコミから問い合わせ電話が入る。	〔二次被害の防止〕	生徒へ説明の場を設けることを検討。生徒の心のケアをすすめるにあたり要注意生徒をリストアップする。Bさんと関係の近い生徒，交通事故の現場を目撃した生徒，Bさんとの関係は直接ないが日頃からメンタル面で注意を要する生徒，事故の情報を得ると動揺が大きいだろう生徒等々をリストアップする。	緊急支援チーム会議の詳細は，その都度教育委員会に報告する。校長の指揮のもと，教職員が共通の理解をする。「支援チーム」で説明会の詳細を検討。校長は事前に「全校集会実施」を教育委員会に報告する。	〔保護者の意向を大切に〕Bさんの保護者に確認すること。・生徒に対する「説明会」開催の承諾。・どう説明するか。言葉の選択。・「説明会」対象の範囲。クラス？学年？全校？・通夜・告別式への参加の可否。	要注意生徒のリストアップ時に，養護教諭としての視点を入れる。Bさんの保護者とのやり取りから，保護者の動揺具合も察知する。
Aさんは心配な思いを母親に話した。その夜の間にSNSで「交通事故に遭ったらしい」「死んじゃった」「自殺なんじゃないか」など書き込みがあったようだ。Aさんは眠れず朝を迎えた。食欲もないまま登校。Bさんの情報が欲しかった。	〔特定の子供だけでなく誰もがハイリスクという視点〕				

175

朝のクラス朝礼が全校集会に変更と放送が入り，生徒は皆体育館に集合した。	体育館での説明会時に，生徒の心身の変調を察知するために，養護教諭も同席する。	動揺する生徒，不調となる生徒が出た場合に対応できるよう，保健室を整備しておく。		体育館で全校集会実施。事故の説明をする。 体育館への集合は，管理職・学年の教員に協力してもらい速やかに集合させる。	生徒たちが体育館へ移動する様子も確認。
校長からBさんの交通事故，また事故死のことが話された。	生徒たちの様子を確認する。涙する生徒，生徒たちの表情，話しを聞き終わってからの周りの生徒との会話のやり取り等。 【現状把握】		【管理職・学年主任・担任団・養護教諭など複数の目で生徒たちを観察する】	校長から事故の事実を話し，その後動揺して「眠れない」「食欲がない」「集中できない」など心身の不調を感じたら，身近な先生に相談してほしいと伝える。	【急性ストレス反応の説明】 集会時に，「何かあったら相談をして」という投げかけに，生徒たちの相談への認識ができたと判断。
授業が始まってもAさんは涙がとまらず，保健室で過ごす。 養護教諭がAさんの話を聞く。 【Aさんの表情・顔色・視線など細かなところも観察する】	Aさんの状態を確認する。震える手を養護教諭は握り安心させる。背中をさすりながら，全身の硬直をほぐす。まずは落ち着かせることに専念。落ち着き始めたころに，「いつでもあなたの話しは聞くよ。話したいときに話をしていいよ」と伝える。 Aさんはゆっくりと自分のしんどさを話し始める。養護教諭はじっくり話を聞き受け止める。	保健室のソファーで楽に座らせる。静かな空間の確保，プライバシーが守られる安心感を提供する。 【情報の一元化と共通理解】 水分補給ができるよう飲み物を準備する。 タオルやティッシュペーパー等，安心して使用するよう促す。	本日養護教諭がかかわったAさんの保護者に本日のAさんの様子を伝えることを承諾。 養護教諭からAさんのこと，他の生徒の様子報告。学年主任・担任から学年の生徒の様子，リストアップした要注意生徒の様子を報告，教頭より外部対応，マスコミ対応の様子など報告。Bさん保護者の様子を報告 一日終了時に支援チーム会議を開催する。各ポジションから様子を報告する。SCの面談の必要性を検討。	集会の解散後も，学年の教員は生徒たちの様子を注意してみる。 Aさんが保健室で休養することを，次の時間の授業担当者に伝える。 終礼に出ていないAさんに，担任は，明日の連絡をし，配布物を渡す。 時間が過ぎてから，動揺を現わす生徒もある。各授業担当者が，授業中の生徒の様子を観察する。	養護教諭は，Aさんの様子（震える，全身硬直など）からかなりの衝撃を受けていると判断し，丁寧に対応することと，Aさんの状態を関係職員，保護者について，理解してもらう必要性を感じた。 Aさんの動揺の具合から，専門家スクールカウンセラーにつなぐことも考えた方がよいと判断。
Aさんの保護者に事情を伝え，本日は迎えに来てもらうことにした。 保護者が学校に来校。 【ストレス障害（PTSD）が，事件・事故後1か月以上経過してから認められる場合があるということを理解し，長期的，継続的観察を続ける】	衝撃の大きさから，心身の不調もあり得ることを伝える。 SCに相談することも勧める。保護者に今日の話をすることをAさん本人に確認する。 保護者がAさんに会う前に，養護教諭から，Aさんの本日の様子について話をする。 Aさんの身体の状態，メンタルの状態を理解していただく。 養護教諭は，Aさんと面談する。昨日帰宅後の様子，食欲の有無，睡眠，今の状態を確認。 【身体と心の両面からみる】	保護者の迎えを待つ間，保健室の安心できる空間を提供する。 養護教諭が保護者に話をしている間，保健室にて，担任がAさんに付き添う。 プライバシーが守られる空間を提供する。	「チーム支援会議」を毎日開催し，生徒・教職員の様子を都度確認した。 教育委員会への報告も都度行った。		翌日からの学校全体の欠席状況，保健室利用状況，リストアップした生徒の様子，授業場面での観察等から，異変はないかチェックする。
翌日，Aさんは登校する。 時間の経過とともに徐々に日常をとり戻していった。				【学校の正常化への準備】 教職員が疲れはてないよう，管理職は支援する。	個々の様子と集団としての様子から，落ち着きを取り戻したと判断。

（加藤　晃子）

第7章　児童生徒の具体的健康問題と「養護教諭の行う健康相談」対応例

〈抜毛症〉

抜毛症[*1]とは，(Trichotillomania; Hair-Pulling Disorder)とは，自分の体毛をくり返し引き抜き，明らかな脱毛部が生じてもなお抜毛が止められないという病態である。抜毛症の平均発症年齢は，10代前半と言われている。女性は男性よりも10：1の割合で罹患しやすい。抜毛の対象となる毛は，頭髪，眉毛，睫毛，体毛等である。原因は，生物学的な背景と家族関係などの心理社会的要因が存在し，その上に環境によるストレスが加わることにより発症すると考えられている。母子関係の障害，一人で取り残される恐怖等が発症のきっかけとなることが多いと言われている。抜毛症の始まりは，ほとんどの場合，思春期かそれ以降に多い。治療は精神科と皮膚科との連携が必要である，6歳以前の早期発症は，行動療法等の治療の効果があるが，13歳以降の発症は慢性になりやすい。

○養護教諭の対応のポイント

抜毛症は，本人が悩みとして訴えることは稀である。健康診断や集会等，保健室来室時などに，他の子供たちと様子が違うことから気付くことが多い。抜毛した部分を隠そうとしたヘアスタイル，不自然なヘアピンの使い方，頭頂部の場合は，集会後方から子供たちの様子を見て気付くことがある。本人は無意識の場合が多く，人に知られたくない気持ちがあるので，すばやい個別指導が必要で，担任，関係職員，保護者を交えて対応を協議し，必要に応じてスクールカウンセラー，精神科等の受診を勧める。

事例の概要

中学2年の女子生徒。ブラスバンド部の部長になり，2学期に行われるコンクールに向けて頑張っていた。日頃の生活も大変落ち着いているように見え，何事にも頑張る生徒と思っていた。ある日の放課後，一人で部活動が始まる前「なんとなく来てしまいました…」と，保健室に来室。そばに寄って話し始めたとき，なにげなく1つに結った髪の側頭部に不自然な髪の乱れを見つけた。母子家庭で，母親が昼間の仕事と夜のパートの仕事をしているため，学校から帰ったら一人で，白いシーズー犬と二人だけだと話し始めた。

経過	養護教諭の職務の特質を活かした対応・支援	保健室の機能を活かした対応・支援	チーム学校としての連携とタイミング	教育活動との関連	養護教諭の判断のポイント
2年生の2学期のある日の放課後，一人で静かに保健室に入ってきた。生徒会，部活動が3年生から2年生にバトンタッチの時期である。	放課後，ぶらりと来室した様子から，何かあるのでは？とその子の背景を意識しながらコミュニケーションをとっていく。	保健室の入り口から死角になるテーブルのところに誘って，傾聴的に話しを聴く。	自分の環境が変化する時期には，体調不良やなんとなく保健室に来室する生徒が増えることを，データを元に生徒指導部会，学年会等で説明し，生徒のサポートについて共通理解を図る。	新体制になる，生徒会，部活動等の状況について確認しておく。	部活動，学校行事等の情報を把握しておく。
吹奏楽部の部長になったこと，1か月半後にコンクールがあることを話した。		テーブル中央には，校内に咲いている花を飾る		2年生の2学期には，修学旅行がある。学校行事等も把握しておく。	突然一人で来たことを，チェックしておく。
今までに無く，なんとなく来室する回数が増えた。長い髪の結び方とヘアピンの止め方が不自然な様子が気になった。	不自然な髪の毛の状況を丁寧に伝え，禿げがあることに気付いているのではないか？何か気になっていることがあるのではないかゆっくり話し，生徒の心理を把握する。	部活動での様子について，本人の思いをゆっくり聴く。	生徒指導部会，学年会等で，現在の状況を報告し対応や配慮について連携を図る。	本人が，いじめに遭ったり，不登校にならないように，全職員で情報を共有し，生徒のサポートと周りの生徒の状況もきちんと捉える。	来室回数が増えていることをチェック。
いつも髪の毛を触りながら来室する。		生徒の頭髪について気になることを伝え，髪の毛を抜いていないか尋ねる。	担任と養護教諭と学校での情報を共有し，保護者に知らせるか否かを検討する。		抜毛症について確認しておく。
					心理アセスメントを試みていき，生徒の心に迫っていく。
					生徒の学校での状況や家庭の状況も，担任等との会話から，日頃より把握しておく。
生徒との会話に，スマホの話題が多く出てきた。1学期に取った，生活習慣やスマホに関するアンケートについて，メールの相手が，100人以上というところにチェックしていた生徒がいた。このことについて生徒に聞いてみたところ，「私もです」と言った。	気になっていた記入事項，アンケートを話題にしてアセスメントする。アンケート調査の集計，データ分析をする。結果についての活用方法について検討する。特にスマホが心や体に及ぼす影響について，情報収集する。	何気ない話しから保健室にあるファッションに関する本など，話題を振りながら，髪のことを話していく。心理アセスメントの切り口として，スマホの話題をする。	生徒指導部会（※中学校の場合，毎週1回行われる生徒指導部会に所属していることが多い。メンバーは，管理職，生徒指導部長，各学年の生徒指導部担当者で，生徒の報告を行う。）生徒指導部会では，養護教諭として医学的なことや気づきなど経過を詳細に報告する。	周囲への指導については，状況を見極め，早急に必要か，様子を見るか場面を考えながら指導していく。髪形に対する校則の関係，体育の授業内容（例えばマット運動）で，髪が乱れる場合もあるのでそのような配慮についても確認しておく。	生徒指導部会では，養護教諭として医学的なことや気づき等経過を詳細に報告する。思春期の不安定な心理について，その対応について知識を得て，アセスメントに活用する。
顔も見たこともない100人くらいの人とLINEのやりとりしているなんて，寂しいんだね」と話したところ，部活動での人間関係や部長としての悩みを，話し始めた。	LINEに関する生徒の言動から，家庭の事情や寂しさを把握したことも含めて「抜毛症」について説明し，専門医受診を勧める。	スマホの情報に関する資料提示する。いつでも，保健室に来ていいこと，常に伝えておく。	把握した状況を，すぐに学級担任に報告し，今後の対応について協議する。		保護者のきつさを思いやり，部活動での頑張りを認める。
ある日遅刻して，登校してきた。教室には入れず保健室に来室。理由を聞いたところ，家庭環境を話し始めた。	寂しさの大きな要因に家庭環境があることを把握。該当生徒に関すること，来室状況や養護教諭としての気づきを整理し記録する。	SCとの情報交換は密に行い，カウンセリングすることについて打ち合わせをする。養護教諭とSCの対応がずれないようにする。該当生徒にとって，どのような対応，支援が最適なのか常に関係者で確認する。	病院受診について，担任と相談し，保護者との健康相談を計画する。今までの，学校での様子を，保護者に丁寧に話し，専門医受診をお願いする。	アンケート結果は，他の生徒の状況把握にも活用する。情報モラルのついては，教科を問わず全職員で指導する。	生徒の気持ちや症状，保健室でのやり取りを詳細に記録を元に話す。生徒の状況をきちんと把握し整理する。
その後も度々来室し，そのときの気持ちを，話しに来た。				スマホに関する実態調査結果の情報をもとに，学校保健委員会，学級指導等で様々に内容を検討し，集団指導を行う。	情報モラルについては，調査結果を基に，スマホ使用について，保護者へ啓発するため保健だよりなどを活用する。

177

母子家庭で，母親は1日に2つのパートの仕事をしていること。帰宅は，ほとんど毎日夜中近くになり，生徒は，学校から帰っても一人であること。犬と二人で寂しいこと。ついついスマホに手が伸び，LINEでつながった顔も年齢も知らない人たちとメールをしてしまうこと。 自分では，髪の毛を抜いているという意識はあまりなく，知らぬ間に髪の毛を抜き，小さな痛みが気持ちいいと感じていると話し，いつの間にかこのような状況になったことを涙目で話した。 修学旅行は，笑顔で2泊3日元気に何事もなく過ごすことができた。 最後の吹奏楽部のコンクールで，金賞に輝いた。	生徒の症状には，家庭環境等様々なことが1つの要因と考えられるので，保護者の状況を認める声かけをする。 時間をかけて心理的アセスメント，社会的アセスメントをする。 抜毛症と診断されたことで不安にならないようにサポートをしていく。 2学期の修学旅行期間中の生活について気になっていることを聴く。 養護教諭として，修学旅行でどのような配慮が必要か，本人の思いをくみ取り，まとめ提案する。 〔笑顔で過ごすことができたことを一緒に喜び，部活動でも頑張ったことを認める。〕	保健室にある，スマートフォンに関する本や事件事故等についての情報を話す。 正しい活用方法についても指導する。 〔保護者に，病院受診での詳細な内容を聞き，担任，養護教諭と対応について確認する。 また，この情報を全職員で共有していいか，保護者に確認する。〕 旅行中は，全員の健康観察はもとより，該当生徒の様子を確認する。 来室時には，本人の頑張りを認め，自信がつくような言葉かけをする。 〔プライバシーに関係すること，思春期であること等を配慮して，慎重に対応する。〕	メンタル面については，SCと，状況を共有しながらカウンセリングを定期的に組んでいくことを計画する。 学級担任と養護教諭と保護者での3人がメンバーとしてはいいのではないと判断し，対応する。 生徒の思い，家庭的な状況も含め，保健室で把握した情報は，学級担任とは常に情報交換をする。 また，生徒指導部，学年会等では，把握した生徒の状況を整理し，報告と対策について全職員で検討する。	学校での取組や今後の対応について共通理解を徹底するために綿密な話し合いをする。 2年生の2学期は2泊3日の修学旅行があるので，学年会では対応について（特に入浴について）協議し共通理解を得ておく。 周りの生徒への指導を徹底する。 宿泊する部屋割り，入浴場所の配慮について引率職員で了解しておく。 生徒の学校生活での頑張りを認めること。自信がもてるよう声かけをする。		保健室は，誰でもどんな時でも来ていいところだと，声掛け続ける。 修学旅行まで，2か月はあったが，そのときまで，回復するかどうかわからないので，引率で見守ることにする。 修学旅行時は，養護教諭も引率するので，気になることがあれば，いつでも相談に来るように指導する。 事前，旅行中，事後に出来ることをまとめる。記録にも残す。 生徒の様々な情報を把握してアセスメントのきっかけにする。 精神的な状況について見極める。
新たに，家庭の経済的なこともあり，高校受験のことが気になり始めた。本人の学力もあるが，母親の大変さを理解しつつ，自分の希望を遂げるにはどうするか悩んでいた。 担任，保護者との面談が行われ，志望校が決まり，吹奏楽部での金賞が自信になり，以前より笑顔を見かけるようになった。 3月になり，第一志望の高校に合格した。	該当生徒の思いを充分聞く。担任と連携を図り，対応する。 〔抜毛症は，症状の始まりが家庭や学校の環境の変化，ストレス要因，症状に気づいたときの対応の在り方などが，原因として考えられる場合がある。気づいたときにどのように対応するか問われるのでアセスメントには，充分な配慮が必要である。本人の気持ちを尊重しながら対応することが重要である。 皮膚科と精神科の連携での治療が最適と言われている。治療方針の決定の情報として，本人の日頃の様子（言動，行動，友人関係，関係の取り方等）の把握も，学校での様子を詳細に担任等と情報交換することも重要である。*2〕	一人で悩まない，保健室には養護教諭がいつもいることを話す。 抜毛箇所がめだたなくなったので，再発しないように，「受験」について，本人の不安材料を，1つ1つ考えていく。	担任，進路指導主事との連携を図莉，最良の方向を検討する。			該当生徒の不安材料の確認。 部活動で活躍する姿や文化祭での発表等で自信を取り戻した姿から，回復の兆候に気付いた。 校内で，会ったときの様子での笑顔や友人といる姿を見かける回数が増えた。
	今までの記録を整理する。	経過について，記録を進学先に提供していいか保護者に了解を取る。	管理職，担任，生徒指導主任等で高校への連絡について検討する。	環境の変化がストレスになるので高校との連携を図る。		中学校での様子を場合によっては，直接高校の養護教諭と詳細について連携継続して見守る。

〈引用・参考文献〉
*1 神庭重信（総編集）「DSM-5を読み解く 4―伝統的精神病理，DSM-IV，ICD-10をふまえた新時代の精神科診断」中山書店，2014
*2 山崎晃資ほか編著「改訂第2版 現代 児童青年精神医学」永井書店，2012

（瀬口 久美代）

第7章 児童生徒の具体的健康問題と「養護教諭の行う健康相談」対応例

〈摂食障害〉

摂食障害は，単なる食欲や食行動の異常だけでなく，食行動を中心に様々な問題が生じる病気である。

〈原因〉何か1つのことで発症するものではない。ダイエットがきっかけ，「受験の失敗」など生活の中での自信喪失，母子関係（愛情飢餓），性的被害など人間関係や心理的ストレスが根底にある。

〈症状〉太ることを極端に恐れ，やせ願望をもつ。標準体重［体重kg÷(身長m×身長m)］の85％以下になり，無月経となる。その他，電解質異常，肝機能障害，腎機能障害の身体的な異常，またうつ症状を伴うこともある。

〈診断基準〉①体重が増えるのを嫌がる強い衝動があり，標準体重の85％以下まで痩せる。②痩せていると認めない。③無月経となる。

○養護教諭の対応のポイント

体調を心配していることを伝え，継続的にかかわる。家庭や学校の中で相談できずに一人で頑張り過ぎているケースが多いため，寄り添い信頼関係を形成してサポートを続けることが改善につながる。病識が低いケースが多く，治療にたどり着くまでに時間がかかるため，家族と共に対応することが不可欠である。母親との愛着の問題があるケースも多いため，母親のケアも必要である。養護教諭は一人で抱え込まずチームで対応すること，また外部専門機関とつながることを心がけ，心身両面からのサポートを心がける。

事例の概要

中学2年女子。陸上部所属。体育担当教諭より「かなり痩せたように感じる。脚・腕など細くなり，顔色も血色が悪く，表情も良くない。」と。体重測定の結果を確認すると前年度より2kg減。しかし，実際はそれ以上に痩せている。養護教諭が本人と面談。初めは病識なく「大丈夫」の一点張りであったが，少しずつかかわりを深め，病院受診へとつながっていった。

経過	養護教諭の職務の特質を活かした対応・支援	保健室の機能を活かした対応・支援	チーム学校としての連携とタイミング	教育活動との関連	養護教諭の判断のポイント
入学当初より，成績優秀，陸上部でも活躍。真面目な良い子であった。	「健康診断結果票」を本人・保護者宛てに配布し，健康な状態であることをお知らせする。	保健調査票，心電図検査等の健康診断より「運動制限なし」を確認。	担任が本人と面談をした際に，友人関係の悩みを聞く。この情報を保健室来室前に担任が養護教諭に伝える。	健康診断の結果を体育授業や各種学校行事への参加の可否を決める際に役立てる。	健康診断の結果，所見や正常範囲を超える値は無いことから，学校生活上の制限がないと判断する。
1年2学期になり，部内の友人関係で悩む。「腹痛」という理由で保健室を利用する。	バイタルサインを確認。問診をしながら，本人の話を聞く。特に友人関係のことは話さないが，「痛み」「つらい気持ち」を受け止めるよう努め，信頼関係を築く。 【信頼関係構築のために必要な時間】	問診時も柔らかい温かい毛布でお腹を包みリラックスさせる。		保健室で休養する際，当該時間の授業担当者に伝える。	担任からの情報と腹痛での来室の様子（覇気のなさ）から，友人関係の悩みと身体不調の関係性ありと判断。根掘り葉掘り聞くのではなく，まず必要なのは信頼関係作りと判断。
2年11月頃，体育担当教諭より「かなり痩せたように感じる。脚・腕など細くなり，顔色も血色が悪く，表情も良くない」と，養護教諭に相談が入る。	養護教諭へのつなげ方を慎重にする。次回，体育でつらそうな場面があったら，体育担当教諭が声をかけ，保健室へ行くよう促すこととした。	「身体測定」の結果や「成長曲線」から，体重の減少，成長曲線の下降を確認する。 【視覚的に理解するための材料】	体育担当教諭から相談を受け，養護教諭は学年主任，担任と連携。日常の様子を確認する。	陸上のタイムは落ちている。授業中も集中を欠いているよう。	
体育でバスケット試合中，息切れが酷く走れなくなる。友人に付き添われ保健室来室。 30分ほど保健室で休養後，授業に復帰する。	水分補給，バイタル確認。体温35.2℃，P104/1分，BP94/56mmHg，SpO₂96％。顔面蒼白。 授業後に「体調回復の確認」という理由で再度保健室に来ることを約束する。	ベッドで休養させ，呼吸等を落ち着かせる。 【現状の体調確認】	保健室での様子を授業担当者に伝える。養護教諭からみてもかなり「痩せ」の状態は進んでいると感じたことを伝え，授業後に面談を実施する旨を伝える。	授業担当者に授業に参加できない旨を伝える。 【焦る気持ち】	まずは身体の回復に焦点を当てる。 徐々に回復。回復し始めると，授業を休んでいることに落ち着かなくなっている様子。授業後に落ち着いて面談をすることとした。
授業後，一人で保健室来室。「もう大丈夫です」と本人は言う。	本人の訴えを受容的に聴く。その上で再度，最近の様子について問診をする。食欲等も確認する。 バイタルサイン，身体測定体重減少の記録を本人に提示し，心配な状態であることを伝えるが本人は「食べているから大丈夫」と言い，本日の体重測定は拒む。本人の困っていることは「授業中集中できない」「陸上のタイムが落ちている」ことだという。	プライバシーが守られている部屋であることを伝え，少しでも安心させる。 【関係職員に共通認識をもってもらう】 【専門職の活用】	学年主任，担任，教育相談担当者，陸上部顧問に面談場面の様子を伝える。「摂食障害の疑い」があるが病識が低い。継続的に面談をし，心身の両面から診ていくことを確認する。保護者への連絡は，本人の了解を得てからとする。 養護教諭がSCへも相談し，助言を受ける。	体育授業やその他の学校行事中の本人の様子は注意深く観察する。基本的には無理はさせない。 陸上部練習には，細心の注意を払う。本人が「タイムが落ちている」ということで練習しようとするが，顧問が身体の不調具合を確認し，ときにはストップをかける。	病識が低い状態のときに，強引に「体重測定」や「摂食」について話すことで信頼関係を損ねる可能性ありと判断。まずは本人の困りごとに焦点を当て，少しでも解消するよう一緒に考えることとした。 SCの助言からも，今の対応方針で良いことを確認する。
何度目かの面談でようやく「母が厳しい。成績が下がると叱られる」とこぼす。	無月経，低体温の状態。話しながら本人はガクガク震え，涙する。母親のこと，気持ちのことなど母親に話せず困っている。 初めて体重測定を了解する。37kg，前年度より10kg減。本人に受診の必要性を話す。養護教諭から母親に話をすることを本人は了解する。 【現状把握】	湯たんぽ(小)と毛布で本人を温めながら，落ち着かせる。 保健室横には，個別面談できるよう面談室あり。本人の安全も確認できるよう，隣接の部屋で対応する。	本人の様子を担任に伝え，関係職員を保健室横の面談室に招集してもらう。教頭・学年主任・担任・教育相談担当者に本人からの情報と本人が不安定なことを伝え，保護者に来校してもらうことを了解を得る。 保護者対応→養護教諭。教頭・学年主任立ち会う。その間，担任が本人を支援する。	授業参加について，無理はさせない。 【チーム支援の必要性を伝えながらチームで対応することの合意を得る】 【役割分担】	無理に体重のこと，摂食のことに介入せず，本人の困りごとに寄り添ったことで，信頼関係が深まった。そうなって初めて不安な気持ちを養護教諭に委ねたと感じる。
保護者来校。急な連絡に戸惑うような表情でもあったが，事の重大さも感じてくださった様子。 面談後，親子で帰宅。	急な連絡にも即対応して下さった保護者を労う。 【保護者も支援する】	保健室が得ている専門医療機関情報をまとめる。 【養護教諭個人の意見でなく，学校として勧める】	ここ数日の本人の様子。身体症状，無月経。入学当初からの体重の変動。メンタル面の不安定などを伝え，専門機関への受診を勧める。	保護者と協力して支援できるよう努める	母親への伝え方は，ゆっくりと丁寧に。またその都度母親の意見も確認しながら，母親に納得してもらうことが必要である。母親も前向きに向き合う姿勢があってこそ，いい形で専門機関受診へとつながる。
翌日，専門機関受診のため欠席するという連絡が入る。	受診時の医療機関情報を学校へ連絡していただくよう保護者にお願いする。		専門機関主治医の見解を大事にしながら，学校はチームで対応する。	学校生活上気をつけること，授業・学校行事等への参加時の制限などを確認する。	

（加藤　晃子）

〈自傷行為〉

〈診断的特徴〉
　自分の体の表面へ，浅いが痛みを伴う損傷を繰り返し加えることで，緊張・不安・自責等の陰性情動を減らすことや，対人関係の困難さを解決することであり，場合によっては自己懲罰の意味合いを持つ。

〈症状〉
　他人のすすめや他人の行いを観察することで学ぶ。
　リストカットの他に，頭髪，眉毛，睫毛を抜く抜毛症，皮膚むしり症，頭を打つ，自分を噛む，叩くなど常同症の行為（発達遅延との関連も疑われる）も含まれる。

〈経過〉
　大多数は，10代のはじめに始まり，何年も続くことがある。重症の場合は入院，軽症の場合は通院治療が可能。

〈機能的結果〉
　切創を作る行為は共通の道具で行われる場合もあるので血液感染にも注意が必要である。

○養護教諭の対応のポイント

- 自傷は，自らが傷ついているサインであり，多彩な身体症状も不安や緊張と結びついている。
- 自傷のことを話すと偏見を持って見られるのではないかという恐怖心や，本人が自傷行為自体を肯定的にとらえている場合があるため，自ら診療を受けようとはしないことが多い。
- ストレスからの解放を求める場合が多いが，既遂に至ることもあるため，本人の命の安全を最優先に危機的状況ととらえるべきである。
- 本人との信頼関係を築き，関係教職員との連携を図り，保護者への連絡，本人の保護等，継続した学校側の対応が必要である。
- 重要なことを養護教諭に話した本人の気持ちを十分理解して，誠意を持って支援する姿勢が不可欠である。

事例の概要

　高1，15歳，女子。2学期に同じクラスの男子と付き合うことになるが，2か月ほどで別れる。その後も気持ちは変わらず，復縁を迫るが実らず。3学期の始業式に教室で過呼吸発作を起こし，保健室に搬送される。その際，腕に無数のリストカット痕があるのを発見し，本人が落ち着いたところで話を聞く。冬休み中も元カレへの気持ちが抑えきれず，部屋で一人リストカットを繰り返していた。本人への緊急対応と，関係教職員との連絡協議，保護者との面談を重ね，本人の安定を図った。

経過	養護教諭の職務の特質を活かした対応・支援	保健室の機能を活かした対応・支援	チーム学校としての連携とタイミング	教育活動との関連	養護教諭の判断のポイント
始業式が終わり，教室に戻ったところ「教室で過呼吸を起こした」と一報が入る。	すぐに駆け付け，バイタルを取りながら，他の教員の応援を依頼する。【状況把握】	ショック体位にして担架で保健室のベッドに移動させる。落ち着いたところで視線を同じ高さにして話を聴く。	教育相談委員会関係者（担任・学年主任・教科担当・SC・管理職）に状況を説明し，観察を依頼するとともにSCによるカウンセリングやケース会議を実施。今後の対応について検討する。【組織的に対応】	本人確認を急ぐとともに，保健部教員と担任が周囲の生徒から状況を聴く。【迅速な対応】	バイタルの数値は悪くないが，情緒が不安定であり，家庭ではあまり眠れていないと判断する。
腕のリストカット痕を見せ，原因となった元カレへの思いを話す。	線状痕が化膿していないことを観察しながら，本人の気持ちに寄り添う。	消毒や止血の方法を，薬品やガーゼを用いて確認する。切り傷の程度を観察し，消毒・保護する。【応急処置】		元カレが同じクラスでいることや，班行動などがストレスになっているので，担任と連携を取りながら対応する。	線状痕が無数にあり，比較的新しいものがあったこと，特定の状況下（元カレの前や家で一人でいる時など）での行為だったことから緊急性は比較的高いと判断する。【状況把握，危機的判断】
別れた後も，同じクラスの友人として元カレとの交流は続いている。	報告してくれたことを喜ぶ。ゆったりした態度で受容的に受け止める。身体状況を確認しながら本人の話を傾聴する。	傾聴的に聞く場を作る。【受容】	来室を担任に連絡し，友人関係や授業中の様子等の情報を得る。		
元カレの気を引きたくて，目の前でリストカットをしたとして，元カレに連れられて来室する。	元カレからの話を，本人とは別時間帯に聴く。リストカットを繰り返す彼女を気にかけ，広い心で接していきたいとのこと。		教育相談委員会（関係者・SC）でケースカンファレンスを実施する。	学年団の教員の配慮により，当分の間，別室登校ができるようにする。	
進級し，元カレとは別クラスになり，気持ちの整理がついたのか来室・リストカットの回数が減る。	困ったときに話を聴いてくれる大人が身近にいるということに気づかせ，大事にされていることを実感させる。信頼関係が構築できたと判断したタイミングで，「自分の体を傷つけてほしくない」とIメッセージを送る。	「なんでもノート」に自由に記入させ，気持ちの整理を図る。【安心・信頼】	担任・相談係と共に保護者と面談をする。非難するのではなく，保護者とともに，本人への共通理解を図る。一方で，学校の立場をきちんと示す。	学年団に働きかけ，教科の欠時数をカウントして本人・保護者に伝える。出られる教科から出席させ，これ以上欠時数が増えないように配慮する。	保健室の「なんでもノート」に「孤独」という記述があったので，本人の気持ちを最優先した対応策を立てるべきである。心配してくれる友人はいるが，本人がその大切さに気づいていないと考えられる。
徐々にではあるが，学校行事や部活動等に参加する。	リストカットをする回数が減ったことをほめる。		学年主任・管理職に報告をする。【管理職への連絡・報告】		友人との時間の大切さを認識させる。

〈引用・参考文献〉
・日本精神神経学会日本語版用語監修，高橋三郎，大野裕監訳『DSM-5　精神疾患の診断・統計マニュアル』医学書院，2014
・奈良間美保ほか著『小児看護学2　小児臨床看護各論』医学書院，2015

（佐藤　明子）

〈統合失調症〉

〈症状〉妄想，幻覚，幻聴。支離滅裂な思考。まとまりに欠けた行動。感情の平板化。集中力の低下。周囲とのかかわりを避ける。高い自殺のリスク（発症率は全人口の1％弱）。

〈原因〉①ストレスと本人が持っている素質的原因の相互作用。②幼児期の母親の不安定な育児態度，二重拘束説。③ドーパミンの過剰分泌。側脳室の拡大。

〈診断基準〉アメリカ精神医学会のDSM-Ⅳに基づく。

〈経過〉治療によって約40％は社会復帰可能。60％は入院か通院。特に上10％は完全治癒。下10％は一生病院暮らし。

○養護教諭の対応のポイント

思春期は統合失調症の後発年齢の始まりである。小学校高学年以降，特に中学生・高校生以降ではその始まりに十分な注意をし，早期発見をして早期治療に結びつけることが必要であり，不安感，緊張感，「いつもと少し様子が違う」「人格が変わった」という印象に気がつくことが大切になる。

本人に対しては，混乱している本人のつらさを理解して，疲労感の強いときや感情の激しいときは，保健室で休養させてクールダウンを図る。保護者に対しては，学校の協力姿勢を伝えた上で，本人の状態把握に努めて早期治療を勧める。

事例の概要

高3，17歳，女子。大人への不信感を持ちながら，人前では努めて明るく振る舞い自分を押さえていた生徒である。絵や漫画を書くことで自己表現をしていたが，感情の混乱，被害妄想，幻聴が起こり，統合失調症と診断され入院を余儀なくされた。

経過	養護教諭の職務の特質を活かした対応・支援	保健室の機能を活かした対応・支援	チーム学校としての連携とタイミング	教育活動との関連	養護教諭の判断のポイント
清掃の時間，小学校の頃のことを思い出して「怖い怖い」と言って泣き出し，友人が本人を連れてくる。	本人の頭を撫でながら泣きやむまで寄り添う。落ち着いてからは受容的に話を聞く。	他の生徒から離すために保健室隣の教育相談室へ連れて行く。 **プライバシー保護**	直ちに担任へ連絡をして状況を理解してもらい，様子を見てもらう。 **迅速な連絡**	授業に出られないときは気分を落ち着かせるために，休養をさせる。	急に幼い頃の出来事を思い出して，人前で感情のコントロールができなくなり泣いたことは要経過観察と判断する。 **気がかりな言動と判断**
翌日，活気のない顔をして気分が悪いと来室する。3時間休養後，不満や不安を話し始める。	バイタルを取りながら問診をする。体温37.3℃ 脈拍100回／1分 **状況把握**	ベッドに移動させて布団を掛けて休ませる。落ち着くまで話を聞く。	担任との情報交換。教室でも表情が暗い。 **担任との情報交換**	友人にノートをとる協力を依頼し，本人への対応の仕方を伝えたり，学校内外での情報を得る。	入学時から時折来室していたので，その変化と特徴を比較する。 **日頃との比較**
翌々日来室し，家族のこと，母親に対する恐怖心，人への不信感，いじめられていたことや精神科へ行かされたことなどを時折涙を流しながら話す。	泣いているときは手を握ったり，頭を撫でたりのスキンシップをはかりながら実態把握のためのカウンセリング的対応（傾聴技法）で話をする。不眠，便秘等の保健指導をする。 **状況把握**	保健室隣の教育相談室へ連れて行きゆっくり話をする。落ち着いてから他の生徒との交流をはかったり，保健室の外のスロープ付近で一緒にひなたぼっこをする。	担任との情報交換をする。教育相談係や担任と情報交換をしながら対応策を立てる。 **日常の情報収集**	文化祭で美術部の作品を見たり，朝会等で生徒の展覧会の結果等を聞き，情報をストックしておく。さらに他の作品を見せてもらい本人の得意なものを把握し，ほめて認めていく。	完全主義，ストレス（勉強と夢とのギャップ，母子関係），極度の緊張行動，了解困難な思考，感情の起伏の激しさ，不眠，食欲不振，性格・行動の変化から精神障害を視野に入れる。 **状況把握，危機的判断**
4日後，過呼吸を起こしかける。2連休を挟んで，1日欠席する。	過呼吸の対処方法を誘導しながら行う。呼吸数80回／1分 **状況把握，危機的判断**	ベッドで起座位にさせ，腹式呼吸の指導をする。落ち着いてから，飲物を勧めてリラックスをはかると共に，本人の緊張状態を把握する。	担任から保護者に連絡をし，家での状態を確認する。教育センターの臨床心理士と指導主事に学校での対応を相談する。 **医療の勧め**	自宅での静養の必要性を感じ早退させる。 **情報収集，連絡，相談**	専門的な立場から指導・助言を受けられる人的サポートを得ておく。 **※臨床心理士の助言** ・対本人…事実関係を確かめるのではなく，受容的態度で接する。体の状態（食事・睡眠・生理等）をおさえる。カウンセラーに相談する方法もあることをほのめかす。 ・対母親…思春期特有の状態，とぼかして話し母親の不安を解消する。 ・できれば通院していた病院からの情報を得る。教育センターとの相談や緊急時には嘱託精神科医の診察を考える。
8日目，生気のない顔をして吐き気をもよおし来室する。「死にそう」「放っておいて」と不安定な様子。	スキンシップを図ろうと試みるが，本人が攻撃的な態度をとったため見守ることに徹する。	ソファーからベッドへ移動させ，毛布を掛けて，落ち着くまで休むよう指導する。 ※その他 保健室には常にヒーリング音楽を流しておく。	保護者に来校してもらい，家庭でと学校での様子の情報交換をする。学校側の協力体制を話し，早めの専門機関の受診を勧める。学年主任・管理職に報告をする。 **管理職への連絡・報告**	教室に行ける状態ではないため，保健室にとどめて気持ちの安定を図る。	**※指導主事の助言** ・教育センターの面接依頼を受諾する。その後，交番に駆け込んだことで，本人の早急な医療機関受診の勧めと，学校の協力体制を強化する。
9日目，自宅を飛び出し，親戚宅へ行く（家族談）。10日目，母親が親戚宅へ迎えに行ったが逃げる（家族談）。11日目，交番に「殺される，助けて」と泣きながら飛び込む（家族談）。12日目，精神科を受診し入院することとなる（家族談）。	保健調査票，成績会議，朝会等，本人にかかわる情報を得ておく。 **日常の保健管理**		中学校に連絡をして中学校時代の状況を確認する。 **情報収集**	担任から他の生徒へ，本人は「体調が悪い」という説明をしてもらう。	**緊急対応可能な専門機関との連携**
約1年後，症状が緩解して退院し，学校へ報告に来る。	症状の緩解を手を取って共に喜び，受容的に話を聞く。	**誠意を持って**	担任と共に本人の話を聞く。	成績優良，発症まで無遅刻無欠席だったことから，入院のまま卒業。	

〈引用・参考文献〉
・町沢静夫著『こころの健康事典』朝日出版社，1999
・文部省『学校における性教育の考え方，進め方』ぎょうせい，1999
・日本学校保健会「教師のための心の健康問題の理解と対応」2000
・佐々木司，竹下君枝著『精神科医と養護教諭がホンネで語る　思春期の精神疾患』少年写真新聞社，2014

（道上　恵美子）

〈望まない妊娠〉

男女とも性体験は、年々若年化している傾向にある。

不十分な知識と自己主張の弱さが望まない妊娠や性感染症に結びつくことがあり、女性は肉体的にも精神的にも傷つく危険がある。

子供は、妊娠判定薬を使用して一喜一憂する場合もあるが、確かな診断は必要であるため産婦人科の受診が欠かせない。

ここで重要になるのが性教育・人間教育である。性行動について安易な考え方をしない、人工妊娠中絶を軽視しない、改めて妊娠・出産・母体保護・避妊等の知識を理解できるようにする。自分を大切にして、相手の人格も尊重し、お互いが責任をもてる男女関係の在り方を考えていけるようにする。

○養護教諭の対応のポイント

腹痛のある女子生徒は、生理不順の有無や状態も健康観察や来室時の問診に入れる必要がある。〈妊娠の確認のポイント〉最終月経、性的接触の時期、避妊の有無、市販の妊娠判定薬の使用とその結果、本人の心理状態

妊娠・性感染症の可能性がある場合、本人の心理的サポートを行った上で、担任・保護者と十分に連携をとり、医療機関の受診(場合によっては学校医経由)を勧め本人にとっての善後策を共に考える。

女子高生の中には「絶対親には言えない」と悩んで時間だけが過ぎる場合がある。心配な場合は、悩んでいないで病院で妊娠の検査を受けるよう指導する必要がある。

事例の概要

高2、16歳、女子。強い腹痛・吐き気を訴えて来室した。医療機関受診の必要性があったが保護者の迎えが叶わなかったため、養護教諭が引率をして学校医(内科・産婦人科)に診察を依頼する。待合室にいるときに泣き出し、妊娠の可能性を訴える。検査の結果、妊娠していることがわかり、養護教諭だけでは対応できないと判断し、担任・学年主任を含めて親と面談、双方の両親を含めた相談を経て自己決定に導いた。

経過	養護教諭の職務の特質を活かした対応・支援	保健室の機能を活かした対応・支援	チーム学校としての連携とタイミング	教育活動との関連	養護教諭の判断のポイント
悲痛な顔をして涙を流すほどの下腹痛・吐気を訴えて来室する。 月経が遅れていて、妊娠の可能性に対する不安から泣き出す。	バイタルをとったり、腹部の触診をしたりしながら、問診(月経の有無・最終月経・妊娠の心当たりの有無を含む確認)をして考えられる腹痛の原因を探る。T37.1℃ P95/1分、腹部触診時圧痛と筋緊張あり。 内臓の炎症または妊娠の可能性から、医療機関(女医で内科・産婦人科の学校医)受診の必要性を説諭する。	ベッドで横にさせて布団を掛け落ち着かせてから、触診も含めた対応を行う。 プライバシーの保護 動揺が激しかったため、ベッドで1時間休養させる。 保健室から外線電話で、学校医へ連絡をして事前に状況を伝えておく。 連絡、相談	医療機関受診の必要性を担任・管理職・保護者に連絡する。 保護者の迎えが困難なことと医療機関受診の必要性があったため、保護者の了解を得て学校医を受診する。 学校医(女医・内科・産婦人科医)に事前に電話連絡をして、簡単な状況を話しておく。	保健室での休養の必要性があるため、授業担当者へ連絡する。 友人のお見舞いは、体調がかなり悪いことを理由に今はそっとしておくように促す。 的確な危機判断 医療機関を受診するために、引率する。	微熱、腹部の圧痛、月経の遅れ、妊娠の可能性の自覚から、早期に医療機関を受診させる必要ありと判断する。 多くの高校生は産婦人科受診をためらう。いきなり産婦人科の受診を勧めるのが困難な場合は、学校医への相談をして、ワンクッションおき、本人の抵抗を弱めることも必要である。 市販妊娠判定薬の結果を信じて安心していたり、逆に不安になっていたりする場合があるので、あくまでも補助的な検査であることから確実な診断のために産婦人科の受診の必要性を話す。
学校医の病院待合室で、妊娠の可能性を強く感じ、動揺して泣き出す。 診察終了後、泣き続ける。話をしているうちに気を取り直して話を聞き、うなずく。	ソファーで本人の横に座り、泣く本人の肩を抱き落ち着くまで寄り添う。さらに、医師に勇気を持って妊娠の可能性について伝えるよう話す。 医師から諸検査結果を聞く。 出産・中絶の両方の精神的・身体的ダメージを話す。また、両親と十分に話し合う必要性があること、両親に自分から話をする期限を決めることを伝える。	慎重に、誠意を持って、的確な危機判断 連絡	学校医からは事実だけを聞き、その後の対処は本人と家庭で話し合って決めてもらう旨を伝えて、養護教諭から学校医に協力を求める。 保護者へは、養護教諭から経過観察が必要とのみ連絡をする。 担任と学年主任に本人の状態と、医師の診断・指示等を伝えて、学校としての対応策の打ち合わせをする。	診察後、タクシーで自宅まで送り届ける。	妊娠に関して学校側は指示・決定することは難しい。 命の大切さとともに本人の精神的自立・経済的自立・周囲の支援を考えあわせて、家族を含め最終的な決定を見守る。 プライバシーの保護、的確な危機判断
翌日、相手に話したこと、両親には明日話すことを報告にくる。	勇気を持って話したことを認め、励ます。 誠意を持って	保健室とドア続きの相談室で話をさせる。 プライバシーの保護	本人から両親への説明をしたことを受け、両親に学校に来校していただき担任・学年主任より学校の体制を話す。	授業を欠課にして担任と話す時間を確保する(他の生徒には体調不良のため保健室で休養とする)。	
翌々日、両親に話したことを報告にくる。	皆つらい思いをしながらも結論を出したことを認めた上で、体をいたわる。		担任と学年主任に経過報告をする。 報告		
中絶1か月後、情緒不安定、出血、腹痛があり不安を訴える。 状況把握、的確な危機判断	バイタルサインのチェックをし、問診をする。T37℃、P80回/1分、BP105/80。腹部の違和感、夜眠れない、立ちくらみあり。中絶をした産婦人科の受診を勧め、情緒不安定なことに関しても相談をするよう話す。	ソファーに本人と並んで座り、話を聞く。ベッドでの休養が必要と判断し、ベッドへ移動させる。毛布をかけ、視線を同じ高さにして話をする。		体調の回復にあわせて、時々保健室で休養をさせたり、しばらくの間体育を見学させたりする。	動揺がみられ落ち着くまで授業を休養させる必要がある。 中絶後は心身共に強いダメージがあり、体調不良・情緒不安定になりやすい。特に腹痛・出血・発熱には十分留意し、中絶した病院へ相談に行くことは不可欠である。学校側も本人の健康状態にあわせたケアが必要となる。
8か月後、月経・体調も順調になり、卒業に向けてがんばることを報告に来る。	月経周期と体調の確認をし、回復を喜び、目標に向かって生活するよう励ます。	ソファーに並んで座り、話を聞く。 安心をはかり、誠意を持って	担任と学年主任に経過報告をする。 報告		

〈引用・参考文献〉
・町沢静夫著『こころの健康事典』朝日出版社，1999
・文部省『学校における性教育の考え方，進め方』ぎょうせい，1999
・日本学校保健会「教師のための心の健康問題の理解と対応」2000
・平岩幹男著『いまどきの思春期問題―子どものこころと行動を理解する』大修館書店，2008
・北垣毅著『すぐに使えてよくわかる 養護教諭のフィジカルアセスメント』少年写真新聞社，2015

(道上 恵美子)

〈薬物乱用（違法薬物・脱法ハーブ）〉

薬物使用により重大な問題が生じているにもかかわらず，その人が薬物を使用し続けることを示す，認知的，行動的，生理学的症状の一群である。

〈診断基準〉
DSM-5では，①制御障害，②社会的障害，③危険な使用，④薬理学的基準の4つの群にまとめられている。
① 制 御 障 害…その人の日常の活動のすべてが薬物を中心に展開している。
② 社 会 的 障 害…職場・学校・家庭で果たすべき役割を果たせなくなる。
③ 危 険 な 使 用…身体に危険な状況または悪化しても薬物使用を続けて，やめることができない。
④ 薬理学的基準…耐性や離脱症状が出現した後，その症状を和らげるためにさらに薬物を使用しようとする。

○養護教諭の対応のポイント

・飲酒・喫煙が他の乱用薬物の入り口（ゲートウェイ・ドラッグ）になり，軽い気持ちで違法薬物に手を出すなど薬物の先行要因であることも指摘されている。
・「すぐにやめられる」としながら他の依存物質に移行するケースもあり，常にイライラした状態で，ギリギリのところで社会性を保つ場合もある。
・養護教諭として，薬物依存に至るメカニズム・薬物の種類や使用方法・身体症状・薬物に関連する法律の内容等については知っておかねばならない。
・家庭の力だけでは対応しきれず，学校や各種の相談機関等との連携が必要となる場合が多いので，日頃の学校内外の支援ネットワークづくりが重要なポイントとなる。

事例の概要

高3，17歳，男子。運動部のエースとして活躍して，念願の夏の全国大会に出場し好成績を残す。部活動を引退後は目標が見つからず，中学時代の仲間とつるむようになり，有機溶剤・違法薬物使用の誘いを頻繁に受けるようになる。2学期が始まっても授業に集中できず，頻繁に保健室に来室。2学期の騒がしい保健室の中で，他の生徒の対応に追われていて，気がつくと一人静かに座ってぼーっと時計を見ているなど，無気力状態が続いていた。本人の訴えにより発覚し，緊急対応と支援を行った。

経過	養護教諭の職務の特質を活かした対応・支援	保健室の機能を活かした対応・支援	チーム学校としての連携とタイミング	教育活動との関連	養護教諭の判断のポイント
保健室に一人で来室。2学期早々の喧騒の中で，一人静かに座っている。	いつもの元気な様子とは明らかに違っており，存在感がまったくない様子に違和感を覚えながらも，バイタルを取りながら，受容的な態度で問診を進める。	他の生徒を教室に帰し，一対一になれる時間と空間を作る。【プライバシーの保護】【情報収集，状況把握】	担任・部活動顧問に保健室での様子を伝え，教室での様子や部活動引退後の変化等について情報共有する。	頻回来室が続くようなら，担任や教科担当と授業の出欠席状況を確認する。	出席状況がよくないと聞いていたので，注意深く観察する。
「時計のカチカチいう音って，なんかいいよねぇ」とつぶやく。「時計見てるとさぁ，なんかだんだん自分に迫ってくるんだよねぇ」と話し出す。			本人退室後，担任に情報を提供する。		バイタルの数値は悪くないのに，疲労感・無気力感が強く，家庭での食事や睡眠が十分ではないと判断する。
唐突に「先生，クスリってやったことある？」と話し出す。	部活動引退後から出席状況がよくなかったため，最近の行動について聞く。	傾聴的に聞く場を作る。【話を聴くだけでは解決しない】【組織的に対応】	本人了解のもと，担任等関係職員に連絡する。担任と学年の生徒指導部教員が来室し，状況確認する。管理職へ報告する。	関連する法律・覚せい剤取締法・麻薬及び向精神薬取締法・あへん取締法・大麻取締法・毒物及び劇物取締法	普段の様子と比較して表情が乏しく，覇気がなく，焦点が定まらない様子に違和感を覚え，緊急性が高いと判断する。【的確な危機判断】
部活動を引退してから生活に変化があったこと，遊び仲間が変わったこと，軽い気持ちで薬物に手を出したことなどを訴える。	大変なことを打ち明けている心情を理解することに努めながら，傾聴的に聞く。まずは事実について確認が必要なため，本人の訴えを冷静に聴き「止めたい」という意思を尊重する。	【管理職へ連絡・報告】	生徒指導委員会を開き，本人への対応と今後について話し合う。支援方針を検討する。	担任等の状況確認後，本人を生徒指導室に移動させ，反省文を書かせる。	
謹慎処分を受ける。自宅謹慎中は積極的に課題をこなす反面，後悔と将来への不安を訴える。	養護教諭だけでは対応できないこと，今後は担任に生徒指導の担当，管理職がかかわっていくことを伝える。	冷静に対応する。違法行為であるため毅然とした態度で臨む。【慎重に対応】	保護者へ連絡し，迎えに来てもらう。違法行為でありつつも，本人の今後についての支援を視野に入れ，非難するのではなく，保護者への啓発と事故予防の観点から話し合う。	学年団に働きかけ，各教科の欠時数をカウントして本人・保護者に伝える。出られる教科から出席を促し，これ以上欠時数が増えないように配慮する。	使用薬物現物が確認できないことや把握している身体状況だけでは判断がつかないことを確認した上で，担任・顧問に連絡する。
資格取得という目標に向かって「がんばってみる」と言う。	体調・気分の変化を確認するとともに，不安に対してカウンセリング的対応（傾聴・明確化・質問等）で臨む。本人の意欲を尊重し，支援する。	薬物についての正しい知識を教える。薬物は，持っているだけでも罪になることを教え，危険な場所や仲間には近づかないよう指導する。		将来に向けての目標について，進路指導部・学年団と協力して自己決定の場面での支援を有効に活用する。	将来に向けての目標が定まらないことから不安や自己肯定感の低さが生じていると判断する。薬物乱用に至った経緯について不十分な支援状況であるが，本人の自尊感情を高める取組等をしながら再度このような行為に及ばないよう継続した支援が必要である。

〈引用・参考文献〉
・日本精神神経学会日本語版用語監修，高橋三郎，大野裕監訳『DSM-5　精神疾患の診断・統計マニュアル』医学書院，2014
・奈良間美保ほか著『小児看護学2　小児臨床看護各論』医学書院，2015

（佐藤　明子）

〈医薬品乱用（オーバードーズ）〉

医薬品を本来の医療目的から逸脱した用法や用量あるいは目的のもとに使用すること、医療目的にない薬物を不正に使用することをいう。乱用という言葉から、繰り返し使用することのように思われるが、一度でも不正に使用すれば医薬品乱用になる。使用される医薬品は、処方薬やOTC薬（一般用医薬品）、違法薬物など多岐にわたる。

オーバードーズ（薬物過剰摂取）は、ストレスやショックを回避する手段として、薬を多量に服用することで、繰り返すことにより、嘔吐・頻脈・発汗・手のふるえ・不眠・不安感の増大などの症状が表れる。摂取する薬の量によっては、命を落とす危険性がある。

○養護教諭の対応のポイント

早期発見をし、専門機関との連携を視野に入れた対応策を検討する。

生徒に対しては「それをしなければならないほど苦しい状況にあった」ことを念頭に置き、訴えに耳を傾けると共に、薬の過剰摂取が心身に与える影響を正しく伝える必要がある。

保護者や他の教職員に知られることを生徒が拒む場合もあるが、専門機関につなぐ必要性が高いケースが多いため、情報の共有と連携を図ることが重要である。特に、高校生は、アルバイト代で薬を購入することもあり、保護者が関知していないケースが見受けられる。

事例の概要

高2、17歳、女子。中学時より摂食障害（拒食）のため心療内科を受診していた。高校進学後も拒食が続き、体重を増加させないために、食後に下剤を服用するようになった。徐々に服薬の量が増え、通常使用量の20～30倍服薬することもあった。教員や保護者には下剤を過剰摂取していることを隠していたが、摂取後の腹痛・嘔吐・めまい・倦怠感などの身体症状に悩み、保健室を訪れるようになったことで発覚した。

経過	養護教諭の職務の特質を活かした対応・支援	保健室の機能を活かした対応・支援	チーム学校としての連携とタイミング	教育活動との関連	養護教諭の判断のポイント
体育の授業中に腹痛と吐き気を訴えて来室する。顔色が悪く、元気がない。時折、涙を流している。問診を進めると、体重増加の恐怖心から下剤を毎日30～40錠服用していることを打ち明ける。	気持ちを落ち着かせるために背中をさするなどのスキンシップを図りながら受容的に話を聞く。バイタルを取りながら問診をする。体温36.2℃ 脈拍92回／分　【現状把握】	保健室の相談スペースに移動し、他の生徒の目に触れないよう、プライバシーに配慮する。ブランケットで体を包み、保温をすると共に、安心感を与える。保健調査票を元に、家族構成などを確認する。	担任に連絡をし、保健室で聞き取りした内容を伝える。中学校からの申し送り事項を確認する。【中学校との連携】担任から保護者へ連絡をしてもらう。その際に下剤過剰摂取の事実を伝える。【担任・保護者との連携】	特に体育の授業中に気分が悪くなりやすいため、教科担当教員と情報交換を行い、授業中の対応を検討する。【教科担当教員との情報交換】	これまでの来室記録や健康診断結果を見直す。薬（下剤）を用いたのは初めてであり、様子が急変していることから、迅速な対応が求められると判断する。【危機的状況の早期把握】
2日後、脳貧血の症状を訴え来室する。その際、保護者と本人が下剤の過剰摂取について話し合ったと報告される。	バイタルを取り、問診票を記入しながら話を聞く。体温35.8℃　脈88回／分　血圧96／58　バイタルを測定する際に吐きだこや自傷行為の痕跡がないかを併せて確認する。	ギャッジベッドの足を起こし、足高仰臥位で休養しながら話す。寒気を訴えたため、湯たんぽで体を温める。	生徒・担任・養護教諭の3者で話す場を設ける。担任を通じ、学年会で生徒の状況を報告・周知する。	2週間後にマラソン大会があるため、体育科と連携し、参加可否の判断や、不参加になった場合の対応を協議する。【日常の情報収集】	下剤を服用していないときの体調や既往症を確認し、器質的な問題がないかを探る。月経の有無や持続的な低体温状態の有無等を確認し、身体のダメージの度合を把握する。
1週間後、保護者と口論になり、夜間に自室で下剤を50錠服用する。翌朝、腹痛・嘔吐・めまいの症状がありながら登校し、すぐに保健室に来室する。	バイタルの確認を行う。体温35.7℃　脈84回／分　血圧94／68　下剤の服用には痩身効果がないことや薬物過剰摂取の身体への影響について指導する。【個別の保健指導】	ベッドで安楽体位をとり、吐き気などの症状が落ち着いてから、話をする。	校内の教育相談委員会を開き、今後の対応方針について話し合う。スクールカウンセラーによる面談を実施すると共に支援方針について、情報交換を行う。【組織の活用】管理職に状況報告を行う。【管理職への連絡・報告】	学級における朝の健康観察の充実を図る。スクールカウンセラーによる面談は、公欠扱いになることを確認する。	下剤を服用する目的が、自傷行為の意味合いを含むようになってきたため、専門機関との連携を迅速に進める。
生徒が、中学時に通院していた心療内科に再受診したことを機に、主治医と教員で、情報交換を行い、学校での対応策を話し合う。通院と併せて、スクールカウンセラーとの面談を継続的に行う。	保健室来室時の様子や身体症状を主治医に伝える。	保健室来室記録及び健康相談記録をもとに、これまでの流れを整理する。	担任を通じて、保護者と情報交換を行うと共に、保護者の同意を得て、主治医と担任及び養護教諭が、直接話をする機会を設ける。主治医からの助言を元に、学年会や教育相談委員会が連携し支援方針を検討する。	これまでの遅刻・欠席状況を確認し、欠時数オーバーになる教科がないか把握する。【出席状況の把握】	医療機関からの情報を得ることで、学校で行う支援の在り方を把握する。【専門機関との連携】
徐々に服薬量が減り、過剰服薬をしなくても気持ちのコントロールができるようになる。			卒業後も継続的な支援を受けられるよう、外部機関との橋渡しを行う。	心身の健康状態をふまえた進路指導の方策を検討する。	摂食障害や薬物過剰摂取の特性を理解し、長期的な支援を念頭においた対応策を講じる。

（村上　有為子）

3　身体的疾患への対応の実際

　近年，慢性疾患がある児童生徒が通常学校に入学することが多くなっている。そのような児童生徒が入学する際には，主治医や保護者とともに，学校生活において想定される危険や困難について相互に確認をするとともに，具体的な個別の支援を「誰が」「いつ」「何を」「どのように」行うのか健康相談等を通じて的確に把握することが求められる。このように，学校と保護者，主治医が情報を共有し，当該児童生徒のために共通理解を図り対応することが子供の教育効果を高めることにつながる。養護教諭はコーディネーターの役割を果たすことが求められる。事例を通じて，具体的な養護教諭の活動がイメージできるようにしておく。取り上げる疾病は以下のとおりである。

① 食物アレルギー
② がん
③ １型糖尿病（IDDM）
④ 腎疾患
⑤ てんかん

　各事例の記述の視点は以下のとおりである。
① 課題の概要（要旨）
② 養護教諭の対応のポイント
③ 事例の概要
④ 経過
⑤ 養護教諭の職務の特質を活かした対応・支援
⑥ 保健室の機能を活かした対応・支援
⑦ チーム学校としての連携とタイミング
⑧ 教育活動との連携
⑨ 養護教諭の判断のポイント

〈食物アレルギー〉

食物アレルギーとは、食べたり、触ったり、吸い込んだりした食物に対して、体を守るはずの免疫システムが過剰に反応して起きる有害な症状をいう。

食物アレルギーによって、皮膚、粘膜、呼吸器、消化器、神経、循環器などの様々な臓器に症状が誘発される。

複数の臓器に重篤な症状が現れる場合を「アナフィラキシー」と呼び、中でも血圧低下や意識障害などのショック症状を伴うものを「アナフィラキシーショック」という。

○養護教諭の対応のポイント

食物アレルギーは「いつでも」「誰でも」起こりうるということを念頭に置いておく。

給食がある学校では、学校としての給食時の誤食防止対策が重要となる。そのためには、日頃から家庭と学校で連絡を取り合い、また、万が一誤食が起きてしまった際の緊急時体制を整備しておく必要がある。

他にも、食材を扱う授業や、校外学習、宿泊を伴う行事などの学校行事にも、事前の相談を行うことが大切である。

その際にも子供本人や保護者の不安や願いを受容するように努める。

事例の概要

新入学予定児童、男子。就学時健康診断で保護者から卵の食物アレルギーがあるとの相談があった。

過去にアナフィラキシーによる救急搬送を経験している。主治医から緊急時用にエピペン®を処方されており、小学校でも預かってほしいと要望があった。

経過	養護教諭の職務の特質を活かした対応・支援	保健室の機能を活かした対応・支援	チーム学校としての連携とタイミング	教育活動との関連	養護教諭の判断のポイント
入学前（2月）就学前事前面談	面談参加 アレルギー相談面接表に沿って情報収集を行う どこまで公表するか確認をとる 心配なことはあるか聞く	情報収集 相談しやすい雰囲気をつくる 緊急時の薬の管理 ・保管場所 ・保管方法 ・返却、交換について	主治医を受診する際に管理指導表を持参し、記入を求める 保護者との面談 新学年へ引継ぎ	給食や食材を扱う授業、生活上の留意点について、事前指導を行う ・異変を感じたときの対処方法 ・成長に伴い、自らアレルギー対策を行えるよう指導	医師による診断を確認する 他のアレルギー疾患の有無を確認 ・アレルギー性鼻炎 ・アトピー性皮膚炎 ・ぜん息 今後、他の食材にも反応する危険性を予測
給食開始前					
年度当初 職員会議で配慮を必要とする児童について報告する	保健調査等から健康状態を把握する	通年で、アレルギーについて情報収集、発信を行う センター的機能を活かす	救急体制の確認 学校で共通理解	周囲の理解と協力	
4月 給食開始	配膳の練習 毎日の健康観察 挨拶や来室時の対応を通じて相談しやすい関係を築く		保護者に確認の上、周囲の児童へのアレルギー指導を行う ・好き嫌いではない ・冗談でも食べさせたり、触らせたりしてはいけない ・同じように学校生活を送ることができる	「通常の状態」を把握しておく ・学校で共通理解が図れているか	
5月 緊急時の救急体制とエピペン®の打ち方の教職員研修を行う					
5月〜6月 校外学習	緊急連絡先、緊急時搬送医療機関、おやつの取り扱いについて確認	引率準備 ・持参薬 ・緊急連絡先 ・緊急搬送先 ・救急処置用品	緊急搬送先確認		
8月下旬 教職員研修として、救急搬送シミュレーションを実施			地域医療との連携 専門家を招き教職員研修 専門家からの指導助言を得る	体調管理について ・事前の体調管理について ・校外学習中の注意点 ・異変を感じたときの対処方法	・実際の現場でも動けるか ・緊急時のマニュアルに適応しているか
10月 給食後、腕にかゆみを訴えて来室 少し不安そうな表情	心のケア 事実確認 ・不安そうな表情の場合は、会話の中で不安を受け止めながら、科学的な根拠を交えて説明する	保護者に連絡、相談 保健室で1時間休養 今後も躊躇なく来室できるようにする ・所属・氏名・年齢 ・症状別対応 ・緊急連絡先 ・かかりつけ医療機関	担任、管理職、栄養職員に報告 事実確認	教職員へ啓発する。アレルギーに対する危機意識を高める 個別保健指導 ・異変に気づき、素早く対応できたことをほめる ほめて伸ばす！	・給食の誤食有無 ・休養後、かゆみが消失 ・他の症状の発生は無し ・呼吸 ・体温 ・顔色 ・自覚症状 ・発症時の様子 ・喫食の様子　等
教室復帰	誤食の事実があった場合や症状が進行していく場合は、速やかに報告及び、救急搬送を念頭に置いて対応する		主治医に個別対応プランの添削をお願いする		経過の記録を忘れずに
年度末 来年度に向けての面談を行う					

〈引用・参考文献〉
・独立行政法人環境再生保全機構「ぜん息予防のためのよくわかる食物アレルギー対応ガイドブック2014」2014
・日本小児アレルギー学会食物アレルギー委員会作成、海老澤元宏、伊藤浩明、藤澤隆夫監修『食物アレルギー診療ガイドライン2016』協和企画、2016

（青木　真知子）

第7章　児童生徒の具体的健康問題と「養護教諭の行う健康相談」対応例

〈がん〉

生体にできる悪性腫瘍。何らかの原因で臓器などの細胞が変異しがん細胞となり，無制限に増殖する。周囲の組織を侵し，他へも転移し障がいをもたらす。放置すれば生命を奪うまでに増殖する病気。小児・思春期では，他の世代より骨・筋肉・神経のがん（肉腫）や造血器腫瘍（白血病・リンパ腫等）の発症が多い。小児・思春期の子供の「がん」は発見が遅れ，また進行が早いということであるが，治療法も進歩し，発症後の5年生存率の向上，予後良好の割合がかなり増加している。
〈治療〉手術・抗がん剤治療・放射線治療があり，がんの種類により，いくつか組み合わせて行う。

○養護教諭の対応のポイント

子供が「がん」に罹った場合，本人，その家族は大きな衝撃である。病気の重篤さ，入院・治療が長期となることなどから病気に対する不安のみならず，生活面全般（学習面・交友関係・その後の進路など）不安は大きい。養護教諭は学校内で一番病気に対する専門的知識を持ったポジションとして心身の両面の理解者として期待される。治療後，あるいはしばらくの欠席を経て治療を継続しながら学校復帰をはたす際，抗がん剤による脱毛や麻痺による「いじめ・偏見」はないか，学習面の遅れから不安が大きく精神的に不安定ではないかなど，心身両面を気にかけてみていく必要がある。

事例の概要

高校1年男子生徒。だるいという理由で6月頃から保健室来室が増える。欠席等はなし。毎回バイタルサインの変動もなし。週1回ペースで来室。1時間程休養をしその後教室へ復帰する。特異的な症状もなく，高校入学後の環境の変化，緊張感からの心身両面からの疲労。メンタル面の不調ではないかと想像した。毎回「だるい」という訴えあり1か月経過するころから顔色の悪さを感じ，受診を勧めた。各種検査で「急性リンパ性白血病」と診断された。

経過	養護教諭の職務の特質を活かした対応・支援	保健室の機能を活かした対応・支援	チーム学校としての連携とタイミング	教育活動との関連	養護教諭の判断のポイント
高校入学後，水泳部に所属した。水泳経験もあり，高校生活が円満にスタートをした。				入学後の健康診断（心電図・胸部X線・内科検診等）で有所見者一覧を提示。学年団，部活動顧問などが健康状態を確認できるようにする。	健康診断の結果，保健調査票の記載内容から，当該生徒について身体上の健康問題なしと判断。
6月頃「だるい」という理由で保健室来室。1時間ベッドで休養し，その後授業に戻った。	バイタルサイン確認。特に異常値はなかった。	保健調査票で既往症を確認。特に気になる記載はなかった。	保健室来室時の状況を担任に報告する。部活動顧問に報告する。		入部間もない1年生でもあり，部活動の練習が過重ではないかと考え，部活動顧問にも様子を伝える。
「だるい」と言う理由で頻回保健室を来室するようになった。1か月を経過したころから微熱，顔色が悪くなってきた。その日は早退をさせ，受診を勧めた。	継続的に心身の状態の変化はないか診る。微熱や顔色の変化から受診を勧める。	ベッドで休養時は，静かな環境で安静にさせた。1時間ほどベッドで安静にさせ経過観察をしたが，微熱，顔色の悪さは回復せず。	受診を勧めたことを担任に伝える。担任から保護者に電話連絡。早退に関しては，自分で帰宅するということになり，また受診に関しては保護者も理解し，受診することを承諾する。	保健室来室時は，その時間の授業担当者に保健室で休養の旨を伝える。早退することを関係する授業担当者に伝えるために，担任は出席簿に「早退」を記入。	微熱，顔色の悪さから受診の必要があると判断した。
地元の開業医受診。精密検査の必要ありとの判断から，大学病院を紹介され受診。各種検査の結果「急性リンパ性白血病」と診断され入院治療となる。	受診の結果を積極的に伺うようにする（受診を勧めたため）。	受診結果は，「保健調査票」や「健康要注意生徒一覧表」等に記入し，承知しておく。	保護者からの連絡（診断名・入院治療方法等）を受けて，本生徒の関係職員に連絡。	入院期間が長期に渡るため，学習面のフォロー，進級について本人・保護者に意向を確認する。	「急性リンパ性白血病」と診断が下り，本人・保護者のショックは大きいものと判断。保護者とやり取りをする際に，「学校側が病気を理解していること，入院中も学習面等について協力すること」などを伝え，安心感を持ってもらう。
入院期間は約8か月。始めの2か月は治療に専念。その後，院内学級に通うため，「入院時調整会議」を行う。抗がん剤治療，放射線治療を治療計画に則って行う。	［正確な情報を得る］「入院時調整会議」での主治医の話，保護者の話等を教頭から報告を聴き，把握，記録しておく。	［学校内外の連携］転学のため「生徒健康診断票」を転学先院内学級に提出するためにそろえる。調整会議（病院主催）メンバー・主治医・放射線科担当医・看護師長・院内学級担当・保護者・教頭・学年主任・担任	院内学級への転校手続きのため教頭・学年主任・担任が病院に出向き，「入院時調整会議」に参加する。	院内学級に通うため，一端学籍を院内学級に移す（転学）。身体の調子の良いときは，院内学級に通い学習する。	「入院時調整会議」時も，保護者のつらさを十分理解し，丁寧に対応する必要があることを参加者に伝える（学校と家庭が良好な関係で支援を続けるために）。
8か月後の翌2月退院の前に，「退院時調整会議」が開催される。	［養護教諭の専門性を発揮する］養護教諭が「退院時調整会議」参加。現在の症状・今後の治療・脱毛・麻痺等治療にまつわる副反応の状態，感染症への配慮，体育・学校行事参加の範囲及び制限等，養護教諭の専門性を発揮し確認する。		「退院時調整会議」参加。教頭・学年主任・担任＋養護教諭参加。［チーム支援］関係職員に退院時調整会議の内容を報告（チーム会議開催）脱毛等からのからかい防止のため関係職員が連携をとる。	院内学級から在籍校に再転学	
本人，学校復帰	病気を理解していると信頼が厚い。本人・保護者がその後も心身のつらさや人間関係等について相談できるよう対応する。	安心して相談できる空間を整備する。その後も受診時の情報を得るように努める。体育時や不調時に保健室を利用できるよう整備する。	［本人・保護者の不安・困り事をキャッチし，対応していく］復帰後も関係職員により「チーム会議」を随時に開催。健康面・人間関係・学習面の情報把握とサポートを行う。	クラスメイトへの説明，今後の学習面のサポートについて話し合う。各教科担当者で学習の遅れを確認し，対応する。体育時は，主治医からの許可が下りるまで見学，あるいは保健室待機。	本人・保護者の「学校復帰」への期待と不安を理解する。生徒・教職員が十分な理解者となるために養護教諭がパイプ役，調整役となる必要がある。

（加藤　晃子）

〈1型糖尿病（IDDM）〉

1型糖尿病は，生活習慣病などが原因となって発症する2型糖尿病とは異なる。その多くは急速進行型で，おたふくかぜウイルス，風疹ウイルス，コクサッキーウイルスなどの感染症後に多く発症している。この時，自己免疫異常が起こり膵臓のβ細胞を誤って攻撃し，β細胞が破壊されることによってインスリンが分泌できなくなる代謝異常症であると言われている（俗称：インスリン欠乏症）。日常生活に制限はないが，昼食前や運動時に低血糖になる場合があり，治療として，食前・就寝前にインスリンの自己注射が必要である。本人の判断によりブドウ糖を摂取し血糖コントロールをする。低血糖の主な症状は，空腹感，冷や汗，ふるえ，顔面蒼白などで，重症になると意識喪失やけいれんを起こすことがある。日本での18歳未満の発症率は，10万人当たり1～2人と発症頻度が少ないため周囲に正しく理解してもらえないという課題もある。子供の特質として，健康な子供に比べ他者に対して依存的，かつ直視する心理・社会的な問題から逃避してしまいがちな面がある。

●養護教諭の対応のポイント

「学校生活上，インスリンを必要とする子供への対応」として体と心的な課題の両面において支援し，問題解決を図ることが重要である。主な支援には，2通りがあり，1つ目は，子供自身に関すること，2つ目は，周囲への対応である。1型糖尿病の児童生徒は，基本的に学校生活で「できないこと」「してはならないこと」はない。体育や部活動，修学旅行などの校外学習も健常児と同じように参加できるし，食事の制限もない。ただし，個人差があるため，保護者や主治医と連携しながら十分な対応を考えるべきである。学校として最小限の支援は，【血糖測定・インスリン注射の場所の確保】【低血糖時の対応】【校内の体制作り】【周囲への対応】【保護者・医療機関との連携】であり，登下校時の低血糖時の対応も保護者と連携をとっておくことを忘れてはならない。緊急時の対応を日頃から職員全体で共通理解しておく必要もある。そのためには，養護教諭がコーディネーターとしての役割を発揮し，チームでかかわっていくことが重要である。

事例の概要

中学1年生，12歳男子，小学校4年生で発症し，友達にも病気のことをオープンにしてきた（病気の説明，食前に保健室で血糖測定やインスリン注射をすること，低血糖のときは補食をすること）。また，小学校のときにサマーキャンプに参加したことで仲間ができ，病気に対する不安も減少し精神的に強くなった。中学生になると，給食当番や係の仕事で時間に余裕がなくなって，保健室で行っていた血糖測定やインスリン注射を教室に近い空き部屋で行うこともたびたびあった。放課後の部活動は，野球部に入部したが，小学校に比べて運動量が増えたことで以前より低血糖を起こしやすくなった。運動の前に補食をしていれば，気分が悪くなることはなかった。しかし，中学校の体育の時間に体育大会の練習をしていて，低血糖を起こし顔面蒼白，体のだるさを訴え来室した。

経過	養護教諭の職務の特質を活かした対応・支援	保健室の機能を活かした対応・支援	チーム学校としての連携とタイミング	教育活動との関連	養護教諭の判断のポイント
4校時の体育の時間に，普段と違う生徒の様子に気づいた体育教師が声をかける。〔見極め〕	直ちにベッドに寝かせ，問診をしながらバイタルをとる。〔状況把握〕	低血糖の症状は，補食をしたことで，回復にむかっていたが，落ち着かせるために，ベッドに仰向けに寝かせ毛布で体を包み込み言葉をかけた。同時に冷や汗をかいていたため，温かいおしぼりで顔，腕をふいた。	毎朝，生徒の情報を把握するための健康観察と生活習慣調査を実施する。〔日常活動の確認〕	入学と同時に，保護者から医療機関・主治医による医療情報提供書を提示してもらい面談の機会をつくる（管理職・養護教諭・担当学年主任・担任が同席した）。	血糖値の症状で，軽症か重症かを判断し，重症の場合は，命にかかわることがあるため見極めが肝心である。〔危機的対応〕
体育教師は，生徒の症状（顔面蒼白，冷や汗，あくび等）を見て低血糖の症状を疑った。名前を呼び，「どうした？」と声掛けをした。意識があることを確認した上で，携帯している緊急バッグの中のブドウ糖を口に入れた。〔危機的対応〕	体育時に補食を携帯するなど自己管理を積極的に行っていることを褒め，落ち着くまで寄り添い低血糖の再発に十分注意した。〔見極め〕	回復したかどうかは，症状で見分けられるが，補食がまだ必要であればすぐに提供できるように，保管用の補食を準備した。	運動場や体育館など特別教室を使用する時間を毎朝確認し，補食の場所と食べるものを明確にしておいた。	新学期に職員共有フォルダに子供の支援情報を記入する。〔情報共有〕	軽症でも，再発が考えられるため観察を十分に行う。普段の生活の中で，いかに症状を見つけられるかがポイントである。
体育教師は，連絡用電話で職員室に連絡をし，応援を呼んだ。歩けることを確認し，体育教師が付き添って保健室に来室した。担任が授業中であったため，管理職に連絡し，教頭が保護者に連絡した。この時，早退させるかどうかの確認も行った。〔管理職・保護者へ連絡〕	最近の家庭での過ごし方や食事の様子を生徒に確認。朝食や補食の量が適量かどうかを主治医に相談するように促した。〔日常の保健管理〕	食前に保健室で血糖測定を行い，その結果を保護者に連絡し，インスリン注射をするかどうかを確認した。インスリンの種類は個人によって違うため注射をしてよいと連絡があった。〔保護者確認〕	体育教師は，連絡用電話を用いて職員室に状況を知らせ，管理職と担任に報告するように伝言した。養護教諭は，子供の対応をすると同時に状況を管理職に説明した。直ちに，管理職は，保護者に連絡をとった。	クラスの友人に病気や注射の必要性をどのように話すか，保護者や主治医の意見を参考にして，慎重に対応する。	約15分後，症状が治まらなければ子供の指定したジュースなどの糖分を繰り返しとらせる必要がある。運動をするときや食前には，低血糖を起こしやすいため補食を携帯し，場所を明確にする。〔緊急時の対応〕
保護者から，当日の寝不足と近日の疲れで登校をしぶっていたと情報提供があった。	すぐに早退を進めると子供の心がネガティブに働くので，保健室で十分観察を行い，教室に戻すタイミングを図った。今回の経験を活かし，この次に同じようなことが起こらないようにするために，どうしたらいいかを主治医のアドバイスを養護教諭に報告してもらうことを約束した。	その後，保健室で給食を食べた。食後は，落ち着きを取り戻し，ほっとしたのか少しの間，ベッドで休養した。保健室での様子を保護者宛に手紙を書いた。	担任は，経過状況を保護者に連絡し，早退の確認をしたが，軽症だったため学校で観察してほしいと返事があった。担任は，緊急連絡帳を活用し，保護者と連携した。子供の情報交換フォルダに事案を記入し，校内体制を再確認した。保護者は，主治医と連絡を取り，今後の対応について話合い，学校に連絡した。〔専門機関との連携〕	血糖測定やインスリン注射を行う場所は，衛生面を考慮し保健室で行うように話し合った。重症低血糖が起きた場合の対応フローチャートを使って全職員で研修した。サマーキャンプの経験はあるが，毎年，開催されていることを紹介した。スクールカウンセラーと本人支援について情報交換と協議を行った。〔専門スタッフとの連携〕	できれば，4校時に体育を入れないような配慮があればよい。インスリン注射のタイプを確認する（遅効性，即効性）。低血糖を頻回に起こすときは，血糖コントロールが上手くできていない，疲労がたまっていることなどが考えられる。主治医の医療情報提供書は，緊急時に救急隊員に渡せるよう準備しておく。

〈引用・参考文献〉
・日本IDDMネットワーク『1型糖尿病［IDDM］お役立ちマニュアルPART2（生活編）—インスリンとともに生きる』認定NPO法人日本IDDMネットワーク，2005
・竹鼻ゆかり，朝倉隆司，高藪学，久野佳子「糖尿病を持つ子どもに対する養護教諭の支援の課題」『日本健康相談活動学会誌』3(1)，2008

（西川　優子）

第7章　児童生徒の具体的健康問題と「養護教諭の行う健康相談」対応例

〈腎疾患〉

腎臓病の早期発見・早期治療は学校生活を充実させる上で重要である。症状は浮腫や血尿等であるが，児童生徒の場合，無症状で発症することも多い。学校検尿では小学生で1万人に3～5人，中学生で5～10人の割合で慢性腎臓病が発見される。放置すると徐々に進行し慢性腎不全に至ることもある。血尿単独例は定期的に尿検査を行い観察する。血尿蛋白尿持続例は慢性腎炎の可能性もあり，腎生検を行い診断する。治療方針は病名や程度により決まる。薬剤はステロイド薬や降圧薬等が用いられる。学校生活管理指導表に注意すべき薬の副作用，運動・食事制限が記載される。近年，治療法の開発により治る腎炎も増えている。しっかり検査・治療することが大切である。

○養護教諭の対応のポイント

新入生の心身の情報は，健康診断票，保健調査票等の確認，前の学校との連携，特に養護教諭と連絡をとり生徒の状況を詳細に把握することが必要である。場合によっては，直接，本人，保護者等とも管理職等関係職員と供に健康相談を行っておく。腎疾患の生徒には，学校生活管理指導表に基づいて，全職員共通理解のもと学校生活に配慮する。特に，治療が長引く場合，薬の副作用による様々な合併症があるので，病気に伴うプライバシーへの配慮や心のケア，服薬状況の確認と供に主治医と連携しながら行う必要がある。

事例の概要

中学1年男子の生徒は，5月の体育祭の練習が始まったころから，体調不良を訴えて保健室来室が頻繁になった。入学当初から何となく覇気が感じられない生徒だった。中学校での検尿の結果は，一次では「蛋白2+・潜血2+」，二次検査の結果待ちだった。入学時に保護者に記載していただく保健調査票には，何の記載も無かった。家庭訪問でも，特に母親から体調面の話しはなかったと担任から聞いていた。しかし，小学6年時の健康診断票には「蛋白+・潜血+」と記載されていた。

経過	養護教諭の職務の特質を活かした対応・支援	保健室の機能を活かした対応・支援	チーム学校としての連携とタイミング	教育活動との関連	養護教諭の判断のポイント
4月の中旬にあった尿検査の結果は，蛋白2+・鮮血2+であった。	健康診断表，保健調査票のチエックと整理	健康診断についての保健指導の1つとして保健だより，掲示物の作成。学級担任へ健康診断に関する指導について資料提供。	健康診断について計画の提示と協力の要請。	定期健康診断について，説明するときに，教育活動の1つであることを確認する。	小学校と慢性疾患等，特に配慮が必要な児童生徒の情報を確認。健康診断前には，健康診断票の確認。
5月の連休が終わり，体育祭の練習が本格的になり始めた頃から「きつい，何となくだるい」と訴えて来室。　〔血圧測定は腎疾患では，重要なデータになるので，本人が納得するよう説明をする〕	バイタルサインを取りながらアセスメントをする。　〔手足のむくみの有無を診る。倦怠感について，いつごろからか，程度について詳細に聞く。血圧測定・排尿回数，尿の色調等について確認する〕	検尿の意義や検尿でわかる腎疾患について，専門書等用いて具体的に説明する。ゆっくりソファーに座らせ，話しをする。　〔体調が悪い場合はいつでも保健室に来ていいことを伝える〕	今年度健康診断の結果を集約し，一覧表にして全職員に提示するとともに，要注意生徒について説明をする。該当生徒の腎疾患について現在留意することについて，配慮することについて共通理解を図る。	「検尿」の採尿時のポイントを保健指導内容として徹底する。①寝る前に排尿しておく②朝起きたらすぐ採取する③中間尿を採取する	特にバイタルサインに変化はなくても，検尿異常があることで，様子観察の必要性があるか判断する。疾病について主治医と連携を図る。また，疾病や内服薬の副作用等についても知識を得ておく。　〔ステロイド薬*2の服用では，ムーンフェイス（満月様顔貌），多毛，ニキビなど薬を止めれば治るものと感染やショック，骨粗鬆症，視力に影響する緑内障や白内障，身長が伸びない成長抑制などの重大な合併症がある〕
5月中頃，二次検査の結果がわかり，確実に受診するよう，精密検査のお知らせを直接渡した。本人は，悪い病気なのではないかと度々訴えに来た。病院で精密検査する。入院し，腎生検を行い，慢性腎炎と診断される。内服薬での治療開始になる。本人は，サッカーが好きで部活動に入りたがっていたが，慢性腎炎と診断され非常にショックを受けた。自分の病気を受容できず，元気なく体育祭の練習も救護テントでしょんぼり練習を見ている。	二次検尿の提出時の採尿の仕方を指導。検尿・血液検査結果から1週間ほどの検査入院となる場合があるので，そのことについて本人の不安を軽減するかかわりをする。　〔定期検診，主治医から支持されたとおりに，確実に受診すること，その結果を知らせることを確認〕風邪に注意すること，生活習慣に注意することなどについて指導。	本人の不安を取り除くため，保健室の安心できる場所で話す。場合によっては，担任，保護者を交えて現在の状況について，今までの検査結果等を資料にし，保健室で情報交換をする。病気に対する不安や学校生活に関するする不安などについて一人で悩まずに，相談にのることを伝える。特に思春期であることを念頭に置き，生徒の気持ちを考え，対応する。対応の記録を，体調だけでなく，生徒のつぶやき等についても詳細に記録する。	診断結果は出てないが，尿検査での異常があることを意識して，対応することが大事である。学校行事等での配慮について養護教諭が説明し，予後が悪くならないようにする。周りの生徒への対応について，特に担任は，学級での対応があるので，充分留意する必要がある。また，体育の授業への参加は，診断が確定し，生活管理指導表に従うことが重要である。検診結果を踏まえ保護者，担任，養護教諭等関係職員で，生徒の対応や疾患に関して学校生活管理指導表を確認する機会を設定し，共通理解を図る。　〔高血圧や症状がない場合，学校給食は制限されないことが多い*3。近年，運動制限も緩和傾向である〕	二次の結果がまだ出ておらず，本人の状況を詳細に伝え，運動等への配慮について共通理解を図る。無理をして症状が悪くならないように，本人の様子を把握する。診断結果から各授業，及び今後の学校行事等についての配慮の徹底を図る。　〔診断結果，管理指導表を正確に読み取り，該当生徒の対応マニュアルを作成し，共通理解の資料とする〕	生徒の様子を，病気に関することとともに生徒の言葉を充分把握する。　〔中学生になり，希望もって入学したにもかかわらず，慢性に経過する疾患になってしまったことで，いろいろなことに不安感，悩みをだくことが予想される。心身両面でのサポートについて教職員で確認する〕

189

生徒の様子	アセスメント	保健室での対応	関係職員との連携	留意事項	養護教諭の対応
体育祭当日は，競技には参加せず，応援席で過ごした。 サッカー部入部が叶わなかったこと，運動が好きだが，今は，制限されていることでイライラ感が募りつつあった。 保健室に一人でぼんやり入ってくることがあった。 2年生になると，自分なりに体調管理ができるようになり，日常生活を少しずつではあるがコントロールできるようになった。	自分の病気の受容について，アセスメントする。 〔治療が終了するまで，服薬の必要性や検査等について主治医と連携を取りながら，本人が納得するまで時間がかかることを念頭に置き，サポートする〕 自分の気持ちを吐き出すこと，整理していくことが大切であるので，SCに相談できることを促す。	保健室来室時は，ゆっくり座り話すことに心がけ，問いただすのでなく自ら気持ちを吐露できるような声かけをする。 〔定期検診の結果や食事，運動の制限等の有無を確認継続する〕	保健室での対応について関係職員に該当生徒の状況，主治医の指示，保護者の願い等含めて，現在の体調等概要を説明し理解を得ておく。 〔生徒指導上，保健室利用について学校独自のルールがあるので，周りの生徒との関連もあり，特別配慮が必要な生徒の対応については，共通理解で対応する〕	※病気が治癒するまで長期間を要する疾患は，治療方針に従い根気強く向き合う必要がある。本人の病気に向き合う意識を高めると共に，周りの環境も整えることが重要である	競技に参加できない状況への対応 該当生徒が自分の病気を受容しているかのチェック 〔セルフケアができているかどうかを把握し，指示されている通り服薬しているため努力していることを喜ぶ〕
2年生になり，2泊3日の修学旅行について，本人，保護者，管理職，担任，養護教諭で話し合いをもった。	修学旅行前の健康相談を2学年全員に行う。 主治医に修学旅行の日程を説明し旅行中での，注意事項について相談するよう指導する。 旅行先での病院の把握をする。	修学旅行に対する不安を聴く。 〔担任より保護者に依頼〕 旅行先での緊急事態のとき，病院受診用に，保護者に相談し診断書を用意してもらう。 〔修学旅行を無事に過ごすための保健指導をする〕	2学年の修学旅行引率者全員で，該当生徒を含め，配慮の必要な生徒について確認と対応について共通理解を図る。 学年，生徒指導等の話し合いで旅行中のルール検討に，養護教諭も参画し作成する。	旅行中は，生徒だけでの行動が多くなり，広範囲に及ぶので体調不良の生徒がいた場合の対処について，事前に指導しておく。 旅行前の保健指導を旅行の生活のルールを元に作成する。	修学旅行引率で留意することを確認する。 ・緊急連絡簿持参 ・詳細な記録作成 養護教諭の居場所を明確にする。 現地でのトラブル対処について，病状等に不明な点がある場合，直接主治医へ確認することがあるかもしれないことを，保護者に了解を得ておく。
2泊3日間，班員と何事もなく過ごすことができた。	修学旅行を何事もなく，体調管理できたことを認め自信をもたせる。	修学旅行を無事過ごしたことで，セルフケアについて，過信することないよう，健康観察を行い，引き続き現段階の治療状況を確認し，該当生徒の生活の様子を確認する。	修学旅行の反省をするとともに，該当生徒の頑張りを見守る。	将来を見据えた進路について，多くの情報を提供し，生徒の状況に適した選択ができるようにする。 高校と該当生徒の状況について，情報提供し対応の確認について連携する。	該当生徒の自分の病気の自覚の程度を把握する。
サッカー部には，加入しなかったが，生徒会の保健委員長になった。 生徒会活動に意欲をもって取り組み，頑張っている姿があった。 3年になり受験勉強が本格的になると，少し体調不良の訴えが増えた。 受験の時期は，特にインフルエンザ等が流行する時期なので，感染症予防に早い時期から，体調管理を相談に来てくれた。 希望の高校に合格し卒業した。	保健委員長としてかかわりながら，サポートする。 受験に向けての健康管理について保健指導を行う。 〔特に，受験勉強のために，生活時間が不規則になるので疲労が蓄積しないようにする 感染症に罹患しないよう予防に心がける〕	病気に対する不安のみならず，受験に対する不安を含め充分時間をとってカウンセリングをする。 保護者ともかかわりを常にもって，いつでも相談できる環境を作っておく。	志望校選択の進路指導について，該当生徒の希望をもとに，担任，保護者と連携し決定する。 〔養護教諭として，疾患に関する最新情報を修得し，保護者，主治医との連携は密に取っておくことは必須である。病状によっては，入退院を繰り返したり，小学校から中学校へ，中学校から高校へなど生活環境が大きく変化するときの心のケアには特に留意する必要がある〕		進路指導主任と連携し，進路についてアドバイスできるよう情報収集する。 進学先とも連携していることを生徒に知らせ，安心して受験できる環境を作る。 中学校での3年間の経過の記録を整理し高校との連携の資料にする。

〈参考文献〉
*1 全国特別支援学校病弱教育校長会「病気の子供の理解のために―腎疾患―」（平成21年度刊行）
*2 免疫抑制薬の一部に制限食品がある。学校生活管理指導表に従う。

（瀬口　久美代）

第7章　児童生徒の具体的健康問題と「養護教諭の行う健康相談」対応例

〈てんかん〉

主な症状はてんかん発作を慢性的に繰り返すことである。

意識障害がなく前兆の異常感覚や視覚異常のような本人にしかわからないものから、全身のけいれんや意識減損を伴うものなど、発作症状は脳内の発作の起こる部分や広がりによって様々である。

発作以外に知的障害、発達障害を伴うものもあり、原因疾患によって皮膚病変など脳以外の初見、症状が観察されることがある。

てんかんの診断において、脳波検査は最も有用な検査である。しかし、1回の通常脳波検査だけでは診断ができない場合もあり、睡眠賦活を含めた複数回の脳波検査が必要になる。疫学研究では、小児てんかん全体で、部分てんかん症候群が60～70%、全般てんかん症候群が20～30%、未決定てんかんが1～10%前後と考えられる。

○養護教諭の対応のポイント

大発作が起きると、一時的に意識が消失し全身けいれんを伴うことがあるため、初見の場合は驚いてしまうことがある。しかし、できる限り冷静によく観察することが大切である。

また、学校生活を送るにあたり、教職員で以下のことに関して共通認識を持って支援を進める必要がある。

・発作時の対応
・その後の頭痛や体調不良を訴える際の対応
・発作や治療についての本人の不安を受け止めること
・行事等の参加についての健康相談
・保護者の方との丁寧な情報交換

事例の概要

小5年男子。小4の3学期の授業中に突然意識がなくなり、床に倒れこんだ。すぐに保健室に連絡が入り、養護教諭が教室へかけつけた。児童に既往歴はなく、その日の朝も変わった様子はなかった。

経過	養護教諭の職務の特質を活かした対応・支援	保健室の機能を活かした対応・支援	チーム学校としての連携とタイミング	教育活動との関連	養護教諭の判断のポイント
初発の大発作が教室で起きる。救急搬送を行う。【緊急時対応】	意識・呼吸の確認／管理職に報告／救急車要請・引率／教員応援要請／フィジカルアセスメント／・意識消失の時間／・痙攣持続の時間／・痙攣の体の動き／・脈拍／・呼吸／・その他の様子	管理職、担任、教職員全体に報告及び医師からの指導内容伝達	救急隊員、搬送先の病院の担当医師に発作時の状況を伝える。搬送先で医師から学校生活上の注意点を聞く。・高い場所・一人きりの行動・水辺・道の端　上記の場所、状況は避けること。		救急搬送の必要性・意識の消失・全身のけいれん・初発であること・突然の意識消失・けいれんは5分間以内に消失・5分間の意識消失後、自発的に意識回復・意識回復後、すぐに話し始める・顔色は良好・倒れる数分前から記憶はないという・応答はできるが、混乱している様子・瞳孔散大・直前の行動で特に変わったことをしていない　↓　てんかん　の疑い
検査など早退時に、保健室で迎えを待つ。【継続的対応】	不安な様子が見られたときは、受容し励ます。	保健室で会話をしながら情報収集を行う。迎えに来た保護者と心配や不安な事はないかなど話す。			
発作から1か月後、複数の検査を受け、「てんかん」と診断を受ける。定期受診及び薬の量の調整が始まる。	病気を受け止め、学校でも安心して生活できるように声をかける。	保健室で休養観察	学校生活での注意事項と発作時の対応について、教職員に周知する。	必要に応じて、保護者及び本人と協議の上、学級に病気を説明する。	
診断後、頭痛を度々訴えるようになる。	○バイタルサインを計測・体温・脈拍・呼吸／○問診・いつから・どこが・どのように・今までに同じ症状があったか・心的要因を考える	・顔色・動作・発言／入りやすい保健室の雰囲気をつくる	頭痛を訴える子供に対する家庭での生活習慣や保護者の考えを聞く。	本人に個別保健指導を行う。どういうときに、発作が起きやすいか考えさせる。【周囲の理解と協力】	通常時との違い　1つでもあれば保健室で観察・多動・一点を見つめる・うとうとしている・呂律が回らない・変な内容を話す・話がかみ合わない
夕方に自宅で2回目の大発作を起こしたと担任が報告を受ける。夕食後・就寝前に発作が頻繁に起こるようになる。					
付き添いで保健室に来室した際、「学校でまた倒れるかも」と不安そうにつぶやく。	話を聴き、本人が抱える病気の不安を受容する。「倒れても大丈夫」と安心させる。【体から心へ】	ピアカウンセリングの場としても活用する。本人と仲の良い子たちと病気や病気に伴う不安について気持ちを共有できる場をつくる。		周囲の子供たちへ指導を行う。・本人のつらさや不安を理解するように話す・校内で発作が起きた場合の協力を促す	本人の表情や言葉から思いを感じとる。・困ったように笑う・小声でつぶやく
宿泊を伴う行事　水泳指導開始	毎日健康観察確認／受診経過を聞く／宿泊を伴う行事中の服薬確認／就寝確認／夜間巡視／起床確認	水泳指導開始にあたり保護者・担任を含め、面談実施。水泳の時間は保健室で作業を行う。観察を行いながら、最近の様子等を聞く。	主治医からの連絡事項を聴き取る。宿泊を伴う行事、水泳の授業の注意事項等について、担当医から指示を仰ぐ。緊急時の対応を確認。引率教職員で役割分担し、共通理解を図る。	本人への健康相談・個別保健指導宿泊の注意点・異変を感じたときの対処方法・水泳指導中の過ごし方・生活の変化や心配事など	宿泊先では、丁寧に観察を行う。・顔色・言動・頭痛等の症状

〈引用・参考文献〉

・中村友彦著『ナーシング・グラフィカ　小児看護学(3)　小児の疾患と看護』メディカ出版、2015
・日本神経学会監修、「てんかん診療ガイドライン」作成委員会編集『てんかん診療ガイドライン2018』医学書院、2018、pp. 17, 39

（青木　真知子）

第8章 「養護教諭の行う 健康相談」の記録と 事例検討	《本章の学びのポイント》 ● 「養護教諭の行う健康相談」の記録用紙の書き方を理解し作成できる。 ● 「養護教諭の行う健康相談」の事例検討会の進め方を理解し体験する。

1 「養護教諭の行う健康相談」の記録の書き方

(1) 記録用紙作成の目的

　健康相談は学校保健安全法第8条に規定され，養護教諭はもとより担任教諭，学校医等の関係者がかかわることになった。そのために欠かせないのが事例の課題や対応の方針を共有するための記録である。

　実践事例記録用紙の形式は特に決まっているわけではない。しかし，忘れてならないのは，平成9年の保健体育審議会答申で新たな役割として提言された健康相談活動の定義である。あらためて振り返ってみる。健康相談活動は「養護教諭の職務の特質や保健室の機能を十分に生かし，児童生徒の様々な訴えに対して，常に心的な要因や背景を念頭に置いて，心身の観察，問題の背景の分析，解決のための支援，関係者との連携など，心や体の両面への対応を行う」活動であるとされ，養護教諭が行う健康相談の実践の特徴は「心」と「体」や「社会性」にかかわること，養護教諭の職の特質や保健室の機能や関係者との連携を活かすこと，さらに，カウンセリングの機能を活かすことなどを常に念頭に置く必要がある。さらに校内，校外の関係職員や専門家とのチームでかかわることから事例を，気づきから対応までを詳細に記録できる用紙が必要である。これが記録用紙である。そこで，別紙のような記録用紙を作成した。

(2) 保健室での記録の種類と養護教諭の行う健康相談

　保健室における記録は一般的に以下の内容が考えられる。

① 日常的な記録

　ア　保健室来室記録用紙

　　その日の保健室来室者を把握できる帳簿である。この記録の状況から健康相談の対象となる子供たちが把握できる場合もある。

　イ　保健日誌

　　保健行事や保健室経営の状況，日々の養護教諭の活動の状況を記録，また，相談継続中の子供の様子，保健室登校児童の状況等の記録である。

　ウ　健康観察関係帳簿

　　学級担任による日々の健康観察の状況及びその集計結果等の記録から相談や指導の対象者の把握が可能である。

② 「養護教諭の行う健康相談」に関する記録

　健康相談につながる簡単なメモ的な記録等

③ 健康相談実践事例記録用紙の作成

　「養護教諭の行う健康相談」の記録用紙はP194〜195に示したとおりである。記録用紙は以下の9つの項目で構成している。

> 1．事例の概要　2．本人の状態（既往及び心と体の健康観察等）　3．この状況に対する本人や関係者の認識（養護教諭・担任（管理職）・学校医・専門家・保護者等）　4．背景要因の分析　5．対応にあたっての課題〔解決（困っている）すべき課題〕　6．対応の状況　7．対応の結果（帰結）　8．取組の振り返り（養護教諭の専門性，専門家を活かすチームとしての対応にかかわる調整役，専門家との連携・分担，保護者への対応）などの反省や課題　9．今後の対応（見通し，アフターフォロー）

④　事例記録用紙の活用

掲載した記録用紙の活用は次の2つがある。

ア　事例から学ぶ（終結した事例全体から学ぶ）

この場合は，別紙の記録用紙番号1から9まですべて記述し，参加者が事例の報告によって，この事例から学ぶことは何か，学んだことは何かなどの意見交換をする。

イ　事例について役割を決め事例検討する

この場合は，報告者の課題や悩み，困っていることを共に考える。この事例記録用紙は，1〜5まで記述し，6の対応を考えるという流れである。

(3) **記録用紙の記入の仕方や留意事項**

この記録用紙の特徴は以下のとおりである。

① A4見開き（A3判）で活用し概要がわかりやすいこと。
② 健康相談活動の定義に沿って身体的症状と心の健康との関連が，容易に項目設定しやすいこと。

(4) **記入上の留意点**

事例を理解するために記入する（記入できる範囲で書く）。

---

① ㊙とすること。
② 子供の名前は，A・B・C…で表示する。
③ 事例の概要の部活動，課外活動は塾，アルバイト等も含む。
④ 事例の要旨と支援のきっかけは，可能な限り時系列で記入するとわかりやすい。
⑤ 家庭の状況と家庭での様子の欄に両親，兄弟，離婚等の状況は一目でわかるように家族図のように図式するとよい。
〔例〕

父・母，子供（きょうだい）などを図で表し，本人は◎で表示。女：○，男：□

⑥ 「4．背景要因の分析」は，なぜこのような状況になったのかを考えられる内容を記述する。その際，アセスメントの結果や心身相関の状況，学習成績，精神疾患等のデータなどの数的根拠など，客観的データがあれば記述する。
⑦ 「5．対応にあたっての課題」は，事例報告者が困っていることや課題等について可能な限り具体的に箇条書きとする。

※事例研究会（検討）の場合はここまでの記録を提示する。

⑧ 「5．対応にあたっての課題」について，事例検討会グループで話合う。
⑨ 「6．対応の状況」は，養護教諭の対応とその他の職員，専門家，専門機関等の対応とを区分して記述する。特に養護教諭は，その専門性や保健室の機能を十分に活かしつつその他の関係者との調整役（コーディネーター）として関わるべきことを記述。
⑩ 「7．対応の結果」は，どうなったか（帰結）を書く。もし，途中であればその旨記述。
⑪ 「8．取組の振り返り」は，（　）内のそれぞれの項目に照らしてどうであったか振り返る。
⑫ 「9．今後の対応（見通し，アフターフォロー）」は，どのようにかかわるのか，この事例をどのようにフォローアップするかなどを記述する。

---

(5) **その他**

実践事例記録用紙は基本A3用紙1枚として活用する。記述の枠に書き切れない場合は別紙として記述する。また，参考となる資料も別紙として添付する。

「養護教諭の行う健康相談」実践事例記録

1. 事例の概要

【学校種】	【学年】	【性別】	【名前】	【部活動，課外活動】
○事例の要旨 ※支援のきっかけなど（時系列に）				

2. 本人の状態（既往及び心と体の健康観察等）

○既往歴		
○特記すべき生育歴		
○学校での様子（ヘルスアセスメント）	保健室来室状況（保健室登校）	頻回来室者　ほとんど来室しない
	バイタルサイン 発育状況（体型等）	体温（　　　）脈（　　　） 身長：　　　　体重：　　　　その他（　　　）
	生活習慣（睡眠・食事，便通，） 生活の様子	
	行動・態度・表情 言動等	
	欠席・遅刻・早退等	
	学習状況	
人間関係の状況 （心配事・進路・友人関係等）		
家庭の状況と 家庭での様子 ※本人は◎ 　男：□　女：○	（家族図）	

3. この状況に対する本人や関係者の認識（養護教諭・担任（管理職）・学校医・専門家・保護者等）

本人	
養護教諭	
担任・管理職	
保護者	
学校医・主治医・SC SSW・精神科医等	

第8章　「養護教諭の行う健康相談」の記録と事例検討

4．背景要因の分析

○問題の背景や誘因として考えられること	

5．対応にあたっての課題〔解決（困っている）すべき課題〕

6．対応の状況

対応者＼対象	【養護教諭の対応】 ○子供の訴え　○職の特質（専門性）や保健室の機能 ○コーディネーター（調整的役割）	【連携・分担（チームとしての取組）】 ○担任・管理職・専門家（学校医・精神科医・SC・SSW）等との連携・分担
○本人及び（保護者）に対して		

7．対応の結果（帰結）

8．取組の振り返り（養護教諭の専門性，専門家を活かすチームとしての対応にかかわる調整役，専門家との連携・分担，保護者への対応）などの反省や課題

9．今後の対応（見通し，アフターフォロー）

2 「養護教諭の行う健康相談」の事例検討会の進め方

(1) 事例検討会の目的

　養護教諭は、学校現場で様々な事例に遭遇している。それらの事例は、養護教諭が単独で解決するものもあるが、校内の教職員はもとより、校外の専門家や専門機関との連携、協力を必要とする例が多い。それだけ問題が複雑で背景要因も多様であると言える。事例検討会は、子供が抱えてい心身の健康問題解決のために原因（背景要因）や課題を明らかにし、関係者が対応方針等をともに検討し、対象の子供の円滑な教育活動ができるように支援することを目的とする。

(2) 事例検討会の種類

　先の記録用紙の書き方で述べたように事例検討会には以下の2つの種類が考えられる。
- 実践事例報告型検討会：これは、報告者が経験した事例を先の記録での1から9までのすべてをまとめ、すでに終結した事例を報告し、これについて学び合う。
- 課題解決型事例検討会：これは、事例提供者が解決すべき課題や困っている課題について参加者全体で検討する。
- 参加メンバーが校内職員による検討会：これは養護教諭が今抱えている課題を校内の教職員と共に検討する。
- 地域の養護教諭の仲間での検討会：養護教諭が自校の子供の課題を同職種と共に検討する。

(3) 事例検討会の進めの視点と手順

　「事例検討会」は、課題を共有し解決策を共に考えるための重要な役割を持っている。しかし、健康相談における事例検討会を見ると「教育相談的対応」「生徒指導的対応」「担任の代理的対応」のような感があり心理的な側面の検討が多く、身体的側面と心の関係からのが検討されない場合が多い。養護教諭独自の専門性や今求められているコーディネーター的役割を含んだ検討会が求められる。検討会で留意すべき視点は以下のとおりである。

① 事例検討会について、とりわけ養護教諭の職務の特質や保健室の機能を十分に活かした事例検討会への参加の在り方や進め方を習得する。
② その道の専門家（SC, SSW, 精神科医等）の考えや助言をいただく。
③ 対象の事例を通してチームとしての学校全体で問題解決の方法を学ぶ。

　事例検討会の進め方の手順の例は以下のとおりである。課題解決型検討会の進め方の例を示す。

```
1．本日の趣旨と目的を説明（総合進行役）（20分）
2．役割を決める（5分）
　①司会（事例検討の趣旨を理解し会を進める）　②事例提供者　③参加者　④助言者
　　A：その道の専門家（精神科医・カウンセラー等）
　　B：ベテラン養護教諭（学校の人，物，環境，状況等わかっている）
3．事例検討会を進める
　(1) 事例提供者役が事例を提案する（20分）
　　○何が課題か　○自分はどのように対応したいか　○専門家に伺いたい内容と連携のタイミング
　(2) 質疑応答と協議（40分）
　　○この事例でもっと欲しい情報の収集　○私だったらこう対応する　○専門家に伺いたいことは
　(3) 助言者A・Bからのアドバイス（10分，10分）
　　助言者Aは，その道の専門家からのアドバイス
　　助言者Bは，養護教諭（ベテラン）の立場から学校の組織，養護教諭の職務と特質や保健室の機能などを最大限活かすことやコーディネーター的役割を担う立場から関係者との連携・協力の観点から助言する。
　(4) まとめ（司会者）
4．その他
　○事例検討会を体験しての学びと感想（10分）　○事例は回収して処分する
```

第8章 「養護教諭の行う健康相談」の記録と事例検討

(4) 事例検討会における役割と内容及び留意事項

司会,事例提供者,参加者等それぞれの役割がすべきこと,留意事項などについては以下のとおりである。

役　割	内　　容	留意事項
司会者	①検討会全体の進行の責務を負う。 ②事前に提案者と打ち合わせをする。提案にあたっては参加者に検討して欲しいことや解決したいことや困りごとを具体的に提起するように確認する。 ③開始時に養護教諭の行う健康相談の特徴を参加者で確認。 ④報告者に質問攻めにならないように留意する。 ⑤発言者が長い場合は調整する。 ⑥協議が本題から逸脱しそうなときはその都度調整する。	○質問や発言が多い場合は類型化する。 ○提案者を非難や批判をするような事態にならないように留意する。 ○常に提案者の立場にたって会の進行に当たる。 ○結論を出すことを目的としない。 ○助言者(その道の専門家,ベテラン養護教諭)の意見や助言をいただく適切なタイミングを図る。
事例提供者	①報告事例を先の記録用紙の様式に基づいて作成し検討会参加者分コピーして配布する。 ②報告は端的にポイントを絞って説明する。 ③特に解決したい課題や助言をいただきたいことは具体的に述べる。 ④記録用紙に記述した以外の資料(保健日誌,来室時のアセスメントシート,子供の書いた絵や作文等)については予め準備し,必要に応じて紹介する。	○事前に司会者と打ち合わせをする。 ○報告資料を熟読し報告の要旨を端的にまとめておく。 ○保健日誌,来室時のアセスメントシート,子供の書いた絵や作文等を整理しておく。
参加者	①「養護教諭が行う健康相談」の特質や保健室の機能を十分に活かした対応について,例えば体に表れる症状とその対応に留意した発言に心がける。 ②この検討会で事例提供者が抱えている課題は何か,どんなことを求めているかを常に念頭に置いて臨む。 ③事例全体から様々な情報を丁寧に読み取る。 ④質問のみに多くの時間を使うこのないように努める。 ⑤参加者が提供者と似たような事例を体験したことを長々と話さない。 ⑥討論から相互の気づきと解決への意欲を引き出すような議論を心がける。	○報告内容についてあらかじめ読んでおく。 ○他者と同じような質問を繰り返さない。 ○事例から興味を持ったことのみを全面に出した質問はしないように留意する。 ○事例提供者を追い詰めるような発言をしない。
助言者A (対象課題の専門家)	①検討される事例の心身の健康問題の専門家の立場から,医学,心理,心身医学,精神医学等の専門的所見を検討会の議論の中で,また最後に助言する。 ②協議の途中でも必要な質問や助言をする。	○必要に応じて資料などを提示する。 ○発言は端的にポイントを絞って発言する。
助言者B (ベテラン養護教諭)	①養護教諭の職務の特質や保健室の機能等を十分に活かした視点から助言をする。 ②養護教諭は専門家や関係者との円滑な調整をする立場にあることを念頭におく。 ③上記の①,②を常に念頭において助言する。	○あらかじめ養護教諭の行う健康相談の特徴を確認する。 ○養護教諭の職務や役割を熟知しておく。
検討会にかかわる全員が留意すること	①「養護教諭の行う健康相談」は養護教諭の職務の特質を活かすこと,保健室の機能を活かすこと,心と体の関連を念頭に置くこと,連携,協力の機能等コーディネーターの役割等の視点を常に念頭に置くこと。 ②終始,提案者の立場を尊重し,本人が困っている課題解決に向かって検討会に臨むこと。 ③すべての過程においてプライバシーの保護に留意する。	

〈引用・参考文献〉
(1) 三木とみ子「事例検討の基本・支援計画を学ぶ、事例の記録の書き方を学ぶ」『日本健康相談活動学会第14回夏季セミナー資料』2018,pp.62-64
(2) 三木とみ子,徳山美智子編集代表『養護教諭が行う健康相談・健康相談活動の理論と実際』ぎょうせい,2013,pp.208-211
(3) 三木とみ子「事例検討の基本・支援計画を学ぶ、事例の記録の書き方を学ぶ」『日本健康相談活動学会第14回夏季セミナー資料』2018,pp.65-66

(三木　とみ子)

第9章 健康相談・健康相談活動の実践力向上のために

《本章の学びのポイント》
- 養護教諭養成教育における「健康相談活動」の基本的な知識と方法の在り方を理解する（シラバスの作成含む）。
- 「健康相談・健康相談活動」の現職研修の在り方を理解する。
- 健康相談・健康相談活動の研究方法を理解する。
- 養護教諭の倫理綱領の条文を構成している3つの枠組と14の項目を挙げることができる。

1 養護教諭養成教育における「健康相談活動の理論及び方法」の授業構成とシラバスについて

「健康相談活動の理論及び方法」は、平成9 (1997) 年の保健体育審議会答申で示された「養護教諭の新たな役割」を担保するため、平成10 (1998) 年に教育職員施行規則第9条の養護に関する専門科目として新設された科目であり、養護教諭になるために学ばなければならない必修科目である。

そこで、本稿では「養護教諭の新たな役割」を担保するために新設された必修科目としての位置づけと、本科目の開講状況に関する課題を明らかにした上で、授業構成及びシラバスについて述べる。

(1) 養護教諭養成教育における「健康相談活動の理論及び方法」の位置づけ

① 養護教諭養成教育における科目「健康相談活動の理論及び方法」の意義

平成9 (1997) 年9月の保健体育審議会答申「生涯にわたる心身の健康の保持増進のための今後の健康に関する教育及びスポーツ振興の在り方について」では、「養護教諭の新たな役割」「求められる資質」「資質の向上方策等」が示された。「養護教諭の新たな役割」は「近年の心の健康問題等の深刻化に伴い、学校におけるカウンセリング等の機能の充実が求められるようになってきている。この中で、養護教諭は、児童生徒の身体的不調の背景に、いじめなどの心の健康問題がかかわっていること等のサインにいち早く気付くことのできる立場にあり、養護教諭のヘルスカウンセリング（健康相談活動）が一層重要な役割を持ってきている。養護教諭の行うヘルスカウンセリングは、養護教諭の職務の特質や保健室の機能を十分に生かし、児童生徒の様々な訴えに対して、常に心的な要因や背景を念頭に置いて、心身の観察、問題の背景の分析、解決のための支援、関係者との連携など、心と体の両面への対応を行う活動である」[1]とされた。

平成18 (2006) 年、日本養護教諭教育学会では「養護教諭の専門領域に関する用語の解説集（第一版）」の中で、健康相談活動について、「養護教諭固有の」という言葉を加えた定義を記述[2]するようになっており、健康相談活動は、余人をもって代えがたい養護教諭固有の活動といえる。

さて、平成9 (1997) 年の保健体育審議会答申に示された養護教諭の「新たな役割」について、以下のことが指摘された。1つは「心の健康問題等への対応については、『心身の健康に問題を持つ児童生徒の個別の指導』及び『健康な児童生徒の健康増進』という観点からの対応が必要であるが、過去においては必ずしもこれらの問題が顕在化していなかったことから、これらの職務を実施できる資質を十分に念頭に置いた養成及び研修は行われていなかった」というものである。さらに、「もとより心の健康問題等への対応は、養護教諭のみではなく、生徒指導の観点から教諭も担当するものであるが、養護教諭については、健康に関する現代的課題など近年の問題状況の変化に伴い、健康診断、保健指導、救急処置などの従来の職務に加えて、専門性と保健室の機能を最大限に生かして、心の健康問題にも対応した健康の保持増進を実践できる資質の向上を図る必要がある」ことが示された。

同答申において、「資質の向上方策等」では、「養護教諭の資質の向上を図るため、養成課程及び現職研修を含めた一貫した資質の向上方策を検討していく必要があるが、養成課程については、養護教諭の役割の拡大に伴う資質を担保するため、養護教諭の専門性を生かしたカウンセリング能力の向上を図る内容などについて、質・量ともに抜本的に充実することを検討する必要がある」との提言がなされた。

平成9（1997）年に，教育職員養成審議会答申「養護教諭の養成カリキュラムの在り方について」において，科目「健康相談活動の理論及び方法」と科目「養護概説」を新設するという改善方針が示され，平成10（1998）年の教育職員免許法改正によって同法施行規則第9条の養護に関する専門科目として「健康相談活動の理論及び方法」が新設された。

　これにより，養護教諭の養成を行うすべての大学において，科目「健康相談活動の理論及び方法」が開設されることとなった。

　平成15（2003）年には，文部科学省の教育課程における教育内容・方法の開発研究事業報告書「健康相談活動の理論及び方法―カリキュラム及び指導方法の開発―」が健康相談活動カリキュラム開発研究会より報告[3]され，養護教諭養成における授業内容や指導方法が示された。

　平成20（2008）年の中央教育審議会答申「子どもの心身の健康を守り，安全・安心を確保するために学校全体としての取組を進めるための方策について」では，養護教諭は学校保健活動の推進にあたっての中核的な役割として，保健室来室者の状況を踏まえ，「養護教諭の行う健康相談活動がますます重要」と提言された[4]。

　一方，平成21（2009）年4月より施行された学校保健安全法においては「健康相談活動」という語句は用いられず，これまでの健康相談が拡大されて使われる中で健康相談活動はその中に含めて扱われており，日本学校保健会の報告書（2009）[5]においては「養護教諭が行う健康相談」という表記がなされた。このため健康相談と健康相談活動の表記や語句の用い方に関する混乱が生じていることがうかがえる。

　よって，現代的課題に対応できる専門性の高い養護教諭を育てるという理念のもとに改正された教育職員免許法における科目名は「健康相談活動の理論及び方法」であることを改めて記すものである。

② 養護教諭の資質能力向上につながる養成での学び

　平成27（2015）年の中央教育審議会答申「これからの学校教育を担う教員の資質能力の向上について～学び合い，高め合う教員育成コミュニティの構築に向けて～」[6]では，教員の資質能力向上は最重要課題であるとして，これまで以上に教員の養成・採用・研修の一体的改革を推し進めるべきであることが示された。本答申においては，学び続ける教員を支えるキャリアシステムの構築のための体制整備・教育委員会と大学等との協議・調整のための体制（教員育成協議会）の構築・教育委員会と大学等が協働で策定する教員育成指標，研修計画の全国的な整備・国が大綱的に教員育成指標の策定指針を提示，教職課程コアカリキュラムを関係者が共同で作成することなどが提言された。

　また，これからの時代の教員に求められる資質能力として，「これまで教員として不易とされてきた資質能力に加え，自律的に学ぶ姿勢を持ち，時代の変化や自らのキャリアステージに応じて求められる資質能力を生涯にわたって高めていくことのできる力や，情報を適切に収集し，選択し，活用する能力や知識を有機的に結びつけ構造化する力」「アクティブ・ラーニングの視点からの授業改善，道徳教育の充実，小学校における外国語教育の早期化・教科化，ICTの活用，発達障害を含む特別な支援を必要とする児童生徒等への対応などの新たな課題に対応できる力量」「『チーム学校』の考えの下，多様な専門性を持つ人材と効果的に連携・分担し，組織的・協働的に諸課題の解決に取り組む力」があげられた。

　なお，教員養成に関する課題として，養成段階は「教員となる際に必要な最低限の基礎的・基盤的な学修」を行う段階であることを認識する必要があること，実践的指導力の基礎の育成に資することなどがあげられた。

　養護教諭においても，養成・採用・研修が体系化されることは不可欠であり，健康相談活動の基礎的・基盤的な学修となること，養護教諭として健康相談に関する実践的資質能力の育成となるように，科目「健康相談活動の理論及び方法」の授業構成やシラバス作成を行う必要がある。

(2) 養護教諭養成機関における科目「健康相談活動の理論及び方法」の課題

① 調査から得られた課題

　前項で，科目「健康相談活動の理論及び方法」は，平成9（1997）年の保健体育審議会答申で示された

「養護教諭の新たな役割」を担保するために新設された科目であり，養護教諭になるための必修科目であることを述べた。

しかし，養護教諭養成機関における科目「健康相談活動の理論及び方法」の授業構成やシラバスの実際では，課題が残されている。

科目「健康相談活動の理論及び方法」の開講状況について，文部科学省の教育課程における教育内容・方法の開発研究事業報告書に示された「開発研究会モデルシラバス」[3]と比較した研究[7]から，以下の諸点が明らかにされた。

1）科目名称・科目内容ともに多様であり，「健康相談活動の理論及び方法」という科目名称とし，「開発研究会モデルシラバス」に従った内容のシラバスは半数に満たなかった。
2）開講時期は3年次開講が約7割と多く，看護学や医学に関する学び，教育に関する学び，養護教諭の専門性に関する学びを統合して「健康相談活動の理論及び方法」を学ぶことがうかがえた。
3）教育系や学際系の大学では「開発研究会モデルシラバス」に従った内容のものが多くみられた。
4）使用する教科書によって，「開発研究会モデルシラバス」に従った内容か否かが大きく異なった。
5）授業担当者に養護教諭経験がある場合，「開発研究会モデルシラバス」に従った内容のものが多かった。
6）授業の目的や到達目標に，健康相談活動の沿革や定義が反映されていないものが多かった。
7）授業の目的や到達目標に対する具体的な評価方法が示されていないシラバスが多かった。

これらを課題として，改めて，健康相談活動の基礎的・基本について学び，養護教諭としての実践的資質能力となるよう，「開発研究会モデルシラバス」[3]を参考にして，科目「健康相談活動の理論及び方法」の授業構成やシラバス作成を行う必要がある。

② 健康相談活動の定義からみた課題

保健体育審議会答申において，健康相談活動は，「養護教諭の職務の特質や保健室の機能を十分に生かし，児童生徒の様々な訴えに対して，常に心的な要因や背景を念頭に置いて，心身の観察，問題の背景の分析，解決のための支援，関係者との連携など，心や体の両面への対応を行う健康相談活動である」と定義された。

この概念から，
1）養護教諭の職務の特質を活かす
2）保健室の機能を十分に活かす
3）身体症状に対し心的な要因や背景を念頭に置く
4）心身の観察を行う
5）問題の背景を分析する
6）解決のための支援を行う
7）関係者との連携を行う

などをきちんと捉え，これらを内容とした授業が求められる。

先に述べた調査結果[7]からは，授業科目名に「健康相談活動」が使われていない場合もあり，使われたとしても，授業内容が「開発研究会モデルシラバス」[3]からかけ離れているものも見られた。授業計画の際には，改めて健康相談活動の定義に立ち返って作成する必要がある。

(3) 科目「健康相談活動の理論及び方法」の授業構成とシラバスの書き方

① 具体的なシラバスの書き方

シラバスとは，学生に配布する授業計画のことであり，各回の授業のテーマや，そのために予習しておくべきことがら，課題，評価の方法とその基準などを示したものである。

そのため，科目「健康相談活動の理論及び方法」シラバスは，「養護教諭志望学生の授業選択ガイド」「健康相談活動の学習効果を高めるための文書」「担当教員と養護教諭志望学生の人間関係づくりのツール」「科

目『健康相談活動の理論及び方法』の授業の雰囲気を伝える文書」「科目『健康相談活動の理論及び方法』の15回の授業全体をデザインする文書」としての役割を果たせるよう書く必要がある。

シラバスの項目は大学により異なるが，主な項目について以下に述べる。

1）授業科目名

　授業科目名は，この章の最初に述べたように本科目が設置された背景から，また，科目開講の課題からもわかるように，「健康相談活動の理論及び方法」とする。

2）授業の目的

　養護教諭志望学生が，なぜ，「健康相談活動の理論及び方法」を学ばなければならないのか，健康相談活動の定義を活かし，学ぶことの意義を知ることができるようにする。また，「養護教諭志望学生」を主語として考え，表現する。

3）到達目標

　科目「健康相談活動の理論及び方法」の授業終了段階で，養護教諭志望学生にできるようになってほしいことがらを，「健康相談活動の沿革や定義について，説明できる」のように表現する。目的と同様に，養護教諭志望学生を主語として，観察可能な行動で記述する。

　目標は，そのまま成績評価項目になるものである。また，「健康相談活動の沿革や定義について，説明できる」ことを目標に掲げることで，養護教諭志望学生が「健康相談活動の沿革や定義」について予習・復習を行う等，自学自習を促すことが期待される。なお，1つの文章に複数の目標があると達成度の測定が困難となるので，1つの文章に1つの目標のみ記述する。

4）授業概要

　授業概要は，授業で扱う内容を大まかに記述する。目的・目標と対応させるとともに，無理のない進度で詰め込み過ぎないように留意する。

　健康相談活動の意義，基本的事項や諸理論や技法等の理解の後に，応用のための事例研究やロールプレイングを配置するなど，理解を深化させる「流れ」を考え，授業内容を選択・配列する。「開発研究会モデルシラバス」[3]を参考にするとよい。

5）評価に関する情報

　テストやレポート等の評価の項目を明記するとともに，配分割合を明記し，成績評価基準は測定可能なものにする。また，評価は目的・目標に合わせて行うことが原則である。目標に掲げた「健康相談活動の意義を説明できる」ことをテストでの回答，レポートでの記述で評価するということである。

6）履修条件を書く

　養護教諭の免許状取得に必要な科目であることを記載する。また，「養護概説を履修していることが望ましい」など，事前に履修が必要な科目について記載する。

7）教材に関する情報の書き方

　使用教科書は，書名・著者・出版社・出版年等，正確な情報を記入する。参考書も同様である。

8）質問への対応

　具体的な時間の指定や連絡先または方法を明記し，養護教諭志望学生が健康相談活動を積極的に学ぶことができるような環境を整備する。

9）その他

　「健康相談活動の理論及び方法」の特性から，養護教諭志望学生が意欲的に学ぶことができるよう，授業のはじめにアイスブレーキングとして心とからだのウォーミングアップ等を行わせるとよい。

② 具体的なシラバスと授業展開例

　前項のシラバスの書き方の基本に従って，次に「健康相談活動の理論及び方法」のシラバス例と授業展開例を示す。

　シラバス例は，文部科学省の「教育課程における教育内容・方法の開発研究事業」報告書にあるシラバ

ス」[3]に一部改変を加えて作成した。半期15回で行うものとし，解剖学・生理学・精神保健・心身医学・看護学・発育発達論・教育相談・生徒指導等は既習として考えられたものである。

なお，教育職員免許法施行規則第9条に規定されている「健康相談活動の理論及び方法」の最低履修単位数は2単位であるが，調査結果[7]からは2単位以上のものも多く，単位数に幅が見られた。

この科目は「健康相談活動の理論及び方法」という科目名称からわかるように，「理論」と「方法」について学ぶ授業である。したがって，講義だけではなく，演習や実習を組み込むことができるような時間設定が必要である。

授業展開例については，文部科学省の「教育課程における教育内容・方法の開発研究事業」報告書[3]より，そのまま引用したものを示す。

【「健康相談活動の理論及び方法」のシラバス例】

科目名		健康相談活動の理論及び方法	授業形態	講義・演習	単位数	2単位
教員名		今野　洋子				
授業の目的・目標	目的	養護教諭の職務の特質と保健室の機能を活かした，健康相談活動の基礎・基本について学びます。グループワーク，事例をもとにロールプレイング等で体験しながら，支援方法の実際について学習を深めます。現代的健康課題の理解，心の健康問題と身体症状の関連を理解し，支援できるように学びます。また，連携する関係者・専門機関，連携の順序や連携方法等についても学びを深めます。				
	到達目標	1．健康相談活動の沿革や定義について，説明できる。 2．子供の心身の健康課題と支援について，例をあげて述べることができる。 3．演習等で養護教諭の職務の特質を活かした子供への対応ができる。 4．演習等で保健室の機能を活かした子供への対応ができる。 5．支援のために連携する関係者・専門機関，連携の順序や方法を説明できる。				
授業概要	1	【健康相談活動の基本的理解】 健康相談活動の沿革，定義・目的・方法及び学校教育と健康相談について，学びます。				講義・演習・グループワーク
	2	【児童生徒の心身の健康課題の現状と背景】 社会の変化と子供の健康問題と養護教諭の役割について学びます。いじめ，不登校，自殺，薬物乱用などの健康課題を把握し，背景を分析します。				講義・演習・グループワーク
	3	【養護教諭の職務の特質及び保健室の機能を活かした健康相談活動】 養護教諭の職務の内容と特質，保健室の機能・施設・設備について学び，これらを活かした健康相談活動について理解を深めます。				講義・演習・実習（ロールプレイング）
	4	【健康相談活動に関連する諸理論】 健康相談活動の基本となる発育発達・心身医学・精神疾患と精神保健・カウンセリングの理論と技法について学びます。				講義・演習
	5	【健康相談活動の原理・構造と必要な資質能力・技能】 健康相談活動の原理と構造，過程について学びます。また，必要な資質能力として養護教諭の人間観・教育観・健康観・子供観について学びます。				講義・演習
	6	【健康相談活動の初期対応】 健康相談活動の初期対応について学びます。気づきから判断の過程，訴えに対する受容と傾聴的態度，心の健康問題と身体症状の関連，背景要因の分析と関係者との連携，心理テストの活用と留意点について理解を深めます。				講義・演習
	7	【健康相談活動に活かすカウンセリングの技法】 健康相談活動に活かすカウンセリングについて理解し，応答の基本的な技法について学びます。ロールプレイグでカウンセリングの実際を体験し，学びを深めます。				講義・演習・ベッドを使用して（初期対応）の演習
	8	【健康相談活動におけるヘルスアセスメント】 ヘルスアセスメント（視診・触診・問診・観察・バイタルサイン測定等）の方法を理解し，ロールプレイングで学びを深めます。				講義・演習・実習（ロールプレイング）
	9	【保健室を想定した課題設定演習（ロールプレイング）】 ヘルスアセスメント（視診・触診・問診・観察・バイタルサイン測定等）の方法を活用し，ロールプレイングで学びを深めます。保健室の施設・設備・資料の活用も行い，体験的に学びます。				講義・演習・実習（ロールプレイング）

	10	【保健室登校の捉え方と対応】 保健室登校の教育的意義を理解し，望ましい支援体制と養護教諭の役割について学びます。	講義・演習 ディベート
	11	【問題に応じた対応】 児童虐待や薬物乱用，いじめ・自殺等，今日的な健康課題を理解し，問題に応じた対応ができるように，危機介入も含め学びを深めます。	講義・演習
	12	【健康相談活動における連携】 健康相談活動における連携の意義について学びます。養護教諭は誰とどのように連携すべきか，その順序や具体的な相手，方法について学習を深めます。	講義・演習・実習（ロールプレイング）
	13	【健康相談活動の記録と事例研究】 健康相談活動における記録の意義・目的・方法について学びます。事例研究の方法と進め方について体験的に学びます。	講義・演習
	14	【健康相談活動の評価】 健康相談活動における評価について学びます。13回目の授業を振り返り，評価について体験的に学びます。	講義・演習
	15	まとめと確認（学習の確認と自己評価）	試験・自己評価
教科書	三木とみ子・徳山美智子編集代表「新訂　養護教諭が行う健康相談・健康相談活動の理論と実践」ぎょうせい，2019		
参考書	第1回目の授業で参考書一覧のプリントを配布します。		
評価方法	評価項目	予習用課題シート	毎回のコメントシート	演習での技能	まとめの試験
	配　　分	20%	20%	20%	40%
質問への対応	講義前後の時間やオフィスアワーを活用してください。 また，講義の第1回目にメールアドレスをお伝えしますので，活用してください。		
資　格	養護教諭一種免許状取得に必要な科目です。		
その他	毎回，授業のはじめに心と体のウォーミングアップを行います。 授業はグループ形式で行いますので，座席表を確認しておいてください。 課題シートは，第15回目の授業終了時に回収します。		

＊文部科学省「教育課程における教育内容・方法の開発研究事業」報告書を一部改変

〈引用・参考文献〉
(1) 保健体育審議会「生涯にわたる心身の健康の保持増進のための今後の健康に関する教育及びスポーツ振興の在り方について（答申）」1997，p.28
(2) 日本養護教諭教育学会「養護教諭の専門領域に関する用語の解説集（第一版）」2006
(3) 健康相談活動カリキュラム開発研究会「教育課程における教育内容・方法の開発研究事業報告書」『健康相談活動の理論及び方法—カリキュラム及び指導方法の開発—』文部科学省，2003
(4) 中央教育審議会「子どもの心身の健康を守り，安全・安心を確保するために学校全体としての取組を進めるために（答申）」2008
(5) 財団法人日本学校保健会「養護教諭研修プログラム作成委員会報告書」2009
(6) 中央教育審議会「これからの学校教育を担う教員の資質能力の向上について〜学び合い，高め合う教員育成コミュニティの構築に向けて〜（答申）」2015
(7) 今野洋子，高橋英実，寺崎由貴，照井沙彩「養護教諭養成教育における『健康相談活動の理論及び方法』開講の実態と課題—シラバス内容の類型化による分析—」『日本養護教諭教育学会誌』第13巻第1号，2010，pp.137-149

（今野　洋子）

2　現職研修の方法

　健康相談・健康相談活動の実践力向上のためには，養成段階で学んだ理論と方法を基盤として，日々の学校における実践と実践の省察，そして健康相談・健康相談活動を進める上で自身が感じている課題解決のため，新しい知識や考え方などを補完することが必要である。そのために現職研修は重要である。
　現職研修は，養成段階で習得した健康相談・健康相談活動の知識及び方法の基盤もとに，学校現場で実践しつつ力量向上を図っていくものである。

⑴ **何を学ぶか**

研修（学習）の視点として，以下の領域があげられる[1]。

> ①健康相談・健康相談活動の基礎理論（歴史，定義，法的根拠，プロセス及び方法，現代的健康課題）
> ②健康相談・健康相談活動を進める上で必要な諸理論・情報（医学，心理学，福祉／行政，看護学，学校教育）
> ③健康相談・健康相談活動の実践（心身の観察・情報収集，問題の背景の分析・判断，解決のための支援，関係者との連携）
> ④健康相談・健康相談活動の可視化（事例研究・発表・論文）

これは，他の教職員とは異なる養護教諭独自の相談を進めるための力量形成のために日本健康相談活動学会が長い年月をかけて検討した学びの領域である。養護教諭固有の役割として「健康相談活動」が誕生した背景とその意義を理解し，学校保健安全法第8条，第9条，第10条をふまえ，学校において児童生徒の心身の健康課題の解決を支援するために，養護教諭の職務の特質と，保健室の機能，カウンセリングの機能を活かし，連携しながら進めるという理論と方法の学びを交えた研修は，養護教諭の実践力の向上を目指している。さらに，その活動を論文や実践報告という形で可視化することによって，自他の健康相談・健康相談活動への理解を深め，養護教諭の実践知を積み重ね，養護教諭が行う健康相談・健康相談活動充実・発展につながる。上記の①②③④を構成する内容の概略を以下に示す。

① 健康相談・健康相談活動の基礎理論
　健康相談・健康相談活動の概念や原理，原則，誕生の経緯，法的根拠，定義などコアとなるもの
② 健康相談・健康相談活動を進める上で必要な諸理論・情報
　心理，看護，心身相関，医学，学校組織論など関連する諸理論，近接領域及び現代的な教育課題等
③ 健康相談・健康相談活動の実践
　①②を活用した実践的な内容及び実践する力にするべき具体的な内容（例：ヘルスアセスメントの方法，心身の健康課題の把握の仕方，プロセスに沿った対応の方法など養護教諭の職の特質を活かす具体的な方法及び保健室の設備・備品等など保健室の機能を活かす具体的な方法，校内連携及び専門機関との連携方法，記録のとり方・活かし方，事例検討など）
④ 健康相談・健康相談活動の可視化
　可視化の方法として，実践を研究としてまとめて論文化したり，発表したりする具体的な方法など

⑵ **どのように学ぶか**

① 講義から学ぶ

　健康相談・健康相談活動の基礎理論や健康相談・健康相談活動を進める上で必要な諸理論及び情報などについては，その内容の研究者・専門家による講義が中心となる。養成段階で学修している内容に重ねて，新しい知見や情報を得るために常に学び補完し続ける必要がある。既存の専門知識や情報を整理しながら，養護教諭の視点を意識して学ぶことが重要である。

② 為すことによって学ぶ（「Learning by Doing」）

　健康相談・健康相談活動は実践である。学びや研究は実践に活かすものである。基礎となる知識・技術や情報を，実践の場でどのように活用するか。記憶中心の学習ではなく，参加者自ら活動をすることによって学ぶ「能動的な活動」，自ら「経験」して理解し身につけることが大切である。ただ体験をするというのではなく，体験し，その行為を反省的に思考することによって学びを深めることによって，実践力を高めるのである。

③ 省察することによって学ぶ

　学校で，子供たちの健康課題解決のための取組の渦中で常に実践と評価・改善を繰り返す。そして，1つの事例への対応が一区切りしたときに活動全体を振り返り評価するという行為が力量アップにつながる。

④ 特に留意すること

　現職研修の計画にあたっては，①実務経験年数及び役割の経験等の配慮，②時期及び期間配分，③会場

及び必要物品，④研修機会，⑤内容，方法，教材等の選定及び組み合わせ，⑥グループ分け，⑦予算措置，⑧指導者等を考慮する。具体的な事例を取り上げたり，「講義」と「演習」「研究協議」及び「レポート課題」等を組み合わせたりするなど，学校における実践と連動することをポイントとする。事例検討においては，養護教諭の職の特質を活かす視点をはずさないことが重要である。心理面に偏ったアセスメントやカウンセリングの技法に偏った対応や，事例検討にならないよう留意する必要がある。

(3) 研修における学びを実践に活かすために

現職養護教諭は，教育委員会及び養護教諭会等研究団体が主催する研修会等を主たる学習の機会としている現状がある。また，実務経験年数が増すにつれて有志研究会や関係学会へ参加するなど，自己教育の機会が拡張されていく[2]。健康相談・健康相談活動の基礎理論及び知識や技能を補完していく方法として，教育委員会や養護教諭会等研究団体が主体となって実施する集合型の研修に参加するほか，学会等が主催する研修会に自主的に参加することが考えられる。教育委員会及び養護教諭会等の研究団体が主催する研修会は，法によって学習の機会が保障されることや同職の仲間と学びあうことができるという利点がある。学会等が主催する研修では自分の学びたいテーマを選んで学ぶことができ，より主体的で深い学びを求めることができる。集合型の研修における学びを実践する力にかえていく促進要因の1つに，参加者自身が解決したい課題や得たいものを持っていることがあげられる[3]。そして，研修会後，できることからすぐに実践してみることだという[3]。

学校で職務を推進する中で課題に直面した経験の集積が「実践力」を向上させていくことは間違いない。資質能力向上を促すためには，日々1つひとつの対応について省察することである。課題に直面しているとき，対応（課題直面）後に，うまくいったこと，うまくいかなかったこと，それぞれをその原因究明を含めて客観的に分析する。例えば，課題解決に向けた支援計画立案に際して，巻末資料編に示すような様式を開発したり記述したりするという作業は，実践の積み重ねを通して，知識・技術面，支援方針・支援の実際などについて整理する力をつけていくことに役立つだろう。

直面する子供の課題の数だけ学習する。今を生きる子供たちに課題があり，課題に直面する数だけ学びがある。その学びが養護教諭の健康相談・健康相談活動を進める実践力，資質能力の向上につながる。

〈引用・参考文献〉
(1) 日本健康相談活動学会資格認定委員会「日本健康相談活動学会認定資格『子ども健康相談士』関係規程集資格申請の手引き」2018年8月19日版
(2) 平川俊功「養成機関卒業後における養護教諭の資質能力向上に関する学習の状況」『学校保健研究』第55巻第6号，日本学校保健学会，pp. 520-535
(3) 今城志保ほか「集合研修の転移に関する実証研究１―マネジメントの基礎研修を用いた検討―」『産業・組織心理学会第31回年次大会論文集』2015, pp. 127-130

（平川　俊功）

3　健康相談・健康相談活動の研究方法

養護教諭の行う健康相談・健康相談活動における研究活動は重要な意味を持つ。なぜならば，養護教諭が行う健康相談活動は養護教諭固有のものであり，養護教諭の専門性を支える上で学問体系構築の大きな柱となるからである。「養護教諭の行う健康相談・健康相談活動」における研究で最も重要なことは，養護教諭の日々の実践の蓄積であり，それらは将来，理論化につながる重要な資源となる。しかしながら養護教諭は多くの情報やデータを得ていてもそれらをどのようにすれば，養護教諭独自の理論として示すことができるのか，科学的な実証や結果を汎化するためにどのような手立てを用いたらよいのか，方法論が発展途上にある。今後，健康相談活動における専門力を向上させていくためには，研究活動は必修であると言えるだろう。そのため，日々の実践がどのような方法を用いることによって研究として成立するのか，研究とは何かなど研究の基礎的知識を学んでおく必要がある。

そこで，本章では健康相談・健康相談活動を理論化するために日頃からどのようなことに心がけておくべきかを言及した上で，研究の基礎について解説する。

(1) 日々の実践を研究へ

研究とは，ふだん養護教諭が感じている児童生徒の実態や健康課題に対する「問い」の「答え」を科学的に論証していく活動である。"～と思う" "～のようだ" という推測ではなく，客観的な事実や理論的な根拠をもって示す必要がある。研究結果によって，児童生徒の課題解決のための方法，保護者との連携，児童生徒を取り巻く関係者，組織への働きかけなどの有効かつ具手的方法論が導き出され，確かな根拠を持った実践が可能となる。つまり研究は養護教諭の専門力を向上させる上で最も重要な活動であるといえよう。そのためには普段から以下のことに心がけておく必要がある。

○養護教諭の感覚，視点で常に「問い」を持つこと。
○児童生徒及び児童生徒を取り巻く環境，職について深く理解し課題意識を持つこと。
○対象（児童生徒，教職員など）に行っている実践内容，実践してみての反応，結果など，実践していることを記録しておくこと。
○日頃から研究的に物事を捉えて実践してみる。

(2) 研究の基礎

研究とは，事実や事象について根拠をもとに明らかにしていくことである。まずはなぜそのことについて研究したいと思ったのか？（研究の目的）何を明らかにするかを明確にし，次に研究計画を立て，目的に合った研究方法を選択する。

① 研究テーマの模索

研究は日常の健康相談活動の中に多くのヒントがある。日頃から疑問に感じていることをメモしておくとよい。研究テーマの選択は，最終的には実際に研究として成り立つか，実行可能かなどを十分吟味し決定する。

（例）日頃の疑問
- なぜ，この時期に心の問題での来室が多いのか
- なぜ，この時期に発達障害，精神疾患の児童生徒の来室が多いのか
- どのようなきっかけ，働きかけ，「養護教諭の行う健康相談」のスキルの活用，プロセスを経て保健室登校の児童生徒が教室復帰できたのだろうか
- 子供を取り巻く関係スタッフとなぜ上手く連携できる場合とできない場合があるのか

② 研究計画書の作成

研究は研究計画書で9割が決まるといわれている。研究テーマ・内容を決定後，以下の項目に従って研究計画を作成する。

必要項目		内　容
研究テーマ		研究するテーマ
研究の背景	問題の所在	テーマ設定の理由について　例：研究の社会的背景や課題など
	先行研究	研究テーマにかかわるこれまで行われてきた研究（先行研究）について述べる。文献を引用しながらどのようなことがわかっており，どのようなことがわかってないかについて明確にする。
研究の意義		この研究の意義や価値について示す。
研究目的		何を明らかにしたいのかについて明確に示す。
研究対象		具体的な研究対象を決定する。 例：公立学校5年生，高校生，県内の公立中学校の養護教諭，経験10年以上の小学校の養護教諭経験者など
研究期間・時期		研究の期間を決定する。○○年○月○日～○月○日

研究方法 分析方法	どのような手順や方法を用いて，目的にそった結果を導き出すのか，方法・分析方法を記載。 例）保健室登校から教室復帰を果たした生徒にインタビューし，録音データを逐語録に起こし文章化，復帰のきっかけとなったエピソードを抽出する。
研究スケジュール	研究の具体的な計画を立てる。 〇年〇月〇日

＊研究方法については様々な方法論があるため，専門雑誌や学会誌を読み学んだり，学会が運営しているセミナー等に参加したりして自分の研究したい内容に合った方法論について専門的な支援や助言を受けることが望ましい。

(3) **研究の作法**

研究の作法として，引用文献の使い方，研究倫理についての知識を取得しておく必要がある。

① 引用とは

研究は自分の考えと人の考えを明確に区別しなくてはならない。誰かが研究した内容の結果を使用する際には，文章の中に，その研究者，研究物の出典を必ず明確に示さなければならない。引用には直接引用と間接引用がある。

|直接引用|

書かれた内容をそのまま抜き出したもの。

（例）引用について，ぎょうせいは「………」と述べている（ぎょうせい，2018）。

|間接引用|

書かれた内容を要約したもの。

（例）引用とは，ぎょうせいによれば「………」である（ぎょうせい，2018）。

引用の仕方，引用文献の書き方には研究領域によって違いがあるため，論文等を学科誌に投稿する際には，学会誌などの規定や書き方を参照する。

② 研究倫理

研究にとって最も重要なことは，人間の尊厳及び人権が尊重されること，社会の理解と協力を得ること，研究が適正に進められることである。研究参加者へは「研究に承諾しなくても不利益がないこと，情報開示を受けること，自己決定，プライバシー保護」などについての説明を十分に行い，必ず研究の承諾を得て実施する。

(4) **学会への参加**

学会とは研究者などが自分の研究を公表し科学的な妥当性を討議する場である。また学術冊子の発行，学術集会など研究成果を公表する機会を提供する業務を行っている。また様々な職種，機関の研究交流及び学会主催のワークショップやセミナーなど，各領域や分野にかかわる専門力向上を支援する役目も担っているなど重要な機関である。近年，学会員として研究者のみならず，現職の専門職や行政関係者などが多く参加している学会も増加している。養護教諭としての専門力向上のために積極的に学会に参加していくことが望まれる。

〈参考文献〉
・静岡県養護教諭研究会編著『養護教諭の活動の実際　第2版』東山書房，2013

（鎌塚　優子）

4　養護教諭の倫理綱領

(1) **倫理綱領とは**

倫理綱領とは，「専門職の団体と専門職各自が，専門職の理念と使命感，その責務を倫理的に果たしていく根本方針を社会に公表し，専門職性を高めていく大元」であり，専門職団体が専門職としての社会的責任や職業倫理に関する行動規範を成文化したものである。

養護教諭の職業倫理に関しては，財団法人日本学校保健会の『学校保健の課題とその方法』(2012年発行)において，「社会人及び教育職員として児童生徒の健康の保持増進にかかわる諸活動を推進していく上で，人権の尊重，平等な扱い，プライバシーの保護などの守るべき義務をいう」と説明されている。

日本養護教諭教育学会は，このような職業倫理もふまえて，養護教諭が専門職として果たすべき責務や倫理的な規範，行動上の規範を成文化し，日々の実践の指針となるものとして下記のような「養護教諭の倫理綱領」を作成し公表している。

(2) 養護教諭の倫理綱領

① 全体の構成

日本養護教諭教育学会が2015年度総会において定めた「養護教諭の倫理綱領」は，前文と14の条文で構成されている。前文は，「養護教諭は学校教育法に規定されている教育職員であり」から始まり，この部分には「養護をつかさどる教育職員である」という意味が内包されている。また，各条文は養護の対象は子供たちであることを踏まえて作成されている。

「養護教諭の倫理綱領」（日本養護教諭教育学会2015年度総会（2015. 10. 11）承認）

○前文
　養護教諭は学校教育法に規定されている教育職員であり，日本養護教諭教育学会は養護教諭の資質や力量の形成および向上に寄与する学術団体として，「養護教諭とは，学校におけるすべての教育活動を通して，ヘルスプロモーションの理念に基づく健康教育と健康管理によって子どもの発育・発達の支援を行う特別な免許を持つ教育職員である」と定めた（2003年総会）。
　養護教諭は子どもの人格の完成を目指し，子どもの人権を尊重しつつ生命と心身の健康を守り育てる専門職であることから，その職責を全うするため，日本養護教諭教育学会はここに倫理綱領を定める。
　養護教諭が自らの倫理綱領を定め，これを自覚し，遵守することは，専門職としての高潔を保ち，誠実な態度を維持し，自己研鑽に努める実践の指針を持つものとなり，社会の尊敬と信頼を得られると確信する。

---

② 条文の内容

条文は倫理綱領一般との整合性を図る一方で，養護教諭独自の内容になるよう配慮し，3つの枠組みで構成されている。第1条から第4条は他職種でもあげられている「倫理綱領一般に共通するもの」，第5条から第9条は「養護教諭の専門性にかかわるもの」，第10条から第14条は「養護教諭の発展にかかわるもの」である。

「第1条　基本的人権の尊重」では，教育職員として子供の人格の完成をめざすことを述べている。「第2条　公平・平等」では，養護の対象は子供であることから，社会的地位ではなく社会的問題をあげている。「第3条　守秘義務」では，職務上知り得た様々な情報の守秘を述べている。「第4条　説明責任」では，根拠（エビデンス）のある説明を求めている。「第5条　生命の安全・危機への介入」では，子供の安全を確保し，人権侵害にも対処することを述べている。「第6条　自己決定権のアドボカシー」では，子供の権利を擁護し，自己決定できるよう支援することに加え，代弁したり，弁護したり，保護したりすることなどの意味も表すために「アドボカシー」を用いている。「第7条　発育・発達の支援」では，養護教諭の専門性を踏まえて，子供の心身の健康の保持増進によって発育・発達を支援するという特性を述べている。「第8条　自己実現の支援」では，子供の生きる力を尊重するということに重きを置いて述べている。「第9条　ヘルスプロモーションの推進」では，学校の内と外の意味が伝わるよう「校内組織」と「地域社会」と表記し，それぞれに教職員，保護者，地域社会の人々及び保健医療福祉関係者が含まれていることを明示している。「第10条　研鑽」では，教育職員として当然行うべき研究と修養を専門職としての意識をより高くもって行うこととしている。「第11条　後継者の育成」では，養護教諭という職の発展にむけて育成すべき後継者の姿を示している。「第12条　学術的発展・法や制度の確立への参加」では，自己の研鑽に留まらず，養護教諭の専門性を支える学術的成果を追究すること，養護教諭の養成や研修にかかわる様々な法や制度にも目配りして，必要に応じて意見を提出することを述べている。「第13条　養護実践基準の遵守」では，養護教諭が実践を省察し，実践知を共有する際の指針となる養護実践基準を

掲げている。「第14条　自己の健康管理」では，第1条から第13条の内容を確実に進めていくには養護教諭自身の健康が重要であることを述べている。

「養護教諭の倫理綱領」は，養護教諭の仕事をしばったり，評価したりするためのものではない。養護教諭の実践を支える拠り所となるものである。日頃から，意識し，心がけることで，養護教諭の専門性を維持し，その成果を社会に示すことにつながることが期待される。

「養護教諭の倫理綱領」（日本養護教諭教育学会2015年度総会（2015. 10. 11）承認）

○条文

第1条　基本的人権の尊重
　養護教諭は，子どもの人格の完成をめざして，一人一人の発育・発達権，心身の健康権，教育権等の基本的人権を尊重する。

第2条　公平・平等
　養護教諭は，国籍，人種・民族，宗教，信条，年齢，性別，性的指向，社会的問題，経済的状態，ライフスタイル，健康問題の差異にかかわらず，公平・平等に対応する。

第3条　守秘義務
　養護教諭は，職務上知り得た情報について守秘義務を遵守する。

第4条　説明責任
　養護教諭は，自己の対応に責任をもち，その対応内容についての説明責任を負う。

第5条　生命の安全・危機への介入
　養護教諭は，子どもたちの生命が危険にさらされているときは，安全を確保し，人権が侵害されているときは人権を擁護する。

第6条　自己決定権のアドボカシー
　養護教諭は，子どもの自己決定権をアドボカシーするとともに，教職員，保護者も支援する。

第7条　発育・発達の支援
　養護教諭は，子どもの心身の健康の保持増進を通して発育・発達を支援する。

第8条　自己実現の支援
　養護教諭は，子どもの生きる力を尊重し，自己実現を支援する。

第9条　ヘルスプロモーションの推進
　養護教諭は，子どもたちの健康課題の解決やよりよい環境と健康づくりのため，校内組織，地域社会と連携・協働してヘルスプロモーションを推進する。

第10条　研鑽
　養護教諭は，専門職としての資質・能力の向上を図るため研鑽に努める。

第11条　後継者の育成
　養護教諭は，社会の人々の尊敬と信頼を得られるよう，品位と誠実な態度をもつ後継者の育成に努める。

第12条　学術的発展・法や制度の確立への参加
　養護教諭は，研究や実践を通して，専門的知識・技術の創造と開発に努め，養護教諭にかかわる法制度の改正に貢献する。

第13条　養護実践基準の遵守
　養護教諭は，質の高い養護実践を目指し，別に定める養護実践基準をもとに省察して，実践知を共有する。

第14条　自己の健康管理
　養護教諭は，自己の心身の健康の保持増進に努める。

（後藤　ひとみ）

資 料 編

1 保健室登校記録用紙
2 ヘルスアセスメント記録用紙
3 心理的・社会的アセスメントシート（中学生版）
4 痛みスケール
5 腹痛初期対応シート

＊3の小学生版，高校生版は本書ダウンロードサービスをご利用ください。

1 保健室登校記録用紙

「保健室登校」記録カード

氏名　若葉　A子　　小学6年　　　　　　　　　　　　　　　　　　　　　　　　　　　　　　　○○年○○月

項目			週	第1週					第2週					第3週					第4週					第5週		
			日	1	2	3	4	5	8	9	10	11	12	15	16	17	18	19	22	23	24	25	26	29	30	31
			曜	月	火	水	木	金	月	火	水	木	金	月	火	水	木	金	月	火	水	木	金	月	火	水
学校行事	・健康診断 ・遠足 ・ ・		参加したら○印																							
朝の登校	・家族と一緒に保健室へ ・友達と保健室へ ・一人で保健室へ ・その他（　　　）																									
鞄・持物	・保健室に直接持参 ・友達や家族が教室に ・本人が教室に ・その他（　　　）																									
朝の遊び	・遊びに出ないで保健室 ・友達の迎えで外へ ・自分から皆と遊ぶ ・その他（　　　）																									
朝の会	・参加せずに保健室 ・迎えに来て参加 ・自ら参加																									
授業等の教育活動	1 2 休 3 4	○参加できた教科名を枠内に記入 ○保健室での活動を文字で記入 ○空欄は本人の自由な活動																								
	給食	・準備に参加できた ・保健室で食べた ・教室で食べた ・後片づけに参加した																								
	昼休み	掃除：・しない／・保健室の掃除／・本来の分担参加 遊び：・出ない／・友達に誘われて／・自分から遊ぶ																								
	5 6	○1～4時間と同じように記入																								
帰の会	・参加せず ・友達に誘われて参加 ・主体的に参加																									
放課後	下校	・家族が迎えに来る ・一人で帰る ・友達と帰る ・部活に参加																								
養護教諭の観察と対応	心身の観察	バイタルサイン：・体温／・脈拍／・呼吸／・血圧／・体重／・身長 ・腹痛，頭痛・気分不良 ・顔色・下痢や便秘・胃痛 ・表情・皮膚の状況・口渇 ・泣く・睡眠・食欲・月経																								
	・気になる行動や会話等 ・心理検査結果（専門家による） ・活用した遊技																									
	・ベッドでの休養 ・活用した毛布やタオルケットなど																									
連携	・校長学級・HR・教科担任等との打ち合わせ ・専門家・専門機関等からの助言や情報交換																									
	保護者との話し合い	・健康の様子 ・家での行動 ・連絡の内容																								
○養護教諭の感想や課題・評価等																										

〈カード活用の視点〉
○保健室における教育活動の一環として，「保健室登校」の経過を客観的に把握
○養護教諭の実践と保健室登校の児童生徒への対応との関連と調整
○学校における対応方針や対応状況の評価や課題を全職員が共有するための資料
○養護教諭自身の対応の評価と反省の資料
○専門家や専門機関からの助言を受けるときの資料

〈記入上の留意点〉
○学校行事，朝の登校，鞄・持物，朝の遊び，朝の会，給食，昼休み，放課後については該当の所に○を記入
○その他は，数字や文字で記入
○本人の状況や学校の実態により項目などを工夫

（三木とみ子『三訂　養護概説』ぎょうせい，2005より作成）

2 ヘルスアセスメント記録用紙

「来室時ヘルスアセスメント」シート　　記入者（　　　）

㊙

		項目									
フィジカルアセスメント	来室時アセスメント	1		年		組	氏名				
		2	月	日	曜日			来室時刻	時	分	授業
		3	主訴	□頭痛　□のど痛　□全身痛　□寒気　□熱っぽい		□腹痛　□下痢　□胃痛　□吐き気　□嘔吐		□鼻水　□鼻づまり	□咳　□ぜんそく　□息苦しい	□気持ちが悪い　□脳貧血	（部位）
		4	いつから					8	体温		度
		5	どこが（痛みの部位）				バイタルサイン	9	脈拍		／分
		6	どのように（痛みの程度）					10	呼吸		／分
			痛みスケール	低い 0　1　2　3　4　5 高い				11	血圧		／
		7	打撲外傷等	□あり	□なし			12	アレルギー体質	□なし	□あり→	どんな：
	一般状態アセスメント	13	姿勢	□よい	□よくない	□動作がスムーズでない					
		14	皮膚色・顔色	□よい	□普通	□よくない					
		15	四肢触感	□普通	□冷たい	□熱い	□冷や汗	□かさかさ	その他：		
		16	毛髪・爪	□よい	□よくない						
		17	体臭・口臭	□なし	□あり						
		18	表情	□よい	□よくない						
		19	しぐさ・話し方	□気にならない	□気になる						
		20	成長・発達	□気にならない	□気になる						
		21	衣服・容姿・持ち物	□気にならない	□気になる						
生活習慣（行動）アセスメント	生活習慣（行動）アセスメント	22	朝食	□食べた	□少し食べた	□食べない	→何を		どのくらい	誰と？	
			給食	□食べた	□少し食べた	□食べない	→何を		どのくらい	誰と？	
			前日食事	□食べた	□少し食べた	□食べない	→何を		どのくらい	誰と？	
		23	排便	□出た：いつ… 性状…			□出ない	□便秘			
			月経	□順	□不順	□多い	□普通	□少ない	□月経痛あり		
		24	睡眠	□よく眠れた	□眠れない	睡眠時間→ 寝た時刻： ～起きた時刻：			合計　時間		
		25	行動	□落ち着き無し	□暴力的	□不自然行動					
部位別のフィジカルアセスメント	腹部アセスメント	26	腹部の張り	□なし	□あり				所見		
		27	腹部冷感	□なし	□あり						
		28	痛み・部	□持続的	□変動（間歇的）	□部位は臍周辺	□一定しない				
	頭部顔面頸部アセスメント	29	圧痛	□なし	□あり→	□頭蓋	□副鼻腔		所見		
		30	顔面の表情（神経系のバランス）	□所見なし	□所見あり→	具体的に：					
	口腔咽頭アセスメント	31	口腔及び口腔内（舌及び口蓋含む）	□所見なし	□所見あり→	□口内炎	□その他（　）		のどの様子		
		32	歯及び歯肉	□所見なし	□所見あり→	□う歯	□歯肉炎・歯周疾患	□その他（　）			
		33	咽頭・扁桃腫脹	□所見なし	□所見あり→	□扁桃肥大	□その他（　）				
	リンパ節アセスメント	34	腫脹	□所見なし	□所見あり→	□耳介前	□耳下腺	□顎下	所見		
						□おとがい下	□後頭	□乳頭突起			
	胸部アセスメント	35	胸郭・肋骨（左右対称・変形・圧痛等）	□所見なし	□所見あり→	□胸郭樽状（肺気腫疑い）　□胸郭拡張障害（吸気時）	□漏斗胸　□左右対称でない（視診触診）	□その他（　）	所見		
		36	呼吸	□所見なし	□所見あり→	□喘鳴　□呼気時異常音（グーグー，ビービー，クークー，バリバリ，ブツブツ）	□呼吸困難（鼻翼呼吸・口すぼめ呼吸等）	□その他（　）			

心理的アセスメント	自分自身のアセスメント（自己概念等）	37	なぜ（痛く）なったと思う？	□ わからない	□ わかる→	具体的に：		
		38	どんなとき（痛く）なるのかわかる？	□ わからない	□ わかる→	具体的に：		
		39	いつも（痛く）なるの？	□ ない	□ たまにある	□ よくある→	頻度等：	
		40	自分のことをどう思っているか？（自分が好き？ 嫌い？）	□ プラス思考	□ マイナス思考	具体的に：		
		41	悩み事，いやなこと，心配事はあるか？	□ ない	□ わからない・応えられない・応えない	□ ある→	具体的に：	
		42	運動の問題やその心配ごとなど	□ 特にない	□ 問題ある→	具体的に：		
		43	勉強の問題やその心配ごとなど	□ 特にない	□ 問題ある→	具体的に：		
		44	進路等の問題やその心配ごと等	□ 特にない	□ 問題ある→	具体的に：		
社会的アセスメント	自分を取り巻くアセスメント（役割・相互依存）	45	クラスの状況の問題やその心配ごとなど	□ 特にない	□ 問題ある→	具体的に：		
		46	友人関係の問題やその心配事など	□ 特にない	□ 問題ある→	具体的に：		
		47	部活動問題やその心配事など	□ 特にない	□ 問題ある→	具体的に：		
		48	教師の問題やその心配事など	□ 特にない	□ 問題ある→	具体的に：		
		49	委員会・生徒会の問題やその心配事など	□ 特にない	□ 問題ある→	具体的に：		
		50	家族の問題やその心配事など	□ 特にない	□ 問題ある→	具体的に：		
		51	家庭内役割の問題やその心配事など	□ 特にない	□ 問題ある→	具体的に：		
		52	生活習慣の問題やその心配事など	□ 特にない	□ 問題ある→	具体的に：		
		53	余暇活動・休日の過ごし方の問題など	□ 特にない	□ 問題ある→	具体的に：		

→心因性と判断した根拠番号に○

私が考える判断	

フィジカルアセスメント	退室時アセスメント	1	主訴	□ 頭痛 □ のど痛 □ 全身痛 □ 寒気 □ 熱っぽい	□ 腹痛 □ 下痢 □ 胃痛 □ 吐き気 □ 嘔吐	□ 鼻水 □ 鼻づまり	□ 咳 □ ぜんそく □ 息苦しい	□ 気持ちが悪い □ 脳貧血	（部位）
		2		体温	度	6	どのように（痛みの程度）		
		3	バイタルサイン	脈拍	／分	7	痛みスケール	低い 0　1　2　3　4　5 高い	
		4		呼吸	／分				
		5		血圧	／	退室時刻	時　　分		

大沼久美子「自己実現を目指したヘルスアセスメントの進め方に関する研究（参考文献：ロイ適応看護論：医学書院）」をもとに三木改変

参考資料：「がん疼痛・症状緩和に関する多施設共同臨床研究会HP」，「FACES Pain Rating Scale（Wong-Baker）」

*痛みスケールの記入について（痛みレベル）

フェイス0	痛みが全くなく，とても幸せである。	フェイス1	ちょっとだけ痛い。	フェイス2	軽度の痛みがあり，少し辛い。
フェイス3	中等度の痛みがあり辛い。	フェイス4	かなりの痛みがあり，とても辛い。	フェイス5	耐えられないほどの強い痛みがある。

③ 心理的・社会的アセスメントシート

【改良版】 養護診断のための心理的・社会的アセスメントシート
記入にあたって

1 本アセスメントシートの目的と対象
　・このシートは、心身の健康課題があると想定される児童生徒の心理・社会的な問題の特定を行い、対応や継続支援の方法を探ることを目的に使用します。
　・対象は、頻繁に保健室に来室する児童生徒、継続支援が必要と思われる児童生徒、何だか気になる児童生徒などです。
　・このシートの構成は「生活習慣」「身近な人との関わり」「子供の可能性」「身体症状」「清潔行動」の５つの視点で構成されています。「小学生版」「中学生版」「高校生版」があります。

2 使用方法
　（１）記入者は、養護教諭の先生です。
　（２）記入方法
　① 児童生徒本人からの情報、学級担任や教科担当教員、他の教職員からの情報、保護者からの情報等を収集し、各項目について総合的に判断し、「全く問題ない・あまり問題ない・どちらともいえない・やや問題・かなり問題」のいずれかに●をマークし、折れ線で結んでください。
　② 記入にあたって、情報を把握していないためわからない、何ともいえないなどの場合は、「どちらともいえない」に印をつけてください。
　③ 客観性を確保するために、養護教諭が記入した後に、このシートをもとに、学級担任や教科担当教員、学年の教員、スクールカウンセラー、スクールソーシャルワーカー、生徒指導委員会や教育相談部会等の組織で、共通理解のために活用したり、話し合いのきっかけに活用したりして、各項目を検討することをお勧めします。
　④ 具体的な情報で気になる情報があれば、特記事項に記載してください。
　⑤ 本人からの情報と本人以外からの情報に相違点（齟齬）があれば、それらの内容も特記事項に記載してください。
　（以下記入例参照）
　⑥ ページ数は、全部で4ページです。
　⑦ 最後に、対象とした子どもの学年、性別、イニシャル、記載年月日を記入してください。

3 倫理的配慮と本シートの取り扱い注意事項
　　本シートには個人情報が含まれますので、取り扱いには十分留意し、記入後は個別のファイルやフォルダに入れ、鍵のかかる場所等に保管してください。定期的に本シートの項目を振り返ることで、児童生徒の変化が経時的に把握でき、児童生徒の変容の評価や引継ぎに役立ちます。支援終了後は、シュレッダーにて確実に破棄してください。

↓該当項目に●印をつけ折れ線で結ぶ．具体的な情報があれば特記事項に記載する

生活習慣アセスメント	全く問題ない	あまり問題ない	どちらともいえない	やや問題	かなり問題	特記事項（具体的な気になる事項，本人からの情報との相違点等）
家での食事							
1 朝食を一緒に食べる人	1	●	1	1	1	
2 朝食の時間	●	1	1	1	1	
3 朝食の食欲	1	1	1	●	1	
4 朝食を準備する人	●	1	1	1	1	
5 夕食の摂食の有無	●	1	1	1	1	朝食は兄と食べる
6 夕食を一緒に食べる人	●	1	1	1	1	夜食を毎日、カップラーメン2個食べるので
7 夕食の食欲	●	1	1	1	1	朝の食欲がない
8 夕食の主な内容	●	1	1	1	1	
9 夕食を食べない場合の理由	●	1	1	1	1	
10 夕食を準備する人	●	1	1	1	1	
11 夕食を食べる時間	●	1	1	1	1	
12 間食や夜食の摂食の有無とその内容	1	1	1	●	1	

4 本件に対する問い合わせ先
　〒350-0288　埼玉県坂戸市千代田3-9-21　女子栄養大学　実践養護学研究室内　大沼久美子
　Tel/fax　049-282-4798　　ohnuma@eiyo.ac.jp

【中学生版】養護診断のための心理的・社会的アセスメントシート

↓該当項目に●印をつけ折れ線で結ぶ．具体的な情報があれば特記事項に記載する

生活習慣アセスメント(23項目)	全く問題ない	あまり問題ない	どちらともいえない	やや問題	かなり問題	特記事項 (具体的な気になる事項，本人からの情報との相違点等)
睡眠と食事						
1 朝食の内容	1	1	1	1	1	
2 朝食を食べない場合の理由	1	1	1	1	1	
3 朝食の食欲	1	1	1	1	1	
4 就寝時刻	1	1	1	1	1	
5 就寝時刻と起床時刻、規則的か否か	1	1	1	1	1	
6 朝の目覚め、朝のつらさの度合い	1	1	1	1	1	
7 昼食(給食)の摂食状況	1	1	1	1	1	
8 昼食(給食)を食べない場合の理由	1	1	1	1	1	
9 昼食(給食)の食欲	1	1	1	1	1	
10 夕食の摂食状況	1	1	1	1	1	
11 夕食を食べない場合の理由	1	1	1	1	1	
食事についての社会的要因						
1 朝食を一緒に食べる人	1	1	1	1	1	
2 朝食や夕食の食事時間(規則的か否かを含む)	1	1	1	1	1	
3 朝食や夕食を準備する人	1	1	1	1	1	
4 夕食を一緒に食べる人	1	1	1	1	1	
5 夕食の日常的な食事内容	1	1	1	1	1	
学校と排泄						
1 排尿や排便で頻繁にトイレに行くか	1	1	1	1	1	
2 学校では、排便や排尿を我慢してしまうか	1	1	1	1	1	
3 日常的な排便時間	1	1	1	1	1	
4 昼食(給食)の時間の適応状態	1	1	1	1	1	
5 昼食(給食)を一緒に食べる人	1	1	1	1	1	
6 入眠状態(夜はすぐに寝てしまうか)	1	1	1	1	1	
7 よく夢を見るか	1	1	1	1	1	

↓該当項目に●印をつけ折れ線で結ぶ．具体的な情報があれば特記事項に記載する

身近な人との関わりアセスメント(36項目)	全く問題ない	あまり問題ない	どちらともいえない	やや問題	かなり問題	特記事項（具体的な気になる事項，本人からの情報との相違点等）
家族や友達との生活						
1 異性の友人関係(不特定)	1	1	1	1	1	
2 休日や家にいるときの家族との会話や関わり状況	1	1	1	1	1	
3 休日の外出状況(誰と出かけることが多いか、どこに行くかなど)	1	1	1	1	1	
4 先輩や後輩との関係	1	1	1	1	1	
5 家族間の問題(兄弟関係、役割の負担感など)の有無	1	1	1	1	1	
6 放課後の過ごし方(遊び相手、遊び内容など)	1	1	1	1	1	
7 休み時間の過ごし方	1	1	1	1	1	
8 彼(彼女)、特定の異性との関係	1	1	1	1	1	
9 校外の友人関係(塾、スポーツ団体、SNSなど)	1	1	1	1	1	
10 勉強や学習についての保護者との関係	1	1	1	1	1	
11 家族の帰宅時刻	1	1	1	1	1	
12 就寝環境や就寝状況	1	1	1	1	1	
13 クラスでの適応状況(クラスは楽しいかなど)	1	1	1	1	1	
14 異性との関係性(異性の友達と自然に話せるかなど)	1	1	1	1	1	
15 お弁当が必要なときに持参しているか、持参しない理由	1	1	1	1	1	
悩みやストレス						
1 むかついたり、イライラする場面や出来事	1	1	1	1	1	
2 誰かにしてほしいことがあるか(援助希求)	1	1	1	1	1	
3 ストレス発散方法	1	1	1	1	1	
4 今までつらかったこと、悲しかったこと	1	1	1	1	1	
5 多忙感の有無(忙しいと感じているか)	1	1	1	1	1	
6 自分自身の欲求の認識状態(自分がどうしたいのかわかるか)	1	1	1	1	1	
7 頻繁な手洗い行動の有無	1	1	1	1	1	
8 お小遣いの金額と使途	1	1	1	1	1	
9 じっとしていられず，勝手に出歩いたりすることがある、落ち着かない	1	1	1	1	1	
10 身長など発育や発達のことで心配なことがある	1	1	1	1	1	
11 通学時間や通学方法、通学状況	1	1	1	1	1	
悩みと安らぎ						
1 生いたちや小学校のときの特徴的な出来事	1	1	1	1	1	
2 自傷行為(リストカットや自分の体に傷をつける)ことがある	1	1	1	1	1	
3 持病や月経等について心配なことがある	1	1	1	1	1	
4 生徒の帰宅時間は遅いか	1	1	1	1	1	
5 ホッとする、安心する場所、時間	1	1	1	1	1	
6 塾や習い事、スポーツチームなどの悩みや心配ごとの有無や内容	1	1	1	1	1	
7 授業での悩みや不安なこと	1	1	1	1	1	
8 ピアスやカラーコンタクトなどの使用経験、所持状況、関心や認識	1	1	1	1	1	
喫煙・バイト意識						
1 喫煙・飲酒の経験	1	1	1	1	1	
2 アルバイト経験や意欲、内容や金銭感覚	1	1	1	1	1	

↓該当項目に●印をつけ折れ線で結ぶ．具体的な情報があれば特記事項に記載する

子どもの可能性アセスメント（38項目）	全く問題ない	あまり問題ない	どちらともいえない	やや問題	かなり問題	特記事項（具体的な気になる事項，本人からの情報との相違点等）
体を動かす・社交性						
1 運動や外遊びの嗜好、体育の得手・不得手	1	1	1	1	1	
2 スポーツや芸術等の得手・不得手	1	1	1	1	1	
3 手先の器用さ	1	1	1	1	1	
4 将来の社会貢献意欲（人のために役に立ちたいと思うか）	1	1	1	1	1	
5 将来への職業意識（就きたい職業）	1	1	1	1	1	
6 この中学を選んだ理由（私学や学区開放制の場合）	1	1	1	1	1	
7 挑戦したいことの有無や内容	1	1	1	1	1	
8 生徒自身から教師に話しかけるか（教師とのコミュニケーション）	1	1	1	1	1	
9 休日の家での過ごし方（ゲームやSNS、LineやYouTube、本を読んで過ごすなど）の嗜好性	1	1	1	1	1	
10 通塾状況	1	1	1	1	1	
11 塾やスポーツチームに関する悩みや心配ごと	1	1	1	1	1	
12 勉強は好きか	1	1	1	1	1	
学校でのやりがいや自信						
1 毎日学校に来たいか	1	1	1	1	1	
2 学校生活の充実度、学校生活の認識	1	1	1	1	1	
3 今までうれしかったこと、楽しかったこと、よかったこと	1	1	1	1	1	
4 最近楽しみなこと	1	1	1	1	1	
5 これまでに味わった達成感	1	1	1	1	1	
6 自信があること、他者に自慢できること、得意なこと、長所	1	1	1	1	1	
7 自分はポジティブ（前向き）か	1	1	1	1	1	
8 他者の目を見て話すことができる	1	1	1	1	1	
9 自分を受け入れてくれる人、承認してくれる人の存在	1	1	1	1	1	
10 学校生活でやりたいこと、特に力を入れていること	1	1	1	1	1	
携帯・スマホ・ネットの使用						
1 携帯電話やスマホ、タブレット端末の使用頻度	1	1	1	1	1	
2 携帯電話やスマホ、タブレット端末、パソコンでのインターネット使用状況	1	1	1	1	1	
3 携帯電話やスマホでのSNS（LINE、インスタグラム、Facebookなど）の使用状況	1	1	1	1	1	
4 ツイッターやblog,facebookなどの書き込み経験	1	1	1	1	1	
5 携帯電話やスマホでのゲームの使用状況	1	1	1	1	1	
6 携帯電話やスマホをいつも持っていないと不安か	1	1	1	1	1	
生徒会・部活動						
1 委員会や生徒会活動に対する負担感や問題	1	1	1	1	1	
2 部活動での悩みや問題	1	1	1	1	1	
対人意識						
1 他者の視線や行動、言動が気になる	1	1	1	1	1	
2 自分を認めてくれている人の存在	1	1	1	1	1	
3 会話やコミュニケーションへの苦手意識	1	1	1	1	1	
4 自分から他者に対する頼みごとができる	1	1	1	1	1	
5 メールやLINEなどはすぐに返信したり返信がこないと気になる	1	1	1	1	1	
6 他者から頼まれても断ることができる	1	1	1	1	1	
勉強						
1 好きな教科や得意な教科	1	1	1	1	1	
2 勉強や学習について困っていること	1	1	1	1	1	

↓該当項目に●印をつけ折れ線で結ぶ．具体的な情報があれば特記事項に記載する

身体症状アセスメント(5項目)	全く問題ない	あまり問題ない	どちらともいえない	やや問題	かなり問題	特記事項（具体的な気になる事項，本人からの情報との相違点等）
1 夜遅く寝る場合の理由	1	1	1	1	1	
2 身体症状がある場合の理由と認識（なぜ頭が痛くなると思うかなど）	1	1	1	1	1	
3 身体症状がある場合、その改善方法の認識（どのようにすれば症状が改善すると思うか）	1	1	1	1	1	
4 現在の悩み、嫌なこと	1	1	1	1	1	
5 疲労感、疲弊状況認識	1	1	1	1	1	

↓該当項目に●印をつけ折れ線で結ぶ．具体的な情報があれば特記事項に記載する

清潔アセスメント(4項目)	全く問題ない	あまり問題ない	どちらともいえない	やや問題	かなり問題	特記事項（具体的な気になる事項，本人からの情報との相違点等）
1 入浴状況（お風呂には毎日入るか）	1	1	1	1	1	
2 口腔衛生状況（毎日、歯みがきをしているか）	1	1	1	1	1	
3 清潔行動（汗をかいたり汚れた時は着替えたりきれいにできるか）	1	1	1	1	1	
4 清潔認識（数日間、同じ服を着ていても気にならないなど）	1	1	1	1	1	

アセスメントの対象者（イニシャル可　_____　）

アセスメント実施年月日　_____年_____月_____日（　　）

学年（　_____　）年，性別（　男　・　女　）

これで終わりです。

資料編

4 痛みスケール

いまの痛みはどのくらい？

レベル 0	1	2	3	4	5
痛くない	チョットだけ痛い	少しつらい	つらい	とてもつらい	がまんできない

参考資料：「がん疼痛・症状緩和に関する多施設共同臨床研究会HP」、「FACES Pain Rating Scale（Wong-Baker）」
日本健康相談活動学会2009年度夏季セミナー教材として作成

5 腹痛初期対応シート

児童生徒：「腹痛」 初期対応アセスメントシート

来室時間　【　　：　　】　　　性別　【　男子　・　女子　】
来室時授業　【　　　　　】
学年・組　【　　年　　組】　児童生徒名　【　　　　　　　　　　】

大項目	中項目	設問番号	小項目	回答項目　（該当するものに○をつけてください）	評価得点
来室時事実	入室時の様子	1	養護教諭からみた痛みレベル	レベル0 痛くない／1 チョットだけ痛い／2 少しつらい／3 つらい／4 とてもつらい／5 がまんできない	1（2-5の場合）
		2	姿勢について	0. 前傾姿勢　　1. 人に抱えられている	
		3	顔色	0. いつも通り　　1. いつもと違う（蒼白・紅潮など）	1
	トイレ利用の確認	4	来室前にトイレに行っているか	0. トイレに行った　　1. トイレに行っていない	1
バイタルチェック		5	体温	℃	
		6	呼吸の様子	0. いつも通り　　1. いつもと違う	1
		7	脈拍	回／分	
痛み	痛みの発生時期	8	いつから痛いか	0. 登校前（通学時も含む）　1. 登校後（　時頃から）	
	痛みの性状	9	どんなふうに痛いか	0. ずっと痛い　　1. 良くなったり悪くなったりする	
	痛む場所	10	痛みの部位：「☆」と記入／自発痛の部位：「自」と記入／痛みの部位の圧痛あり：「圧」と記入／腹部の張り感あり：「張」と記入／腹部の冷感あり：「冷」と記入	（腹部図）	
	触診による確認	11	反動痛の有無	0. 無　　1. 反動痛有	1
痛みを誘発する身体的負荷要因	感染症の疑い	12	同症状の人の有無	0. 無　　1. 有	1
	月経	13	月経の有無	0. 無　　1. 月経中	
	排便の様子	14	下痢の有無	0. 無　　1. 下痢有	1
		15	便秘の有無	0. 無　　1. 便秘有	1
	嘔吐	16	嘔吐の有無	0. 無　　1. 嘔吐有	1
	外傷の有無	17	外傷・打撲の有無	0. 外傷有　　1. 打撲有	
生活習慣要因	一日の摂食状況	18	来室前の摂食有無	0. 無　　1. 食事有	
		19	来室前の摂食量	0. 普通どおり　（1. 食べ過ぎ／. 残した）	1
	睡眠	20	睡眠時間	0. いつも通り　　1. 睡眠不足	1
学校・家庭生活要因	生活上の嫌なこと	21	生活上何か嫌なことがあったか	0. 無　　1. 有	1
	腹痛発症の場面傾向	22	学校で（通学路も含む）よくお腹が痛くなるか	0. 無　　1. よく痛むほうである	1
		23	家庭でよくお腹が痛くなるか	0. 無　　1. よく痛むほうである	1
健康情報	既往症の有無	24	何らかの既往症があるか	0. 無　　1. 既往歴有	1
		25	何らかで通院をしているか	0. 無　　1. 通院有	1
		26	何らかの服薬があるか	0. 無　　1. 服薬有	1
	本人の訴え	27	本人の痛み状態認識	レベル0 痛くない／1 チョットだけ痛い／2 少しつらい／3 つらい／4 とてもつらい／5 がまんできない	
備考		28	【その他参考となる事項を自由に記入】		評価得点 合計18点 満点18点　点
		29	養護教諭の判断・対応	0. 教室復帰　1. 保健室休養　2. 帰宅　3. 受診勧告　4. その他（　　）	

注1) FSについて：がん疼痛・症状緩和に関する他施設共同臨床研究会HP：FACES Pain Rating Scale(Wong-Baker)より日本健康相談活動学会2009年度夏季セミナー教材として作成されたものを参照

編集・執筆者一覧

〈編集代表・執筆者〉

　三木とみ子　　　女子栄養大学名誉教授
　德山美智子　　　元大阪女子短期大学教授

〈企画編集・執筆者〉

　大沼久美子　　　女子栄養大学教授

〈編集協力・執筆者〉

　遠藤　伸子　　　女子栄養大学教授
　平川　俊功　　　東京家政大学教授

〈執筆者〉　＊執筆順

　三木とみ子　　　前掲
　大沼久美子　　　前掲
　德山美智子　　　前掲
　伊藤　善也　　　日本赤十字北海道看護大学教授
　作田　亮一　　　獨協医科大学埼玉医療センター教授
　佐々木　司　　　東京大学教授
　大島　紀人　　　東京大学講師
　松本　俊彦　　　国立精神・神経医療研究センター精神保健研究所部長
　四條　　馨　　　女子栄養大学非常勤講師
　遠藤　伸子　　　前掲
　深田耕一郎　　　女子栄養大学専任講師
　久保田かおる　　埼玉県さいたま市立浦和高等学校養護教諭
　澤村　文香　　　埼玉県所沢市教育委員会主査兼指導主事
　芦川　恵美　　　埼玉県教育局県立学校部保健体育課指導主事
　柳谷　貴子　　　香川県立高松西高等学校養護教諭
　竹鼻ゆかり　　　東京学芸大学教授
　平川　俊功　　　前掲
　力丸真智子　　　埼玉県朝霞市立朝霞第五小学校養護教諭
　塩澤美保子　　　埼玉県本庄市立藤田小学校養護教諭
　青木真知子　　　埼玉県入間市立藤沢南小学校養護教諭
　道上恵美子　　　埼玉県立草加東高等学校養護教諭
　中村美智恵　　　千葉県船橋市立古和釜中学校養護教諭
　佐藤　明子　　　埼玉県立日高高等学校養護教諭
　東　真理子　　　東京都足立区立六木小学校主任養護教諭
　瀬口久美代　　　熊本大学シニア准教授
　加藤　晃子　　　学校法人滝学園滝中学校　滝高等学校養護教諭
　村上有為子　　　埼玉県立川口東高等学校養護教諭
　西川　優子　　　長崎県五島市立平成小学校養護教諭
　今野　洋子　　　北翔大学教授
　鎌塚　優子　　　静岡大学教授
　後藤ひとみ　　　愛知教育大学学長

＊所属・肩書は平成31年3月現在

【資料編】のダウンロードサービスについて

本書【資料編】に収録している各種様式等は,小社Webサイトから無料でダウンロードすることができます。

- 手順①　小社Webサイト（URL　https://shop.gyosei.jp）内で「健康相談活動」で検索。
- 手順②　本書の紹介ページを開き,表紙画像の下部にある［特設ページ］をクリック。
- 手順③　【新規会員登録はこちら】をクリック。
- 手順④　会員登録ページで「個人情報の取り扱いについて」の「同意します」にチェックを入れ,メールアドレスを入力し,確認画面へと進んでください。
- 手順⑤　ご登録いただいたメールアドレスにパスワードが送信されますので,［ログインページ］よりメールアドレス,パスワードを入力しログイン。
- 手順⑥　ご希望のデータをダウンロードしてください。
　　　　　ユーザー名　kenko
　　　　　パスワード　sodan2019
　　　　　※入力文字はすべて半角英数です。

新訂　養護教諭が行う
健康相談・健康相談活動の理論と実践

平成31年 4 月30日　第 1 刷発行
令和 5 年 1 月30日　第 4 刷発行

編集代表　　三木とみ子・德山美智子
発　　行　　株式会社 ぎょうせい

〒136-8575　東京都江東区新木場1-18-11
URL：https://gyosei.jp

フリーコール　0120-953-431
ぎょうせい　お問い合わせ　検索　https://gyosei.jp/inquiry/

〈検印省略〉

印刷　ぎょうせいデジタル株式会社　　　　©2019　Printed in Japan
※乱丁・落丁本はお取り替えいたします。
ISBN 978-4-324-10600-6
(5108497-00-000)
〔略号：健康相談活動（新訂）〕